BRIGITTE RÖHRIG

# DIE CORONA-VERSCHWÖRUNG

## WIE DIE BEVÖLKERUNG ÜBER DIE COVID-19-IMPFUNG GETÄUSCHT WURDE

WESTEND

# INHALT

## TEIL III

DIE ZULASSUNGSENTSCHEIDUNG – WAS WUSSTEN DIE VERANTWORTLICHEN ZU DIESEM ZEITPUNKT UND WAS WUSSTEN SIE NOCH NICHT?

## TEIL IV
ERKENNTNISSE NACH DER ZULASSUNG UND DIE WEITERE ENTWICKLUNG

# VORWORT

»Denn sie wussten, was sie tun – Wie die Bevölkerung über die COVID-19-Impfungen getäuscht wurde« – dies war der Titel, den ich eigentlich für mein Buch gewählt hatte, das letztlich nach dem Willen des Rubikon-Verlages unter dem Titel »Die Corona-Verschwörung« erschienen ist.

Gerade vor dem Hintergrund des Inhalts der mittlerweile ungeschwärzt vorliegenden sogenannten »RKI-Files«, der Protokolle der Sitzungen des Covid-19-Krisenstabs beim RKI (Robert Koch-Institut) wird deutlich, dass die von mir aufgrund meiner Recherchen und Analysen gezogenen Schlussfolgerungen zutrafen: Die Verantwortlichen waren sich bewusst, was sie taten. Dabei wurde der Bevölkerung vermittelt, die Entscheidungen der Politik basierten auf den Einschätzungen »der Wissenschaft«. Tatsächlich ergibt sich insbesondere aus den von einem/einer ehemaligen Mitarbeiter/in geleakten Protokollen, dass im Laufe der Krise das RKI als dem Bundesgesundheitsministerium unterstehende und weisungsgebundene Behörde von der Politik immer mehr dazu gedrängt wurde, Begründungen für politisch gewünschte Maßnahmen zu ersinnen, mit anderen Worten: die Wissenschaft dem politischen Willen entsprechend zu biegen.

Mittlerweile wurde seitens des RKI auch die Authentizität der geleakten RKI-Protokolle bestätigt. Es führt auf seiner Website aus:

> »Die Veröffentlichung umfasst alle Protokolle und Agenden des COVID-19-Krisenstabs des RKI nebst begleitender Dokumente zu den jeweiligen Sitzungen des RKI-Krisenstabs wie u.a. E-Mail-Verläufe ...«[1]

Auch dem Bundestagsabgeordneten Martin Sichert wurde auf seine Frage Nr. 8/62 durch die Parlamentarische Staatssekretärin Sabine Dittmer am 14. August 2024 mitgeteilt, dass diese von dritter Seite veröffentlichten Protokolle »geprüft und verifiziert« seien.[2]

Beispielhaft möchte ich einige Aspekte darstellen, die sich aus den RKI-Krisenstabsprotokollen ergeben.[3] Sämtliche Zitate sind über die auf der Webseite www.rki-transparenzbericht.de zum Herunterladen zur Verfügung gestellten Dateien nachvollziehbar.

Die Wissenschaftler des RKI haben die Politik – zumindest in den ersten Monaten – darüber informiert, dass sie zu anderen Schlussfolgerungen kamen als die Politik. Doch die Politik hatte ihre Entscheidung bereits getroffen. Beispielhaft sei das Protokoll des RKI vom 7.4.2021 genannt, in dem zu lesen ist »Die Inzidenz-Grenzwerte sind willkürliche politische Werte«.[4]

Aus dem Protokoll vom 26. Oktober 2020 ergibt sich, dass sogar angedacht war, das chinesische Konzept zu übernehmen, positiv Getestete außerhalb des Haushalts zu isolieren. Von dem Vorhaben wurde abgesehen, weil in Deutschland weder »das entsprechende Personal« noch »entsprechende Orte« verfügbar waren: »Diskussion, ob chinesisches Konzept der Isolierung (von leichten Fällen) außerhalb des Haushalts auch in Deutschland denkbar wäre, da aktuell viele Übertragungen im häuslichen Umfeld geschehen? Da dies eine deutliche Einschränkung der Grundrechte bedeuten würde, Dt. nicht über das entsprechende Personal verfügt und auch keine entsprechenden Orte vorhanden sind, wäre das schwer umsetzbar. Eventuell wäre es aufgrund der aktuellen Fallzahlen schon zu spät (sic!) so eine Maßnahme durchzuführen.«[5]

Die Aussagen zum Beitrag Geimpfter beziehungsweise Ungeimpfter zum Infektionsgeschehen beruhten auf *Modellschätzungen*. So wurden unterschiedliche Annahmen modelliert, je nachdem, welches Modell zu der zuvor bereits getroffenen »politischen Entscheidung« am besten passt. Am 3.12.2021 findet sich in diesem Zusammenhang die Aussage: »Politischer Entschluss ist schon längst gefasst, oberste Priorität so viele Leute so schnell wie möglich impfen.«[6]

Zu Injektionen für Kinder finden sich ebenfalls klare Aussagen, aus denen sich ergibt, dass die Politik unabhängig von den Empfehlungen der Wissenschaftler ihren eigenen Weg verfolgte. Im Protokoll vom 19.5.2021 ist vermerkt: »Impfung von Kindern: Auch wenn (von) STIKO die Impfung für Kinder nicht empfohlen wird, BM Spahn plant trotzdem ein Impfprogramm.«

Der politische Hintergrund für Kinderinjektionen findet sich im Protokoll vom 7. Mai 2021 im Zusammenhang mit »Impfpass/Zertifikat/Immunitätszertifikat. Aufwändige Abstimmung, es geht nicht um Evidenz in Bezug auf Schutz vor Transmission, sondern um Ermöglichen von Urlaubsreisen … Wenn **Kinderimpfungen nicht in Aussicht sind, können diese nicht international reisen, da Reisen an Impfzertifikate geknüpft sind** […]« *(Hervorhebungen von der Verfasserin)*

Und wie sich aus dem Protokoll vom 15.12.2021 ergibt, kommt auch zur Booster-Injektion für Kinder die Initiative aus dem Gesundheitsministerium: »Zurzeit ist auch eine Booster-Impfung von Kindern aus ministerieller Seite angedacht, obwohl dazu keine Empfehlung und teils keine Zulassung besteht.« Was auch verständlich ist – denn mit der geänderten Definition des vollständigen Schutzes mit zwei Dosen zur Grundimmunisierung und einer Booster-Dosis bedurfte es natürlich auch des Angebots des Boosters für Kinder …

Deutlich wird aus diesem Protokoll vom 7.5.2021 auch, dass es bei Impfpässen – auch und gerade der derzeit in der Pilotphase befindlichen »European Citizens' Vaccination Card«[7] (ECV) – nicht um Reiseerleichterungen, sondern um die Einschränkung der Reise- und Bewegungsfreiheit für diejenigen geht, die sich den neuartigen Injektionen nicht unterziehen möchten. Das ergibt sich bereits aus der Abkürzung EUVABECO für »**EU**ropean **VA**ccine **BE**nefit and risk **CO**rrective« mit entsprechender Erläuterung auf der Webseite:

> »Als Reaktion auf die dringende Notwendigkeit, das Vertrauen in Impfprogramme wiederherzustellen [1, 2], schlug der Europäische Rat im Jahr 2018 eine Reihe von Maßnahmen vor, die darauf abzielen, die Zusammenarbeit gegen durch Impfungen vermeidbare Krankheiten zu stärken«[8]

Bezeichnenderweise werden auch bei der Abkürzung die Risiken der Impfungen unterschlagen ...

Bereits vor Corona wurde eine solche Initiative gestartet und das digitale COVID-Zertifikat kann als Testlauf dieses Projektes betrachtet werden. Entgegen der Beschreibung der Erleichterung des Reisens führte dieses Zertifikat dazu, dass diejenigen, die sich der Behandlung mit den COVID-19-Injektionen nicht unterzogen, nicht nur nicht reisen durften, sondern auch anderweitig vom gesellschaftlichen Leben ausgeschlossen wurden.

Und dieser Ausschluss der nicht Geimpften war ebenfalls politisch und nicht medizinisch begründet. Das ergibt sich aus dem Protokoll vom 5.11.2021. Das RKI hält hinsichtlich der spaltenden und teils extremen Unmut gegenüber nicht Geimpften verursachenden Behauptung der »Pandemie der Ungeimpften« fest, dass diese Aussage aus fachlicher Sicht nicht korrekt sei. Die Gesamtbevölkerung trage zur Entwicklung bei. Es wurde die Frage gestellt, ob dies kommuniziert werden solle. Einige Zeilen später findet sich die Aussage »`Sagt Minister bei jeder Pressekonferenz, vermutlich bewusst, kann eher nicht korrigiert werden.`«

Zur Frage des Risikos Geimpfter im Vergleich zu Genesenen wird im Protokoll vom 3.1.2022 dokumentiert, dass der »`breite Abstimmungsprozess mit verschiedenen Fachgremien[…] zu anderem Ergebnis als Beschluss der politischen Gremien`« führte. Es wird die Anregung gegeben, dass bei Veröffentlichungen zukünftig klar kommuniziert werden solle, »`dass es nicht mehr um rein fachliche Empfehlung des RKI, sondern um Beschlüsse der GMK/BMG/politischer Ebene handelt, die entschieden (sic!)`«.

Offensichtlich konnte sich das RKI mit seiner Anregung, dass klar kommuniziert werden solle, dass es sich um Entscheidungen politischer Natur handele, nicht durchsetzen: Der Bevölkerung gegenüber wurde im Gegenteil immer kommuniziert, dass es sich um Entscheidungen handele, die von »der Wissenschaft« vorgegeben wurden. Über allem stand das Schlagwort »Follow the Science«.

Angesichts der vorliegenden RKI-Files liegt die Schlussfolgerung nahe, dass die Bevölkerung hier – bewusst – getäuscht wurde – es war anzunehmen, dass die Bevölkerung eher gewillt war, von der Wissenschaft als zwingend bezeichnete Vorgaben einzuhalten als Vorgaben, die auf »willkürlichen politischen Werten« beruhen. (Protokoll vom 7.4.2021)[9].

Im Hinblick auf die Zukunft und möglicherweise bevorstehende Pandemien – am 14.8.2024 erklärte der Generaldirektor der WHO, Tedros Ghebreyesus, den internationalen Gesundheitsnotstand (PHEIC) für MPox (ehemals Affenpocken) mit entsprechender Reaktion der Medien, und auch für die Vogelgrippe H5N1 und eine erneute Corona-Welle mit neuen Varianten sind die Chancen auf einen Gesundheitsnotstand von internationaler Tragweite nicht zu verachten – stimmt mich besonders eine weitere entschwärzte Aussage sehr besorgt. Im Protokoll vom 15.04.2020 erfährt der Leser der Protokolle, dass »EMA und Pfizer überlegen, ob sie ggf. die **Phase III Studien auslassen und direkt in eine breite Anwendung gehen**«. *(Hervorhebungen von der Verfasserin)*

In diesem Fall könnten die Injektionen schneller als in 12 bis 18 Monaten nach Beginn der klinischen Prüfung Phase I zur Verfügung stehen – die klinische Studie Phase I mit Comirnaty von BioNTech hatte im April 2020 begonnen.

Dagegen scheint das RKI keine Einwände erhoben zu haben, denn es folgt die Schlussfolgerung, dies bedeute für das RKI, »gute Risikokommunikation und entsprechende Post Marketing Surveillance, damit man wesentliche Impfkomplikationen schnell erkennt«.

Bedenklich ist hier der zum Ausdruck kommende Wille und die Bereitschaft der EMA (European Medicines Agency – Europäische Arzneimittelagentur), möglicherweise trotz und damit entgegen genau definierter Anforderungen in den Zulassungsvorschriften für bedingte Zulassungen auf die erforderlichen klinischen Studien der Phase III vor Erteilung der bedingten Zulassung zu verzichten. In letzter Konsequenz hat die EMA dies getan – denn die bis November 2020 vorliegenden Zwischenergebnisse der Phase-III-Studie von Pfizer waren im Wesentlichen mit einem Wirkstoff erzielt worden, der ausschließlich für die klinischen Studien hergestellt worden war.[10] Dessen Herstellungsprozess war erheblich teurer und sauberer als der Herstellungsprozess des für die kommerzielle Herstellung verwendeten Wirkstoffs. Letzteren hatten in der klinischen Studie Phase III gerade einmal etwas mehr als 200 Studienteilnehmer von über 20.000 erhalten.

Für die Zukunft zeichnet dies deshalb einen beängstigenden Weg, weil mit der derzeit durchgeführten umfassenden Revision des europäischen Arzneimittelrechts in Pandemiezeiten die Möglichkeit einer »befristete(n) Notfallzulassung« geschaffen werden soll. Die Voraussetzungen für deren Erteilung werden weitestgehend schwammig formuliert – mit dem Ergebnis, dass die Voraussetzungen Kaffeesatzlesen gleichkommen. Eine befristete Notfallzulassung soll – nach derzeitigem Stand im Juli 2024 – bereits vor Vorlage der vollständigen

- Qualitäts-,
- nichtklinischen,
- klinischen und
- Umweltdaten und -informationen

erteilt werden können. Erforderlich ist, dass der wissenschaftliche Ausschuss der EMA zu der Auffassung gelangt, dass das Arzneimittel bei der Behandlung, Prävention oder Diagnose der betreffenden Erkrankung wirksam sein könnte und die bekannten und potenziellen Wirkungen des Produktes die bekannten und potenziellen

Risiken des Produktes unter Berücksichtigung der Bedrohung der öffentlichen Gesundheit überwiegen.[11]

Wie kann eine solche Frage bei unvollständigen Unterlagen beantwortet werden?

Ich kann Ihnen nur ans Herz legen: Seien Sie wachsam bei der nächsten Pandemie oder der nächsten gesundheitlichen Notlage von internationaler Tragweite und informieren Sie sich genau über das, was Ihnen von offizieller Seite als heilbringende Lösung für das kommunizierte Problem offeriert wird!

1 https://www.rki.de/DE/Content/InfAZ/C/COVID-19-Pandemie/Protokolle_DSGVO.html , zuletzt abgerufen am 16.8.2024

2 https://x.com/Martin_Sichert/status/1823734045630718291/photo/1 , zuletzt abgerufen am 16.8.2024

3 Eine umfassende Analyse der bis zum April 2021 veröffentlichten Protokolle mit Gegenüberstellungen zwischen Expertenmeinungen des RKI und offiziellen Stellungnahmen der Bundesregierung findet sich im Buch von Dr. Bodo Schiffmann, Das entschwärzte Verbrechen, 2024, www.rki-buch.de , zuletzt abgerufen am 16.8.2024

4 https://www.rki-transparenzbericht.de , zuletzt abgerufen am 20.08.2024

5 https://www.rki-transparenzbericht.de

6 https://www.rki-transparenzbericht.de – wie auch alle nachfolgenden Zitate

7 https://euvabeco.eu/news/european-vaccination-card-evc-a-citizen-held-card-to-foster-informed-decision-making-on-vaccination-and-improve-continuity-of-care-across-the-eu/ , zuletzt abgerufen am 20.8.2024

8 Empfehlung des Rates vom 7. Dezember 2018 zur verstärkten Zusammenarbeit bei der Bekämpfung von durch Impfung vermeidbaren Krankheiten (2018/C 466/01) (Übersetzung durch die Autorin); https://eur-lex.europa.eu/legal-content/DE/TXT/PDF/?uri=CELEX:32018H1228(01) , zuletzt abgerufen am 16.8.2024

9 https://www.rki-transparenzbericht.de

10 s. Beurteilungsbericht der EMA in 2. Korrekturfassung v. 19.2.2021, EMA/707383/2020 Corr.2, S. 137, https://www.ema.europa.eu/en/documents/assessment-report/comirnaty-epar-public-assessment-report_en.pdf, zuletzt abgerufen am 16.8.2024 : »Efficacy, safety and immunogenicity was demonstrated using clinical batches of vaccine (Process 1). The commercial batches are produced using a different process (Process 2)«

11 Art. 31 des Vorschlages für eine Verordnung des Europäischen Parlaments und des Rates zur Festlegung der Verfahren der Union für die Zulassung und Überwachung von Humanarzneimitteln und zur Festlegung von Vorschriften für die Europäische Arzneimittel-Agentur, https://eur-lex.europa.eu/legal-content/EN/TXT/?uri=CELEX:52023PC0193, zuletzt abgerufen am 16.8.2024; Anmerkung: Es gibt eine Diskrepanz in dem Wortlaut der englischen und der deutschen Fassung: Während die englische – und damit ausschlaggebende – Fassung lautet »[...] that the medicinal product could be effective in treating, preventing or diagnosing the disease« steht in der deutschen Fassung »dass das Arzneimittel die Erkrankung oder das Leiden [...] wirksam behandeln, verhindern oder diagnostizieren kann«. Ich habe mich hier für den in der englischen Fassung verwendeten Konjunktiv entschieden, da dieser nach europäischem Recht in der vorrangig zu verwendenden Fassung enthalten ist.

# EINLEITUNG

Ende Dezember 2019 erfährt die Welt vom Ausbruch eines »neuartigen« Coronavirus in Wuhan, China. Einen Monat später, am 30. Januar 2020, erklärt der Generaldirektor der Weltgesundheitsorganisation (WHO), Tedros Adhanom Ghebreyesus, den Ausbruch des »SARS-CoV-2-Virus« zur »Gesundheitlichen Notlage von internationaler Tragweite«.[1] Trotz dieser Klassifikation durch den Generaldirektor der WHO geht das Leben in Deutschland zunächst unverändert weiter. Man macht sich einstweilen keine großen Sorgen – China ist weit weg. Ende Januar 2020 haben laut einer Umfrage nur circa 12 % der Bevölkerung Angst vor einer Ansteckung mit dem neuen Coronavirus.[2]

Anfang Februar 2020 verkündet der »Chef-Virologe« der Bundesregierung, Prof. Christian Drosten, beruhigend:

> »Ich glaube, dass der normale Fall gerade bei nicht grunderkrankten Personen eher ein milder Verlauf ist. Die Patienten, die man bis jetzt in Europa oder auch USA gesehen hat, die waren im Vergleich dazu viel weniger krank. Die hatten mehr eine Erkältungskrankheit.«[3]

Allerdings werden bereits ab Anfang Februar 2020 unterschwellig immer wieder Informationen über das neuartige Coronavirus in den Medien thematisiert. Wesentliche Information dabei ist, dass es aufgrund der Neuartigkeit des Virus keine Behandlungsmöglichkeiten gebe, weder Therapeutika noch Impfstoffe.

Von Beginn an wird der Fokus der Berichterstattung auf die Impfstoffentwicklung gelegt. Am 7. Februar 2020 veröffentlicht der

> Anfang Februar 2020 verkündet der »Chef-Virologe« der Bundesregierung, Prof. Drosten, Corona sei mehr eine Erkältungskrankheit.

*Spiegel* ein Interview mit dem »Wissenschaftler Jeremy Farrar« unter der Überschrift »Ein Impfstoff wird zu spät kommen«.[4] Farrar wird mit der Aussage zitiert, dass er davon ausgehe, ein Impfstoff gegen SARS-CoV-2 werde aufgrund seiner raschen Verbreitung »zu spät kommen [...], um die drohende globale Ausbreitung der Seuche zu verhindern«.

Eine solche Aussage eines »Seuchenexperten« wiegt natürlich schwer – dabei kann dann leicht übersehen werden, dass unter seinem im Interview abgebildeten Bild die Information zu finden ist, dass der Infektiologe Farrar den *Wellcome Trust* leitet, eine Stiftung, die sich wie die *Bill & Melinda Gates Foundation* (BMGF) der Förderung medizinischer Forschung verschrieben hat.

Am 26. Februar 2020 richten Gesundheitsminister Jens Spahn und Innenminister Horst Seehofer den »im Pandemieplan des Bundes vorgesehenen«[5] »Corona-Krisenstab« unter Beteiligung der beiden Ministerien ein.[6] Jens Spahn verkündet: »Wir befinden uns am Beginn einer Corona-Epidemie in Deutschland.«[7]

Bei der Bundespressekonferenz, die Gesundheits- und Innenminister gemeinsam absolvieren, erläutert er, Ziel sei, »die Bevölkerung so gut wie möglich zu schützen« und die »Epidemie so weit wie möglich einzudämmen«. (ab Minute 1:23) In dieser Pressekonferenz fällt auch bei Minute 1:30 das beunruhigende Wort »Krise«.[8] Der Bundesinnenminister wiederum verspricht, »das Menschenmögliche zum Schutz der Bevölkerung zu tun, ohne dass [er] absoluten Schutz versprechen« könne.[9]

Der »Erfolg« der Informationspolitik in den Medien lässt sich an einem Umfrageergebnis zur Angst vor Ansteckung mit dem Coronavirus Ende Februar ablesen: Immerhin 22 % der Bevölkerung fürchten sich nun vor einer Ansteckung mit dem Coronavirus.[10] Das drückt sich unter anderem durch vermehrte Hamsterkäufe aus, die Ende Februar, Anfang März 2020 beginnen.

Trotz der »Epidemie-Verkündung« betont der »Chef-Virologe« Prof. Drosten noch am 2. März 2020, dass es sich bei der durch das neuartige Virus verursachten Erkrankung »Corona« um eine »milde Erkrankung« handle und dass es »keinen Grund zur Panik« gebe.[11]

Parallel zur Beruhigung der Bevölkerung, nicht in Panik zu verfallen, treffen die Verantwortlichen in der Politik bereits Vorbereitungen für mögliche Gegenmaßnahmen in Deutschland. Basierend zunächst auf einem in den Jahren 2016/2017 erstellten »Nationalen Pandemieplan«[12], der auf Strukturen und Maßnahmen für eine mögliche Influenza-Pandemie ausgerichtet war, arbeitet das Robert Koch-Institut (RKI) bereits eine »Ergänzung zum Nationalen Pandemieplan – COVID-19 – neuartige Coronaviruserkrankung« in »Vorbereitung auf Maßnahmen in Deutschland« aus, die es am 4. März 2020 vorlegt.[13]

Am 11. März 2020 ändert sich die Situation schlagartig: Der WHO-Generaldirektor Tedros Ghebreyesus erklärt an diesem Tag den Ausbruch des SARS-CoV-2-Virus zu einer weltweiten Pandemie, der Corona-Pandemie.[14]

Für die Menschen in Deutschland ist dies das Datum, ab dem die Corona-Pandemie in den Fokus ihres Lebens tritt und sie so schnell nicht wieder loslassen wird. Unübersehbar und allzeit präsent läuft mit dem Datum 11. März 2020 mit Vehemenz die »Maschinerie« der Pandemie-Gegenmaßnahmen an.

Bereits am selben Tag äußert Bundeskanzlerin Angela Merkel in einer Pressekonferenz, die sie gemeinsam mit Bundesgesundheitsminister Jens Spahn und Prof. Lothar Wieler, dem damaligen Präsidenten des RKI, abhält:

> »Wenn das Virus da ist und noch keine Immunität der Bevölkerung gegenüber diesem Virus vorliegt, keine Impfmöglichkeiten existieren, auch noch keine Therapiemöglichkeiten, dann wird ein hoher Prozentsatz der Bevölkerung – Experten gehen von 60 Prozent bis 70 Prozent aus – infiziert, solange dieser Zustand so bleibt. Deshalb wird ja auch [...] so intensiv an Therapiemöglichkeiten und Impfstoffen gearbeitet.«[15]

Emmanuel Macron im März 2020: »Wir sind im Krieg!«

Der *Spiegel* zitiert den französischen Staatspräsidenten Emmanuel Macron am 16. März 2020: »Wir sind im Krieg, wir kämpfen nicht gegen eine Armee, nicht gegen eine andere Nation, aber wir sind im Krieg.«[16] Dass die Wortwahl, man befinde sich »im Krieg«, nicht nur als Metapher, sondern sogar wörtlich zu verstehen sein sollte, wird schrittweise erst in den folgenden drei Jahren deutlich ...

Kurz nach dieser Äußerung von Macron in Frankreich vermittelt in Deutschland Lothar Wieler der Bevölkerung am 18. März 2020, dass sie keine andere Wahl habe, als die Maßnahmen der Regierung einzuhalten. Experten gingen davon aus, dass sich »60 bis 70 Prozent der Bevölkerung mit dem Virus infizieren« könnten, »wenn die Maßnahmen der Regierung nicht eingehalten« würden. Das entspreche bei gut 83 Millionen Einwohnern etwa 50 bis 58 Millionen Menschen.[17]

RKI-Präsident Lothar Wieler: »Die Bevölkerung hat keine andere Wahl, als die Maßnahmen einzuhalten.«

Und auch Bundeskanzlerin Angela Merkel appelliert am gleichen Tag in einer Fernsehansprache an die Bevölkerung[18], dass es auf jeden ankomme, Solidarität gefragt und niemand verzichtbar sei. Die Epidemie zeige, wie verwundbar und abhängig »vom rücksichtsvollen Verhalten anderer« wir seien (Minute 8:13). Am besten seien »kaum noch Kontakte zu den ganz Alten, weil sie eben besonders gefährdet« seien (Minute 8:50). Im Moment sei »nur Abstand Ausdruck von Fürsorge« (Minute 9:16). Es habe »seinen Grund, wenn die Experten sagen, Großeltern und Enkel sollten nicht zusammenkommen« (Minute 9:33). Zudem solle man »keinen Gerüchten [...], sondern nur den offiziellen Mitteilungen« glauben (ab Minute 10:42).

Angela Merkel: »Abstand ist ein Ausdruck von Fürsorge!«

Während der nächsten Monate liegt ein Fokus der Berichterstattung auf der Entwicklung eines Impfstoffes gegen die Erkrankung. Dabei wird immer wieder vollkommen richtig betont, dass bei der Entwicklung von Arzneimitteln hohe Sicherheitsstandards gelten. Soweit man könne, würde man Verfahren beschleunigen, so die damalige Bundesforschungsministerin Anja Karliczek.[19] Lothar Wieler wird von der *Süddeutschen Zeitung* zitiert mit den Worten: »Ich persönlich schätze es als realistisch ein, dass es im Frühjahr 2021 sein wird [...] Wir müssen ein Sicherheitsprofil haben. Impfstoffe können ja Nebenwirkungen haben [...].« Klinische Testphasen könne man daher nicht verkürzen.

Am 12. April 2020 strahlt die ARD in den *Tagesthemen* ein Interview mit Bill Gates aus, in dem der Moderator Ingo Zamperoni folgende Aussage trifft: »Es wird immer deutlicher, dass wir trotz aller Anstrengungen die Pandemie nur in den Griff bekommen werden, wenn wir einen Impfstoff entwickeln.«[20] Daraufhin ergänzt Bill Gates die Aussage:

> »Normalerweise dauert es etwa fünf Jahre, einen neuen Impfstoff zu entwickeln [...] Und wir sind jetzt dabei, diese Zeitspanne auf rund 18 Monate zu komprimieren. Wenn alles super läuft, geht es vielleicht noch schneller.« (ab ca. Minute 3:23) »Wir werden den zu entwickelnden Impfstoff letztendlich sieben Milliarden Menschen verabreichen. Da können wir uns keine Probleme mit bedrohlichen Nebenwirkungen leisten.« (ab ca. Minute 4:26) »Und doch werden wir die Entscheidungen zum Einsatz eines neuen Impfstoffes auf einer geringeren Datengrundlage als sonst fällen, damit wir schnelle Fortschritte erzielen [...] Zu der Normalität vor Corona werden wir erst dann zurückkehren können, wenn wir entweder ein Wundermittel gefunden haben, das in 95 % der Fälle hilft, oder wenn wir einen Impfstoff entwickelt haben.« (ab Minute 4:34) »Langfristig wird die Produktion so hochgefahren, dass alle Menschen auf unserem Planeten damit geimpft werden können.« (ab Minute 7:15)

Bill Gates im April 2020: »Wir werden den zu entwickelnden Impfstoff letztendlich sieben Milliarden Menschen verabreichen!«

Bill Gates war sicher einer der »kompetentesten« Gesprächspartner, die in den *Tagesthemen* zu Wort kommen konnten (Ironie off). Schließlich hatte er anlässlich des »Event 201« am 19. Oktober 2019 mit seiner BMGF, dem *Weltwirtschaftsforum* (*World Economic Forum*; WEF) und dem *Johns Hopkins Center for Health Security* eine Übung mit folgendem Szenario organisiert: Ein neuartiges zoonotisches Coronavirus wird von Fledermäusen auf Schweine und dann auf Menschen übertragen, schließlich von Mensch zu Mensch übertragbar und führt zu einer schweren Pandemie.[21]

Ziel der Übung war die Identifizierung derjenigen Bereiche, in denen öffentlich-private Zusammenarbeit (Public-private Partnership – PPP) im Falle einer ernsten Pandemie vonnöten sei, »um weitreichende ökonomische und soziale Folgen abzumildern«. Teilnehmer waren neben Vertretern der Organisatoren unter anderem auch ein Vertreter des *Chinese Center for Disease Control and Prevention*.

Die in diesem Interview von Bill Gates geäußerten Hoffnungen auf millionenfache Injektionen erfüllen sich: Für die EU- und EWR-Staaten werden ab dem 21. Dezember 2020 für folgende Injektionen auf mRNA- bzw. Vektorbasis bedingte Zulassungen – und zunächst keine regulären Zulassung (!) – erteilt:

— *Comirnaty®* von *BioNTech/Pfizer* wird am 21. Dezember 2020 bedingt zugelassen[22],
— die bedingte Zulassung für *Spikevax®* (vorher *COVID-19 Vaccine Moderna®*) von *Moderna* wird am 6. Januar 2021 erteilt[23],
— *Vaxzevria®* (vorher *COVID-19 Vaccine AstraZeneca®*) von *AstraZeneca* erhält die bedingte Zulassung am 29. Januar 2021[24] und
— *JCOVDEN®* (vorher *COVID-19 Vaccine Janssen®)* von *Johnson & Johnson*, Zulassungsinhaber *Janssen-Cilag*, folgt am 11. März 2021[25].

Mittlerweile wissen wir, dass die neuartigen, genbasierten Injektionen schwerste Nebenwirkungen bis hin zu Todesfällen verursacht haben und verursachen. Das Paul-Ehrlich-Institut (PEI), eine der beiden für die Arzneimittelzulassung und Überwachung von Arzneimitteln zuständigen Bundesoberbehörden, schreibt auf seiner Website bei den FAQ zu den COVID-19-Injektionen: »Die Anforderungen an die Unbedenklichkeit von COVID-19-Impfstoffen sind die gleichen wie für jeden anderen Impfstoff in der EU und werden auch in der Pandemie nicht gesenkt.«

Bei dieser Darstellung stellen sich zwei Fragen:

1. Wenn die Anforderungen an die Unbedenklichkeit von COVID-19-Injektionen »die gleichen wie für jeden anderen Impfstoff« sind, wie kommt es dann, dass die Nebenwirkungsraten bei den COVID-19-Injektionen um ein Vielfaches höher sind als die Nebenwirkungsraten der herkömmlichen Impfstoffe?
2. Wie kann es sein, dass an neuartige Impfstoffe die gleichen Anforderungen gestellt werden wie an jeden anderen Impfstoff? Müssten für neuartige Impfstoffe nicht mangels Erfahrungen strengere Anforderungen gelten?

Forderungen nach Aufarbeitung der Geschehnisse während der Pandemie werden abgewiegelt. Man habe Fehler gemacht, ja, aber man habe es ja nicht besser gewusst. Das gilt sowohl für die Unwirksamkeit der Maßnahmen als auch für die Unwirksamkeit und Bedenklichkeit der neuartigen, experimentellen Injektionen. Aber stimmt das? Oder wusste man doch Bescheid oder hätte es zumindest wissen müssen?

Es gibt zahlreiche Belege dafür, die die Ausrede »Wir haben es nicht besser gewusst« als das erscheinen lassen, was sie ist: eine Ausrede ohne jegliche Substanz, die nur davon lebt, dass die Adressaten der Ausrede sie glauben.

Ich werde in meiner Ausarbeitung den Fragen nachgehen, wie es zu dem weltweit einheitlichen Vorgehen kam, welche Maßnahmen in Deutschland und der EU getroffen wurden, um die

Bevölkerung auf die »Heil bringenden Injektionen« einzuschwören, welche – auch gesetzgeberischen Maßnahmen – zur Beschleunigung der Verfahren und Erleichterung der Erteilung der bedingten Zulassungen getroffen wurden, auf welcher Datengrundlage die bedingten Zulassungen erteilt wurden und welche Weichenstellungen während der Corona-Pandemie getroffen wurden und nach wie vor werden, um – wie Bill Gates es ausdrückte – auf die nächste Pandemie besser vorbereitet zu sein. Und dabei wird sich herausstellen, dass die Verantwortlichen viel mehr wussten, als sie zugeben.

Die Katastrophe der Impfnebenwirkungen hätte vermieden werden können!

Mein Buch richtet sich an alle, die mehr über die Hintergründe der Ausrichtung der Bevölkerung auf die Impfung und die Zulassungsentscheidungen in Bezug auf die COVID-19-Impfungen erfahren wollen. Es soll der Aufklärung über die tatsächlichen Lücken in den Nachweisen zur Wirksamkeit und Sicherheit der modRNA-Injektionen dienen und eine Orientierung für zukünftige genbasierte mRNA-Impf-Entscheidungen geben.

Zugleich kann es die juristische Aufarbeitung im Rahmen unterschiedlicher Gerichtsverfahren zivilrechtlicher Natur und die Abwehr von Straf- und Bußgeldverfahren gegen Betroffene unterstützen.

Dieses Buch ist gedacht für

- Menschen, die sich im guten Glauben haben impfen lassen und jetzt von gesundheitlichen Folgen betroffen sind,
- Menschen, die aufgrund ihrer Weigerung, sich die Injektion verabreichen zu lassen, wie Soldaten und Mitarbeiter im Gesundheitswesen, straf- und bußgeldrechtlich sanktioniert wurden und werden,
- alle, die ihren Arbeitsplatz bzw. ihre wirtschaftliche Existenz verloren haben, weil sie sich gegen eine Injektion entschieden haben,

— Ärzte, die ihren Patienten Impfunfähigkeitsbescheinigungen ausgestellt haben und deshalb strafrechtlich belangt werden,
— Ärzte und Wissenschaftler, die sich gezwungen sahen, das Land zu verlassen, weil sie die Bevölkerung über die Gefahren der Injektionen aufgeklärt haben und deshalb verfolgt wurden und werden,
— Menschen, die sich aus Verzweiflung einen Impfpass besorgt haben, ohne die Injektion erhalten zu haben,
— Ärzte, die sich ihrem Eid gemäß entschieden haben, ihr »medizinisches Wissen *nicht* zur Verletzung von Menschenrechten und bürgerlichen Freiheiten anzuwenden« und »ihren Beruf nach bestem Wissen und Gewissen, mit Würde und im Einklang mit guter medizinischer Praxis« auszuüben,
— Anwälte, die durch die Injektionen Geschädigte vertreten,
— alle diejenigen, die wegen ihrer Entscheidung gegen die Injektion ausgegrenzt, beschimpft, diffamiert und mundtot gemacht wurden,
— und schließlich alle, die vielleicht zu keiner dieser Gruppen gehören – und dennoch Betroffene sind.

Ich wünsche mir, dass dieses Buch bei der Durchsetzung der Ansprüche und der Verteidigung all dieser Menschen hilfreich ist.

1 https://www.who.int/europe/emergencies/situations/covid-19

2 https://www.merkur.de/welt/coronavirus-stuttgart-db-bahn-nrw-deutschland-zug-krisenstab-infektion-sars-cov-2-verdacht-zr-13561514.html

3 https://www.deutschlandfunknova.de/beitrag/virologie-christian-drosten-keine-sorge-fuer-normalbuerger

4 https://www.spiegel.de/wissenschaft/medizin/coronavirus-ein-impfstoff-wird-zu-spaet-kommen-sagt-seuchenexperte-a-00000000-0002-0001-0000-000169356850

5 Bundespressekonferenz am 27.2.2020, https://www.youtube.com/watch?v=Ibp4yEnOZvY, ca. Minute 1:12

6 https://www.bundesregierung.de/breg-de/themen/coronavirus/krisenstab-eingerichtet-1726070

7 https://www.tagesspiegel.de/politik/wir-befinden-uns-am-beginn-einer-corona-epidemie-7361752.html

8 Bundespressekonferenz am 27.2.2020, https://www.youtube.com/watch?v=Ibp4yEnOZvY

9 https://www.bmi.bund.de/SharedDocs/kurzmeldungen/DE/2020/02/coronavirus-bpk.html

10 https://www.merkur.de/welt/coronavirus-stuttgart-db-bahn-nrw-deutschland-zug-krisenstab-infektion-sars-cov-2-verdacht-zr-13561514.html

11 https://www.zdf.de/nachrichten/heute-sendungen/videos/coronavirus-milde-erkrankung-100.html

12 https://www.gmkonline.de/documents/pandemieplan_teil-i_1510042222_1585228735.pdf

13 https://www.rki.de/DE/Content/InfAZ/N/Neuartiges_Coronavirus/Ergaenzung_Pandemieplan_Covid.pdf?__blob=publicationFile

14 https://www.who.int/europe/emergencies/situations/covid-19

15 https://www.bundesregierung.de/breg-de/suche/pressekonferenz-von-bundeskanzlerin-merkel-bundesgesundheitsminister-spahn-und-rki-chef-wieler-1729940

16 https://www.spiegel.de/ausland/coronavirus-in-frankreich-wir-sind-im-krieg-a-50b0dce2-6f7e-4cba-bda1-87fe05bfc7ca

17 https://www.tagesschau.de/inland/corona-rki-101.html

18 https://www.youtube.com/watch?v=4YS20YQbVE4

19 https://www.sueddeutsche.de/gesundheit/krankheiten-berlin-rki-impfstoff-gegen-corona-im-fruehjahr-2021-realistisch-dpa.urn-newsml-dpa-com-20090101-200318-99-380626

20 https://www.youtube.com/watch?v=083Vjebhzgl, ab Minute 3:10

21 https://centerforhealthsecurity.org/our-work/tabletop-exercises/event-201-pandemic-tabletop-exercise

22 https://ec.europa.eu/health/documents/community-register/html/h1528.htm

23 https://ec.europa.eu/health/documents/community-register/html/h1507.htm

24 https://ec.europa.eu/health/documents/community-register/html/h1529.htm

25 https://ec.europa.eu/health/documents/community-register/html/h1525.htm

TEIL I

»DIE IMPFUNG
IST DER
EINZIGE WEG AUS
DER PANDEMIE« –
VORBEREITUNG
DES RECHTLICHEN
INSTRUMENTARIUMS
UND AUSRICHTUNG
DER BEVÖLKERUNG

Von der Öffentlichkeit meist unbemerkt – schließlich sind die Menschen damit beschäftigt, sich nicht mit dem hochansteckenden Virus SARS-CoV-2 anzustecken und gesund zu bleiben –, ergreifen WHO, EU-Organe, Regierungen, Gesundheitsbehörden und Gesundheitsorganisationen in einer groß angelegten öffentlich-privaten Partnerschaft (Public-private Partnership, PPP) die Maßnahmen des Pandemiemanagements – alles unter der »Oberaufsicht« der WHO.

## 1 DIE WHO UND IHR GENERALDIREKTOR ALS »DIRIGENT« DER REAKTION AUF DEN SARS-COV-2-AUSBRUCH

Die Internationalen Gesundheitsvorschriften (IGV) der WHO sind die Basis für das konzertierte Vorgehen während der Pandemie.

Wie viele andere habe ich mich gefragt, wie es kommt, dass die meisten der Länder dieser Erde in Bezug auf die von der WHO erklärte Corona-Pandemie »wie aus einem Mund sprechen« und »wie aus einer Hand handeln«. Bei der Recherche zur Beantwortung meiner Frage stieß ich auf die Internationalen Gesundheitsvorschriften (IGV; International Health Regulations) der WHO von 2005.[1]

Gemäß ihrem Art. 2 dienen die IGV dazu, »die internationale Ausbreitung von Krankheiten zu verhindern, davor zu schützen, sie zu kontrollieren und eine Reaktion der öffentlichen Gesundheit darauf zu ermöglichen [...]«. Sie wurden von 196 Staaten, darunter die 194 WHO-Mitgliedstaaten, unterzeichnet und traten am 15. Juni 2007 in Kraft. Dabei verpflichteten sich die Staaten, die Regelungen der IGV jeweils in nationales Recht umzusetzen.

## 1.1 UMSETZUNG DER INTERNATIONALEN GESUNDHEITSVORSCHRIFTEN (IGV) IN DEUTSCHLAND

Die Umsetzung in Deutschland geschah – unbemerkt von der Öffentlichkeit – im Jahr 2007 mit dem Gesetz zu den Internationalen Gesundheitsvorschriften (G-IGV) vom 20. Juli 2007[2] und der IGV-Durchführungsverordnung (IGV-DVO) vom 21. März 2013[3]. Beide wurden mit Zustimmung des Bundesrates erlassen und traten gemeinsam am 29. März 2013 in Kraft.

Die Internationalen Gesundheitsvorschriften (IGV) sind bereits seit 2013 in Deutschland implementiert.

Innerhalb von fünf Jahren nach Inkrafttreten der IGV (2007) waren die Staaten verpflichtet, Risikoanalysen zu erstellen und Ressourcen und Mechanismen zu schaffen. Dementsprechend präsentierte die Bundesregierung Anfang 2013 einen 2012, ein Jahr vor Inkrafttreten des G-IGV und der IGV-DVO, erstellten »Bericht zur Risikoanalyse im Bevölkerungsschutz 2012«[4].

Es wurden zwei Szenarien behandelt: Eine Hochwasserkatastrophe durch Schmelzwasser und eine »Pandemie durch ein Virus Modi-SARS«. Das Pandemieszenario beschreibt eine von Asien ausgehende, weltweite Verbreitung eines hypothetischen neuen Virus, des Modi-SARS-Virus. Vor Warnung durch die WHO reisen mehrere Personen nach Deutschland ein, was aufgrund einer großen Anzahl an Kontaktpersonen und der hohen Infektiosität des Erregers zu einer schnellen Verbreitung der Infektion führt.[5]

Interessanterweise wird bereits in Art. 5 des G-IGV, das ebenso wie das Grundgesetz »Artikel« und keine »Paragraphen« hat, Folgendes geregelt:

> Durch dieses Gesetz in Verbindung mit den Internationalen Gesundheitsvorschriften (2005) (IGV) werden die Grundrechte der körperlichen Unversehrtheit (Artikel 2 Abs. 2 Satz 1 des Grundgesetzes), der Freiheit der Person (Artikel

> 2 Abs. 2 Satz 2 des Grundgesetzes), des Brief- und Postgeheimnisses (Artikel 10 des Grundgesetzes) und der Freizügigkeit (Artikel 11 Abs. 2 des Grundgesetzes) eingeschränkt. Diese Grundrechte können auch durch die Rechtsverordnungen nach Artikel 4 eingeschränkt werden.

Die in Bezug genommenen »Rechtsverordnungen nach Artikel 4« beinhalten bereits im Jahr 2013 Ermächtigungen des Gesundheitsministeriums, in Konsultation mit anderen Ministerien Verordnungen (VO) zur Durchführung der IGV zu erlassen, wobei sich der Inhalt dieser Ermächtigungen an den in den IGV enthaltenen Verpflichtungen der Staaten orientiert (s. S. 29). Es handelt sich zum Beispiel um folgende Regelungen, die Gegenstand einer VO des Bundesgesundheitsministeriums sein können:

> 1. Verfahren zur Auswahl und Benennung von Flughäfen und Häfen, die die in Anlage 1 IGV vorgesehenen Kapazitäten zu schaffen und aufrechtzuerhalten haben (Artikel 20 Abs. 1 IGV)
>
> 4. Verpflichtung von Reisenden, bei Ankunft oder Abreise Informationen über Zielort und Reiseroute zu geben (Artikel 23 Abs. 1 Buchstabe a IGV)
>
> 5. Verpflichtung von Reisenden, Gesundheitsdokumente vorzulegen (Artikel 35, 36 IGV)
>
> 6. die Fälle, in denen von Reisenden bei Ankunft und Abreise eine ärztliche Untersuchung verlangt wird (Artikel 23 Abs. 1 Buchstabe a Ziffer iii, Abs. 2 IGV)

Rechtliche Grundlagen für die erlebten Maßnahmen sind bereits seit 2013 im deutschen Recht verankert.

Seit 2013 sind somit die rechtlichen Grundlagen und die Überlegungen zu entsprechenden Maßnahmen, wie sie während der Corona-Pandemie ergriffen wurden, in allgemeiner Form bereits in unsere nationale Rechtsordnung übernommen worden.

## 1.2 REGELUNGSINHALT DER IGV

Abgesehen davon, dass die IGV umfangreiche Verpflichtungen der Unterzeichnerstaaten beinhalten, für Überwachungs-, Bewertungs- und Mitteilungsressourcen sowie für Mechanismen und finanzielle Ressourcen zu sorgen, die dann in Maßnahmen und Aktivitäten münden, wie wir sie in der Pandemie erlebt haben, sind mögliche Maßnahmen auch und gerade in Bezug auf den Reiseverkehr in ihnen beschrieben.

Die IGV enthalten zahlreiche Verpflichtungen für die Unterzeichnerstaaten, die sogenannten »Vertragsstaaten«. Die Hauptverpflichtung, die der Einstufung der IGV als »Völkerrecht« zugrunde liegt, ist die Verpflichtung der Vertragsstaaten, die IGV in ihr nationales Recht umzusetzen, sodass die Bestimmungen in 196 Staaten auch den Rang nationalen Rechts erhalten.

Wie oben beschrieben, wurden die IGV in Deutschland mit dem »Gesetz zu den Internationalen Gesundheitsvorschriften (2005) (G-IGV) vom 23.5.2005 (G-IGV)«, das am 20. Juli 2007 mit Zustimmung des Bundesrates verabschiedet wurde, in nationales Recht umgesetzt.

### VERPFLICHTUNGEN DER 196 VERTRAGSSTAATEN ZUR SCHAFFUNG VON KERNKAPAZITÄTEN FÜR ÜBERWACHUNG, REAKTION UND KOMMUNIKATION

Nach den Erläuterungen auf der WHO-Website werden die IGV als völkerrechtliches Instrument eingestuft und sind damit für 196 Vertragsstaaten verbindlich.[6] Die Vertragsstaaten sind damit rechtlich verpflichtet, nach den Bestimmungen der IGV zu handeln, die sie in die jeweiligen nationalen Gesetze umsetzen müssen.

Die IGV sind als völkerrechtliches Instrument für die Vertragsstaaten verbindlich.

Durch das rechtsverbindliche Instrument der IGV kann also gewährleistet werden, dass die Unterzeichnerstaaten in ihrer Reaktion auf auftretende Pandemien einheitlich vorgehen.

Einige der wichtigsten Verpflichtungen der 196 Staaten sind die folgenden:

1. Benennung oder Einrichtung einer »Nationalen IGV-Anlaufstelle« sowie der Behörden, die für die Durchführung von Gesundheitsmaßnahmen im Rahmen der IGV verantwortlich und zuständig sind (Art. 4);
2. Spätestens innerhalb von fünf Jahren nach Inkrafttreten der IGV (bis 2013) mussten die Staaten die Fähigkeit entwickeln, stärken und aufrechterhalten, Ereignisse im Bereich der öffentlichen Gesundheit im Einklang mit den IGV, Art. 5, zu erkennen, zu bewerten, zu benachrichtigen und zu melden, sowie die Fähigkeit, unverzüglich und wirksam auf Notfälle im Bereich der öffentlichen Gesundheit zu reagieren (Art. 13);
3. Bewertung von »Ereignissen, die eine gesundheitliche Notlage von internationaler Tragweite in seinem Hoheitsgebiet darstellen können«, innerhalb von 48 Stunden und Meldung an die WHO innerhalb weiterer 24 Stunden (Art. 6 Abs. 1). Ein »Ereignis« im Sinne dieser Bestimmung wird definiert als »Auftreten einer Krankheit oder ein Ereignis, das die Möglichkeit einer Krankheit schafft«.
   Die Verpflichtung ist also nicht auf das Auftreten einer Krankheit beschränkt, sondern bezieht sich auch auf jedes andere Ereignis, das ein Potenzial für eine Krankheit darstellen kann.
4. In Anhang 1 der IGV sind die »Kernkapazitätsanforderungen für Überwachung und Reaktion« festgelegt, die von den Vertragsstaaten geschaffen werden müssen. Die WHO erwartet von den Staaten, dass sie eine dreistufige Struktur für die Überwachung, Berichterstattung, Meldung, Überprüfung, Reaktion und Zusammenarbeit einrichten. Die drei Ebenen sind:

a) Kommunale Ebene: Erkennung und Meldung von Ereignissen sowie sofortige Durchführung erster Kontrollmaßnahmen,
b) Mittlere Ebene: Bestätigung des Status der gemeldeten Ereignisse, einschließlich Unterstützung oder Durchführung zusätzlicher Kontrollmaßnahmen und sofortige Bewertung der gemeldeten Ereignisse und deren Meldung an die nationale Ebene,
c) Nationale Ebene: Bewertung aller gemeldeten dringenden Ereignisse innerhalb von 48 Stunden an die WHO und Festlegung und anschließende Durchführung von Bekämpfungs- und Gesundheitsschutzmaßnahmen.
Zu den Bekämpfungs- und Gesundheitsschutzmaßnahmen gehört die Absonderung und Behandlung »betroffener Personen« von anderen Reisenden sowie die Beurteilung und Quarantäne »verdächtiger Reisender« vorzugsweise in Einrichtungen außerhalb des Einreiseortes (Anhang I B. 2. der IGV) durch Bereitstellung der erforderlichen Kernkapazitäten für bestimmte Flughäfen, Häfen und Bodenübergänge.
In Deutschland sind die mit den Kernkapazitäten ausgestatteten Flughäfen die Flughäfen Berlin-Brandenburg, Hamburg, Düsseldorf, Frankfurt und München.

Weiteres wichtiges Element der Kernkapazitätsanforderungen ist die Umsetzung einer effizienten Kommunikation mit allen Akteuren im Bereich der öffentlichen Gesundheit (Krankenhäuser, Kliniken, Flughäfen, Häfen, Grenzübergänge, Labors und andere wichtige Einsatzgebiete), um eine rasche Verbreitung aller WHO-Informationen und -Empfehlungen zu gewährleisten (Anhang I, A. Nr. 6f), sowie die Ausarbeitung, Durchführung und Pflege eines nationalen Notfallplans für den Bereich der öffentlichen Gesundheit (AnhangI, A. Nr. 6 g).

Alle diese Maßnahmen müssen rund um die Uhr gewährleistet sein.

## WESENTLICHE DEFINITIONEN INNERHALB DER IGV

Art. 1 IGV enthält zahlreiche Definitionen im Zusammenhang mit der Anwendung der IGV. Diese Definitionen wurden durch nationale Gesetze aller Vertragsstaaten in deren nationales Recht umgesetzt. Durch die Festlegung des seit 2013 geltenden G-IGV waren die Definitionen in Deutschland im Rahmen von Aktivitäten und Corona-Maßnahmen anwendbar. Einige der wichtigsten Definitionen sind:

1. Krankheit: Erkrankung oder ein medizinischer Zustand, ungeachtet des Ursprungs oder der Quelle, der einen erheblichen Schaden für den Menschen darstellt oder darstellen könnte.
2. Infektion: Bedeutet das Eindringen eines Krankheitserregers in den Körper bzw. dessen Entwicklung oder Vermehrung im Körper von Menschen und/oder Tieren, der ein Risiko für die öffentliche Gesundheit darstellen kann.
3. Invasiv: Punktion oder den Einschnitt in die Haut oder das Einführen eines Instruments oder Fremdmaterials in den Körper oder die Untersuchung einer Körperhöhle. Nicht als invasiv in diesem Sinn gelten die medizinische Untersuchung von Ohr, Nase und Mund, die Messung der Temperatur mit einem Ohr-, Mund- oder Hautthermometer oder mit einem Wärmebildgerät, die medizinische Untersuchung, das äußere Abtasten, die Retinoskopie, die äußere Entnahme von Urin-, Kot- oder Speichelproben, die äußere Messung des Blutdrucks und die Elektrokardiographie.
4. Absonderung: Trennung kranker oder kontaminierter Personen oder betroffener Gepäckstücke, Behältnisse, Transportmittel, Waren oder Postpakete von anderen in einer Weise, die eine Ausbreitung der Infektion oder Kontamination verhindert.
5. Risiko für die öffentliche Gesundheit: Wahrscheinlichkeit eines Ereignisses, das die Gesundheit der menschlichen Bevölkerung beeinträchtigen kann, wobei der Schwerpunkt auf einem Ereignis

liegt, das sich international ausbreiten oder eine ernste und unmittelbare Gefahr darstellen kann.

6. Betroffene Personen: »Personen [...], die infiziert oder kontaminiert sind oder Infektions- oder Kontaminationsquellen mit sich führen, sodass sie ein Risiko für die öffentliche Gesundheit darstellen.«
7. Verdächtige Personen: »Personen [...], die nach Auffassung eines Vertragsstaates einem Risiko für die öffentliche Gesundheit ausgesetzt waren oder möglicherweise ausgesetzt sind und die eine mögliche Quelle für die Verbreitung einer Krankheit sein könnten.
8. Quarantäne: »die Einschränkung der Aktivitäten und/oder die Trennung verdächtiger Personen, die nicht krank sind, oder verdächtiger Gepäckstücke, Behälter, Transportmittel oder Waren von anderen in einer Weise, die die mögliche Ausbreitung einer Infektion oder Kontamination verhindert«.

Die IGV sehen somit eine Quarantäne von Personen vor, die von einem Vertragsstaat verdächtigt werden, möglicherweise einem Risiko für die öffentliche Gesundheit ausgesetzt gewesen zu sein und daher möglicherweise eine Quelle für die Verbreitung von Krankheiten zu sein, ohne dass sie auch nur ein Krankheitsanzeichen zeigen.

Wie uns das bekannt vorkommt ...

Schon die IGV sehen Quarantäne von Menschen ohne Krankheitsanzeichen vor, lediglich aufgrund der Vermutung, sie könnten einem Risiko für die öffentliche Gesundheit ausgesetzt gewesen sein.

## DER GENERALDIREKTOR ALS »MÄCHTIGSTER MANN DER WELT« – VERFAHREN ZUR FESTSTELLUNG EINER GESUNDHEITLICHEN NOTLAGE VON INTERNATIONALER TRAGWEITE DURCH DEN GENERALDIREKTOR, ART. 12 (1)

Gemäß Art. 12 (1) der IGV ist der Generaldirektor die zuständige Instanz für die Feststellung einer gesundheitlichen Notlage von internationaler Tragweite, mit anderen Worten, einer Pandemie. Ein Entscheidungsschema zur Bewertung und Meldung von Ereignissen, die eine gesundheitliche Notlage von internationaler Tragweite darstellen können, findet sich in Anlage 2 der IGV.[7]

Grundlage der Entscheidung des Generaldirektors sind die Informationen, die der Vertragsstaat, in dessen Hoheitsgebiet das Ereignis eingetreten ist, an die WHO übermittelt hat (Art. 48 und 49 IGV).

Ist der Generaldirektor der Ansicht, dass ein Ereignis als gesundheitliche Notlage von internationaler Tragweite eingestuft werden könnte, berät er sich mit dem Vertragsstaat sowie mit dem »Notfallausschuss«. Diesen Ausschuss setzt der Generaldirektor auf der Basis des IGV-Expertenverzeichnisses selbst zusammen; der Generaldirektor bestimmt also seine Berater selbst.

Der WHO-Generaldirektor bestimmt die Besetzung des ihn beratenden Notfallausschusses. Es gibt keinen Überprüfungsmechanismus.

Theoretisch ist der Notfallausschuss ein Gremium, das Experten aus »allen einschlägigen Fachgebieten« (Art. 47) und gegebenenfalls beratenden Expertengremien der WHO umfasst. Mindestens ein Experte für den Notfallausschuss soll von dem Vertragsstaat benannt werden, in dessen Hoheitsgebiet sich das Ereignis ereignet hat. Die Dauer der Mitgliedschaft wird ebenfalls durch den Generaldirektor festgelegt (Art. 48).

Unabhängig davon, ob sich der Generaldirektor und der Vertragsstaat, in dessen Hoheitsgebiet das Ereignis eingetreten ist, über die Frage einig sind, ob dieses als gesundheitliche Notlage von internationaler Tragweite einzustufen ist, trifft der Generaldirektor die Entscheidung über die Einstufung nach Anhörung des Notfallausschusses (Art. 12 (2) und 12 (3)). Er hat dabei das Entscheidungsschema gemäß der Tabelle in Anhang 2 anzuwenden und

– die von dem Vertragsstaat vorgelegten Informationen,
– den Rat des Notfallausschussen sowie
– wissenschaftliche Grundsätze und verfügbare Informationen, seien es wissenschaftliche Beweise oder andere relevante Informationen

zu berücksichtigen.

Schließlich hat der Generaldirektor eine Bewertung des Risikos für die menschliche Gesundheit vorzunehmen sowie ein Einschätzung des Risikos einer internationalen Ausbreitung der Krankheit, einschließlich des Risikos, das sich aus dem internationalen Verkehr ergibt.

Die Beratung durch den Notfallausschuss ist für den WHO-Generaldirektor nicht bindend. Er entscheidet eigenständig.

Wichtig ist, dass die Stellungnahme des Notfallausschusses für den Generaldirektor *nicht bindend* ist. Der Wortlaut von Art. 49 (5) der IGV besagt, dass der Generaldirektor *nicht* an die Ansichten/das Votum des Notfallausschusses gebunden ist, sondern dass er die Ansichten lediglich prüfen muss. Er kann sich über die Empfehlung des Notfallausschusses (selbstherrlich) hinwegsetzen, wie er dies im Zusammenhang mit der »Affenpocken-Pandemie« Anfang März 2023 getan hat. Während sich der Notfallausschuss für eine Beendigung der Notlage von internationaler Tragweite in Bezug auf die Affenpocken-Erkrankung ausgesprochen hat, entschied Tedros Gebreyesus sich dafür, die Notlage aufrechtzuerhalten.[8]

Der Generaldirektor übermittelt den Vertragsstaaten seine Entscheidung über die Feststellung des Ereignisses im Bereich der öffentlichen Gesundheit, zusammen mit einer Mitteilung über die von dem betreffenden Vertragsstaat getroffenen Gesundheitsmaßnahmen, etwaigen vorläufigen Empfehlungen und den Stellungnahmen des Notfallausschusses.

Eine epidemische Lage von nationaler Tragweite liegt vor, wenn die WHO eine gesundheitliche Notlage von internationaler Tragweite ausgerufen hat und die Einschleppung der Krankheit in Deutschland droht.

Die jeweiligen Vertragsstaaten halten sich dann natürlich an diese Feststellung, womit automatisch die Mechanismen der IGV greifen (hierzu haben sie sich ja durch die Unterzeichnung der IGV verpflichtet). Nicht umsonst wird in §5 Satz 4 IfSG geregelt, dass eine vom Bundestag zu erklärende epidemische Lage von nationaler Trageweite vorliegt,

> wenn eine ernsthafte Gefahr für die öffentliche Gesundheit in der gesamten Bundesrepublik Deutschland besteht, weil 1. die Weltgesundheitsorganisation eine gesundheitliche Notlage von internationaler Tragweite ausgerufen hat und die Einschleppung einer bedrohlichen übertragbaren Krankheit in die Bundesrepublik Deutschland droht […]

## KRITERIEN FÜR DIE EINORDNUNG EINER »SCHWERWIEGENDEN« GEFAHR FÜR DIE ÖFFENTLICHE GESUNDHEIT

Anhang 2 der IGV gibt Hinweise darauf, wann ein Ereignis im Bereich der öffentlichen Gesundheit als »schwerwiegend« eingestuft werden könnte. Er führt die folgenden Kriterien auf, von denen mindestens zwei erfüllt sein müssen, damit eine entsprechende Einstufung möglich ist. Zu diesem Zweck werden im Anhang drei Fragen gestellt:

1. Ist die Zahl der Fälle und/oder die Zahl der Todesfälle bei dieser Art von Ereignis groß für den gegebenen Ort, die gegebene Zeit oder die gegebene Bevölkerung?

2. Hat das Ereignis das Potenzial, große Auswirkungen auf die öffentliche Gesundheit zu haben?
3. Wird externe Hilfe benötigt, um das aktuelle Ereignis zu erkennen, zu untersuchen, zu bekämpfen und zu kontrollieren oder neue Fälle zu verhindern?

Unter den Nummern 2 und 3 werden mehrere Beispiele angeführt, die nicht verbindlich und nicht ausschließlich sind, wie zum Beispiel:

→ **Nummer 2:**
— Der Erreger hat ein hohes Potenzial, eine Epidemie auszulösen, was durch Infektiosität, hohe Sterblichkeitsrate, mehrere Übertragungswege oder gesunde Träger bestimmt wird.
— Es liegt ein Versagen der Behandlung vor, einschließlich eines Versagens des Impfstoffs.
— Es gibt Fälle, die von Mitarbeitern des öffentlichen Gesundheitswesens gemeldet wurden.
— Der Erreger bedroht besonders gefährdete Personen, wie Flüchtlinge, Menschen mit niedrigem Impfschutz, Kinder, ältere Menschen, Unterernährte usw.
— Das Ereignis ist in einem Gebiet mit hoher Bevölkerungsdichte aufgetreten.

→ **Nummer 3:**
— Unzureichende Ressourcen in personeller, technischer, finanzieller oder materieller Hinsicht.

## TITEL I DER IGV – MAẞNAHMEN FÜR DIE ÖFFENTLICHE GESUNDHEIT

Ich möchte beispielhaft einige Möglichkeiten für »Maßnahmen für die öffentliche Gesundheit« nennen, die gerade im Hinblick auf die Erfahrungen in der Corona-Pandemie besonders wesentlich sind.

Wichtig ist das Bewusstsein, dass derartige Maßnahmen mit dem Ausrufen einer weiteren/neuen Pandemie durch den Generaldirektor der WHO *jederzeit* wieder angeordnet werden können.

So sieht beispielsweise Art. 23 (1) a. iii) vor, dass ein Unterzeichner-Staat »im Hinblick auf Reisende […] eine nichtinvasive ärztliche Untersuchung, welche die am wenigsten störende Untersuchung ist, um das Ziel aus Sicht der öffentlichen Gesundheit zu erreichen«, verlangen kann.

Art. 31 weist eine sehr interessante Formulierung auf: Er bestimmt in seinem Absatz 1 Satz 1 zunächst, dass »eine invasive ärztliche Untersuchung, eine Impfung oder eine andere Prophylaxe […] als Voraussetzung für die Einreise eines Reisenden in das Hoheitsgebiet eines Vertragsstaats nicht verlangt (wird)«, eröffnet aber andererseits den Vertragsstaaten die Möglichkeit, derartige Maßnahmen bei der Einreise zu verlangen. Es heißt dort: […] diese Vorschriften [Anm.: der vorzitierte 1. Halbsatz des Art. 31 Abs. 1] hindern die Vertragsstaaten […] aber nicht daran, eine ärztliche Untersuchung, Impfung oder andere Prophylaxe oder den Nachweis einer Impfung oder anderen Prophylaxe zu verlangen, a) um nötigenfalls festzustellen, ob eine Gefahr für die öffentliche Gesundheit besteht; b) als Voraussetzung für die Einreise von Reisenden, die einen vorübergehenden oder ständigen Aufenthalt anstreben […]

Die IGV ermächtigen die Vertragsstaaten, ärztliche Untersuchungen, Impfungen oder andere Prophylaxemaßnahmen oder den Nachweis einer Impfung oder anderen Prophylaxe zu verlangen.

Das bedeutet, dass Vertragsstaaten jederzeit eine entsprechende Maßnahme anordnen können, wie wir dies ja auch in der Corona-Zeit weltweit beobachten konnten.

Art. 36 schließlich sieht in seinem Absatz 2 vor, dass Reisenden mit entsprechenden Impfbescheinigungen die Einreise nicht verweigert werden darf: (2) Einem Reisenden, der sich im Besitz einer im Einklang mit Anlage 6 und, wenn anwendbar, Anlage 7 ausgestellten Impfbescheinigung oder Bescheinigung über eine andere Prophylaxemaßnahme befindet, darf die Einreise aufgrund der Krankheit, auf die sich die Bescheinigung bezieht, nicht verweigert werden, auch wenn er aus einem betroffenen Gebiet kommt, es sei denn, die zuständige Behörde verfügt über nachprüfbare Hinweise darauf und/oder Nachweise dafür, dass die Impfung oder die andere Prophylaxe nicht wirksam war.

Im Umkehrschluss bedeutet dies: Reisenden, die nicht über die gemäß den Vorschriften der IGV und damit der WHO ausgestellten Impfbescheinigungen verfügen, kann die Einreise verweigert werden!

Auch das haben wir ja zur Genüge im Rahmen der Corona-Pandemie erfahren – und die Erstreckung des Systems des COVID-19-Zertifikats weltweit in Zusammenarbeit zwischen WHO und EU und seine Erstreckung auch auf andere Erkrankungen lässt Schlimmes befürchten![9]

## ENTSCHEIDUNG ÜBER DIE BEENDIGUNG EINER GESUNDHEITLICHEN NOTLAGE VON INTERNATIONALER TRAGWEITE (PANDEMIE) DURCH DEN GENERALDIREKTOR

Ebenso wie der Generaldirektor für die Feststellung einer Pandemie zuständig ist, trifft er auch die Entscheidung über die Beendigung einer Pandemie. Diese trifft er gemäß Art. 12 (5) der IGV wiederum nach Anhörung des Notfallausschusses und der von einer internationalen gesundheitlichen Notlage betroffenen Vertragsstaaten. Nach Art. 49 (7) kann jeder Vertragsstaat, der von der internationalen gesundheitlichen Notlage betroffen war, dem Generaldirektor vorschlagen, die Pandemie zu beenden; bindend ist dieser Vorschlag jedoch nicht. Auch in diesem Fall ist der Generaldirektor weder an die Einschätzung der Vertragsstaaten noch an die Stellungnahme des Notfallausschusses gebunden.

Der WHO-Generaldirektor entscheidet eigenmächtig über das Ende der Pandemie. Auch hier gibt es keinen Überprüfungsmechanismus.

**FAZIT**: Weder in der derzeitigen Fassung der IGV noch in den geplanten Verschärfungen (siehe Kapitel 1.3) ist ein Mechanismus vorgesehen, durch den

– eine Überprüfung der Entscheidung des Generaldirektors noch
– eine Verpflichtung des Generaldirektors zur Aufhebung des Pandemiestatus

herbeigeführt werden kann. Der Willkür des Generaldirektors und der hinter ihm stehenden Interessen ist damit unüberprüfbar Tür und Tor geöffnet.

## 1.3 ENTWICKLUNG: ÜBERARBEITUNG DER IGV UND ERARBEITUNG EINES PANDEMIEVERTRAGES

Die WHO war – und ist zukünftig – »Dirigent« öffentlicher Gesundheitsnotstände von internationaler Tragweite, im Englischen »Public Health Emergency of International Concern« (PHEIC).

In dem Bemühen, die »Lehren aus der COVID-19-Pandemie« zu ziehen und in Zukunft eine noch »effizientere« Reaktion auf Pandemien zu ermöglichen, forderte die Weltgesundheitsversammlung mit der Resolution WHA 73.1 bereits am 19. Mai 2020 (die Pandemie war gerade einmal zwei Monate zuvor ausgerufen worden!) den Generaldirektor der WHO auf, eine Überprüfung der IGV auf Effektivität und Wirksamkeit vorzunehmen und einen Überprüfungsausschuss (Review Commitee) gemäß den Internationalen Gesundheitsvorschriften (IGV) einzuberufen.[10]

Dieser Aufforderung kam der Generaldirektor nach und rief einen Überprüfungsausschuss ein zum Zweck

1. die Funktionsweise der IGV während der Reaktion auf COVID-19 und
2. den Status der Umsetzung der relevanten Empfehlungen früherer IGV-Überprüfungsausschüsse

zu überprüfen.

Seine Arbeit begann der Ausschuss am 8./9. September 2020. Vorsitzender des Review Commitees ist Lothar Wieler.[11] In dieser Funktion weist er den Weg zu einer Stärkung der WHO-Regelungen, auch im Sinne der Überwachung der Einhaltung der Verpflichtungen der Vertragspartner durch Einsetzung eines entsprechenden Gremiums.[12]

Parallel zu der Überarbeitung der IGV wird seit Dezember 2021 ein »Pandemievertrag« durch einen sogenannten »Intergovernmental Negotiating Body« (INB) ausgearbeitet.[13] Treibende Kraft für die Initiierung dieser Aktivitäten ist an vorderster Front auch Deutschland.

So berichtet das *Redaktionsnetzwerk Deutschland* (RND) am 24. Mai 2021 über das Engagement von Jens Spahn für den Abschluss eines völkerrechtlich verbindlichen Vertrages zur Pandemievorsorge. Und Angela Merkel hatte zusammen mit anderen Staatschefs bereits im März 2021 gefordert:

> »Gemeinsam müssen wir besser darauf vorbereitet sein, [...] Pandemien vorherzusehen, zu verhindern, zu erkennen, zu bewerten und wirksam darauf zu reagieren.«[14]

Derzeit wird das Vorhaben als »Accord« bezeichnet, eine Bezeichnung, die es in dieser Form in der WHO-Verfassung, Art. 19, nicht gibt. Art. 19 der WHO-Verfassung regelt das Erfordernis der Annahme von »conventions or agreements«[15], in der deutschen Version als »Abkommen oder Verträge« bezeichnet.

Parallel zu dieser Forderung erhöht Deutschland sein finanzielles Engagement bei der WHO: Für das WHO-Budget 2020/2021 werden 900 Millionen Euro zur Verfügung gestellt.[16]

Beide Entwürfe sehen im derzeitigen Stadium die Übertragung weitreichender Entscheidungsbefugnisse von den Nationalstaaten auf die WHO als zum großen Teil durch die pharmazeutische Industrie und Nichtregierungsorganisationen wie BMGF, *Rockefeller Foundation*, GAVI finanzierte nicht-staatliche Einrichtung vor (zur Finanzierung der WHO siehe auch Kapitel 2.1, S. 46). Neben diesen ist Deutschland eines der großzügigsten Finanzgeber der WHO. Die bisherigen »Empfehlungen« der WHO sollen bindenden Charakter erhalten.

> Der Bundestag hat sein Verhandlungsmandat zu den Änderungen der IGV und des Pandemievertrags bereits an die EU-Kommission abgetreten.

Im Zusammenhang mit der Änderung der IGV und des WHO-Pandemievertrages hat der Bundestag bereits sein Verhandlungsmandat an die EU-Kommission übertragen. Das berichtete die *Epoch Times* unter Berufung auf eine Antwort des Bundesgesundheitsministeriums auf eine Anfrage des AfD-Abgeordneten Dr. Rainer Rothfuß.[17] Er hatte danach gefragt, welche kompletten Änderungs- oder Neufassungsvorschläge der IGV direkt von Vertretern der deutschen Bundesregierung vorgeschlagen oder im Verbund mit beispielsweise Organisationen, Institutionen oder anderen Staaten unterbreitet wurden. Die Änderungsvorschläge der Europäischen Union wurden gemäß dieser Antwort »mit allen Mitgliedstaaten gemeinsam [...] erarbeitet und vorgelegt«.

Die Übertragung des Verhandlungsmandats wirft zahlreiche Fragen nach dem Umfang und den Konsequenzen für den Verhandlungs- und Abstimmungsprozess und besonders nach der verfassungsmäßigen Zulässigkeit auf und bedürfte dringend einer näheren, auch verfassungsrechtlichen Überprüfung. Das gilt umso mehr, als die Wissenschaftlichen Dienste des Bundestages in einer

Ausarbeitung vom 14. März 2019 zur Struktur der WHO ausdrücklich die »Einbeziehung und den Einfluss außenstehender Akteure« thematisierten.[18] Dort heißt es:

> »In der Vergangenheit sah sich die WHO zunehmend Kritik ausgesetzt, wonach externe nicht-staatliche Akteure wie Unternehmen oder Stiftungen Einfluss auf das operative und normative Geschäft der WHO ausübten und diese für ihre eigenen Zwecke instrumentalisierten.«

Folgende berechtigte (!) Kritik wird von den Wissenschaftlichen Diensten ins Feld geführt:

> »Insbesondere der wachsende Einfluss von privaten Akteuren wie philanthropischen Stiftungen und öffentlich-privaten Partnerschaften (Public-Private-Partnerships, kurz: PPP) stößt auf Kritik in den Medien und der Zivilgesellschaft. Bemängelt wird unter anderem, dass sich die WHO durch den hohen Anteil von privat finanzierten Mitteln durch Geber wie die ›Bill-und-Melinda-Gates-Stiftung‹ oder die ›Globale Allianz für Impfstoffe und Immunisierung‹ (Global Alliance für Vaccines and Immunizations, kurz: GAVI) finanziell abhängig mache. Durch die Zweckgebundenheit der Mittel würden damit häufig vorrangig solche Projekte gefördert, die schnell messbare Erfolge versprächen, während andere Bereiche ins Hintertreffen gerieten. Kritiker mahnen zudem an, dass die WHO durch eine Zusammenarbeit mit privaten Geldgebern in Interessenkonflikte gelangen könne. So könnten Unternehmen aus der Pharma- oder Lebensmittelbranche unmittelbar über eine Zusammenarbeit mit den WHO-Gremien Einfluss auf die Aktivitäten der WHO ausüben. Zu beachten seien daneben die mittelbaren Einflussmöglichkeiten auf die Aktivitäten der WHO, die sich daraus ergäben, dass etwa die Bill-und-Melinda-Gates-Stiftung

> Beteiligungen an Konzernen aus der Pharma- und Lebensmittelindustrie halte.40 Von einigen Interessenverbänden wird zudem das WHO-Rahmenwerk FENSA (dazu 2.6) kritisch beurteilt, da es die Zusammenarbeit der WHO mit Nichtregierungsorganisationen und Vertretern des Privatsektors gleichstelle.«

Angesichts der bereits im Jahr 2019 von den Wissenschaftlichen Diensten des Bundestages herausgearbeiteten erheblichen Kritikpunkte ist umso unverständlicher, dass bereits zu Zeiten der Corona-Pandemie die Feststellung einer Pandemie-Situation als auch die Reaktionen auf die Corona-Pandemie kritiklos von der Regierung umgesetzt wurden. Darüber hinaus hat der Bundestag in der Folge am 12. Mai 2023 einen Antrag der Ampelkoalition mit 497 Stimmen angenommen, mit dem die Bundesregierung aufgefordert wird,

> »Reformen der WHO voranzutreiben und zu unterstützen, um ihre Governance, Effizienz, Unabhängigkeit, Kapazität, Rechenschaftspflicht und Durchsetzungsfähigkeit von Regeln zu stärken, sodass sie ihr Mandat als führende und koordinierende Institution im Bereich der globalen Gesundheit vollumfänglich ausführen kann [...]«[19].

Es muss uns allen bewusst sein, dass Rechtsschutzmöglichkeiten des Einzelnen, gegen Regeln vorzugehen, die seitens der WHO den Mitgliedstaaten verpflichtend auferlegt werden und bei denen die Mitgliedstaaten zur Umsetzung verpflichtet sind, beispielsweise die Einführung einer Impfpflicht, in unserer Rechtsordnung derzeit nicht vorgesehen sind. Die Befassung von Gerichten droht ins Leere zu laufen; ob und wie der Einzelne eine Möglichkeit hat, sich gegen ihn betreffende Maßnahmen zu wehren, ist derzeit unklar.

Erkennbar ist das heute schon bei den seitens der EU-Kommission verbindlich erlassenen Rechtsakten. Der Einzelne hat beispielsweise keine Möglichkeit, die Rechtswidrigkeit einer in unzulässiger Weise erteilten bedingten Zulassung für ein zentral zugelassenes Arzneimittel überprüfen zu lassen – nicht einmal, wenn er/sie von der im Mitgliedstaat erlassenen Impfpflicht betroffen ist. Die seitens der Rechtsanwältin Renate Holzeisen eingelegten Nichtigkeitsklagen gegen die bedingte Zulassung für *JCOVDEN®* sind beeindruckendes und erschreckendes Beispiel.[20]

# 2 PANDEMIESTRATEGIE IN DER EU UND DEUTSCHLAND – FESTLEGUNG DER HAUPTRICHTUNG

Die EU ist derzeit formal nicht Vertragspartei der IGV. Sie unterstützt jedoch die Umsetzung in den Mitgliedstaaten in vollem Umfang.

Die gesamte EU kämpft gegen die Corona-Pandemie, die am 11. März 2020 weltweit ausgerufen wurde. Wie in Kapitel 1 (S. 26) dargestellt, existiert mit den IGV von 2005 ein grundlegendes Instrument zur Reaktion auf eine Pandemie.[21]

Auch wenn die EU als solche derzeit nicht Vertragspartei der IGV ist, sind alle EU-Mitgliedstaaten individuell Unterzeichner der IGV. In einer Erklärung vom 13. Juli 2007 erklärte Portugal in seiner Eigenschaft als Inhaber des EU-Ratsvorsitzes, dass die EU und ihre Mitgliedstaaten »die […] IGV nachdrücklich unterstützt haben und […] diese Unterstützung für die Umsetzung der IGV in vollem Umfang und ohne Einschränkungen fortsetzen werden«. Darüber hinaus weist die EU darauf hin, dass keine Vertragspartei der IGV sich auf ihr internes Recht – das als nationales Recht zu verstehen ist – berufen sollte, um die Erfüllung internationaler Verpflichtungen, die sich aus der IGV ergeben, infrage zu stellen.[22]

Folglich scheinen die IGV die Grundlage und der rechtliche Rahmen für Aktionen und Maßnahmen im Bereich der öffentlichen Gesundheit der Mitgliedstaaten sowie der EU während der Corona-Pandemie gewesen zu sein. Und die Einheitlichkeit der Handlungsweisen der EU-Mitgliedstaaten sowie der Staaten weltweit scheint ihre Grundlage in den Internationalen Gesundheitsvorschriften zu haben.

Der Umgang mit der Pandemie und auch die Frage des »Weges aus der Pandemie« sind daher immer mit Blick auf die WHO (und die hinter ihr stehenden Interessen) sowie die von ihr erlassenen Leitlinien und ausgesprochenen Empfehlungen zu beleuchten.

## »GEGEN DAS NEUARTIGE CORONAVIRUS BESTEHT KEINE IMMUNITÄT UND KEINE WIRKSAME THERAPIE«

Gleich zu Beginn der Pandemie wird der Bevölkerung vermittelt, dass es sich um ein »neuartiges Coronavirus« handelt, gegen das die Menschen weder Immunität besitzen noch wirksame Therapeutika existieren.[23] Aus diesem Grund stellt RKI-Präsident Lothar Wieler anlässlich der Pressekonferenz am 17. März 2020 – was auch danach immer wiederholt wird – die Bevölkerung zudem darauf ein, dass gegebenenfalls die »Maßnahmen zur Eindämmung« des Coronavirus *über Jahre* erforderlich sein könnten.

Man »rede von Jahren, bis das Virus um die Welt gelaufen« sei.[24] Man wisse seit Langem, dass sich das Virus noch einige Wochen und Monate verbreiten werde, und habe sich darauf vorbereitet (ca. Minute 1:27). Weil aus dieser Pressekonferenz die Ausrichtung der Pandemiepolitik bereits so klar hervorgeht, hier das wörtliche Zitat einer wesentlichen Stelle:

> Lothar Wieler:
> Man redet von Jahren, bis das Virus um die Welt gelaufen sei. Die Maßnahmen zur Eindämmung könnten über Jahre erforderlich sein.

> »Wir gehen davon aus – und das haben wir ja hier schon häufiger gesagt – dass wir von zwei Jahren sagen wir mal, also wir reden von Jahren, bis diese Pandemie vielleicht einmal um die Welt gegangen ist. Pandemien verlaufen in Wellen. Das wissen wir. Das ist sicher. Aber wie schnell diese Wellen sind und wann dann – von denen wir immer sprechen – diese 60 bis 70% der Personen weltweit, der Menschen weltweit infiziert ist, das wird Jahre dauern [...] Aber das hängt dann natürlich auch stark davon ab, wann wir einen Impfstoff einsetzen können. Das ist ja klar. [...] je früher ein Impfstoff kommt, desto schneller wird dann auch die Pandemie eingegrenzt werden können. Aber nur weil ein Impfstoff da ist, heißt das ja nicht, dass alle Menschen geimpft werden [...] wir gehen mal von einem Zeitraum von zwei Jahren aus.« (ab ca. Minute 25:30)

In dieser Pressekonferenz äußert Lothar Wieler zudem die Auffassung, dass eine durchgemachte Infektion zu einer Immunität führe. Dieser »Erkenntnis« wird dann allerdings seitens der WHO im Laufe der nächsten Wochen entgegengetreten.

Die WHO publiziert Zweifel an einer Immunität aufgrund durchgemachter Infektion.

Im Zusammenhang mit dem Vorschlag einiger Staaten, mithilfe der Ausstellung von Immunitätsnachweisen nach durchgemachter Infektion auf der Basis von Antikörper-Tests Reisebeschränkungen oder Lockdowns zu reduzieren, meldet die WHO am 24. April 2020, es gebe noch keine ausreichenden Nachweis dafür, dass Menschen nach durchgemachter Infektion mit Antikörpern sich nicht erneut infizieren könnten. Daher könne die Richtigkeit eines »Immunitätsnachweises« nicht garantiert werden und die Verwendung dieser Zertifikate werde das Risiko weiterer Verbreitung fördern.[25]

Damit stellt sich die Frage: Welchen Weg gibt es aus der Pandemie, wenn es weder Therapeutika noch Immunität in der Bevölkerung gibt und nicht einmal eine durchgemachte Infektion vor erneuter

Ansteckung schützt? Richtig: Die Impfung ist der einzige Weg aus der Pandemie und in die Immunität!

Und die Staaten halten sich an die Einschätzung der WHO (auch wenn sie zum damaligen Zeitpunkt »lediglich« Empfehlungen ausspricht!).

Mit diesen Argumenten schwören Politik, Medien und WHO die Bevölkerung weltweit auf die »Impfstoffe« gegen COVID-19 ein. Monatelang werden die oben genannten Argumente wiederholt, ist der Tenor nahezu aller Berichte, dass die Impfstoffe der einzige Weg aus der Pandemie seien.

Parallel steigen die Zahlen (vermeintlicher) COVID-19-Toter sehr zügig. Abgesehen von der Interpretation »an und mit Corona« Gestorbener liegt seit dem 20. April 2020 die Leitlinie der WHO »International Guideline for Certification and Classification (Coding) of COVID-19 as Cause of Death« vor.[26] Für COVID-19 als Todesursache gibt es zwei Codierungen: U07.1 für »Virus identifiziert« und U07.2 für »Virus nicht identifiziert«. Nach dieser Leitlinie soll im Fall einer Unsicherheit über die Laborbestätigung des Virus vorsorglich »ausschließlich für Sterblichkeitszwecke« die Codierung U07.1 verwendet werden – was schon automatisch zu einer Erhöhung der Anzahl der COVID-19-Todeszahlen führt.

Leitlinie der WHO für die Todesursachen: Im Fall einer Unsicherheit über die Laborbestätigung des Virus soll vorsorglich die Codierung »U07.1« für »Virus identifiziert« verwendet werden.

## 2.2 INTERVIEW MIT BILL GATES IN DEN *TAGESTHEMEN* AM 12. APRIL 2020

Bill Gates hat bereits zu Beginn der Pandemie am 12. April 2020 in einem vielfach zitierten Interview in den *Tagesthemen* unter anderem die viel beachtete Aussage getätigt, dass 7 Milliarden Menschen geimpft werden müssten, bevor die Pandemie besiegt werden könne.[27] Doch das ist nicht die einzige Äußerung, die Aufsehen erregen kann. Dieses Interview ist eine frühe Quelle für Aussagen, die wesentliche Puzzleteile der weltweiten Impfkampagne darstellen. So erläutert Bill Gates ebenfalls, wie die Entwicklung eines Impfstoffes beschleunigt werden könne:

> »Normalerweise baut man die entsprechenden industriellen Kapazitäten zur Herstellung erst auf, nachdem die sichere Verwendung des Stoffes und seine Wirksamkeit bestätigt worden sind. Und wir sind jetzt dabei, diese Zeitspanne auf rund 18 Monate zu komprimieren. Wenn alles super läuft, geht es vielleicht noch schneller.« (ca. ab Minute 3:37)

In der Retrospektive zeigt sich, dass der bis 2020 mit circa 250 Millionen US-Dollar größte Privatfinanzier der WHO, Bill Gates[28], in diesem Interview seine »Marschrichtung« für den Kampf gegen COVID-19 vorgegeben hat: Mit dem Beitrag der Impfallianz GAVI, an deren Gründung die BMGF mit circa 180 Millionen US-Dollar ebenfalls maßgeblich beteiligt war, kann der Anteil von Bill Gates am Budget der WHO und damit sein Einfluss noch höher eingestuft werden.

Ab dem Jahr 2020 übernimmt Deutschland die ursprünglich von den USA gehaltene »Führungsrolle« in der Finanzierung der WHO[29] – parallel zu der in Kapitel 1.3 (S. 40) dargestellten Forderung, es müsse ein völkerrechtlich verbindlicher Vertrag zum zukünftigen Pandemie-Management geschlossen werden. Auf ihrer Website bedankt sich die WHO ausdrücklich bei Deutschland: Wir haben den Beitrag in Höhe von 359 Millionen US-Dollar unserer Steuergelder in den Jahren 2018/2019 auf mehr als 1,26 Milliarden US-Dollar unserer Steuergelder für 2020/2021 gesteigert.[30]

Und die von Bill Gates vorgegebene Marschrichtung wird weltweit umgesetzt …

## 2.3 DIE INITIATIVE »ACCESS TO COVID-19 TOOLS ACCELERATOR«

Kurz nach dem Gates-Interview, Ende April 2020, wird auf einer von dem Generaldirektor der WHO, den Präsidenten Frankreichs und der EU-Kommission sowie der BMGF ausgerichteten Veranstaltung der »Access to COVID-19 Tools Accelerator« (ACT-A) vorgestellt.[31] Der ACT-A ist eine Initiative, die Regierungen, Wissenschaftler, Unternehmen, die Zivilgesellschaft, Philanthropen und globale Gesundheitsorganisationen zusammenbringen soll mit dem Ziel der weltweiten Zusammenarbeit zwecks Beschleunigung der Entwicklung, Produktion und dem gerechten Zugang zu COVID-19-Tests, -Behandlungen und –Impfstoffen, um so »Instrumente« gegen COVID-19 schnellstmöglich der Bevölkerung zur Verfügung zu stellen. Auf der WHO-Website werden als Kooperationspartner im Rahmen des ACT-A

— die BMGF[32],
— CEPI[33] (Coalition for Epidemic Preparedness Innovations)
— FIND[34],
— GAVI[35],
— The Global Fund[36],
— Unitaid[37],
— Wellcome[38],
— die Weltbank,
— die WHO und
— Unicef

genannt. Auf der Seite des ACT-A werden diese Partner als die »zehn führenden Gesundheits- und Entwicklungsagenturen« zur Beendigung der Pandemie hervorgehoben: »Our partnership of 10 leading health and development agencies is working to end the pandemic as a global emergency in 2022.«[39]

Federführend bei der Erarbeitung der Maßnahmen des ACT-A und einer »globalen Immunisierungsstrategie« ist die WHO.[40]

Letztlich haben WHO, Frankreich und die EU-Kommission die Gesundheit der Weltbevölkerung im Wesentlichen in die Hände von Nichtregierungsorganisationen und Unternehmen gelegt. Die genannten zehn »Gesundheits- und Entwicklungsagenturen« gaben den Weg bei der Bekämpfung von COVID-19 vor.

Wie sich den Angaben auf der WHO-Website entnehmen lässt, hat Deutschland diesen zehn »Agenturen« im Rahmen des ACT-A 2,2 Milliarden Euro aus unseren Steuergeldern zur Verfügung gestellt.[41]

Die Initiative ACT-A, gegründet in Zusammenarbeit mit philanthropischen Organisationen, zielt auf die Beschleunigung der Entwicklung, Produktion und den gerechten Zugang zu COVID-19-Tests, -Behandlungen und -Impfstoffen.

## 2.4 EU-STRATEGIE FÜR COVID-19-IMPFSTOFFE

Auf die Gründung des ACT-A folgt am 17. Juni 2020 die »Mitteilung der EU-Kommission an das Europäische Parlament, den Europäischen Rat, den Rat und die Europäische Investitionsbank«[42], in der die EU-Kommission die »EU-Strategie für COVID-19-Impfstoffe« vorstellt.

In dieser Mitteilung betont die EU-Kommission ihr Selbstverständnis als »federführend bei den weltweiten Bemühungen um flächendeckende Tests, Behandlungen und Impfungen«. Ihr Ziel sei die Mobilisierung von Ressourcen für einen raschen Zugang zu COVID-19-Instrumenten im Rahmen des ACT-A.[43]

Diese Mitteilung liest sich wie eine schriftliche Erläuterung der von Bill Gates in seinem Interview vom 12. April 2020 erläuterten Strategie.

Die-EU Strategie soll aus zwei Komponenten bestehen:

1. Sicherstellung ausreichender Produktionskapazitäten in der EU und den Mitgliedstaaten;

2. »Anpassung des EU Rechtsrahmens an die derzeitige Dringlichkeit und Nutzung der bestehenden regulatorischen Flexibilität«.[44] Hierbei sollten die »Standards für die Qualität, Sicherheit und Wirksamkeit von Impfstoffen« eingehalten werden.

Die EU-Strategie für COVID-19 Impfstoffe beabsichtigt die Anpassung des EU-Rechtsrahmens an die Dringlichkeit und Nutzung der regulatorischen Flexibilität.

## SICHERSTELLUNG AUSREICHENDER PRODUKTIONSKAPAZITÄTEN

Die Sicherstellung ausreichender Produktionskapazitäten soll durch Abnahmegarantien für Impfstoffhersteller, über das Soforthilfeinstrument »ESI« (Europäischer Struktur- und Investitionsfond) sowie »weitere Finanzmittel und andere Formen der Unterstützung« erreicht werden. Finanziert werden soll dies zunächst aus dem sogenannten ESI-Fond.

Hierbei handelt es sich um ein »Soforthilfeinstrument«, das in der VO Nr. 2016/369/EU[45] über die Bereitstellung von Soforthilfe in der EU im Fall einer akuten oder potenziellen Katastrophe geregelt ist und das mit der VO Nr. 2020/521/EU[46] rückwirkend zum 1. Februar 2020 für die COVID-19-Gegenmaßnahmen angepasst wurde. Mit dieser Änderung wurden 2,7 Milliarden Euro für Investitionen in die Verträge mit Vakzin-Herstellern und anderen Lieferanten beispielsweise von Masken, Tests, Desinfektionsmitteln und generell von COVID-19-Gegenmaßnahmen zur Verfügung gestellt.

Im Rahmen der Mitteilung – deren Vorschläge in die Tat umgesetzt werden – wird zur Sicherstellung der Produktionskapazitäten vorgeschlagen, ein zentrales Vergabeverfahren durchzuführen, das die EU-Kommission im Namen der Mitgliedstaaten leiten soll. Es ist die Basis für die von der EU-Kommission abgeschlossenen Verträge mit den Vakzin-Herstellern im Namen der Mitgliedstaaten.

Die Sicherung von Produktionskapazitäten erfolgt durch Abnahmegarantien für die Hersteller.

Alle Mitgliedstaaten werden im Rahmen eines »Lenkungsausschusses« beteiligt, in dem sie vertreten sind. Darüber hinaus sind die Mitgliedstaaten aufgefordert, ihr Sachwissen zu den Vakzin-Kandidaten und gegebenenfalls weitere finanzielle Mittel einzubringen.

Für ihre Verhandlungen hat die EU-Kommission folgende Vorstellungen: In den Verträgen werden den Vakzin-Herstellern Abnahmegarantien eingeräumt. Als Gegenleistung sind die Vakzin-Hersteller verpflichtet, den Mitgliedstaaten eine bestimmte Menge Vakzindosen zu einem bestimmten Preis zu liefern. Mit den Abnahmegarantien wird bezweckt, den Vakzin-Herstellern einen Teil der Vorlaufkosten zu finanzieren.

## »ANPASSUNG DES EU-RECHTSRAHMENS AN DIE DRINGLICHKEIT UND NUTZUNG DER BESTEHENDEN REGULATORISCHEN FLEXIBILITÄT«

Wie Bill Gates in seinem ARD-Interview richtig erwähnt, dauert die Impfstoffentwicklung in der Regel mindestens fünf Jahre.[47] Dabei ist diese Zeitangabe noch wohlwollend.

Den Schlüssel für die Verkürzung der Zeit bis zur Verfügbarkeit eines Impfstoffes erläutert die EU-Kommission im 2. Maßnahmenpaket ihrer COVID-19-Strategie. Die Schnelligkeit in der Erteilung der Zulassungen soll durch mehrere Maßnahmen gefördert werden:

1. Einrichtung einer »Emergency Task Force« bei der Europäischen Arzneimittel-Agentur (EMA), deren Aufgabe die umgehende wissenschaftliche Beratung und Rückmeldung zu Entwicklungsplänen war und nach wie vor ist.
2. Durchführung eines »Rolling Review«, bei dem die Zulassungsanträge bereits vor Beendigung der klinischen Studien auf der Basis von Zwischenergebnissen eingereicht werden können. Die eingereichten Unterlagen werden fortlaufend bewertet.

3. Weltweit Zusammenarbeit mit Zulassungsbehörden und der WHO in Bezug auf die Durchführung klinischer Prüfungen für Vakzine.
4. »Anpassung« der Anforderungen an die Umweltverträglichkeitsprüfung für Vakzine gegen COVID-19, die genetisch veränderte Organismen (Vektor-Vakzine *Vaxzevria*® von *AstraZeneca* und *JCOVDEN*® von *Johnson & Johnson;* derzeit steht im Raum, ob auch die mRNA-Injektionen aufgrund der Lipidnanopartikel genetisch veränderte Organismen enthalten[48]) enthalten oder aus solchen bestehen. Die »Anpassung« besteht
a) in einer Befreiung von der Pflicht zur Durchführung einer Umweltverträglichkeitsprüfung (VO Nr. 2020/1043/EU vom 15.07.2020[49]) vor Beginn einer klinischen Prüfung und
b) in der Befreiung von der Pflicht zur Vorlage der Zustimmung der zuständigen Gentechnik-Behörde zur absichtlichen Freisetzung genetisch veränderter Organismen mit dem Arzneimittel zum Zeitpunkt des Zulassungsantrags, wie von den europäischen Arzneimittelzulassungsvorschriften verlangt.
c) Diese VO gilt, solange die WHO die Corona-Pandemie aufrechterhält oder solange die EU-Kommission eine gesundheitliche Notlage aufgrund von COVID-19 im Rahmen des Ratsbeschlusses Nr. 1082/2013/EU[50] feststellt. Dieser Ratsbeschluss von 2013 wurde mittlerweile aufgehoben und ersetzt durch die VO Nr. 2022/2371/EU[51].
d) Nutzung der Regelungen des bedingten Zulassungsverfahrens nach der VO Nr. 726/2004/EG mit erheblicher Verkürzung der klinischen Prüfungen und Beschleunigung des Erlasses der Zulassungsentscheidung durch die EU-Kommission auf 1 Woche zwischen Erhalt des beratenden Gutachtens der EMA und dem Erlass der Zulassungsentscheidung durch die EU-Kommission im Rahmen des Regelungsausschussverfahrens.
e) Lockerung der sprachlichen Anforderungen an die Verpackungen und Kennzeichnung der Vakzine sowie Verpackung mit Mehrdosenbehältnissen.

Das Paul-Ehrlich-Institut (PEI) beschreibt auf seiner Website die Entwicklung und Herstellung von sicheren und wirksamen Impfstoffen als hochkomplex und beantwortet die Frage, ob bei der Impfstoffentwicklung einzelne Phasen ausgelassen werden könnten, mit einem klaren »Nein«! Eine umfassende klinische Prüfung sei wichtig, da Impfstoffe gesunden Menschen verabreicht würden.[52]

Zugleich bestätigt das PEI auf der Website, dass die innerhalb (nicht einmal) eines Jahres zugelassenen COVID-19-Impfstoffe »alle den regulären Weg der Impfstoffzulassung in kurzer Zeit durchlaufen [haben], ohne wichtige Entwicklungsphasen auszulassen«.

Angesichts dieser Aussagen stellt sich die dringliche Frage, wie Politik und Behörden es bewerkstelligt haben, in Umsetzung der EU-Strategie vollkommen neuartige Arzneimittel, deren Wirkungen und Nebenwirkungen nicht bekannt waren, auf Basis eines angeblich umfangreichen Entwicklungsprogramms und ohne Auslassung wichtiger Entwicklungsphasen innerhalb von neun Monaten – statt mindestens fünf Jahren – nach Ausruf der Pandemie zuzulassen.

Laut PEI haben alle COVID-19-Impfstoffe »den regulären Weg der Impfstoffzulassung in kurzer Zeit durchlaufen, ohne wichtige Entwicklungsphasen auszulassen«.

## INTERNATIONALE KOALITION VON ARZNEIMITTELZULASSUNGSBEHÖRDEN (ICMRA)

Bereits im Jahr 2012 wurde die Zusammenarbeit zwischen den Arzneimittelzulassungsbehörden weltweit im Rahmen der »International Coalition of Medicines Regulatory Agencies« (ICMRA) unter dem Vorsitz der EMA gegründet.[53] Im Rahmen einer freiwilligen Kooperation befassen sich die zuständigen Behörden mit vielseitigen Themen wie Innovationen, Antibiotikaresistenzen, Pharmakovigilanz, pharmazeutisches Qualitätsmanagement, Sicherheit der Lieferketten und Abstimmung im Bereich der Arzneimittelzulassung.

Seit 2020 lagen die Schwerpunkte bei der Schaffung der Regularien für die COVID-19-Injektionen in zahlreichen Arbeitsgruppen. Am 18. März 2020 fand die erste Sitzung zur Besprechung der Anforderungen an die Genehmigung für die erste klinische Studie am Menschen statt. Den Vorsitz hatten die EMA und die US-amerikanische Überwachungsbehörde Food and Drug Administration (FDA), beteiligt waren Vertreter der WHO und der EU-Kommission.[54] Wesentliche Themen waren die Anforderungen an präklinische Unterlagen für die Genehmigung der 1. klinischen Studie am Menschen und das Erfordernis der Bewertung des theoretischen Risikos, dass das betreffende Arzneimittel nicht zu einer Verstärkung der Erkrankung führt.

Zusammengefasst einigte man sich – aber nicht einstimmig – darauf, dass

- für einige Vakzin-Konstrukte, für die es angemessene Daten zur Immunantwort in Bezug auf Krankheitsverstärkung gibt, klinische Studien am Menschen Phase 1 beginnen dürfen, ohne dass diesbezügliche Tierversuche abgeschlossen sind. In diesem Fall müssten diese Studien parallel zu den klinischen Studien Phase 1 durchgeführt und abgeschlossen werden, bevor das Arzneimittel einer größeren Anzahl von Studienteilnehmern verabreicht wird.
- für einige Vakzine präklinische Daten vor Beginn der ersten klinischen Studie im Menschen vorliegen müssen.

Auffallend an der Zusammenfassung der Ergebnisse ist, dass zahlreiche unbestimmte Formulierungen verwendet werden, die den zuständigen Behörden im Rahmen informeller Absprachen weitreichendes Ermessen einräumen – ein Ermessen, das außerhalb der gesetzlichen Grundlagen liegt und den Behörden durch das geltende Recht nicht eingeräumt wird.

Die Arzneimittelzulassungsbehörden weltweit können informelle Absprachen mit weitreichenden Ermessensspielräumen außerhalb gesetzlicher Grundlagen treffen.

# 3 ZUSTÄNDIGKEIT FÜR PANDEMIEMANAGEMENT BEZÜGLICH KOMMUNIKATION UND ARZNEIMITTELZULASSUNG IN DEUTSCHLAND

Von Beginn der »Corona-Zeit« an steht der Bundesgesundheitsminister, zuerst Jens Spahn, dann Karl Lauterbach, im Fokus der Öffentlichkeit. Er war und ist der Minister, in dessen Zuständigkeitsbereich der Ausbruch des SARS-CoV-2-Virus fällt.

Eine der Hauptaufgaben des Bundesgesundheitsministers ist der »Gesundheitsschutz«. Hierzu zählt auch die Ausgestaltung der Vorschriften über das Inverkehrbringen von Arzneimitteln, wozu Herstellung, Zulassung, Vertrieb und Überwachung gehören.[55] Diese Aufgabe führen sowohl das Ministerium als auch die nachgeordneten Behörden aus.

Auf seiner Homepage hebt das Bundesgesundheitsministerium (BMG) in Bezug auf die »Akteure der Gesundheitspolitik« hervor, dass zwar »formal« der Bundestag Gesetze verabschiede, die Hauptzuständigkeit jedoch beim BMG liege:

> »Auch wenn formal der Bundestag die Gesetze verabschiedet, so wird im BMG die Gesundheitspolitik der Bundesregierung konzipiert und erarbeitet, denn die Hauptzuständigkeit für Fragen der Gesundheitspolitik und damit der Gesetzlichen Krankenversicherung liegt im BMG.«[56]

## 3.1 EINRICHTUNG DER ABTEILUNG 6 »GESUNDHEITSSICHERHEIT UND GESUNDHEITSSCHUTZ«

Zum 1. Februar 2020, nahezu zeitgleich mit der Ausrufung einer gesundheitlichen Notlage von internationaler Tragweite durch den WHO-Generaldirektor, schafft Jens Spahn im Bundesgesundheitsministerium eine neue Abteilung 6 mit der Zuständigkeit für »Gesundheitssicherheit, Gesundheitsschutz, Klima und Nachhaltigkeit«.[57] Auf die Bedeutung des Terminus »Gesundheitssicherheit« in dem Sinn angesprochen, was die Bundesregierung unternehme, »um eine Versicherheitlichung des Themas Gesundheit im Bundesgesundheitsministerium zu verhindern«[58], antwortete der Parlamentarische Staatssekretär Thomas Gebhart am 3. März 2020:

> Zum 1. Februar 2020 wird im Bundesgesundheitsministerium die Abteilung 6 »Gesundheitssicherheit« unter Leitung eines abgesandten Generals der Bundeswehr geschaffen.

> »Wenn im Bereich Gesundheit von ›Gesundheitssicherheit‹ gesprochen wird, wird in der Regel der Begriff der Weltgesundheitsorganisation ›Health Security‹ in die deutsche Sprache übersetzt. Darunter wird vor allem der Schutz der Allgemeinheit vor akuten Gesundheitsgefahren verstanden. Gesundheitssicherheit bedeutet also, dass durch adäquate Bereitschaftsplanung, deren Evaluierung, Training und Übungen vorgesorgt, die Gesundheitsgefahr erkannt, ihr Risiko bewertet und im Rahmen des Krisenmanagements Maßnahmen getroffen werden.«

## LEITUNG DER ABTEILUNG DURCH EINEN GENERALARZT DER BUNDESWEHR

Die Leitung der neu geschaffenen Abteilung 6 wurde dem Generalarzt Dr. Hans-Ulrich Holtherm zum 1. März 2020 übertragen – zehn Tage vor Klassifizierung des COVID-Ausbruchs als »Pandemie« durch den WHO-Generaldirektor. Zuvor hatte Holtherm erst zum 1. Januar 2020 die Leitung des Bundeswehrkrankenhauses in Ulm übernommen und entschied sich trotzdem noch im Januar, das Angebot von Jens Spahn anzunehmen und ins BMG zu wechseln.[59] Gleichzeitig war er der Leiter des Krisenstabs des BMG und des gemeinsamen Krisenstabs mit dem Bundesinnenministerium. Unterstützt wurde Holtherm durch den Kommandeur der Führungsakademie der Bundeswehr und zwei weitere Generalstabsoffiziere sowie Mitarbeiter und Mitarbeiterinnen des Sanitätsdienstes der Bundeswehr. Er verrichtete seinen Dienst im BMG in Uniform. Im Rahmen der Fachaufsicht oblag ihm die Aufsicht über das Robert Koch-Institut als nachgeordneter Behörde.[60]

Vor seiner Tätigkeit im Bundeswehrkrankenhaus Ulm war er unter anderem seit 2016 in leitender Stellung in der Sanitätsakademie der Bundeswehr in München tätig, wohin er nach Beendigung seiner Tätigkeit im BMG am 31. Dezember 2021 auch wieder zurückgekehrt ist.[61] Während seiner Tätigkeit im BMG wurde er von der Verteidigungsministerin Annegret Kramp-Karrenbauer zum Generalstabsarzt befördert.[62] Auch 2009 im Zusammenhang mit der H1N1-Pandemie (Schweinegrippe) war Holtherm von der Bundeswehr in das BMG abgeordnet worden. 2014 gehörte er dem ressortübergreifenden Ebola-Krisenstab an.[63]

Holtherm selbst bezeichnete die Situation »eines uniformierten Abteilungsleiters in einem zivilen Ministerium« als »neu«.[64]

> Generalarzt Holtherm verrichtet seinen Dienst als Leiter der Abteilung 6 in Uniform.

Die Sanitätsakademie der Bundeswehr beschreibt sich auf ihrer Website als »das

Kompetenzzentrum des Sanitätsdienstes der Bundeswehr für Forschung, Entwicklung, Ausbildung und den Medizinischen ABC (Atomar, Biologisch, Chemisch) -Schutz.«[65] Innerhalb der Sanitätsakademie angesiedelt sind drei Institute:

- Institut für Mikrobiologie, in dessen Zuständigkeitsbereich der Schutz gegen biologische Kampfstoffe fällt,
- Institut für Pharmakologie und Toxikologie mit der Zuständigkeit betreffend den Schutz gegen chemische Kampfstoffe;
- Institut für Radiobiologie, das den Bereich der Radiobiologie und Strahlenmedizin abdeckt.

## MILITARISIERUNG DES GESUNDHEITSWESENS?

Auffällig ist, dass mit der Verwendung der Terminologie und der Besetzung der Abteilungsleitung mit einem General der Bundeswehr die Militarisierung des Gesundheitswesens einherzugehen scheint. Diese Entwicklung kommt nicht aus dem »Nichts«.

Eine solche »Versicherheitlichung« beziehungsweise Militarisierung hatte Bill Gates nach dem Ebola-Ausbruch bereits 2015 gefordert. Er schlug die Schaffung einer globalen, militarisierten, supranationalen Behörde vor, die in der Lage sein sollte, entschieden auf Ausbrüche von Infektionskrankheiten zu reagieren.[66]

> Nach dem Ebola-Ausbruch 2015 schlug Bill Gates die Schaffung einer globalen, militarisierten, supranationalen Behörde vor, die entschieden auf Ausbrüche von Infektionskrankheiten reagieren sollte.

Bedenklich sind die wesentlichen von Gates schon im Jahr 2015 geforderten Punkte:

- enge Zusammenarbeit mit dem Militär,
- Beschleunigung der Erprobung und des Einsatzes neuer Impfstoffe und anderer Medikamente,

- Einheitliche Kommunikation durch Regierungen, UN, UN-Agenturen, Medien und Blogger. Des Weiteren bedürfe es eines Planes für digitale Kommunikation, damit keine Verwirrung und Panik verbreitet werde,
- Forderung des Zugangs zu Satellitenaufnahmen und Handydaten zur Verfolgung der Bewegung der Bevölkerung und Schaffung weltweiter Überwachungsnetze, ohne Schutz der Privatsphäre.

Auch diese Forderungen von Bill Gates haben wir bereits im Rahmen der Corona-Pandemie kennenlernen dürfen. Sie kommen uns bekannt vor, oder?

Interessanterweise verweist Generalarzt Dr. Holtherm in einem Interview aus Dezember 2020 im Fachmagazin *Wehrmedizin und Wehrpharmazie* darauf, dass diese »Versicherheitlichung« des Gesundheitswesens über die Dauer der Corona-Pandemie hinaus andauern und verstärkt werden müsse. Es gehe um die Stärkung des *European Centre for Disease Prevention and Control* (ECDC), Vorbereitung von Produktionskapazitäten [Anm.: das geschieht inzwischen durch die im September 2021 geschaffene europäische Behörde HERA = *Health Emergency Preparedness and Response Authority*] sowie die Ermöglichung schneller Reaktionsfähigkeit auf neue Erreger.[67]

## 3.2 RICHTLINIENKOMPETENZ DES BUNDESKANZLERS

Die Befugnisse des Bundesgesundheitsministers und der nachgeordneten Behörden in seinem Geschäftsbereich sind nicht unbeschränkt. Er ist zwar bei seiner Ressortführung selbstständig. Den Rahmen dieser Selbstständigkeit bestimmt jedoch nach Art. 65 Abs. 1 GG die Richtlinienkompetenz des Bundeskanzlers:

Der Bundeskanzler/ die Bundeskanzlerin bestimmt die politischen Grundsatzentscheidungen.

> Der Bundeskanzler bestimmt die Richtlinien der Politik und trägt dafür die Verantwortung. Innerhalb dieser Richtlinien leitet jeder Bundesminister seinen Geschäftsbereich selbständig und unter eigener Verantwortung. Über Meinungsverschiedenheiten zwischen den Bundesministern entscheidet die Bundesregierung. Der Bundeskanzler leitet ihre [der Bundesregierung; Anm. d. A.] Geschäfte nach einer von der Bundesregierung beschlossenen und vom Bundespräsidenten genehmigten Geschäftsordnung.

Was ist unter »Richtlinien« (RL), die der Bundeskanzler/die Bundeskanzlerin bestimmt, zu verstehen? Eine Erläuterung hierzu findet sich in Ausführungen der Wissenschaftlichen Dienste des Bundestages Nr. 15/09 (19. Februar 2009). Die RL des Bundeskanzlers sind die »Grundsatzbestimmungen oder grundlegende politische Entscheidungen [...][68]».

Politische Grundsatzentscheidungen trifft der Bundeskanzler/die Bundeskanzlerin. Und der jeweilige Minister richtet seine Politik an diesen Grundsatzentscheidungen im Rahmen gewisser Selbstständigkeit und in eigener Verantwortung aus.

## 3.3 BEHÖRDEN DES PANDEMIEMANAGEMENTS IM GESCHÄFTSBEREICH DES BUNDESGESUNDHEITSMINISTERIUMS

Innerhalb des Geschäftsbereichs des BMG – und damit weisungsgebunden gegenüber dem Bundesgesundheitsminister – sind vier Bundesoberbehörden angesiedelt, deren Aufgaben hinsichtlich des Pandemie-Managements in der Kommunikation mit der Bevölkerung sowie zum Schutz der öffentlichen Gesundheit eine wesentliche Rolle spielen.[69] Das BMG führt auf seiner Website aus: [70]Es handelt sich dabei um folgende Behörden:

- Paul-Ehrlich-Institut (PEI) und Bundesinstitut für Arzneimittel und Medizinprodukte (BfArM), zuständig für die Arzneimittelzulassung und Überwachung von Arzneimitteln und Medizinprodukten
- Robert Koch-Institut (RKI), zuständig für die Erkennung, Verhütung und Bekämpfung von Krankheiten, insbesondere Infektionskrankheiten. Es nimmt den gesetzlichen Auftrag wahr, wissenschaftliche Erkenntnisse zu erarbeiten, die als Basis für gesundheitspolitische Entscheidungen dienen sollen. Innerhalb des RKI ist auch die Ständige Impfkommission (STIKO) angesiedelt.
- Bundeszentrale für gesundheitliche Aufklärung (BzgA). Ihre Aufgabe ist es, Konzepte, Strategien und Maßnahmen zu entwickeln und diese in Kampagnen, Programmen und Projekten umzusetzen. Es ist die Behörde zur Aufklärung und Erziehung der Bevölkerung, sozusagen das Propagandainstrument der Bundesregierung in Bezug auf Aspekte der Gesundheit.

Die mit dem Pandemie-Management befassten Behörden unterstehen dem Bundesgesundheitsministerium, das wiederum den Richtlinien des Bundeskanzlers/der Bundeskanzlerin unterliegt.

## 3.4 FÜR DIE ARZNEIMITTELZULASSUNG UND -ÜBERWACHUNG IN DEUTSCHLAND ZUSTÄNDIGE BEHÖRDEN BfArM UND PEI

Für die Arzneimittelzulassung und -überwachung sowie die Überwachung der Medizinprodukte sind im Dienstbereich des Bundesministeriums für Gesundheit (BMG) das Bundesinstitut für Arzneimittel und Medizinprodukte (BfArM) und das Paul-Ehrlich-Institut (PEI) als Bundesoberbehörden zuständig.

Die Zuständigkeitsabgrenzung zwischen beiden Behörden wird in §77 Abs. 2 Arzneimittelgesetz (AMG), geregelt:

> Das Paul-Ehrlich-Institut ist zuständig für Sera, Impfstoffe, Blutzubereitungen, Gewebezubereitungen, Gewebe, Allergene, Arzneimittel für neuartige Therapien, xenogene Arzneimittel und gentechnisch hergestellte Blutbestandteile.

Für alle übrigen Arzneimittel besteht nach §77 Abs. 1 AMG die Zuständigkeit des BfArM, beispielsweise für Arzneimittel mit chemischen oder pflanzlichen Wirkstoffen, Homöopathika etc.

## 3.5 RKI: EPIDEMIOLOGIE – VERFLECHTUNG: WHO HUB STABSSTELLE BEIM RKI ZENTRUM FÜR INTERNATIONALEN GESUNDHEITSSCHUTZ

Das RKI umfasst mit seinem Zuständigkeitsbereich das Thema »Krankheit und Epidemiologie«. In seinem Fokus stehen die Bewertung, Analyse und Erforschung von Krankheiten mit hoher Gefährlichkeit, weitem Verbreitungsgrad und der damit verbundenen öffentlichen und gesundheitspolitischen Bedeutung. Das BMG nennt als gefährliche Krankheiten beispielsweise HIV/AIDS, Influenza, Krebs und Allergien.[71]

Das RKI erarbeitet Vorschläge für das Pandemiemanagement im Hinblick auf zu ergreifende Maßnahmen und die Impfquote. Mit Blick auf die erforderliche Notfallvorsorge und Gefahrenabwehr hat das RKI die Aufgabe, neue gesundheitliche Risiken frühzeitig zu identifizieren. Auf der Seite des BMG wird dies damit beschrieben, dass »das RKI eine ›Antennenfunktion‹ im Sinne eines Frühwarnsystems« ausübe.[72]

Angesichts der Organisation im Geschäftsbereich des BMG sowie der Weisungsgebundenheit ist zu erwarten, dass das RKI seine Empfehlungen an der im BMG vertretenen Linie der Gesundheitspolitik ausrichten wird. Wie hoch wird die Wahrscheinlichkeit sein, dass eine dort angesiedelte Bundesoberbehörde Empfehlungen ausspricht, die der seitens des BMG vertretenen und durch die Richtlinienkompetenz des Bundeskanzlers – zuvor der Bundeskanzlerin – vorgegebenen Gesundheitspolitik widerspricht? Sicherlich nicht allzu hoch …

Inzwischen scheint die Corona-Pandemie weit hinter uns zu liegen; zwar hatten immer mal wieder in den Medien »neue Varianten« Erwähnung gefunden, doch keine der Varianten sollte eine neue »Katastrophe« verursachen.

Die Problematik, mit der die Bevölkerung konfrontiert ist, ist folgende: Sämtliche Instrumentarien, die mit der Corona-Pandemie geschaffen wurden, bestehen fort und können »bei Bedarf« jederzeit wieder »scharf geschaltet« werden. Corona mag vorbei sein – die Gefahr, dass wir wieder genauso behandelt werden, wie dies in der Corona-Pandemie 2020–2023 der Fall war, ist nicht gebannt.

> Sämtliche Instrumentarien zur Überwachung und Kontrolle der Bevölkerung sind gesetzlich verankert, bestehen fort und können bei einer neuen Pandemie wieder »scharf geschaltet« werden.

Im Gegenteil: Auf nationaler, EU- und weltweiter Ebene durch die WHO wird großer Wert auf »Preparedness and Response«, also Vorbereitetsein und Reaktion in Gestalt effektiver Gegenmaßnahmen, gelegt. Das Netz der mit »Bereitschaft und Reaktion« auf gesundheitliche Bedrohungen befassten Behörden wurde in den letzten drei Jahren immer enger gespannt. Stichworte sind hier

— National: Einsetzung des »Zentrums für Internationalen Gesundheitsschutz« (ZIG), bei dem auch die »WHO HUB Stabsstelle« angesiedelt ist, wobei Letztere als Organisationseinheit der ZIG des RKI ausgewiesen ist.[73] Sowohl die Leitung des ZIG als auch der WHO HUB Stabsstelle[74] obliegt Johanna Hanefeld.
  Frau Dr. Johanna Hanefeld war die deutsche Teilnehmerin an dem Pandemie-Planspiel »Catastrophic Contagion« am 23. Oktober 2022, das fast drei Jahre nach dem Planspiel »Event 201« mit fiktiver Coronavirus-Pandemie stattfand.[75]

Beim RKI wurde die WHO HUB Stabsstelle für internationalen Gesundheitsschutz eingerichtet. Dafür erhielt es 500.000 US-Dollar von der *Bill & Melinda Gates Foundation.*

Ausgestattet wurde das RKI in diesem Bereich im November 2021 durch eine finanzielle Zuwendung der *Bill & Melinda Gates Foundation* von knapp 500.000 US-Dollar mit der Zweckbestimmung: »Zur Unterstützung des WHO-Zentrums für Pandemie- und Epidemieaufklärung«.[76]
Das RKI spielt eine führende Rolle bei dieser Entwicklung, wie es sich aus auch anderen Anhaltspunkten ergibt, wie beispielsweise der Rolle von Lothar Wieler als Vorsitzender des Prüfungskomittees für das Funktionieren der Internationalen Gesundheitsvorschriften, des »Review Committee on the Functioning of the International Health Regulations (2005) during the COVID-19 Response«, das maßgeblich die Verschärfung der Internationalen Gesundheitsvorschriften vorantreibt.[77]

– EU: Health Emergency Preparedness and Response Agency (HERA) als Geschäftsbereich innerhalb der EU-Kommission, die international auch Kooperationsmechanismen mit Nichtregierungsorganisationen wie WHO, CEPI, der *Bill & Melinda Gates Foundation* und anderen relevanten Organisationen sowie die Zusammenarbeit mit philantropischen Stiftungen betreibt.
– WHO: Überarbeitung der Internationalen Gesundheitsvorschriften und Erarbeitung eines Pandemievertrages.

Es steht zu befürchten, dass das zu Zeiten von Corona erlebte »Modell« des Umgangs mit der Bevölkerung auf unabsehbare Zeit der Umgang der Behörden mit Menschen zu Pandemiezeiten sein soll, die zum großen Teil keinerlei Krankheitssymptome aufweisen!

Und wie schaut es mit den Menschen aus, die Krankheitssymptome aufweisen? Ihnen wird nicht einmal im Frühstadium der Erkrankung medikamentöse Hilfe zuteil. Sie sollen sich isolieren, absondern und die Krankheit darf sich entwickeln ...

## 3.6 STÄNDIGE IMPFKOMMISSION (STIKO) – ENTWICKLUNG VON IMPFEMPFEHLUNGEN

Der Ständigen Impfkommission (STIKO) obliegt die Aufgabe, Empfehlungen zur Durchführung von Schutzimpfungen und anderer Maßnahmen der spezifischen Prophylaxe übertragbarer Krankheiten beim Menschen zu erarbeiten. So heißt es in §20 Abs. 2 Satz 3 des Infektionsschutzgesetzes (IfSG). Sie ist im Geschäftsbereich des RKI angesiedelt. Nach Aussage des RKI auf seiner Website ist die STIKO »ein unabhängiges Expertengremium«[78].

Nach §2 der Geschäftsordnung der STIKO ist die Mitgliedschaft ein »persönliches Ehrenamt, das keine Vertretung zulässt. Die Mitglieder sind bei ihrer Tätigkeit nur ihrem Gewissen verantwortlich und zur unparteiischen Erfüllung ihrer Aufgaben verpflichtet.«

Die STIKO ist im Geschäftsbereich des RKI angesiedelt. Ihre Mitglieder werden durch das Bundesgesundheitsministerium und die Landesbehörden ernannt.

Die Mitglieder werden gemäß der Vorbemerkung zur Geschäftsordnung der STIKO durch das BMG und die obersten Landesbehörden für jeweils drei Jahre ernannt. Neben den von BMG und Landesbehörden ernannten Mitgliedern nehmen an den Sitzungen beratend BMG-Vertreter und Vertreter oberster Landesgesundheitsbehörden teil, Vertreter des PEI und des RKI. Stimmrecht haben diese Behördenvertreter nicht, können aber im Rahmen ihrer beratenden Teilnahme durchaus an der Meinungsbildung der STIKO mitwirken.

Inwieweit bei dieser Konstellation davon die Rede sein kann, dass die STIKO tatsächlich als »eine ehrenamtliche, politisch und weltanschaulich unabhängige, derzeit 18-köpfige Expertengruppe« charakterisiert werden kann, erscheint zumindest mehr als fraglich.

Das gilt umso mehr, wenn man sich mit den Lebensläufen und Selbstauskünften einiger STIKO-Mitglieder im Jahr 2023 näher befasst. Es finden sich bei den Selbstauskünften beispielsweise folgende interessante Angaben:

- Prof. Dr. Ulrich Heininger, Pädiatrische Infektiologie und Vakzinologie, Universitäts-Kinderspital, Basel: Projekte mit *Sanofi-Pasteur, Takeda, IQVIA, Merck*[79]
- Univ.-Prof. Dr. Ursula Wiedermann, MD, MSc, PhD, Institut für Spezifische Prophylaxe und Tropenmedizin Wien: Zusammenarbeit mit den Pharmakonzernen *Novartis, Pfizer, Baxter, Themis, Bioscience, GlaxoSmithKline*
- Prof. Dr. Fred Zepp, Zentrum für Kinder- und Jugendmedizin an der Johannes-Gutenberg-Universität Mainz: Zusammenarbeit mit *CureVac, Sanofi Pasteur, Novartis, GlaxoSmithKline*, Beobachter für CEPI *(Coalition for Epidemic Preparedness Innovations)*

Allerdings können auch zunächst unauffällige Profile bei weiterem Nachforschen interessant werden. Die Nachforschung lohnt sich daher. Ein Beispiel:

- Prof. Dr. Gerd-Dieter Burchard, Bernhard-Nocht-Institut für Tropenmedizin (BNIT): Neben der Mitwirkung an einer Studie zur pandemischen Influenza (2008–2010), gesponsert durch *Novartis*, wirft die Zugehörigkeit zum BNIT Fragen an der Unparteilichkeit auf. Das BNIT ist Mitglied der Leibniz-Gesellschaft. Es wird finanziert durch den Bund, die Freie und Hansestadt Hamburg, die übrigen Bundesländer und Drittmittel. In Hamburg ist es der hamburgischen Behörde für Wissenschaft, Forschung, Gleichstellung und Bezirke (BWFGB) zugeordnet. Von Seiten des Bundes liegt es in der Zuständigkeit des BMG.[80]

Im Jahresbericht 2018–2020 weist das BNIT für das Jahr 2020 Drittmittel in Höhe von 14,9 Millionen Euro aus.[81] Zu den Drittmittelgebern zählen unter anderem die EU-Kommission, die *Foundation for the National Institutes of Health* und die WHO. Dem »Board of Directors« der *Foundation for the National Institutes of Health* gehören Persönlichkeiten an mit Verbindungen zu der Johns Hopkins University, *Goldman Sachs & Company*, dem *Novartis Institute for Tropical Diseases, Pfizer, Glaxo* und *BlackRock*.[82]

Darüber hinaus betreibt das Bernhard-Nocht-Institut ein Gemeinschaftsprojekt mit dem ghanaischen Gesundheitsministerium, das Forschungszentrum *Kumasi Centre for Collaborative Research* (KCCR). Die Aktivität des KCCR wird durch Drittmittel finanziert. An der Drittmittelfinanzierung beteiligen sich unter anderem *Wellcome Trust* und die *Task Force for Global Health.*[83] Letztere wird im Wesentlichen unter anderem von der *Bill & Melinda Gates Foundation*, dem *Center for Disease Control* in den USA, der WHO, *Pfizer, Merck & Co., Johnson & Johnson, GlaxoSmithKline* und anderen großen Pharmaunternehmen finanziert.[84]

## 3.7 AUFKLÄRUNG DER BEVÖLKERUNG

Wie der Name der Bundesoberbehörde Bundeszentrale für gesundheitliche Aufklärung (BZgA) bereits verdeutlicht, ist deren Aufgabe die Versorgung der Bevölkerung mit wesentlichen Informationen zur Krankheitsprävention beziehungsweise Gesunderhaltung. Das betrifft im Rahmen des Pandemiemanagements die Information der Bevölkerung über Maßnahmen zur Verhinderung der Ansteckung, somit Hygieneverhalten, Infektionsschutz und Impfen.

Diese Aufgaben verdeutlichen, dass die Art der von der BZgA vermittelten Informationen und die von ihr empfohlenen Maßnahmen in Abhängigkeit von der vertretenen Gesundheitspolitik stehen.

Es stellt sich auch hier die Frage nach der Wahrscheinlichkeit, dass seitens der BZgA Empfehlungen für Verhalten etc. ausgegeben werden, die der durch das BMG vorgegebenen Gesundheitspolitik widersprechen. Letztlich ist es die Aufgabe der BZgA, der Bevölkerung die seitens der Politik getroffenen Entscheidungen zu vermitteln und dafür zu sorgen, dass die »Compliance« der Bevölkerung mit den von der Politik getroffenen Entscheidungen hergestellt wird und die Bevölkerung die »Gebote« befolgt.

## 3.8 UNABHÄNGIGKEIT ODER WEISUNGSGEBUNDENHEIT DER BUNDESOBERBEHÖRDEN – EIN SYSTEMIMMANENTER INTERESSENKONFLIKT AUFGRUND DER ORGANISATION?

Zur Veranschaulichung der Organisation kann dieses Schaubild dienen, das die Zusammenhänge der für die Beurteilung der Aspekte der Sicherstellung der öffentlichen Gesundheit während der Corona-Pandemie zuständigen Bundesbehörden darstellt[85]:

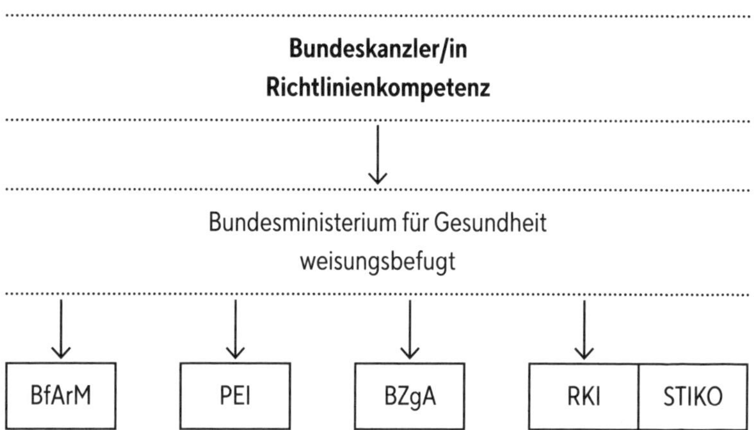


Wichtige Schlussfolgerung: Bei den vier obersten Bundesbehörden, die für die Kommunikation mit den Bürgern während der Pandemie zuständig waren, noch sind und zukünftig sein werden, handelt es sich *nicht* um unabhängige Institutionen, die ausschließlich der Wissenschaft verpflichtet sind.

Im Gegenteil: Alle vier Bundesoberbehörden sind Behörden im Dienst des Bundesministeriums für Gesundheit, unterstehen damit den Weisungen des Bundesgesundheitsministers und sind *weisungsgebunden* gegenüber dem Bundesgesundheitsminister.

Der Bundesgesundheitsminister wiederum trifft die Entscheidungen und Weisungen seiner Gesundheitspolitik im Rahmen der »grundlegenden politischen Entscheidungen« des Bundeskanzlers/

der Bundeskanzlerin. Letzten Endes handeln sämtliche Bundesoberbehörden im Sinne der durch den Bundeskanzler/die Bundeskanzlerin festgelegten Richtlinien der Politik. Eine berechtigte Frage ist, inwieweit bei dieser Konstellation überhaupt von unabhängiger Wissenschaft gesprochen werden kann.

Bei der oben geschilderten Art der Organisation der Aspekte zur Sicherung der öffentlichen Gesundheit, die nicht – wie es eigentlich sein sollte – von Unabhängigkeit und Wissenschaftlichkeit geprägt ist, sondern den an die Richtlinienkompetenz des/r Bundeskanzlers/in gebundenen Weisungen des Bundesgesundheitsministers unterliegt, stellt sich die grundsätzliche Frage eines systemimmanenten Interessenkonflikts.

## 4 POLITISCHE GRUNDENTSCHEIDUNGEN ALS MAßGABE FÜR BEHÖRDENHANDELN UND PANDEMIEMANAGEMENT – »HERDENIMMUNITÄT« DURCH IMPFUNG

Viele Entscheidungen während der Pandemie, wenn nicht gar nahezu alle, berühren einen gesundheitspolitischen Aspekt, dessen Ausgestaltung federführend dem Bundesgesundheitsminister – gegebenenfalls in Umsetzung der Anweisungen des Bundeskanzlers – obliegt.

Dann stellt sich die weitere Frage: Wem folgt die Bundeskanzlerin/der Bundeskanzler in der Festlegung ihrer/seiner grundlegenden politischen Entscheidungen? Woran orientieren sich diese

»grundlegenden politischen Entscheidungen«? Orientieren sie sich am Wohl der Bevölkerung oder spielen andere Motive eine Rolle?

In diesem Zusammenhang machen die Enthüllungen im Mai 2023 über die verwandtschaftlichen Bande der Verantwortlichen im Bundeswirtschaftsministerium von Robert Habeck[86], aber auch Überlegungen zu anderen problematischen Enthüllungen um *Wire-Card* und *Cum-Ex* nachdenklich[87]. Auch die Enthüllungen zu den »Maskendeals«[88] und nicht zuletzt die »SMS-Affäre« der zwischen EU-Kommissionspräsidentin Ursula von der Leyen mit *Pfizer*-Präsident Albert Bourla ausgetauschten gelöschten SMS zum Impfstoff-Kauf lassen Fragen und Bedenken aufkommen, ob das Allgemeinwohl und Wohl der Menschen überhaupt eines der Motive ist, die verantwortliche Politiker leiten. Oder förderte Frau von der Leyen den Verkauf und die Anwendung der genbasierten mRNA-Injektionen, weil ihr Ehemann, Heiko von der Leyen, seit 2020 Medizinischer Direktor eines recht jungen pharmazeutischen Biotechnologie-Unternehmens namens *Orgenesis* ist?[89] Dieses Unternehmen kündigte im Mai 2020 an, zellbasierte Impfstoff-Plattform für SARS-CoV-2 und andere Viren zu entwickeln.[90]

Finanziert wird *Orgenesis* unter anderem von dem Investor *Boundary Holding* in Luxemburg[91], das sich als Investor in solche Technologien versteht, die die sogenannte 4. Industrielle Revolution ermöglichen[92]: »We invest in technologies that are enabling 4th industrial revolution.«

Und von Klaus Schwab, dem Gründer des *Weltwirtschaftsforums* (WEF), wissen wir, wie die 4. Industrielle Revolution aussehen soll:

> Sie ändert nicht das, was wir tun, sie ändert uns, unsere Identität.[93]

Es scheint Verquickungen zwischen der EU-Kommissionspräsidentin von der Leyen und dem Impfstoffhersteller Orgenesis zu geben.

##  4.1 EVONIK INDUSTRIES – WIRTSCHAFTLICHE BETÄTIGUNG VON BUND UND LÄNDERN AN DER IMPFSTOFFPRODUKTION

Ein weiterer Aspekt, der bei der Frage systemimmanenter Interessenkonflikte berücksichtigt werden muss, ist, dass der Staat selbst mittlerweile zahlreiche Unternehmen betreibt, in unzählige Unternehmen investiert und somit umfangreich wirtschaftlich tätig ist. Einen ersten Einblick darüber gibt die Website des Bundesfinanzministeriums mit der »Liste der mit dem Bund verbundenen Unternehmen«[94], einer eng beschriebenen Liste von 21 Seiten. Nicht enthalten in dieser Liste sind Unternehmen, an denen der Bund und die Bundesländer in Form von Stiftungen beteiligt sind. Ein Beispiel hierfür ist *Evonik Industries*: Am 11. Februar 2021 teilte das Chemieunternehmen mit, dass es plane, seine strategische Partnerschaft mit *BioNTech* zu stärken durch die Erhöhung der Lipidproduktion für mRNA-basierte Impfstoffe in Deutschland.[95]

*Evonik* bezeichnet sich selbst als »einen der führenden integrierten Entwicklungspartner in Zell- und Gentherapien« und war bereits von Beginn an der Entwicklung von Impfstoffen gegen COVID-19 beteiligt. Warum ist das interessant?

*Evonik* stellt als »mit dem Bund verbundenes Unternehmen« die Lipidnanopartikel für den Impfstoff *Comirnaty*® her.

Mehrheitseigner mit 56,9 % der *Evonik*-Aktien ist die RAG-Stiftung.[96] Die RAG-Stiftung war im Jahr 2007 vom Bund, den Bundesländern NRW und Saarland sowie der *IG Bergbau, Chemie, Energie* (IG BCE) zur Abwicklung des Steinkohlebergbaus gegründet worden, ist somit nahezu ausschließlich in öffentlicher Hand. Das Kuratorium der Stiftung – das Kuratorium bei Stiftungen entspricht dem Aufsichtsrat bei Aktiengesellschaften – setzt den Vorstand ein und überwacht ihn in seiner Tätigkeit. Es gehören dem Kuratorium unter anderem an:

— der Ministerpräsident des Landes NRW
— der Ministerpräsident des Saarlandes

- der Bundesfinanzminister und
- der Bundesminister für Umwelt und Klimaschutz
- sowie aus der Politik zudem Armin Laschet als Vorsitzender und Heiko Maas.[97]
- Vorstandsvorsitzender ist Bernd Tönjes, der zugleich Aufsichtsratsvorsitzender der *Evonik Industries* ist.[98]

Über *Evonik Industries* und die Mehrheitsaktionärin RAG-Stiftung sind Bund, NRW und Saarland damit an der Herstellung von *Comirnaty*® beteiligt und haben ein Interesse an einer möglichst hohen Nachfrage nach *Comirnaty*®. Am 2. März 2022 hatte *Evonik* den Quartalsbericht des 4. Quartals 2021 vorgelegt.[99] In der Zusammenfassung heißt es: »4. Quartal mit einem starken Finish hauptsächlich in der Gesundheitsfürsorge (Lipidlieferungen an BioNTech).« Auf S. 4 der »Wirtschaftlichen Eckdaten« wird ausgeführt:

> »Der Umsatz bei Nutrition & Care stieg 2021 um 19 Prozent auf 3,56 Milliarden €. Die essenziellen Aminosäuren waren weiterhin weltweit stark nachgefragt und erzielten bei verbesserten Verkaufspreisen einen deutlich höheren Umsatz. Im Bereich Health & Care erzielten bei den Pharmaanwendungen insbesondere die Lipide für die mRNA-Impfstoffe eine deutliche Umsatzausweitung.«

Für 2022 erwartete *Evonik* weiteres Wachstum. Mit der Einführung der Impfpflicht wäre der Umsatz mit Lipidnanopartikeln für *Evonik* (RAG-Stiftung) weiter gesichert gewesen.

Über Evonik Industries und die Mehrheitsaktionärin RAG-Stiftung sind Bund, NRW und Saarland an der Herstellung von *Comirnaty*® beteiligt und haben ein Interesse an einer möglichst hohen Nachfrage nach dem Impfstoff.

Weitere systemimmanente Fragen stellen sich:

1. Können Legislative und Exekutive auf Bundes- und Länderebene – hier NRW und Saarland – überhaupt objektive Entscheidungen im Hinblick auf die Gesundheit ihrer Bürger bei derartigen Verflechtungen treffen?
2. Stand wirklich das Motiv »Gesundheitsschutz« hinter der Diskussion über eine allgemeine Impfpflicht oder war die Beteiligung an *Evonik* möglicherweise (auch) ein Motiv für die Forcierung der allgemeinen Impfpflicht im März 2022?

Diese Fragen sind zumindest unter Berücksichtigung der finanziellen Verquickungen zwischen Bund, Ländern und Impfstoffindustrie mehr als berechtigt.

## 4.2 KOMMUNIKATION DES PANDEMIEMANAGEMENTS: SOLIDARITÄT DES EINZELNEN ZUM WOHL DER GEMEINSCHAFT

Mit der Erklärung des Generaldirektors der WHO am 11. März 2020 verändert sich das Leben aller dramatisch. Was mit einer gewissen Vorsicht beim Umgang mit anderen, insbesondere beim Einkaufen und größeren Zusammenkünften von Menschen, beginnt und sich zunächst in Maske tragen, Abstand halten und Händedesinfektion ausdrückt, wächst sich in rasantem Tempo zu einer »Pandemie der Maßnahmen« aus. Nicht nur das Virus verbreitet sich (angeblich) rasant, auch die Intensität der »Maßnahmen« steigt exponentiell an.

Innerhalb kürzester Zeit werden Tätigkeiten und Unternehmungen des täglichen Lebens, aus denen die Menschen Kraft und Freude schöpfen können, unterbunden. Konzert-, Theater- und Museumsbesuche, Restaurantbesuche, ja sogar Treffen mit Freunden und Familie werden dramatisch eingeschränkt. Großeltern und Eltern in Pflege- und Altersheimen dürfen nicht mehr besucht werden und müssen vielfach allein sterben, ohne dass sich ihre Angehörigen verabschieden können – ein Trauma für Sterbende und die Hinterbliebenen. Kinder dürfen nicht mehr in die Schule gehen, sich nicht mehr mit ihren Freunden treffen, keine Spielplätze im Freien mehr betreten und das alles, damit sie die Großeltern nicht anstecken und in Gefahr bringen. Den Kindern wird vermittelt, sie seien eine wandelnde Gefahr für ihre Eltern und Großeltern.[100]

Eine Missachtung der Ge- und Verbote wird im Laufe der weiteren Entwicklung sehr schnell mit Bußgeldandrohung verfolgt. Plötzlich finden sich bislang gesetzestreue Bürgerinnen und Bürger, die bestrebt sind, Gesetze und Verordnungen möglichst einzuhalten, mit Ge- und Verboten konfrontiert, die die Grundfesten ihrer persönlichen Lebensführung, des Umgangs mit dem Freundes- und familiären Umfeld, berufliche Tätigkeiten, Krankheit und Sterben erschüttern. Das Ganze wird seitens der Politik, unterstützt durch die »Experten« und Medien, gerechtfertigt und untermauert mit täglichen Meldungen über dramatische Infektions- und Todeszahlen. Solange kein Impfstoff verfügbar sei, müssten die Maßnahmen strikt beachtet werden.

> Der Staat negiert die Mündigkeit der Bevölkerung in eigenen gesundheitlichen Angelegenheiten.

Das staatliche Handeln in dieser Zeit ist geprägt von einer Negierung der Mündigkeit des Staatsvolkes in eigenen gesundheitlichen Angelegenheiten. Mit dem Instrument bußgeldbewehrter Anweisungen und Verbote an die Bevölkerung, wie sie sich zu ihrem Wohl und zur Erhaltung ihrer Gesundheit zu verhalten haben, wird ihr jegliche Eigenverantwortung und Mündigkeit in der Entscheidung des ureigensten Anliegens der eigenen Gesundheit abgesprochen. Der Staat behandelt seine Bürgerinnen und Bürger wie unmündige Kinder.

Kombiniert wird dies mit der Ermahnung der erforderlichen Solidarität jedes Einzelnen zum Wohle der Gemeinschaft, wie es Bundeskanzlerin Merkel in ihrer Ansprache am 18. März 2020[101] ausdrückte:

> »Das ist, was eine Epidemie uns zeigt: Wie verwundbar wir alle sind, wie abhängig von dem rücksichtsvollen Verhalten anderer (Minute8:13) [...] Halten Sie sich an die Regeln [...] Glauben Sie keinen Gerüchten, sondern nur den offiziellen Mitteilungen [...] Wir sind eine Demokratie – wir leben nicht von Zwang, sondern von geteiltem Wissen und Mitwirkung (ab Minute 10:42) [...] Wie hoch werden die Opfer sein? Wie viele geliebte Menschen werden wir verlieren? Wir haben es zu einem großen Teil selbst in der Hand [...] Es kommt ohne Ausnahme auf jeden Einzelnen und damit auf uns alle an.«

Es wird die Solidarität des Einzelnen zum Wohle der Gemeinschaft gefordert. Die Bevölkerung soll nur offiziellen Mitteilungen glauben.

Diese Ansprache der Bundeskanzlerin ist für mich einer der Schlüsselmomente, in denen ich zu hinterfragen begonnen habe: Seit wann wird in einer Demokratie bestimmt, welchen Medien zu glauben ist? Ist es nicht Sache des Einzelnen, das zu beurteilen?

Mit dieser Ansprache der Bundeskanzlerin fällt zudem der Startschuss für die Hetzkampagne gegen all jene, die Kritik an den Maßnahmen geäußert haben. Kritiker seien rücksichtslos, gefährdeten möglicherweise mit ihrem Verhalten viele Menschen.

In gemeinsamen Anstrengungen wird die Bevölkerung weiter »eingeschworen« auf die Informationen der »Qualitätsmedien«: Alles, was nicht den »offiziellen Mitteilungen« entspricht, sind »Fakenews«. In ihrer Ansprache am 31. März 2020 kündigt Kommissionspräsidentin Ursula von der Leyen Maßnahmen der Zensur in Zusammenarbeit zwischen der EU und den »sozialen Medien« an – was mein Misstrauen bestärkt hat:

> »[...] absurde Falschmeldungen kursieren zu Hauf in den sozialen Netzwerken (Minute 0:12) [...] Es gibt enorm viele Fakenews zum Coronavirus nicht nur, aber vor allem online

(Minute 0:21) […] Wir müssen dagegen angehen. Deshalb arbeiten wir intensiv mit den großen sozialen Plattformen zusammen. […] Die Plattformen verlinken Nutzer bereits mit vertrauenswürdigen Inhalten, mit denen der Gesundheitsämter, und sie machen gefährliche Inhalte und irreführende Werbung weniger sichtbar oder löschen sie.(ab Minute 1:07). Aber es muss noch mehr getan werden. Die sozialen Medien müssen ihre Daten mit Faktencheckern und Wissenschaftlern teilen. Das würde helfen, gefährliche Gerüchte frühzeitig aufzuklären […] Vertrauen Sie den Gesundheitsbehörden, vertrauen Sie der Weltgesundheitsorganisation, vertrauen Sie dem gesunden Menschenverstand und journalistischer Sorgfalt in den Qualitätsmedien.« (ab Minute 2:17)

EU-Kommissionspräsidentin von der Leyen: Vertrauen sie der journalistischen Sorgfalt in den Qualitätsmedien!

Und diese Worte sind gleichzeitig die Ankündigung dessen, was wir seit Ende August 2023 erleben: Mit der EU VO Nr. 2022/2065 des Europäischen Parlaments und des Rates vom 19. Oktober 2022 über einen Binnenmarkt für digitale Dienste und zur Änderung der RL 2000/31/EG (Gesetz über digitale Dienste)[102] wurden einschneidende Kontrollmechanismen und Maßnahmen gegen »Desinformation« auf Social-Media-Plattformen eingeführt – natürlich ausschließlich zum Schutz der Bevölkerung vor Missinformation. Und was Missinformation ist, bestimmt die Politik. Auch der Entwurf des WHO-Pandemie-Vertrages sieht weitreichende Zensurmechanismen vor …

Am 28. Juli 2020 verdeutlicht Lothar Wieler der Bevölkerung in einer Pressekonferenz zum wiederholten Mal, dass die Maßnahmen, die von der Politik zur Eindämmung des Virus weltweit ergriffen wurden, »alternativlos« seien:

>»Diese Regeln werden wir noch monatelang einhalten müssen. Die müssen also der Standard sein. Die dürfen nie hinterfragt werden. Das sollten wir einfach so tun.«[103]

RKI-Präsident Wieler im Juli 2020: Regeln dürfen »nie hinterfragt werden. Das sollten wir einfach so tun.«

Und die Internationalen Gesundheitsvorschriften sorgen dafür, dass weltweit alle Länder »wie aus einem Mund« die gleichen Anweisungen und Ansagen an ihre Bürger ausgeben und dieselben Maßnahmen ergreifen.

Im Laufe der Zeit zeigt sich, dass einige, insbesondere Präsidenten afrikanischer Länder, von der allgemeinen Linie abweichen. Der tansanische Präsident John Magufuli lässt bereits im Mai 2020 eine Ziege, Motoröl und eine Papaya mit einem PCR-Test auf das SARS-CoV-2-Virus testen. Dabei sollen sowohl die Ziege als auch die Papaya ein positives Testergebnis erzielt haben, worauf Magufuli die Aussagekraft der PCR-Tests infrage stellt.[104] Im August 2020 verkündet er Erfolg in der Bekämpfung des SARS-CoV-2-Virus und schreibt diesen der Anwendung traditioneller Heilmittel und Gebeten zu.[105] Im März 2021 erliegt er einem Herzversagen …[106]

## 4.3 POLITISCHE GRUNDENTSCHEIDUNG: HERDENIMMUNITÄT DURCH IMPFUNG

Im Zusammenhang mit der Weisungsgebundenheit der Bundesoberbehörden gewinnt das Zitat der ehemaligen Bundeskanzlerin Angela Merkel auf einer Pressekonferenz im Januar 2021 erhebliche Bedeutung für die Klarstellung, auf welcher Grundlage Entscheidungen getroffen werden. Sie äußert: »Aber es gibt in diesem Zusammenhang auch politische Wunschentscheidungen, die haben mit Wissenschaft nichts zu tun.« [107]

## NEGATIVES FRAMING DER NATÜRLICHEN ERREICHUNG DER IMMUNITÄT DURCH INFEKTION

Frau Merkel erläutert dies anhand der Frage, ob sie den Weg der Herdenimmunität auf natürlichem Wege – sie benutzte den negativ belegten Begriff der »Durchseuchung« – gehen wolle oder nicht:

> »Aber, die Grundentscheidung heißt die, will ich darauf setzen, doch, natürlich durch den Impfstoff etwas weniger ausgeprägt, darauf setzen, immer sich so viel wie möglich Leute anstecken zu lassen, um dann doch irgendwo zu einer besseren Durchseuchung vielleicht der Jüngeren – hört sich schrecklich an, das Wort – also zu einer besseren Infektionsimmunität – sag ich mal, jüngerer Altersgruppen zu kommen oder will ich das nicht [...] und diese politische Entscheidung, die habe ich getroffen. Da kann ich trotzdem die wissenschaftlichen Studien lesen, aber die [...] uns nimmt ja keiner die Entscheidung ab. Und diese politische Entscheidung habe ich getroffen [...]«[108] (Minute 4:34–5:12)

Die »Herdenimmunität« durch natürliche Infektion erhält ein negatives Framing: »Durchseuchung«.

Frau Merkel wählt dabei zunächst den Begriff »Durchseuchung«, einen Begriff, der sich, wie sie selbst einräumt, »schrecklich anhört«. Sie hätte auch eine positive Umschreibung wählen können, wie beispielsweise: »die Grundentscheidung heißt die, will ich darauf setzen, auf natürliche Weise Immunität durch Infektion herzustellen, oder will ich das nicht.«

Das hätte ihr aber möglicherweise beim Zuhörer nicht uneingeschränkte Zustimmung gebracht. Selbstverständlich möchte der Bürger nicht so etwas Schlimmes wie »Durchseuchung«, sondern lieber den anderen Weg. Wenn ich aber das Durchmachen einer Infektion darstelle als das, was es ist, nämlich als den seit Beginn der Evolution natürlichen Vorgang des Erreichens von Immunität, werde ich eher Zustimmung zu einer solchen Vorgehensweise erhalten – und die Wortwahl der Bundeskanzlerin lässt vermuten, dass genau das nicht gewollt war.

Denn: Ziel der Politik ist, Unterstützung für die getroffene politische Grundentscheidung zu erhalten. Und über diese hatte die Kanzlerin in ihrer Pressekonferenz ja informiert: Die politische Grundentscheidung für die »Impfung« und gegen natürliche Immunität!

Auch die »Einladung bestimmter Wissenschaftler« folgt politischen Grundentscheidungen. Das wird deutlich aus einer Antwort von Angela Merkel:

Werden nur Wissenschaftler gehört, die mit der politischen Grundentscheidung übereinstimmen?

> »Und mit der Einladung bestimmter Wissenschaftler wollen wir auf bestimmte Fragen, die uns interessieren, die nicht politischer Natur sind, Antworten bekommen. Aber dahinter liegen natürlich auch politische Grundentscheidungen. Die [...] Gruppe, die eher zur Herdenimmunität neigt, da gibt es viele, viele Nuancen [...] diese Grundentscheidung treffe ich anders [...]«(Minute 5:58–6:06)

Dass nur Wissenschaftler zu Wort kommen und gehört werden, die der politischen Grundentscheidung der Regierung entsprechen, hatte auch der ehemalige Verfassungsschutzpräsident Hans-Georg Maaßen in einem Video anhand des schönen Beispiels erläutert, wie man die neue Auffassung durchsetzen könnte, die Erde sei eine Scheibe statt einer Kugel.[109]

Fazit: Die Politik tritt mit der Maßgabe eines Ergebnisses an die Wissenschaft heran, und die Wissenschaft nennt ihren Preis für die Erstellung eines »passenden« Gutachtens.

Das Problem der Käuflichkeit der Wissenschaft führt dazu, dass Politik sich den Anschein geben kann, wissenschaftsbasiert zu agieren – allerdings auf der Basis einer Wissenschaft, die sie sich zuvor »gekauft« und an ihre politische Grundentscheidung angepasst hat.

In der Rückschau können aus diesen Worten der Bundeskanzlerin folgende Schlussfolgerungen gezogen werden:

— Aus politischen Gründen – nicht aus wissenschaftlichen Gründen – war Herdenimmunität auf natürliche Weise zu verhindern.
— Deshalb wurden entsprechende Maßnahmen angeordnet, die eine Herdenimmunität auf natürliche Weise verhinderten, der Bevölkerung aber als notwendige Eindämmungsmaßnahmen zu ihrem Schutz »verkauft« wurden.
— Nachdem die politische Grundentscheidung gegen die Herdenimmunität getroffen worden war, wurden Wissenschaftler angehört, die in diesem Zusammenhang nicht politische Fragen beantworteten. Die Frage, die sich diesbezüglich aufdrängt, ist: Ging es bei diesen nicht politischen Fragen im Rahmen der getroffenen politischen Grundentscheidung womöglich um die Fragen, mithilfe welcher Maßnahmen die natürliche Herdenimmunität am besten zu verhindern war?
— Obwohl in der Gruppe der Wissenschaftler viele »Nuancen« zur Erreichung natürlicher Herdenimmunität vertreten waren, wurden nicht sämtliche »Nuancen« in die Entscheidungsfindung mit einbezogen, weil die Grundentscheidung gegen die natürliche Herdenimmunität bereits getroffen worden war.

Aus politischen Gründen war Herdenimmunität auf natürliche Weise durch Lockdowns, Masken, Kontaktbeschränkungen zu verhindern.

Zur Verhinderung des Eintritts der Herdenimmunität auf natürliche Weise besonders geeignete Maßnahmen waren

— Maskenpflicht,
— Testpflicht,

– Abstandsregeln,
– Lockdowns mit Schließung von Restaurants und Geschäften,
– Ausgangssperren zur Reduzierung menschlicher Kontakte auf eine Quote gegen null außerhalb des engsten Familienkreises,
– Quarantänemaßnahmen.

Aufgrund politischer Grundentscheidung wurden
– Grundrechte eingeschränkt,
– Existenzen vernichtet,
– Menschen eingesperrt und, das Schlimmste,
– die Schwächsten unserer Gesellschaft – Kinder und alte Menschen – traumatisiert und die Kinder in ihrer Entwicklung behindert,
– alte Menschen nicht nur des Kontaktes zu ihrer Familie beraubt, sondern im schlimmsten Fall gezwungen, ohne die liebevolle Begleitung ihrer Familie unter menschenunwürdigen Bedingungen allein zu sterben.

Es gibt noch so viele Dinge mehr, die hier aufzuzählen wären. Und letztlich mussten die Menschen all dies erleiden, weil die politische Grundentscheidung getroffen worden war, eine natürliche Herdenimmunität nicht zuzulassen. Dieser politischen Grundentscheidung sind zwei Aspekte immanent:
1. Verhinderung der natürlichen Herdenimmunität durch Infektion und
2. Erreichung der Herdenimmunität ausschließlich durch die Impfung.

Zugleich wird der Begriff der Infektion negativ belegt: Das Credo ist, Infektion muss um jeden Preis verhindert werden.

Wird die Herstellung der Herdenimmunität auf natürliche Weise – vorsichtig ausgedrückt – nicht priorisiert, rückt automatisch die Bedeutung von Impfstoffen in den Vordergrund. Dementsprechend hörten wir von Beginn der Pandemie, dass Impfstoffe der einzige Weg aus der Pandemie seien. Und deshalb äußerte Bill Gates bereits zu Beginn der Pandemie im Interview am 12. April 2020, dass sieben Milliarden Menschen geimpft werden müssten, bevor die Pandemie besiegt werden könne.

Wesentlicher Pfeiler einer auf der politischen Grundentscheidung »Erreichung der Herdenimmunität durch Impfung« basierenden Politik ist daher konsequenterweise, die Zulassung von Impfstoffen weitestgehend zu erleichtern.

## VERBINDUNG VON »HERDENIMMUNITÄT« UND »GEMEINSCHAFTSSCHUTZ«

Ein parallel zu dem Begriff »Herdenimmunität« verwendeter Begriff ist neuerdings der »Gemeinschaftsschutz«. Während diese Begriffe im Hinblick auf natürliche Infektion unberücksichtigt bleiben, sind sie Bezug auf die Impfquote die alles bestimmende Doktrin.

Besonders deutlich wird das auch im Zusammenhang mit dem »One Health«-Ansatz der WHO, übernommen mittlerweile von der EU und auch national in Deutschland. Die EU hatte bereits im Jahr 2011 einen Comic mit dem Titel *Infected* veröffentlicht. Dieser Comic war an Jugendliche gerichtet, handelte von Pandemien und Pandemiemaßnahmen und erläuterte bereits den »One Health«-Ansatz.[110] Lothar Wieler veröffentlichte im Jahr 2014 eine Ausarbeitung zum »One Health«-Ansatz unter dem Titel »›One Health‹ – linking human, animal and environmental health«[111], die 2017 im Deutschen Ärzteblatt mit dem Titel »One-Health-Konzept. Eine Antwort auf resistente Bakterien?«[112] erschien.

## 4.4 VORGABE DER WHO: »HERDENIMMUNITÄT DURCH IMPFUNG«

Doch wie kommt es zu dieser politischen Grundentscheidung, die Herdenimmunität nicht auf natürliche Weise, sondern durch Impfung herzustellen?

Bei der Recherche zur Beantwortung dieser Frage lohnt sich ein Blick zur WHO. Die WHO beschäftigt sich intensiv mit der Frage der Herdenimmunität für die als Bedrohung eingestuften Krankheiten. Auf ihrer Website gibt sie darüber Auskunft, was Herdenimmunität ist und wie sie erreicht wird. Es heißt dort mit Stand 31. Dezember 2020:

> »›Herdenimmunität‹, auch bekannt als ›Bevölkerungsimmunität‹, ist der indirekte Schutz vor einer Infektionskrankheit, der entsteht, wenn eine Bevölkerung immun ist entweder durch Impfung oder durch Immunität, die durch vorhergehende Infektion entwickelt wurde. Die WHO unterstützt die Erreichung der Herdenimmunität durch Impfung und nicht dadurch, die Ausbreitung einer Krankheit in irgendeinem Teil der Bevölkerung zuzulassen, da dies zu unnötigen Fällen und Todesfällen führen würde.
> Herdenimmunität gegen COVID-19 sollte durch den Schutz der Bevölkerung durch Impfung und nicht dadurch erreicht werden, dass man sie dem Krankheitserreger aussetzt.«[113]

Im Verlauf des Jahres 2020 ändert die WHO die Definition der »Herdenimmunität«.

Interessant ist, die Entwicklung der Definition der »Herdenimmunität« auf der Website der WHO zu verfolgen. Im Juni 2020 wurde Herdenimmunität definiert als

> »[...] der indirekte Schutz vor einer Infektionskrankheit, der entsteht, wenn eine Bevölkerung entweder durch Impfung oder Immunität aufgrund vorheriger Infektion immun ist.«[114]

Eine Priorisierung der Immunität durch Impfung oder natürliche Infektion war auf dieser Seite zu diesem Zeitpunkt nicht zu finden.[115] Das änderte sich wenige Monate später. Im November 2020 wurde »Herdenimmunität« definiert als

> »[...] ein Konzept, das für Impfungen verwendet wird, bei dem eine Bevölkerung vor einem bestimmten Virus geschützt werden kann, wenn ein Schwellenwert für Impfungen erreicht ist. [...] ›Herdenimmunität‹ wird erreicht, indem Menschen vor einem Virus geschützt werden, nicht indem sie ihm ausgesetzt werden.«[116]

Nachdem die Empörung über die Änderung der Definition der Herdenimmunität nicht mehr zu überhören war, entschied sich die WHO zu einer Abschwächung ihrer Definition. Herdenimmunität ist danach zwar entweder durch Impfung oder durch durchgemachte Infektion zu erreichen. Doch räumt die WHO der Herdenimmunität durch Impfung den Vorrang ein und beurteilt das seit Jahrtausenden bestehende Prinzip der Herdenimmunität durch Infektion als »unethisch«:

> »Versuche, Herdenimmunität zu erreichen, indem Menschen dem Virus ausgesetzt werden, sind wissenschaftlich problematisch und unethisch.«[117]

Die WHO räumt der Herdenimmunität durch Impfung die Priorität ein.

Bei der WHO findet man daher Ausführungen, die der im Januar 2021 verkündeten »politischen Grundentscheidung« von Angela Merkel und damit der deutschen Gesundheitspolitik entsprechen.

## 4.5 FESTLEGUNG DER IMPFQUOTE ALS POLITISCHE GRUNDENTSCHEIDUNG?

Die für den »Gemeinschaftsschutz« erforderliche Impfquote wird kontinuierlich immer weiter heraufgesetzt. Im vom RKI herausgegebenen *Epidemiologischen Bulletin* 2021, 27, vom 8. Juli 2021 wird in dem Beitrag »Welche Impfquote ist notwendig, um COVID-19 zu kontrollieren?« der Gemeinschaftsschutz definiert als

> »indirekte(r) Effekt einer Impfung, der auftritt, wenn ein gewisser Anteil der Bevölkerung geimpft ist und dadurch die Transmission des Erregers so reduziert wird, dass auch Ungeimpfte ein niedrigeres Risiko haben sich zu infizieren«[118].

Zunächst ist ab Ende 2020 von einer Impfquote von 60–65 % für das Erreichen einer Herdenimmunität die Rede.[119] Mit der Begründung höherer Infektiosität der neuen Mutanten wird diese immer weiter heraufgesetzt.

Seit Juli 2021 geht das RKI von einer nach Altersstufen gestaffelten erforderlichen Impfquote aus. Dabei betragen 2021 die für erforderlich erachteten Impfquoten unter Zugrundelegung des Ziels

- 85 % für die 12–59-Jährigen und
- 90 % für die Menschen ab 60 Jahren.[120]

Begründet wird diese Annahme mit Ergebnissen von »Modellierungen«, also theoretischen Rechenmodellen, deren Zielvorgaben offensichtlich eine 7-Tage-Inzidenz von unter 100 bzw. 50/100.000 waren.

Was bedeutet eine 7-Tage-Inzidenz von 50–100/100.000 Einwohnern? Zur Veranschaulichung der Bedeutung einer solchen Inzidenz ist ein Blick zu den Bedingungen für die erleichterte Zulassung für Arzneimittel für

> Die Impfquote zur Erreichung des »Gemeinschaftsschutzes« wird immer weiter hoch gesetzt: Von zunächst 60–65 % auf 85 % für die 12–59-Jährigen und auf 90 % für die Menschen ab 60 Jahren.

seltene Leiden erhellend. Mit der VO Nr. 141/2000/EG[121] vom 16. Dezember 1999 in Verbindung mit der Durchführungsverordnung der EU-Kommission Nr. 847/2000/EG[122] wurden Parameter für erleichterte Anforderungen festgelegt, die für Arzneimittel für seltene Leiden gelten sollen.

Ziel war und ist, die Forschung und Entwicklung von Arzneimitteln für seltene Leiden für pharmazeutische Unternehmen attraktiver zu machen. Es sollen Anreize für die Unternehmen geschaffen werden, damit auch Patienten mit seltenen Leiden Behandlungsmöglichkeiten für ihre Erkrankungen zur Verfügung stehen. Bei einer geringen Prävalenz der seltenen Erkrankungen lohnt sich eine kostenintensive Arzneimittelforschung und -entwicklung nicht.

Dreh- und Angelpunkt der Anwendung dieser Verordnungen ist die Prävalenz, mit der eine Erkrankung auftreten darf, damit sie als seltene Erkrankung im Sinne der VO anerkannt ist und der pharmazeutische Unternehmer bei der Entwicklung seines Arzneimittels zur Behandlung der seltenen Erkrankung in den Genuss erheblicher Erleichterungen und Anreize kommt.

Der Begriff der »Prävalenz« betrifft von der Krankheit betroffene Menschen, der Begriff der Inzidenz bezeichnet die neu auftretenden Fälle innerhalb eines bestimmten Zeitraums, hier innerhalb von 7 Tagen.

Art. 2 der VO Nr. 847/2000 verlangt für die Klassifizierung einer Erkrankung als »selten«, dass von der Erkrankung in der EU »nicht mehr als fünf von zehntausend Personen betroffen sind«.[123] Eine Prävalenz von 5/10.000 entspricht folglich einer Prävalenz von 50/100.000.

Vor diesem Hintergrund drängt sich der Eindruck auf, dass auch die Entscheidung der Festlegung der Impfquote unter Zugrundelegung einer Zielinzidenz von 50–100/100.000 eine politische Grundentscheidung sein muss: Warum muss die Inzidenz einer erkältungsähnlichen Erkrankung 50–100/100.000 Neuansteckungen in 7 Tagen betragen, einem Verhältnis, die der Prävalenz einer seltenen Erkrankung im Sinne der VO der Arzneimittel für seltene Leiden entspricht beziehungsweise etwas darüber liegt?

Wie realitätsnah eine solche politische Grundentscheidung ist, wie sehr sie den Bedürfnissen der Bevölkerung entgegenkommt oder widerspricht, darf jeder selbst beurteilen. Und was dies für die Bevölkerung eines Landes bedeutet, eine grippeähnliche Erkrankung mit Erkältungssymptomen zu einer seltenen Erkrankung machen zu wollen, haben wir im wahrsten Sinne des Wortes »am eigenen Leib« erlebt: Bis zum Erreichen einer Impfquote von fast 100% werden die Menschen mit Maßnahmen unter Druck gesetzt, die dazu dienen, die natürliche Herdenimmunität zu verhindern.

## 4.6 FRAGEN BEZÜGLICH DER POLITISCHEN GRUNDENTSCHEIDUNGEN

Dank der von dem Journalisten Boris Reitschuster durch seine Fragen provozierten Antwort von Frau Merkel in der Pressekonferenz im Januar 2021 ist bekannt, dass der Entscheidung für die strikten Maßnahmen gegen COVID-19 eine politische Grundentscheidung zugrunde lag, auf der die nachfolgenden Entscheidungen basierten:

1. Die Herstellung einer Herdenimmunität auf natürlichem Wege ist zu verhindern.
2. Es wird ein »Gemeinschaftsschutz« durch Impfung hergestellt.

Fragen, die sich diesbezüglich stellen und im Rahmen einer Aufarbeitung zu klären sind:

- Wann wurde diese politische Grundentscheidung getroffen?
- Seit wann basieren die Entscheidungen im Rahmen des Pandemiemanagements auf dieser politischen Grundentscheidung?
- Warum wurde diese politische Grundentscheidung getroffen?

- Für welche Entscheidungen im Rahmen des Pandemiemanagements war diese politische Grundentscheidung die Basis?
- Mit welchem Recht entscheidet der Staat für den Einzelnen, ob er seine Immunität auf natürliche Weise oder durch Impfung herbeiführen möchte?
- Woher nimmt der Staat die Kompetenz, diese Entscheidung für seine Bevölkerung zu treffen und ihr auf diese Weise in einem höchstpersönlichen Aspekt des Lebens die Mündigkeit abzusprechen?
- Inwieweit wurden die Entscheidungen der Bundesoberbehörden durch die Weisungen des BMG – und dieses wiederum durch die Richtlinienkompetenz des/r Bundeskanzlers/in – beeinflusst, beziehungsweise liegt die politische Grundentscheidung auch den Entscheidungen der Bundesoberbehörden zugrunde?
- Inwieweit wurden Entscheidungen durch das Militär vorgegeben, insbesondere über die Abteilung 6 des BMG?

Die Zugrundelegung der politischen Grundentscheidung macht die durchgeführte Politik verständlich: Ist die politische Grundentscheidung getroffen, Herdenimmunität durch Impfung herbeizuführen beziehungsweise Herdenimmunität durch natürliche Infektion zu vermeiden, muss das Ziel eine möglichst hohe Impfquote sein. Bei der Frage, wie dieses Ziel am besten erreicht wird, ist eine Vielzahl von Aspekten in die Gesamtstrategie einzubeziehen. Maßnahmen der Kontaktreduzierung zwecks Infektionsverhinderung sind ebenso Teil der Strategie wie die Kommunikation gegenüber der Bevölkerung, Festlegung einer flankierenden Teststrategie, Software für Kontaktnachverfolgung bis hin zur rechtzeitigen Verfügbarkeit der gewünschten Impfungen.

# 5 NUDGING – KOMMUNIKATION GEGENÜBER DER BEVÖLKERUNG

Ein wesentlicher Aspekt der Gesamtstrategie, wenn nicht gar der wesentlichste, ist die Kommunikation der eigenen Strategie gegenüber der Bevölkerung. Unabhängig von der getroffenen Grundentscheidung ist die Kooperation der Bevölkerung in jedem Fall unabdingbar. Die Unterstützung der Bevölkerung wiederum hängt davon ab, inwieweit die Politik in der Lage ist, die Bevölkerung zu überzeugen – und Überzeugung wird generiert durch entsprechende Kommunikation. Wesentlicher Pfeiler der Durchsetzung jeder politischen Entscheidung ist die Kommunikation gegenüber der Bevölkerung.

Im Rahmen der Kommunikation mit der Bevölkerung und zur Durchsetzung politischer Ziele fiel in den letzten Jahren immer häufiger der Begriff »Nudging«. Das englische Verb »to nudge« bedeutet übersetzt: jemanden schubsen, stupsen, vorsichtig anstoßen. Er bezeichnet die psychische Beeinflussung und damit »Lenkung« der Bevölkerung in die gewünschte Richtung durch unmerkliche psychologische »Stupser« – mit anderen Worten: Manipulation der öffentlichen Meinung und des Verhaltens des Einzelnen in die gewünschte Richtung, ohne dass dieser merkt, dass er in seiner Meinung und seinem Verhalten beeinflusst wird.

Bereits am 26. August 2014 titelte die *Frankfurter Allgemeine Zeitung*: »Kanzlerin sucht Verhaltensforscher«, verbunden mit dem Untertitel »Psychologen, Anthropologen und Verhaltensökonomen sollen her und Angela Merkel helfen: Die Regierung will wirksamer regieren und den Bürgern einen Schubs in die ›richtige‹ Richtung geben«[124].

> Die Manipulation der öffentlichen Meinung und des Verhaltens des Einzelnen ist bereits seit Längerem Teil der politischen Strategie.

Hierzu befragt, erläuterte ein Regierungssprecher, dabei »gehe es darum, neue Methoden für ›wirksames Regieren‹ zu erproben«. Die *FAZ* weiter:

> »Die Regierung gibt den Bürgern einen Schubser in die ›richtige‹ Richtung. Kernidee ist die Annahme, dass Menschen oft falsche, weil für sie langfristig ungünstige Entscheidungen treffen. Sie essen zu viel, sie rauchen, treiben zu wenig Sport oder sparen wenig für ihre Altersvorsorge, was sie später bereuen. Mit Hilfe einfacher psychologischer Methoden könnte man das Verhalten beeinflussen und die Entscheidungsfindung verbessern.«

Am 12. März 2015 griff die *Welt* das Thema auf: »Merkel will die Deutschen durch Nudging erziehen«[125].

Für das »Referat Stab Politische Planung, Grundsatzfragen und Sonderaufgaben«» suchte die Bundeskanzlerin befristet bis zum Ende der 18. Legislaturperiode drei Referenten, die »hervorragende psychologische, soziologische, anthropologische, verhaltensökonomische bzw. verhaltenswissenschaftliche Kenntnisse« haben sollten.

In der Retrospektive stellt sich – gerade unter Berücksichtigung all der anderen mittlerweile bekannt gewordenen Vorbereitungen – die Frage, ob die Rekrutierung von Spezialisten mit den beschriebenen »hervorragenden Kenntnissen« bereits ein Teil der Vorbereitungen für das Pandemiegeschehen 2020 war. Vielleicht waren es gerade diese Experten, die Frau Merkel empfohlen haben, ihre Ansprache vom 18. März 2020 in dem Tenor zu halten, wie es geschehen ist, mit Schlagworten und Parolen wie »Durchseuchung«, »es kommt auf jeden Einzelnen an« oder »Wir sind abhängig vom rücksichtsvollen Verhalten aller«. Tatsache ist, dass das Nudging mittlerweile – von der Öffentlichkeit unbemerkt – Instrument der Durchsetzung politischer Grundentscheidungen geworden ist.

Eine weitere Aussage, die dem Bereich des Nudging zuzurechnen sein kann, ist die Aussage, die Pandemie könne nur durch Impfung und nicht durch natürliche Infektion besiegt werden. Angela Merkel gibt die politisch getroffene Grundentscheidung als alternativlosen Weg für die Bevölkerung vor. Alternative Heilmethoden dürfen angesichts der getroffenen politischen Grundentscheidung nicht thematisiert werden.

Diese politische Grundentscheidung der ehemaligen Bundeskanzlerin hat auch der Bundeskanzler Olaf Scholz übernommen. Der *Spiegel* zitiert ihn am 10. Januar 2022: »Scholz hält Impfstoff für einzigen Weg aus der Coronakrise«[126].

Die politische Grundentscheidung »Herdenimmunität durch Impfung« wird als alternativlos dargestellt.

Auch seine Bundesministerin für wirtschaftliche Zusammenarbeit und Entwicklung, Svenja Schulze, steht hinter dieser politischen Grundentscheidung:

> »Der einzige Weg, der aus der aktuellen Pandemie hinausführt und zukünftig weitere Infektionswellen verhindern kann, ist eine weltweite Impfkampagne. Damit sie erfolgreich ist, muss ein sehr großer Anteil der Weltbevölkerung geimpft werden […]. Was zählt ist: Die Impfdosen müssen in die Oberarme kommen, und zwar nicht nur in den Hauptstädten, sondern auch in entlegenen Dörfern […].«[127]

Inwieweit sich die Politik mit der wissenschaftlichen Fundierung dieser Grundentscheidung auseinandergesetzt hat, lässt sich derzeit noch nicht nachvollziehen. Nachdem diese Grundentscheidung getroffen wurde, ist jedoch die Wahrscheinlichkeit groß, dass ab diesem Zeitpunkt wissenschaftliche Studien, die in eine abweichende Richtung wiesen, nicht mehr vertieft verfolgt wurden. Schließlich äußerte die Bundeskanzlerin in besagter Pressekonferenz im Januar 2021:

Wissenschaftliche Studien werden auf die getroffene politische Grundentscheidung abgestimmt.

> »Und diese politische Grundentscheidung habe ich getroffen. Da kann ich trotzdem die wissenschaftlichen Studien lesen [...] Uns nimmt ja keiner die Entscheidungen ab.« (Minute 5:06–5:13)

Zu welchem Zeitpunkt Angela Merkel diese politische Entscheidung, die von Olaf Scholz übernommen wurde, getroffen hat, ist derzeit noch nicht bekannt. Tatsache ist, dass das Erreichen einer hohen Impfquote von Beginn an im Vordergrund stand – und für das Erreichen einer möglichst hohen Impfquote ist vor allem die entsprechende Unterstützung und Kooperationsbereitschaft in der Bevölkerung erforderlich. Die Bevölkerung muss im wahrsten Sinne des Wortes »die Ärmel hochkrempeln«.

Der alternative Weg wäre, eine hohe Impfquote durch Zwang der Bevölkerung in Form einer Impfpflicht zu erreichen. Ein derartiger Impfzwang lässt jedoch aufgrund der Intensität des Eingriffs in die körperliche Unversehrtheit erhebliche Zweifel an der Vereinbarkeit mit den Grundsätzen einer freiheitlich demokratischen Grundordnung aufkommen.

Doch wenn man die Vorschläge von Bill Gates aus dem Jahr 2015 und die Formulierungsvorschläge für den Pandemievertrag anschaut, ist ohnehin beabsichtigt, die »Grundsätze einer freiheitlich demokratischen Grundordnung« zunächst in Notlagen – und durch Hervorrufen permanenter Notlagen dann auch dauerhaft – auszuhebeln.

Dies gilt erst recht dann, wenn es sich bei den Impfstoffen, die im Rahmen der Impfpflicht verabreicht werden sollen, um Stoffe handelt, mit denen keine jahrzehntelange Erfahrung im Hinblick auf ihre Wirksamkeit und Unbedenklichkeit besteht. Eine Impfpflicht im frühen Stadium einer Pandemie mit noch nicht ausreichend getesteten Impfstoffen darf nach grundsätzlichen Erwägungen in der Politik zumindest keine offen kommunizierte Strategie zur Erreichung einer hohen Impfquote sein.

Fazit aus diesen Überlegungen ist, dass die Politik zur Erreichung der Ziele ihrer politischen Grundentscheidung geeignete Kommunikationsmittel, Maßnahmen und psychologische Instrumente gegenüber der Bevölkerung einsetzt, um sie von der Notwendigkeit einer Impfung zu überzeugen und so zur vermeintlich freiwilligen Kooperation in Bezug auf die Impfung zu bewegen.

Die Politik hat zur Erreichung ihrer Grundentscheidung geeignete Kommunikationsmittel, Maßnahmen und psychologische Instrumente gegenüber der Bevölkerung eingesetzt.

## 5.1 SZENARIENPAPIER »WIE WIR COVID-19 UNTER KONTROLLE BEKOMMEN«

Im März 2020, zu einem sehr frühen Zeitpunkt des Pandemiegeschehens in Deutschland, wird ein vom Bundesinnenministerium (BMI) in Auftrag gegebenes Szenarienpapier mit dem Titel »Wie wir Covid-19 unter Kontrolle bekommen« dem Bundesinnenministerium übermittelt.[128] Gekennzeichnet ist es mit der Bemerkung »VS-Nur für den Dienstgebrauch«. VS ist die Abkürzung für »Verschlusssache«. Abrufbar ist es über die Website *FragDenStaat*.[129]

Dieses Szenarienpapier wurde von verschiedenen externen Forschern in Zusammenarbeit mit dem RKI erstellt und entwirft unterschiedliche Szenarien im Hinblick auf zwei Aspekte:

Der eine Aspekt betrifft Szenarien in Bezug auf die Entwicklung der Pandemie im Hinblick auf Todeszahlen und benötigte Kapazitäten im Gesundheitswesen in Abhängigkeit unterschiedlicher Stringenz eingesetzter Maßnahmen, wie Testen, Isolation, soziale Distanz, Lockdowns etc.

Der andere Aspekt betrifft die Auswirkungen auf die ökonomische Situation Deutschlands, europa- und weltweit, die wiederum in Abhängigkeit stehen zum Eintritt der Szenarien hinsichtlich der Pandemieentwicklung und gegebenenfalls erforderlicher Maßnahmen.

Unter Berufung auf »die meisten Virologen, Epidemiologen, Mediziner, Wirtschafts- und Politikwissenschaftler« liegt dem Szenarienpapier ein auch von der erstellenden Forschergruppe bestätigtes Worst-Case-Szenario zugrunde, das für den Fall nur geringfügiger Maßnahmen für 2020 von mehr als 1 Million COVID-19-Toten in Deutschland ausgeht.

Basierend auf diesem Worst-Case-Szenario modelliert das Szenarienpapier drei unterschiedliche Szenarien bei »Startdatum« 16. März 2020:

1. Die Dauer des »Worst-Case Szenario«, bei dem in 2020 über 1 Million Tote errechnet wurden, betrage bis zum Abklingen auf bis zu 1.000 Neuinfizierte/Tag 56 Tage. Mit diesem Szenario sei eine Überlastung des Gesundheitssystems zu erwarten. In diesem Szenario würden sich bei weniger einschneidenden Maßnahmen wie beispielsweise Aussetzung von Großveranstaltungen und Verminderung der Reisetätigkeit 70% der Menschen infizieren.
2. Für das »Dehnungs-Szenario«, würden circa 220.000 Tote und eine nur teilweise Überlastung des Gesundheitssystems prognostiziert. Mit einer Dauer von 207 Tagen bis zum Abklingen auf bis zu 1.000 Neuinfizierte/Tag sei zu rechnen. Bei diesem Szenario würden 20% der Bevölkerung infiziert, und es käme zu einer teilweisen Überlastung des Gesundheitssystems. Zur Realisierung dieses Szenarios müssten weitreichende Maßnahmen zur Reduzierung physischer Kontakte angeordnet werden.
3. Das »Hammer and Dance-Szenario«, sollte sich durch intensives Testen und Isolieren auszeichnen. Bei Berechnungen auf dieser Maßnahmengrundlage würden sich circa 1 Million Menschen in Deutschland infizieren, 12.000 Todesfälle könnten zu beklagen sein. Da nach dieser Zeit nur ein kleiner Teil der Bevölkerung immunisiert sei, müsse die Wachsamkeit danach noch sehr lange andauern. Die Dauer dieses Maßnahmen-Szenarios wurde mit 72 Tagen berechnet.

Letztlich wird in diesem Papier eine zweistufige Strategie empfohlen: In der ersten Stufe »strikte Unterdrückung der Neuansteckungen« bis zu einem Reproduktionswert – dem uns allen so geläufige R-Wert – um die 1. In der zweiten Stufe sollte dann »ein umfassendes und konsequentes System des individuellen Testens und Isolierens der identifizierten Fälle« folgen. (S. 8)

Im zweiten Teil des Szenarienpapiers werden die geschätzten beziehungsweise modellierten Auswirkungen auf die Volkswirtschaft ebenfalls bei unterschiedlichen Szenarien vorgestellt. Die Szenarien werden hier unterteilt in »1. Schnelle Kontrolle«, »2. Rückkehr der Krise«, »3. Langes Leiden« und »4. Abgrund«. Letzteres wird erwartet für den Fall, dass eine Eindämmung der Epidemie nicht gelänge.

Den jeweiligen Szenarien wird auch jeweils eine unterschiedliche Dauer von Ausgangsbeschränkungen zugrunde gelegt. Bei Szenario 1 wären die Ausgangsbeschränkungen nach 6 Wochen beendet, nach Szenario 2 nach 2 Monaten, nach Szenario 3 nach 4 Monaten und beim »Abgrund« würden die Ausgangsbeschränkungen für den Rest des Jahres auferlegt mit einem Verlust des BIP von 32 %. Bei Szenario 1 sehen die Forscher die Möglichkeit, mit einem dem Verlust in der Weltwirtschaftskrise 2009 ähnlichen Ergebnis aus der Krise zu kommen.

Das Szenarienpapier des Bundesinnenministeriums setzt in der Kommunikation mit der Bevölkerung auf eine »Schockwirkung«!

Basierend auf ihren Modellierungen, kommen die Forscher zu Schlussfolgerungen für Maßnahmen und die Kommunikation gegenüber der Bevölkerung mit im Wesentlichen folgenden Elementen:

Für die Kommunikation gegenüber der Bevölkerung wird auf folgende Strategie gesetzt:

– Es soll eine »gewünschte Schockwirkung« erzielt werden.

Bestandteile dieser Kommunikation sind:

– Schüren der »Urangst« vor dem Erstickungstod,

— Kindern vermitteln, dass sie ihre Eltern und Großeltern anstecken und dann für ihren Tod verantwortlich sein könnten,
— Möglichkeit lang anhaltender gesundheitlicher Probleme nach einer Infektion, Stichwort: Long-COVID. (Wie kommt es, dass man das im März 2020 schon vermutete oder gar wusste? Rechnete man mit einem Zusammenbrechen des Immunsystems der Geimpften und Symptomen, die jetzt als »Long-COVID« bezeichnet werden?)

Die Bilder aus Italien – es handelte sich um einen Militärkonvoi in Bergamo mit Särgen und ein Foto von in einer Halle aufgereihten Särgen – werden ausdrücklich für das Hervorrufen der »gewünschten Schockwirkung« genannt.

Flankiert werden soll die Kommunikation gegenüber der Bevölkerung mit folgenden Maßnahmen:
— Herstellung einer hohen Testkapazität, gegebenenfalls durch Einrichtung mobiler Teststationen
— Testen und Isolieren infizierter Personen, in Eigenisolation »oder in einer Quarantäneanlage« (S. 14). Einmal eingespielt, könnten diese Maßnahmen »relativ kostengünstig über mehrere Jahre hinaus die wahrscheinlich immer wieder aufflackernden kleinen Ausbrüche sofort eindämmen« (S. 15).

Das Papier geht von einer Basis-Todesrate von 1 % aus und verdeutlicht an einer Beispielrechnung, wie viele Tests durchgeführt werden müssen, um die Anzahl der Fälle zu bekommen, »die man finden möchte« (S. 14).

> Dafür müssten »unter sehr guten Bedingungen 20 mal mehr Tests [gemacht werden] als die Anzahl Fälle, die man finden möchte«. Gegebenenfalls müsse die Testkapazität hochgeschraubt werden, »um das gewünschte Ergebnis zu erzielen«. (S. 14)

Szenarienpapier: Das Testen und Isolieren infizierter Personen könnte über mehrere Jahre zur Anwendung kommen.

– Social Distancing mit Home Office, Untersagung von sportlichen und kulturellen Großveranstaltungen sowie Anlässen in Sportclubs, Schul- und Universitätsschließungen, Schließung von Restaurants, Bars, allen nicht lebenswichtigen Geschäften und Betrieben sei erforderlich. (S. 15)
– Betten- und Beatmungskapazitäten müssten hochgefahren werden
– Durchführung einer Kommunikationskampagne zur Motivation und Aufklärung der Bevölkerung mit einem »gemeinsamen Narrativ«. Vorgeschlagen wird beispielsweise »#wirbleibenzuhause« (S. 17), was ja dann auch seitens der Regierung umgesetzt wurde.

Zusätzlich bräuchte man »im besten Fall viele Gesichter (Prominente, Politikerinnen und Politiker, Wissenschaftlerinnen und Wissenschaftler), die sich mit der Kampagne identifizieren«. Auch das wurde umgesetzt.

## 5.2 WÖRTLICHE ZITATE AUS DEM SZENARIENPAPIER

Zur Verdeutlichung wird nachfolgend wörtlich aus dem Papier zitiert. Hinsichtlich der Kommunikation gegenüber der Bevölkerung wird folgende Strategie empfohlen, um eine möglichst breite Akzeptanz der Maßnahmen in der Bevölkerung für die Vermeidung des zu kommunizierenden »Worst-Case-Szenarios« zu erreichen:

> »4 a. Worst case verdeutlichen!
> Wir müssen wegkommen von einer Kommunikation, die auf die Fallsterblichkeitsrate zentriert ist. Bei einer prozentual unerheblich klingenden Fallsterblichkeitsrate, die vor allem die Älteren betrifft, denken sich viele dann unbewusst und uneingestanden: ›Naja, so werden wir die Alten los, die unsere

Wirtschaft nach unten ziehen, wir sind sowieso schon zu viele auf der Erde, und mit ein bisschen Glück erbe ich so schon ein bisschen früher‹ [...]

Um die gewünschte Schockwirkung zu erzielen, müssen die konkreten Auswirkungen einer Durchseuchung auf die menschliche Gesellschaft verdeutlicht werden:

1) Viele Schwerkranke werden von ihren Angehörigen ins Krankenhaus gebracht, aber abgewiesen, und sterben qualvoll um Luft ringend zu Hause. Das Ersticken oder nicht genug Luft kriegen ist für jeden Menschen eine Urangst. Die Situation, in der man nichts tun kann, um in Lebensgefahr schwebenden Angehörigen zu helfen, ebenfalls. Die Bilder aus Italien sind verstörend.

2) ›Kinder werden kaum unter der Epidemie leiden‹: Falsch. Kinder werden sich leicht anstecken, selbst bei Ausgangsbeschränkungen, z. B. bei den Nachbarskindern. Wenn sie dann ihre Eltern anstecken, und einer davon qualvoll zu Hause stirbt und sie das Gefühl haben, Schuld daran zu sein, weil sie z.B. vergessen haben, sich nach dem Spielen die Hände zu waschen, ist es das Schrecklichste, was ein Kind je erleben kann.

3) Folgeschäden: Auch wenn wir bisher nur Berichte über einzelne Fälle haben, zeichnen sie doch ein alarmierendes Bild. Selbst anscheinend Geheilte nach einem milden Verlauf können anscheinend jederzeit Rückfälle erleben, die dann ganz plötzlich tödlich enden, durch Herzinfarkt oder Lungenversagen, weil das Virus unbemerkt den Weg in die Lunge oder das Herz gefunden hat. Dies mögen Einzelfälle sein, werden aber ständig wie ein Damoklesschwert über denjenigen schweben, die einmal infiziert waren. Eine viel häufigere Folge ist monate- und wahrscheinlich jahrelang anhaltende Müdigkeit und reduzierte Lungenkapazität, wie dies schon oft von SARS-Überlebenden berichtet wurde und auch jetzt bei COVID-19

der Fall ist, obwohl die Dauer natürlich noch nicht abgeschätzt werden kann.
Außerdem sollte auch historisch argumentiert werden, nach der mathematischen Formel:
2019 = 1919 + 1929
Man braucht sich nur die oben dargestellten Zahlen zu veranschaulichen bezüglich der anzunehmenden Sterblichkeitsrate (mehr als 1% bei optimaler Gesundheitsversorgung, also weit über 3% durch Überlastung bei Durchseuchung), im Vergleich zu 2% bei der Spanischen Grippe, und bezüglich der zu erwartenden Wirtschaftskrise bei Scheitern der Eindämmung, dann wird diese Formel jedem einleuchten [ ]«[130]

Die weiteren Empfehlungen betreffen die Maßnahmen. Hier wird insbesondere auf die Strategie »hohe Testkapazität und Isolation« gesetzt:

»4 c. Maßnahmenplanung der Bevölkerung vermitteln
4 c 1 Testkapazität hoch
Die bei weitem wichtigste Maßnahme gegen ein Virus wie SARS-CoV-2 ist das Testen und Isolieren der infizierten Personen. Getestet werden sollten sowohl Personen mit Eigenverdacht als auch der gesamte Kreis der Kontaktpersonen von positiv getesteten Personen [...]
In der exponentiellen Phase kann man in europäischen Ländern von einer vorläufigen (naive) Fallsterblichkeitsrate (Tote geteilt durch bestätigte Fälle) von 1% ausgehen, wenn ein Großteil aller Fälle durch Testen gefunden wird. Wenn die Fallsterblichkeit unter diesem Wert liegt, muss davon ausgegangen werden, dass die Anzahl der Toten nicht richtig gezählt wird. Wenn die Fallsterblichkeit darüber liegt, Tote * 100, so viele Fälle müssten wir finden. Um sie zu finden, braucht man unter sehr guten Bedingungen 20* mehr Tests als die Anzahl Fälle,

die man finden möchte. Rechenbeispiel Deutschland Ende März: wir schätzen, die tatsächliche Anzahl der Toten liegt bei 500-1000 (stark underreported). Das bedeutet, dass 50.000 bis 100.000 Fälle gefunden werden müssten. Wenn man einen Großteil davon finden will, braucht man also z.B. 100.000 bis 200.000 Tests pro Tag im Verlauf von 10 Tagen, oder die Hälfte davon während 20 Tagen (wodurch der Zeitraum mit Ausgangsbeschränkungen aber länger wird und das Risiko eines Scheiterns grösser). Sobald die geschätzte nötige Testkapazität erreicht ist, wird die Anzahl neu gefundener Fälle pro Tag zunächst hochschnellen. Wenn die Schätzung richtig war, kommt sie nach der Zeitspanne (z.B. nach 10 Tagen) wieder herunter. Wenn nicht, war die nötige Testkapazität unterschätzt und muss dringend hinaufgeschraubt werden, um das gewünschte Ergebnis zu erzielen.
[...] Alle positiv getesteten Personen müssen isoliert werden, sei es zu Hause oder in einer Quarantäneanlage [...]
Sobald diese Maßnahmen einmal eingespielt sind, können sie relativ kostengünstig über mehrere Jahre hinaus die wahrscheinlich immer wieder aufflackernden kleinen Ausbrüche sofort eindämmen.«[131]

Szenarienpapier: Alle positiv Getesteten müssen zu Hause oder in einer Quarantäneanlage isoliert werden.

## 5.3 KLEINE ANFRAGEN DER AfD ZUM SZENARIENPAPIER

Zu diesem Szenarienpapier werden seitens der AfD zwei Kleine Anfragen an die Bundesregierung gestellt.[132] Dabei betrifft die erste Anfrage vom 1. April 2020 im Wesentlichen die Erläuterung der Grundlage für die geschätzten Todeszahlen, die Sterblichkeitsrate, die erwarteten Auswirkungen der Maßnahmen auf die Verdoppelungsrate sowie Fragen zur Umsetzung der Überlegung zur

Einbindung von »Big Data und Locationtracking«. Mit der zweiten Anfrage vom 27. Mai 2020 wird nachgefragt, wann, durch wen und mit welcher Zielsetzung die Erstellung des Szenarienpapiers in Auftrag gegeben wurde, wer im Einzelnen die Autoren waren und warum auf eine Schockwirkung und nicht auf Information der Bevölkerung gesetzt werde.

Die Antworten der Bundesregierung sind teilweise sehr ausweichend. Zielstellung sei gewesen, unterschiedliche Szenarien der Entwicklung der Pandemie zu analysieren – unabhängig von der Wahrscheinlichkeit des Eintritts. Ein genaues Datum, wann die Erstellung des Szenarienpapiers in Auftrag gegeben wurde, wird seitens der Bundesregierung nicht mitgeteilt. Die Lage sei fortlaufend analysiert worden, und man befinde sich im ständigen Austausch mit den Wissenschaftlern.[133] Dabei sei auch das Szenarienpapier »in die Diskussion über den weiteren Umgang mit der Corona-Epidemie« eingeflossen.[134] Am 8. April 2020 habe die Übermittlung an den Ausschuss für Inneres und Heimat des Deutschen Bundestages stattgefunden.

Die Bundesregierung räumt in der Antwort ein, dass sie keine Kenntnis über die Datengrundlage der externen Forscher hat. In Bezug auf die Fragen zu den Auswirkungen der Maßnahmen auf die Verdoppelungsrate antwortet sie ausweichend und gibt keinerlei konkrete Antwort. Sie antwortet phrasenhaft, Ziel der Maßnahmen sei es gewesen, den exponentiellen Anstieg zu stoppen und lediglich einen linearen bis sublinearen Anstieg beziehungsweise eine Reduktion zu erreichen. Da dies jetzt erreicht sei, wechsle man nun zu dem aussagekräftigeren R-Wert, wobei ein R-Wert unter 1 einer Abnahme der Anzahl der Neuinfektionen entspreche. Eine Antwort auf die Frage zur Umsetzung der Einbeziehung von Big Data und Location gibt die Bundesregierung ebenfalls nicht.

Zu den Fragen im Hinblick auf die »Schockwirkung«, die Auffassung, es könne gegebenenfalls Freude bei einigen bestehen, »die Alten loszuwerden« sowie zur Anwendung von Big Data und

Locationtracking verweist die Bundesregierung darauf, dass dies die Auffassung der betreffenden Mitautoren sei und nicht die Auffassung der Bundesregierung.

## 5.4 VOM BUNDESINNENMINISTERIUM FÜR DIE ERSTELLUNG DES SZENARIENPAPIERS BERUFENE ORGANISATIONEN BZW. FORSCHER

Die Bundesregierung verweist in ihrer zweiten Antwort darauf, dieses Szenarienpapier sei auf Initiative der Wissenschaftler erstellt worden.[135] Recherchen der *Welt am Sonntag* zufolge sollen jedoch die Forscher Otto Kölbl und Maximilian Mayer vom Bundesinnenministerium (BMI) in einen Expertenrat berufen worden sein, dessen Aufgabe die Erarbeitung der weiteren Corona-Strategie der Bundesregierung sein sollte.[136] *Focus Online* liegt zudem ein von Anwälten erstrittener E-Mail-Verkehr vor, der belegt, dass seitens des BMI die Richtung des Papiers vorgegeben wurde.[137]

Ein interner E-Mail-Verkehr legt nahe, dass das Bundesinnenministerium die Richtung des Szenarienpapiers vorgegeben hat.

### WELCHE INSTITUTE WAREN AN DER ERSTELLUNG DES SZENARIENPAPIERS BETEILIGT?

Von den acht externen Forschern kamen drei vom *RWI – Leibniz-Institut für Wirtschaftsforschung*, zwei aus dem *Institut der deutschen Wirtschaft* in Köln, ein Professor von der Universität Kassel, ein Doktorand von der Universität Lausanne und ein Professor von der University of Nottingham Ningbo China (UNNC).

Das *RWI – Leibniz-Institut für Wirtschaftsforschung*, das allein mehr als ein Drittel der Autoren stellte, ist ein als eingetragener Verein organisiertes Institut, das angibt, ausschließlich »gemeinnützigen

Zwecken« zu dienen.[138] Es finanziert sich zu knapp zwei Dritteln aus Zuwendungen beziehungsweise öffentlichen Zuschüssen des Bundes und des Bundeslandes Nordrhein-Westfalen. Zu einem Drittel finanziert es sich aus Forschungseinnahmen. Dabei werden die Forschungsaufträge auch zum größten Teil von der öffentlichen Hand, insbesondere Bundes- und Landesministerien, erteilt. Dies ist eine Aussage, die sich auch noch am 23. April 2022 auf der Website des RWI findet.

Detailliertere Informationen sucht man zurzeit vergeblich. Die Webseite »Finanzierung und Auftraggeber«, die ursprünglich diese Information beinhaltete (https://www.rwi-essen.de/das-rwi/finanzierung), ist nicht mehr Teil der RWI-Website. Bei Bemühung der Wayback-Machine wird man jedoch fündig. Ein Screenshot vom 19. April 2021 der Unterseite »Finanzierung und Auftraggeber« enthält detailliertere Informationen für das Jahr 2020. Zwei Grafiken verdeutlichen das Aufkommen der Einnahmen aus den unterschiedlichen Quellen:

– 58 % der Einnahmen sind öffentliche Zuschüsse von Bund und NRW,
– 22,5 % Forschungsaufträge von öffentlichen Auftraggebern,
– 8,1 % gemeinnützige Auftraggeber,
– 5,1 % sonstige Auftraggeber,
– 2,8 % Stiftungen als Auftraggeber und
– 3,5 % sonstige Erträge.[139]

Alles in allem erzielt das RWI somit mehr als 80 % seiner Einkünfte von Bund, Ländern, Ministerien und anderen öffentlichen Auftraggebern wie EU-Kommission und Weltbank.[140]

Interessant sind aber auch zwei der weiteren Auftraggeber des RWI im Jahr 2020:

1. Die *International Initiative for Impact Evaluation* (3ie) mit Sitz in Washington wird als »gemeinnütziger Auftraggeber« aufgeführt.
   Die *Internationale Initiative für Folgenabschätzung* arbeitet eng mit

Regierungen, Stiftungen und NGOs (Nichtregierungsorganisationen), Entwicklungs- und Forschungsinstitutionen zusammen und entwickelt Ansätze, wie das Leben der Menschen in Ländern mit niedrigem und mittlerem Einkommen effektiv verändert werden kann. Die Arbeitsschwerpunkte liegen in der Landwirtschaft, zu ihnen gehört aber auch die sexuelle und »reproduktive« Gesundheit von Jugendlichen (»adolescent sexual and reproductive health«).[141] Zu den Förderern zählen unter anderem die *Bill & Melinda Gates Foundation* und das *Population Council*, das selbst wiederum von Stiftungen wie der *Bill & Melinda Gates Foundation* und *Pfizer Workplace Giving* unterstützt wird.[142]

2. *Genesis Analytics* gehört zu den sonstigen Auftraggebern. Es ist ein weltweit in 90 Ländern agierendes Unternehmen aus Südafrika, dessen Tätigkeitsfeld unter anderem Verhaltenswissenschaften, digitale Wirtschaft und Regulierung, menschliche Entwicklung, öffentliche Gesundheit und wirtschaftliche Folgenabschätzung umfasst. Dieses Unternehmen erhielt in den letzten Jahren umfangreiche Zuwendungen von der *Bill & Melinda Gates Foundation* zum Thema »Global Health und HIV«. Von 2018 bis März 2022 belaufen sich diese auf knapp 15 Millionen US-Dollar.[143]

Auch weitere interessante Informationen wie beispielsweise Mitglieder des Forschungsbeirats des RWI sind derzeit nicht über die RWI-Website abrufbar. Hier muss man ebenfalls die Wayback-Machine zu Hilfe nehmen, um zu erfahren, wer die Mitglieder zumindest am 28. Juni 2021 waren.[144]

Das *Institut der deutschen Wirtschaft* in Köln stellte zwei der Autoren des Szenarienpapiers. Es ist ein arbeitgebernahes Forschungszentrum, das in der Rechtsform eines eingetragenen Vereins tätig ist. Träger sind der Bundesverband der deutschen Arbeitgeberverbände und der Bundesverband der deutschen Industrie.

International ist es Mitglied des Beirats der Zeitschrift *Europe's World*, die von *Friends of Europe* herausgegeben wird.[145] Die *Friends of*

*Europe* sind eine Denkfabrik, ein »Think Tank«. Ihr Hauptaugenmerk richtet sich unter anderem auf Klima, Energie und Nachhaltigkeit sowie Gesundheit und digitale Transformation. Unterstützende Mitglieder der *Friends of Europe* sind derzeit zwar nicht mehr auf der Website genannt, doch auch hier hilft die Wayback-Machine. Die »List of Members« aus dem Jahr 2019, basierend auf dem Screenshot vom 27. September 2020, führt unter anderem folgende Mitglieder auf: *Bill & Melinda Gates Foundation, Bertelsmann Stiftung, Novartis, Sanofi, Takeda, Merck Sharp & Dohme, CSL Behring, Solvay, Dow Chemical, Baxter, World Health Organisation(WHO), BASF, GlaxoSmithKline Pharmaceuticals, Microsoft, Facebook, Procter & Gamble, The CocaCola Company* und *Gazprom*.[146]

Welche weiteren Forscher waren Mit-Autoren?

– Dr. Maximilian Mayer, im März 2020 an der University of Nottingham Ningbo China (UNNC), und Otto Kölbl, Doktorand an der Universität Lausanne, waren ebenfalls an der Erstellung des Szenarienpapiers beteiligt. Mittlerweile hat Dr. Mayer eine Junior-Professur für »Internationale Beziehungen und globale Technologiepolitik« an der Rheinischen Friedrich-Wilhelms-Universität Bonn inne. Von 2009 bis 2015 war er geschäftsführender Assistent am *Center for Global Studies* (CGS) der Universität Bonn.[147] Dieses Zentrum arbeitet eng zusammen mit Wissenschaftlern der Universität Shanghai. Derzeitiger Direktor des CGS ist Prof. Xuewu Gu. Er hat seinen Bachelor-Abschluss an der Universität von Wuhan gemacht, einen Master-Abschluss in Köln und 1990 an der Universität Bonn zu dem Thema »Chemiewaffen und Deutschland« promoviert.[148]
– Otto Kölbl gilt als »China-Freund«, insbesondere begeisterter Befürworter von Mao Zedong.[149] Maximilian Mayer und Otto Kölbl hatten vor Erstellung des Szenarienpapiers im März 2020 ein Papier mit dem Titel »Von Wuhan lernen – es gibt

keine Alternative zur Eindämmung von Covid-19« erstellt. Dieses Papier, das einen streng autoritären Ansatz zur Bekämpfung der Pandemie verfolgte, hatten sie unaufgefordert an deutsche und österreichische Regierungskreise lanciert und daraufhin eine Einladung in den Expertenkreis durch das Bundesinnenministerium erhalten.

— Weiterer externer Forscher, der an der Erstellung des Szenarienpapiers beteiligt war, war der Soziologieprofessor Prof. Heinz Bude von der Universität Kassel. Prof. Bude war einer der Initiatoren der »Charta der Digitalen Grundrechte« der Europäischen Union. In einem Interview für *The Pioneer* mit Matthias Brücker am 7. Dezember 2021 äußerte er auf die Frage, was man »denn jetzt mit den 10 Millionen Ungeimpften« mache:

> »Ich würde jetzt jedem in der Politik empfehlen: Klare Kante, klare Richtung, Impfgegner müssen klare Nachteile haben und im Grunde in gewisser Weise kann man sich nicht länger mit denen beschäftigen [...]. Die kann man nicht nach Madagaskar verfrachten, was soll man machen [...] es ist egal, welche Gründe und welche Erklärungen es dafür gibt, wir machen jetzt hier mal einen Schnitt und wir müssen jetzt mit 20% oder 15% leben [...] und die müssen eigentlich irgendwelche Nachteile dafür zu ertragen haben, die Mehrheit findet das auch richtig so.«[150]

Weiterhin hat Prof. Bude im Januar 2021 gemeinsam mit zwölf anderen Autoren, unter anderem dem oben vorgestellten Junior-Professor Mayer, der Virologin Dr. Melanie Brinkmann vom *Helmholtz-Zentrum für Infektionsforschung* und der Leiterin des globalen Gesundheitsprogramms am *Hochschulinstitut für internationale Studien und Entwicklung* (IHEID) in Genf, Dr. Ilona Kickbusch, ein Papier mit dem Titel »Eine neue proaktive Zielsetzung für Deutschland zur Bekämpfung von SARS-CoV-2« erstellt. In diesem Ansatz sprechen sich die Autoren für die Verfolgung einer Zero- bzw. No-COVID-Strategie nach dem Beispiel anderer Länder wie Australien und Neuseeland aus mit einem Vorrang der Impfkampagne, umfangreichem Testen und Einrichtung sogenannter grüner Zonen, in denen die Inzidenz »null« ist und die Bevölkerung »zur Belohnung« wieder zum normalen Leben zurückkehren darf. Außerhalb der grünen Zonen sollten strikte Kontakt- und Reisebeschränkungen sowie strenge Quarantäneregeln gelten.[151]

Auch an der Universität Bonn wurde im Rahmen des *Center for Advanced Security, Strategic and Integration Studies* (CASSIS) ein umfangreiches No-COVID-Strategie-Papier in 6 Teilen erarbeitet.[152] Einer der Autoren ist auch hier wieder Prof. Maximilian Mayer. Er leitet zudem am CASSIS das Projekt »Politik und Governance Globaler Strukturen«. Innerhalb dieses Projektes gibt es ein Teilprojekt mit dem Titel »Infrastrukturen der Manipulation«, dessen Beschreibung auf der Website sich liest wie George Orwells Roman *1984*:

> »Digitalisierung in China ist rasch und umfassend fortgeschritten. Sie hat das Verhältnis zwischen Staat und Bürgern grundlegend verändert. Heute wird die Verbindung von Autoritarismus und digitaler Ökosysteme als typisch für den Überwachungsstaat chinesischen Typs betrachtet. Jedoch kann China auch als Labor betrachtet werden, in dem neue institutionelle Formen und Arrangements technologischer Gesellschaften experimentell getestet werden. Der zentrale Forschungsfokus richtet sich auf ›Manipulationsinfrastrukturen‹ – vom Sozialen Bonitätssystem, über private Mega-Apps, bis hin zu digitalisierten Bezahlsystemen und einer nationalen Kryptowährung – in denen individuelles Denken, Emotionen und Handeln mehr oder weniger offen manipuliert und geformt wird. Es wird gefragt, welche Praktiken von ›digital citizenship‹ im Zusammenspiel von Zensur, Nudging und vollständiger Datafizierung des Alltags entstehen. Werden etwa Körper-bezogene Daten in

> Folge von Chinas erfolgreicher Kontrolle der COVID-19-Pandemie Grundlage für die körperlich messbare Definition der gesunden Bürgerin? Welche Ähnlichkeiten bestehen gerade zwischen kommerziellen Manipulationsinfrastrukturen in China und andernorts? Könnte es China außerdem durch Smart-City Projekte weltweit sowie dem Export von digitalen Technologien wie z. B. automatisierter Gesichtserkennung und Gesundheitscodes gelingen, dass sein Modell in anderen Gesellschaften kopiert und akzeptiert wird? Kommt es vielleicht bei der soziotechnischen Konstitution des Nexus von Subjektivität, Staat und Plattformen zu einer globalen Konvergenz?«[153]

Das erinnert doch stark an die weiteren Maßnahmen wie digitales COVID-Zertifikat der EU, Einführung des digitalen Euro, elektronische Patientenakte – sollte hier etwa ein Zusammenhang bestehen?

## 5.5 VERGLEICH VORGESCHLAGENER MAßNAHMEN AUS DEM SZENARIENPAPIER MIT CORONA-MAßNAHMEN

Auch wenn die Bundesregierung in ihrer Antwort auf die zweite Kleine Anfrage der AfD ausführt, das Szenarienpapier sei auf Initiative der Forscher entstanden, sprechen die Recherchen der *Welt am Sonntag* und des *Focus* doch eine andere Sprache. Sie lassen die Schlussfolgerung zu, dass die Erstellung eines ebensolchen Szenarienpapiers mit dem vorliegenden Inhalt durch das BMI gewünscht und gefördert war. Jeder mag sich hierüber selbst seine Meinung bilden.

Ein Abgleich in der Rückschau zwischen den in dem Szenarienpapier vorgeschlagenen Maßnahmen und der tatsächlichen Kommunikation der Politik sowie insbesondere der Behörden RKI und BZgA kann die Meinungsbildung diesbezüglich erheblich vereinfachen.

Vorgeschlagene und dann auch umgesetzte Maßnahmen aus dem Szenarienpapier waren:

I

Der Kommunikationsinhalt »Viele Schwerkranke werden von ihren Angehörigen ins Krankenhaus gebracht, aber abgewiesen, und sterben qualvoll um Luft ringend zu Hause« findet sich sowohl in den Äußerungen über die Verhinderung der »Triage«, das heißt der Entscheidung, wer in den Genuss ärztlicher Versorgung kommt und wer nicht, als auch in der Diskussion über die Überlastung des Gesundheitssystems. Schließlich wird bis heute die Verhinderung der Überlastung des Gesundheitssystems als vordringliches Argument bei der Begründung der Corona-Maßnahmen angeführt.

Bereits am 25. März 2020 legte die *Deutsche Interdisziplinäre Vereinigung für Intensiv- und Notfallmedizin* (DIVI) klinisch-ethische Empfehlungen bezüglich »Entscheidungen über die Zuteilung intensivmedizinischer Ressourcen im Kontext der COVID-19-Pandemie« vor.[154] Sie enthielt sowohl eine schrittweise Anleitung zur Entscheidungsfindung als auch einen Kriterienkatalog zur Beantwortung der Frage der individuellen Erfolgsaussicht einer intensivmedizinischen Behandlung und lag bereits im April 2020 in ihrer zweiten Version vor.[155]

Zu diesem Kontext gehörte auch das Thema der »Triage«, das geraume Zeit erhebliche Aufmerksamkeit in den Medien erhielt, unterstrichen durch dramatische Bilder aus Norditalien. Es stachen besonders zwei Bilder hervor:

– zum einen ein Foto von in einer Halle aufgereihten Särgen,
– zum anderen das Foto eines nächtlichen Militärkonvois, der Särge in umliegende Krematorien brachte.

Im Nachhinein stellte sich zum ersten Foto heraus, dass es aus dem Jahr 2013 stammte und die in einem Flughafenhangar auf Lampedusa aufgereihten Särge ertrunkener Bootsflüchtlinge zeigte.[156]

Bezüglich des zweiten Bildes mit dem Militärkonvoi wird der Hintergrund dieser Aktion auch erst später deutlich: Der *Bayerische Rundfunk* berichtet am 26. Oktober 2021, dass die Anzahl der Verstorbenen in Italien nicht höher war als bei manchen Grippewellen. Behördlicherseits war jedoch die Anordnung der sofortigen Einäscherung der Toten ergangen, aus Angst vor einem »Killervirus«.[157] Den Angehörigen war es deshalb unter Androhung empfindlicher Strafen untersagt, sich wie üblich um ihre Verstorbenen zu kümmern. Sie waren stattdessen strenger Quarantäne unterworfen. Durch diese Anordnungen wurden die Krematorien überlastet, weil normalerweise in Italien nur die Hälfte der Verstorbenen eingeäschert wird und diese Anordnung zu einer hundertprozentigen Überlastung der Krematorien geführt hatte.[158]

Bilder aus Italien werden aus ihrem Kontext gerissen und zur Manipulation der Bevölkerung eingesetzt.

Die drohende bzw. angebliche Überlastung des Gesundheitssystems und der Schutz vor Übertragung der Erkrankung auf andere wurde als Begründung sowohl für allgemeine Corona-Maßnahmen als auch als Begründung für eine Pflicht zur Vorlage eines Immunitätsnachweises im Gesundheitswesen und im Rahmen des Vorstoßes für eine allgemeine Impfpflicht ins Feld geführt – und das, obwohl inzwischen allgemein bekannt ist, dass seit Beginn der Pandemie etliche 1.000 Betten auf Normal- und Intensivstationen abgebaut und Krankenhäuser trotz Pandemie geschlossen wurden.

So wurden laut *Berliner Zeitung* allein im Jahr 2020 21 Kliniken geschlossen[159], im Jahr 2021 waren es 9 Komplettschließungen und 22 Teilschließungen[160]. Der Gesamtbestand der unmittelbar zur Verfügung stehenden Intensivbetten sank von circa 34.000 im Mai 2020 auf unter 24.000 im Mai 2021. Für Einzelheiten hierzu sei auf das 2021 erschienene Buch *Die Intensiv-Mafia* von Tom Lausen und Walter van Rossum, verwiesen.[161]

II

Kinder können ihre Eltern und Großeltern anstecken und dann für deren Tod verantwortlich sein: Diesbezüglich veröffentlichten Virologen um Christian Drosten im April 2020 ein Papier, in dem sie die Viruslast von Erkrankten unterschiedlichen Alters untersuchten. Sie kamen zu dem Ergebnis, dass es wenig Beweis dafür gebe, dass Kinder nicht genauso ansteckend sein könnten wie Erwachsene.[162]

III

Das Damoklesschwert der Folgeschäden: Auch die Anregung, in die Kommunikation mit der Bevölkerung das »Damoklesschwert« der Folgeschäden aufzunehmen, wird umgesetzt. So titelt das *Ärzteblatt* am 4. Dezember 2020 »Long COVID: Der lange Schatten von COVID-19«.

Bereits am 4. Dezember 2020 wird der Bevölkerung Long COVID als Folgeschaden einer COVID-19-Erkrankung präsentiert.

Internationalen Studien zufolge würde ein Großteil der Patienten mit schwerem Infektionsverlauf noch acht Wochen nach der Infektion unter Fatigue, Atemnot, Husten oder Depression leiden.[163] Auch Brustschmerzen werden als Symptome für Long-COVID genannt. Heute hat es den Anschein, als werde Long-COVID zur Bezeichnung auch und gerade von möglichen Schäden durch die Injektion aufgrund der Schwächung und/oder Überreaktion des Immunsystems verwendet. Soll möglicherweise von Schäden der Injektion abgelenkt werden?

IV

In Bezug auf die Maßnahmen plädiert das Szenarienpapier für »hohe Testkapazität und Isolation«. Auch diesbezüglich gibt es keine Zweifel, dass diese Vorschläge voll und ganz umgesetzt wurden.

Obwohl der damalige Gesundheitsminister Jens Spahn im Juni 2020 betont, man müsse aufpassen, dass man nicht durch zu umfangreiches Testen zu viele falsch positive Ergebnisse bekomme,[164] werden die Testkapazitäten dramatisch hoch gefahren.

Teilweise werden mehr als 1 Million Tests/Woche durchgeführt. Wer das Szenarienpapier gelesen hat, versteht den Grund: Die Anzahl der COVID-Toten, die vermeldet werden (sollen?), bedingt die Anzahl der zu findenden Fälle und diese wiederum die erforderlichen Tests: Bei einer angenommenen Fallsterblichkeit von 1 % benötigt man Tote * 100 positive Fälle. »Um sie zu finden, braucht man unter sehr guten Bedingungen 20* mehr Tests als die Anzahl Fälle, die man finden möchte« (S. 14).[165]

Die Testzahlen werden nochmals im Jahr 2021 gesteigert. Von circa zwischen 550.000 und 600.000 Testungen/Woche im Sommer bis zur Woche 35 werden sie ab KW 36 drastisch hochgefahren, zunächst auf circa 1 Million Tests/Woche, dann ab KW 45 auf mehr als 1,5 Millionen Tests/Woche und sogar knapp 2 Millionen Tests/Woche in den KWs 47 und 48. Im Jahr 2021 sind laut *Wochenbericht* des RKI vom 6. Januar 2022 insgesamt ca. 93 Millionen Tests durchgeführt und knapp 8 Millionen positive Ergebnisse ermittelt worden.[166]

Die Entwicklung der Testkapazitäten im Jahresvergleich hat sich auf Basis der vom RKI veröffentlichten Testzahlen von circa 36 Millionen im Jahr 2020[167] auf circa 57 Millionen Tests im Jahr 2021 und im Jahr 2022 auf circa 98 Millionen Tests[168] erhöht.

Am 31. Januar 2023 wird der regelmäßige Bericht über die Testzahlen eingestellt. Der letzte *Wochenbericht* des RKI, der die Zahlen enthält, stammt vom 2. Februar 2023.[169] Dieser weist bis zur Kalenderwoche 4/2023 insgesamt mehr als 151 Millionen Tests seit Beginn der Testungen aus.

Diese extensive Teststrategie wird ermöglicht durch die gesetzlich verankerte Pflicht zur Vorlage von Testergebnissen am Arbeitsplatz und für Freizeitaktivitäten in den Coronavirus-Schutzverordnungen der Länder.

Laut Informationen auf der Website *Der niedergelassene Arzt*[170] entstanden für Privatpatienten pro Test Gesamtkosten von circa 180 €.

Zwar sind die Kosten für gesetzlich Versicherte geringer. Wenn man geschätzt € 150,00/Test ansetzt, dann käme man bei 2.100.000 Tests/Woche auf wöchentliche Kosten in Höhe 315 Millionen Euro, pro Jahr ca. 16 Milliarden Euro, die an die Hersteller von Tests, Labore und Ärzte gehen. Wären diese Beträge in die Aufrechterhaltung der medizinischen Versorgung einschließlich der Krankenhäuser und Pflegepersonal investiert worden, wäre das eine nachhaltige Investition in die Zukunft der öffentlichen Gesundheit, eine sinnvolle Vorbereitung auf die nächste Pandemie gewesen. Stattdessen gehen Krankenhaus-, Betten- und Personalabbau im Gesundheitssystem weiter, sodass man sich die bange Frage stellen muss, wie unser Gesundheitssystem auf die doch allseits von »Experten« bereits erwartete nächste Pandemie eingestellt sein soll.

Wären die Milliarden statt in Tests in Krankenhäuser und Pflegepersonal investiert worden, hätte man in die Zukunft investiert.

Um mit den Worten aus dem Szenarienpapier zu sprechen, zeigt diese Entwicklung, dass die Testkapazität durch die Einführung einer gesetzlichen Pflicht zur Vorlage von Testergebnissen und andere gesetzliche Regelungen »die nötige Testkapazität [...] hinaufgeschraubt [wurde] [...], um das gewünschte Ergebnis zu erzielen«: nämlich Unmengen positiver Tests.

Bei dieser immensen Anzahl an Tests waren insgesamt circa 33 Millionen positive Tests zu verzeichnen.[171] Eingedenk der Worte von Jens Spahn aus Juni 2020 ist kaum vorstellbar, wie viele falsch positive Testergebnisse dabei generiert wurden.

Hinter jedem dieser positiven Testergebnisse steht ein Schicksal, ein Mensch, der sich in Quarantäne begeben musste oder, wie die Gesundheitsämter es ausdrückten: Die Menschen wurden – viele von ihnen ungerechtfertigt wegen falsch positiver Tests – »unter häusliche Isolierung gestellt (Absonderung).

Wie im Szenarienpapier empfohlen, wurde die Testkapazität hochgeschraubt, um das gewünschte Ergebnis zu erzielen.

Während der Absonderung wird Ihnen untersagt, Ihre Wohnung ohne ausdrückliche Zustimmung des Gesundheitsamtes [...] zu verlassen [...] [und] Besuch von Personen zu empfangen, die nicht ihrem Haushalt angehören.«

Aber all das wird benötigt, um den Wunsch und Drang der Menschen nach der endlich befreienden Impfung nahezu ins Unerträgliche zu steigern – könnte das als psychologische Kriegsführung gegen die eigene Bevölkerung bezeichnet werden?

## 6 GESETZLICHE REGULIERUNG DES VERKEHRS MIT ARZNEIMITTELN

Um ein Verständnis für die seitens der Verantwortlichen vorgenommene Aushebelung der Sicherheitsvorschriften für Arzneimittel zu schaffen – ebenso wie Bill Gates es 2015 in seinem Artikel forderte –, zeige ich in diesem Kapitel die Entwicklung des an der Sicherheit der Bevölkerung ausgerichteten deutschen und europäischen Arzneimittelrechts auf.

Bis Anfang der 1960er Jahre gab es in Deutschland keine gesetzliche Regelung, die verlangt hätte, Arzneimittel vor ihrem Inverkehrbringen einer umfangreichen Prüfung auf ihre Wirkung und Unbedenklichkeit zu unterziehen. Die Herstellung »neuer Arzneifertigwaren«, die sich nicht bereits im Verkehr befanden, bedurfte aufgrund der »VO über die Herstellung von Arzneifertigwaren« vom 11. Februar 1943[172] der Ausnahmegenehmigung des Reichsinnenministers im Einvernehmen mit dem Reichswirtschaftsminister und gegebenenfalls des Reichsernährungsministers. Im Rahmen der »Durchführungsbestimmungen VO über die Herstellung von Arzneifertigwaren«[173] wurde lediglich rudimentär geregelt, welche

Unterlagen dem Antrag einer solchen Ausnahmegenehmigung beizufügen waren: »Angaben über die Bezeichnung, Zusammensetzung, Darreichungsform, Packungsgröße, Einzelgabe, Gebrauchsanweisung und Zweckbestimmung des Mittels mit etwaigen Unterlagen über die pharmakologische und klinische Wirkung«.

Eine detailliertere Vorschrift fand sich nicht, und dementsprechend waren die Anforderungen im Einzelfall in das Ermessen der Behörden gestellt.

## 6.1 DIE CONTERGAN-KATASTROPHE

Die Contergan-Katastrophe war der Auslöser für verantwortungsvolle Regelungen zur »Vormarktkontrolle« für Arzneimittel.

Dies war der Zeitpunkt, zu dem das Unheil des »Contergan-Skandals« über Deutschland aufzog. Der Arzneimittelhersteller *Grünenthal* hatte das Arzneimittel *Contergan* mit dem synthetischen Wirkstoff Thalidomid entwickelt und auf Basis der oben dargestellten rudimentären Vorschriften am 9. August 1956 durch den Innenminister von Nordrhein-Westfalen die Ausnahmegenehmigung zur Herstellung von »Contergan – Tabletten« und »Contergan – forte – Tabletten« erhalten.[174]

Der Nachweis, dass ein Arzneimittel keine Schäden des werdenden Lebens verursacht, wurde in Deutschland nicht verlangt. Dementsprechend hatte es *Grünenthal* auch nicht an trächtigen Tieren geprüft.[175]

Ende der 1950er/Anfang der 1960er Jahre wurden aufgrund zahlreicher deformierter Neugeborener mit schlimmsten Geburtsschäden Untersuchungen über mögliche Ursachen eingeleitet. Zunächst vermutete man überirdische Atomtests als Ursache,[176] bis sich dann im Wesentlichen dank des Hamburger Kinderarztes und Privatdozenten für Humangenetik Widukind Lenz herausstellte, dass aller Wahrscheinlichkeit nach das Arzneimittel *Contergan* mit seinem Wirkstoff Thalidomid die Ursache für Schädigung von

Neugeborenen wie auch Nervenschäden bei Erwachsenen verantwortlich war.[177] Am 26. November 1961 war in der *Welt am Sonntag* ein Artikel mit der Überschrift »Mißgeburten durch Tabletten? Alarmierender Verdacht eines Arztes gegen ein weit verbreitetes Medikament«[178] erschienen. Interessant sind gerade im Hinblick auf die heutige Zeit einige Abschnitte des Artikels: »Ein ursächlicher Zusammenhang zwischen der Aufnahme der Substanz und den Mißbildungen sei zwar noch nicht bewiesen«, wird Dr. Lenz zitiert. Und weiter: »Ein Zusammenhang ist aber denkbar! [...] die sofortige Zurückziehung des Mittels erforderlich sei, bis seine Unschädlichkeit sicher nachgewiesen sei [...] Jeder Monat Verzögerung in der Aufklärung bedeutet die Geburt von 50 bis 100 entsetzlich verstümmelten Kindern!«

Da *Grünenthal* auch einige Tage nach der Warnung durch Dr. Lenz *Contergan* nicht zurückgezogen hatte, stellte die *Welt am Sonntag* die Frage: »Sollte diese Warnung, die aus ärztlichem Verantwortungsbewußtsein gegeben wurde, tatsächlich überhört werden? Es ist höchste Zeit, dass die Behörden eingreifen, und zwar sofort! [...] Solange auch nur der geringste Verdacht besteht, dass dieses Mittel derart verheerende Wirkungen haben kann, ist sofortiges Handeln geboten.«

Am 27. November 1961 nahm *Grünenthal Contergan* vom Markt – dank funktionierendem Journalismus, der seiner Aufgabe als Vierte Gewalt gerecht wurde!

Die *Welt am Sonntag* forciert als verantwortungsvolles Pressemedium die Rücknahme von Contergan vom Markt!

## 6.2 ARZNEIMITTELGESETZ VON 1961

Parallel zum Eintritt und zur Aufdeckung des Contergan-Skandals waren Ende der 1950er Jahre Bemühungen im Gange, ein Gesetz zur Regelung des Verkehrs mit Arzneimitteln zu schaffen. Man sah eine detailliertere Regelung für erforderlich an, weil Ende der 1950er Jahre 85 % der Arzneimittel aus industrieller Erzeugung kamen. Zuvor waren Arzneimittel im Wesentlichen von Apotheken im Rahmen einer Offizinalherstellung hergestellt worden[179]

Mit dem Arzneimittelgesetz von 1961[180] wurden die Herstellung und die Abgabe von Arzneimitteln einer Erlaubnispflicht unterworfen. Die Erteilung der Herstellungserlaubnis war an die Erfüllung persönlicher und fachlicher Voraussetzungen durch die Hersteller gebunden; sie mussten eine ordnungsgemäße, fabrikmäßige Herstellung nachweisen können. Arzneimittel durften erst dann in Verkehr gebracht werden, wenn sie im »Arzneispezialitätenregister« eingetragen waren. Dieses wurde beim Bundesgesundheitsamt geführt.

Einführung der Anforderung pharmakologischer und klinischer Prüfungen vor Inverkehrbringen mit dem Arzneimittelgesetz von 1961.

Eine ausdrückliche »Zulassung zum Inverkehrbringen« für das jeweilige Arzneimittel war mit dieser Registrierung jedoch noch nicht verbunden. Diese Registrierung war vergleichbar den heute geltenden Registrierungspflichten für Nahrungsergänzungsmittel.

Nach §21 AMG 1961 gehörte zu den für die Registrierung im Spezialitätenregister einzureichenden Unterlagen unter anderem ein Bericht über die mit dem Arzneimittel durchgeführten pharmakologischen und klinischen Prüfungen und ihre Ergebnisse, soweit die Arzneimittel nicht nur aus Stoffen bestanden, die im *Deutschen Arzneibuch* beschrieben beziehungsweise definiert waren. Dieser Bericht musste aber nicht die Ergebnisse im Detail enthalten.[181] Es wurde Wert darauf gelegt, dass die Inhaltsstoffe der Arzneimittel mit den anerkannten Qualitätsanforderungen übereinstimmten.

## 6.3 ZULASSUNGSPFLICHT FÜR ARZNEIMITTEL IN DEUTSCHLAND UND DER EU – ENTWICKLUNG SEIT RL 65/65/EWG

Die Contergan-Katastrophe Anfang der 1960er Jahre rief die damalige Europäische Wirtschaftsgemeinschaft (EWG) mit einer Reform des Arzneimittelrechts und der Festlegung konkreter Zulassungsanforderungen auf den Plan. Eine Katastrophe wie *Contergan* dürfe nie wieder geschehen.Nachfolgend gebe ich einen kurzen Abriss über die seit inzwischen sechs Jahrzehnten dauernde Entwicklung.

### DAS »GRUNDGESETZ DES ARZNEIMITTELRECHTS« – DIE RL 65/65/EWG

Seit der »Ersten Grundrichtlinie«, der Richtlinie (RL) 65/65/EWG[182], die auch das »Grundgesetz des Arzneimittelrechts« genannt wird, wurde das Inverkehrbringen von Arzneimitteln als ein wesentliches Element der Prävention, Therapie und Diagnose von Krankheiten umfangreich reguliert. Es gilt das Prinzip des »Verbots mit Erlaubnisvorbehalt« und unterliegt damit einer strengen »Vormarktkontrolle«.

Oberstes Schutzgut des Zulassungssystems für Arzneimittel ist der Schutz der öffentlichen Gesundheit. In den kurzen Erwägungsgründen zu dieser RL heißt es: »Alle Rechts- und Verwaltungsvorschriften auf dem Gebiet der Herstellung und des Vertriebs von Arzneispezialitäten müssen in erster Linie dem Schutz der öffentlichen Gesundheit dienen.«

> Oberstes Schutzgut des Arzneimittelrechts ist der Schutz der öffentlichen Gesundheit vor unwirksamen und/oder schädlichen Arzneimitteln.

Mit dieser Initiative sollte dem durch die Contergan-Katastrophe schwindenden Vertrauen der Bevölkerung in die Arzneimittelsicherheit entgegengetreten werden. Zum anderen sah man die Chance, mit dieser Initiative die Anfang der 1960er Jahre in den Mitgliedstaaten bestehenden unterschiedlichen

Anforderungen für das Inverkehrbringen von Arzneimitteln anzugleichen und auf diese Weise freien Warenverkehr auch für Arzneimittel zu fördern.[183] Umgesetzt wurde diese RL in Deutschland durch das AMG von 1976, das im Jahr 1978 in Kraft trat.

Seitdem bedarf das Inverkehrbringen von Arzneimitteln einer ausdrücklichen vorherigen Zulassung durch die zuständige Behörde. Das ehemals ausschließlich geltende System nationaler Zulassungen wurde aufgrund der Entwicklung des europäischen Zulassungssystems seit 1995 dahingehend erweitert, dass heute die Zulassungen entweder durch die zuständige nationale Behörde oder durch die EU-Kommission erteilt werden.

Die RL 65/65 regelte in ihrem Art. 4 Abs. 2 Nr. 8 erstmals, welche Unterlagen dem Zulassungsantrag beizufügen und somit welche Art von Prüfungen zu diesem Zweck durchzuführen waren. Dabei wurden auch Unterlagen zur Qualität des Arzneimittels verlangt (Buchstabe a). Mit dem Zulassungsantrag waren und sind bis heute (jetzt in Art. 8 Abs. 3 (i) der RL 2001/83/EG) vorzulegen:

> 8. Ergebnisse von Versuchen physikalisch-chemischer, biologischer oder mikrobiologischer Art [Anm.: Zusammensetzung des Arzneimittels – Qualität] pharmakologischer und toxikologischer Art, [Anm: Labor- und Tierversuche – nichtklinische bzw. präklinische Prüfungen] ärztlicher oder klinischer Art.« [Anm.: klinische Prüfungen am Menschen].

## REIHENFOLGE DER UNTERSUCHUNGEN IN DER ARZNEIMITTELENTWICKLUNG

Die Reihenfolge, in der die Zulassungsunterlagen erstellt werden, richtet sich nach den Schritten im Rahmen der Arzneimittelentwicklung. Es muss in der Regel erst ein Schritt erfolgreich abgeschlossen sein, damit der nächste Entwicklungsschritt begonnen werden kann.

Nacheinander durchgeführte Entwicklungsschritte – Qualität, Präklinik, Klinik – garantieren die erforderliche Sicherheit für Teilnehmer an klinischen Prüfungen.

Nur die nacheinander durchgeführten Entwicklungsschritte garantieren Sicherheit für die Teilnehmer an klinischen Prüfungen und später die Menschen, denen das Arzneimittel verabreicht wird. Genau das macht auch das von Bill Gates propagierte und von den Behörden umgesetzte »Teleskopieren« des Zulassungsprozesses sehr problematisch.

Als erster Entwicklungsschritt muss zunächst die Zusammensetzung des Arzneimittels, also die Qualität, pharmazeutisch und analytisch bestimmt werden. Hierzu gehören sowohl die Zusammensetzung des Arzneimittels als auch die Validierung des Herstellungsprozesses und der Prüfverfahren, mit denen sowohl Ausgangsstoffe und Zwischenprodukte als auch das fertige Arzneimittel auf ihre einwandfreie Qualität geprüft werden können. Der Herstellungsprozess muss so validiert sein, dass sichergestellt ist, dass die Zusammensetzung und Qualität der Arzneimittel innerhalb einer Charge und zwischen einzelnen Chargen immer gleich bleibt und sich ausschließlich in den von den Behörden festgelegten Toleranzbereichen bewegt.

Diese Toleranzbereiche müssen nicht nur zum Zeitpunkt der Marktfreigabe eingehalten sein, sondern über den gesamten Lebenszyklus eines Arzneimittels. Die entsprechenden Anforderungen sind die Erfordernisse der »Guten Herstellungspraxis« (Good Manufacturing Practice, GMP), die ebenfalls im EU-Arzneimittelrecht kodifiziert sind, in der Kommissionsrichtlinie 2003/93/EG[184] und der Kommissions-Durchführungsverordnung 1252/2014/EU[185]. Auch für Arzneimittel, die in der klinischen Prüfung verwendet werden, sind die Anforderungen an die »Gute Herstellungspraxis« zu erfüllen.

Es muss sichergestellt sein, dass die Zusammensetzung und Qualität der Arzneimittel innerhalb einer und zwischen einzelnen Chargen immer gleich bleibt.

Nur derjenige darf Arzneimittel herstellen, der von der zuständigen Behörde – in

Deutschland sind das die obersten Gesundheitsbehörden der Bundesländer – bei einer entsprechenden Inspektion nachgewiesen hat, dass er die GMP-Anforderungen erfüllt. Auch die Herstellung bestimmter Arten von Arzneiwirkstoffen und Arzneimitteln für die Verwendung im Rahmen klinischer Prüfungen ist von der Erteilung einer entsprechenden Herstellungserlaubnis abhängig (§§13 ff AMG).

Erst wenn die Qualitätsentwicklung zumindest bis zum Maßstab der Produktion für präklinische und klinische Untersuchungen abgeschlossen ist, kann im zweiten Entwicklungsschritt mit der Durchführung präklinischer Untersuchungen im Labor und in Tierversuchen begonnen werden. Es kann naturgemäß nur etwas geprüft werden, das in seiner Zusammensetzung definitiv bestimmt ist.

Sinn der präklinischen Untersuchungen ist, Erkenntnisse über das Arzneimittel, seine positiven und negativen Wirkungen zu gewinnen, um beurteilen zu können, ob die Anwendung des bestimmten Arzneimittels am Menschen vertretbar ist. Die Fragestellung lautet: Wie wirkt das Arzneimittel auf den Körper und der Körper auf das Arzneimittel?

Deshalb müssen die präklinischen und in der Folge klinischen Untersuchungen mit einem Arzneimittel in derselben Qualität/Zusammensetzung durchgeführt werden.

Lediglich minimale Unterschiede in der Zusammensetzung und den Herstellungsverfahren sind möglich. Allerdings muss der Antragsteller auch bei minimalen Unterschieden nachweisen und begründen, dass diese keine Auswirkungen auf die Wirkung des Arzneimittels haben. Bei einer geänderten Zusammensetzung könnten ansonsten die bislang gewonnenen Erkenntnisse für die Anwendung am Menschen nicht herangezogen werden. In einem solchen Fall würden klinische Untersuchungen durchgeführt, ohne dass zuvor die erforderlichen präklinischen Unterlagen mit einem Arzneimittel derselben Zusammensetzung durchgeführt worden wären. Das wäre weder ethisch vertretbar noch rechtlich zulässig.

Die klinischen Prüfungen als dritter Entwicklungsschritt dürfen erst dann begonnen werden, wenn die Ergebnisse der präklinischen Untersuchungen vorliegen und ausgewertet wurden. Die ausdrückliche Erteilung einer Genehmigung durch die zuständige Behörde – in Deutschland das PEI u. a. für biologische Arzneimittel und Impfstoffe – vor Beginn der klinischen Prüfung ist erforderlich. Einzelheiten zu den Anforderungen an eine Genehmigung erläutern PEI und BfArM in ihrer gemeinsamen »3. Bekanntmachung zur klinischen Prüfung von Arzneimitteln am Menschen«[186]. Es handelt sich um die Auslegung der gesetzlich definierten Anforderungen durch beide Behörden.

Basierend auf internationalen Leitlinien (s. Teil III, Kap. 4, S. 361), wird ein Katalog an präklinischen Untersuchungen festgelegt, die vor Beginn der ersten klinischen Prüfung am Menschen durchgeführt und abgeschlossen sein müssen. Auf Basis der Ergebnisse präklinischer Untersuchungen wird die Entscheidung getroffen, ob das Risiko vertretbar ist, das mit der Verabreichung des Prüfpräparates an Menschen verbunden ist. Nur in sehr eng begrenzten Ausnahmefällen dürfen klinische Prüfungen am Menschen bereits dann beginnen, wenn noch nicht alle Ergebnisse präklinischer Untersuchungen vorliegen. In aller Regel ist das der Fall für Arzneimittel, die bereits ausreichend in präklinischen Studien getestet wurden und über die bereits ausreichende Erkenntnisse vorliegen.

## 2. GRUNDRICHTLINIE 75/319/EWG UND DIE »PRÜFRICHTLINIE 75/318/EWG

Nähere Einzelheiten, wie diese in Art. 4.8 der RL 65/65 geregelten Untersuchungen durchzuführen waren, wurden bis 1975 noch nicht vorgeschrieben. Entsprechende Vorschriften führte im Jahr 1975 die RL 75/318/EWG[187], die sogenannte Prüfrichtlinie, ein, in deren Anhang detailliert geregelt wurde, welche Untersuchungen für den

Zulassungsantrag durchzuführen sind. Zeitgleich mit der Prüfrichtlinie wurde in der damaligen EWG die »zweite Grundrichtlinie«, die RL 75/319/EWG[188], verabschiedet. Sie enthielt Regelungen über Art und Umfang der Maßnahmen, mit denen die Mitgliedstaaten die Einhaltung der Vorschriften über das Inverkehrbringen von Arzneimitteln zu überwachen hatten. Erstmals wurde auch ein Ausschuss für Arzneispezialitäten errichtet, der Vorläufer des heutigen Ausschusses für Humanarzneimittel (CHMP).

Interessant war Art. 34 der RL 75/319: Bereits zum damaligen Zeitpunkt wurde eine Sonderregelung für Impfstoffe für erforderlich gehalten, weil für diese strengere Regelungen gelten sollten als für herkömmliche Arzneimittel. Aus diesem Grund sollten die Vorschriften der RL 65/65 und 75/319 zunächst nicht für Impfstoffe anwendbar sein.[189] Unter anderem für Impfstoffe reichten nach damaliger Auffassung die Regelungen nicht aus:

> »Im übrigen sind die Bestimmungen dieser RL und der RL 65/65/EWG, die für Arzneispezialitäten gelten, zwar auch für Impfstoffe, Testallergene oder Sera, Arzneispezialitäten aus menschlichem Blut, aus Bestandteilen menschlichen Blutes, Arzneispezialitäten auf der Grundlage von radioaktiven Isotopen und homöopathische Arzneispezialitäten geeignet, doch reichen sie für diese Arzneispezialitäten nicht aus. Daher sollten sie zur Zeit auf diese Arzneispezialitäten nicht angewandt werden.«[190]

Für Impfstoffe sollen besonders hohe Anforderungen gelten.

Dieser Erwägungsgrund ist gerade in der heutigen Zeit sehr interessant: Damals war den Verantwortlichen bewusst, dass Anforderungen an Impfstoffe strenger ausgestaltet sein müssen. Heute – durch Federführung der WHO – werden die Anforderungen an Impfstoffe generell und an die als »Impfstoffe gegen COVID-19« zur Verfügung gestellten Arzneimittel im Besonderen gegenüber den allgemeinen Anforderungen erheblich reduziert.

Impfstoffe im Sinn dieser Regelung waren im Anhang der RL definiert als Impfstoffe, bei denen der enthaltene Wirkstoff,

- das Antigen ein geschwächter oder inaktivierter Erreger war und
- der Impfstoff unmittelbar eine aktive Immunität hervorruft.

Im Jahr 1975 jedenfalls wollte man den Besonderheiten der Impfstoffe Rechnung tragen, weil diese an gesunde und nicht an kranke Menschen verabreicht werden. Genau aus diesem Grund ist auch die Nutzen-Risiko-Abwägung, die für Impfstoffe getroffen werden muss, grundsätzlich besonders strengen Maßstäben zu unterwerfen.

## SCHUTZ DER ÖFFENTLICHEN GESUNDHEIT HAT ABSOLUTEN VORRANG – EUROPÄISCHER GERICHTSHOF

Bereits 1976 hat der Europäische Gerichtshof (EuGH) in einer viel beachteten Entscheidung dem Schutz der Gesundheit und des Lebens von Menschen als höchstem Schutzgut die absolute Priorität jeglichen behördlichen Handelns eingeräumt.

In der Entscheidung »de Peijper«[191] erklärte der EuGH: »[…] unter den in Artikel 36 [EWG-V] geschützten Gütern und Interessen nehmen die Gesundheit und das Leben von Menschen den ersten Rang ein […].«[192]

Heutzutage wird in Art. 168 Abs. 1 des Vertrages über die Arbeitsweise der Europäischen Union (AEUV) das Schutzgut der öffentlichen Gesundheit priorisiert: »Bei der Festlegung und Durchführung aller Unionspolitiken und -maßnahmen wird ein hohes Gesundheitsschutzniveau sichergestellt.«

Der Europäische Gerichtshof räumt dem Schutz für Gesundheit und Leben der Menschen den ersten Rang ein.

Aus diesem Grund hat in der Arzneimittelzulassung immer der Grundsatz »Im Zweifel für die Sicherheit der öffentlichen Gesundheit« (»In dubio pro securitate«) zu gelten.

## SPEZIELLE VORSCHRIFTEN FÜR IMPFSTOFFE – RL 89/342/EWG

Im Lauf der Jahrzehnte entwickelte sich das EU-Arzneimittelrecht mit seinen Anforderungen an den Nachweis der Zulassungsvoraussetzungen der Qualität, Wirksamkeit und Sicherheit von Arzneimitteln immer weiter. Die Anforderungen wurden sukzessive für unterschiedliche Arzneimittelkategorien präzisiert und teilweise auch (erheblich) verschärft, jeweils unter Anpassung an das besondere Risikopotenzial der jeweiligen Arzneimittelkategorie. Diese Präzisierung geschah zunächst in Form von Richtlinien (RL), später dann auch in Form von Verordnungen (VO). Während eine Richtlinie zur Geltung in den Mitgliedstaaten eines Umsetzungsaktes in nationales mitgliedstaatliches Recht bedarf – eine Richtlinie ist hinsichtlich ihres Ziels verbindlich, nicht im Wortlaut der einzelnen Vorschriften –, haben Verordnungen unmittelbare Wirkung in jedem Mitgliedstaat und sind auch hinsichtlich ihres Wortlautes verbindlich.

Eine dieser Richtlinien zur Einführung von Spezialvorschriften ist die RL 89/342/EWG vom 3. Mai 1989[193], mit der die Sondervorschriften unter anderem für Impfstoffe konkretisiert wurden. Die Erwägungsgründe dieser Richtlinie sind für die heutige Auslegung der Anwendbarkeit von Vorschriften über Impfstoffe sehr aufschlussreich. Der Europäische Rat führte in seinen Erwägungsgründen aus:

> »Alle Rechts- und Verwaltungsvorschriften auf dem Gebiet der Herstellung, des Vertriebs oder der Verwendung von Arzneimitteln müssen in erster Linie einen wirksamen Schutz der öffentlichen Gesundheit gewährleisten.«

Auch hier wurde ebenso wie bereits in den Erwägungsgründen zu der RL 75/319 ausdrücklich der vordringliche Zweck des Schutzes der öffentlichen Gesundheit festgelegt. Den Besonderheiten der Impfstoffe soll auch dadurch Rechnung getragen werden, dass

»die analytischen, toxikologisch-pharmakologischen und ärztlichen oder klinischen Vorschriften und Nachweise über Versuche mit Arzneispezialitäten [...] [geregelt werden], um die besondere Art der immunologischen Arzneimittel [...] zu berücksichtigen und eine höhere Qualität und Sicherheit und Wirksamkeit zu gewährleisten«[194].

Immunologische Arzneimittel (Impfstoffe) müssen eine höhere Qualität, Sicherheit und Wirksamkeit gewährleisten.

Auch aus diesem Erwägungsgrund ergibt sich eindeutig, dass es ein besonderes Anliegen des Ministerrats als damaligem Gesetzgeber der EWG war, die Qualität, Sicherheit und Wirksamkeit von Impfstoffen besonders zu gewährleisten und dementsprechend besonders hohe Anforderungen an die Prüfung dieser Arzneimittelkategorie zu stellen.

Diesem Ansatz entspricht auch die Einführung der Chargenprüfung und Chargenfreigabe durch ein amtliches Labor für jede Impfstoffcharge. Diese Anforderung wurde durch Art. 4 Abs. 3 letzter Unterabsatz der RL 89/342 eingeführt und findet sich heute in § 32 des AMG als Aufgabe und Verpflichtung des PEI.

Eine weitere wesentliche Regelung findet sich in Art. 2 Abs. 2 der RL 89/342. Für die Angabe der Zusammensetzung nach Art und Menge der Bestandteile sollte für immunologische Arzneimittel – und ein solches ist ein Impfstoff – die Zusammensetzung in biologischer Wirksamkeit oder Proteingehalt ausgedrückt werden.

Bereits mit der RL 2003/63/EG[195] wurde die Anforderung für die einzelnen Impfstoffhersteller im Hinblick auf den Nachweis der Qualität des Impfantigens als Wirkstoff eines Impfstoffes erleichtert. Es wurde die sogenannte »Impfantigen-Stammdokumentation« eingeführt. Hintergrund waren unter anderem die mittlerweile aufkommenden Mehrfachimpfstoffe, die in einem Impfstoff unterschiedliche Antigene enthalten konnten.

Gleichzeitig wurde die Bewertung der Impfantigen-Stammdokumentation bei der EMA gebündelt. Es wurde ein zweistufiges Verfahren der Prüfung eines Impfstoffes eingeführt:

In der ersten Stufe findet die Prüfung des Impfantigens (Wirkstoffs) im Rahmen der Impfantigen-Stammdokumentation durch die EMA statt, in dem die EMA die Übereinstimmung mit gemeinschaftsrechtlichen Vorschriften prüft und gegebenenfalls bestätigt. An diese Einschätzung des Impfantigens sind die Mitgliedstaaten gebunden (7. Erwägungsgrund der RL).

Seit 2003 ist damit auch eine Zentralisierung der Bewertung des Impfantigens als Wirkstoff mit bindender Wirkung für die Mitgliedstaaten bei der EMA zu beobachten. In der zweiten Stufe prüfen bei nationalen Zulassungen die Mitgliedstaaten den Impfstoff in seiner Zusammensetzung einschließlich der Hilfsstoffe.

Bereits zum Zeitpunkt des Erlasses dieser RL im Jahr 2003 wird eine Konzentration der Zuständigkeit der EU-Kommission für Impfstoffe deutlich. Die Kompetenz zur Prüfung des Impfantigens – damals des abgeschwächten oder abgetöteten Erregers – wurde den nationalen Behörden entzogen. Sie sind seitdem gebunden an die diesbezügliche Entscheidung der EU-Kommission. Allerdings hätten sie als Adressat der Entscheidung die Möglichkeit, gegen diese das Europäische Gericht Erster Instanz anzurufen, wenn sie mit der Entscheidung der EU-Kommission nicht einverstanden wären – aber von dieser Möglichkeit macht wohl kaum ein Mitgliedstaat Gebrauch.

## 6.4 ZUSTÄNDIGKEIT FÜR DIE ERTEILUNG DER ZULASSUNG IM EUROPÄISCHEN KONTEXT – EUROPÄISCHES ZULASSUNGSSYSTEM

Seit der Umsetzung der oben beschriebenen Arzneimittel-Grundrichtlinien darf ein Arzneimittel in Deutschland bzw. der EU nur in den Verkehr gebracht werden, wenn zuvor eine entsprechende

Zulassung entweder durch die zuständige Bundesoberbehörde oder aber durch eine Entscheidung der EU-Kommission erteilt wurde. In Deutschland findet sich die Regelung §21 Abs. 1 S. 1 AMG, in der EU ist sie in Art. 6 Abs. 1 der RL 2001/83/EG, des sogenannten Gemeinschaftskodex, für nationale Zulassungen sowie Art. 3 Abs. 1 der VO 726/2004/EG für zentrale Zulassungen geregelt.

Während die Entscheidung der nationalen Behörde naturgemäß nur für den jeweiligen Mitgliedstaat Wirkung entfaltet, gilt die Entscheidung der EU-Kommission, die im Rahmen eines »zentralisierten Zulassungsverfahrens« erteilt wird, mit ihrem Erlass in jedem Mitgliedstaat (Art. 13 Abs. 1 S. 1 der VO Nr. 726/2004).

## ERRICHTUNG DES EUROPÄISCHEN ZULASSUNGSSYSTEMS AB 1995

Neben den vorgenannten Richtlinien (RL) wurden bis zum Jahr 1993 weitere RL erlassen, die die Anwendungsbereiche der europäischen Vorschriften auf unterschiedliche Arzneimittelkategorien erweiterten. 1993 wurden diese in zahlreichen RL enthaltenen Regelungen im Rahmen der Schaffung des europäischen Zulassungssystems in

- die RL 93/39/EWG für die grundlegenden Regelungen und nationalen Zulassungsverfahren und die Schaffung des Verfahrens der gegenseitigen Anerkennung von Zulassungsentscheidungen der nationalen Behörden sowie
- die VO Nr. 2309/93/EWG, die VO zur Schaffung der Europäischen Arzneimittel-Agentur (EMA) und des zentralen Zulassungsverfahrens mit zentraler Zulassungsentscheidung durch die EU-Kommission

zusammengefasst.

Diese Vorschriften traten am 1. Januar 1995 in Kraft, sodass ab 1995 das europäische Zulassungssystem mit nationalen Verfahren der Arzneimittelzulassung vor den nationalen Arzneimittelbehörden einerseits und dem zentralisierten System mit der Stellung eines zentralen Zulassungsantrags bei der EMA und dem Erlass einer EU-weiten Arzneimittelzulassung durch die EU-Kommission andererseits umgesetzt wurde.[196]

Das System der nationalen Zulassung lief neben dem zentralen Zulassungsverfahren, das nur bestimmten, im Anhang der VO 93/39 aufgeführte Arzneimittelkategorien vorbehalten war, parallel weiter.

Im Jahr 2001 wurde die RL 93/39/EWG durch die RL 2001/83, den »Gemeinschaftskodex für Humanarzneimittel«, abgelöst. Ebenfalls wurde im Jahr 2004 die VO 2309/93 über das zentralisierte Verfahren durch die VO 726/2004 abgelöst. Beide sind bis heute mit zahlreichen Überarbeitungen und Ergänzungen in Kraft. Nach ihnen richtet sich im Wesentlichen die Zulassung auch während der Pandemie. Durch die VO 726/2004 wurden die Struktur der EMA um weitere Sachverständigenausschüsse und der Anwendungsbereich des zentralisierten Zulassungsverfahrens sukzessive erweitert.

## ZENTRALES ZULASSUNGSVERFAHREN

Im zentralen Zulassungsverfahren werden sämtliche Entscheidungen über Zulassungen einschließlich ihrer Rücknahme, des Widerrufs oder der Aussetzung formell von der EU-Kommission getroffen. Diese Entscheidungen der EU-Kommission werden in einem – grundsätzlich – umfassenden Verfahren durch die EMA vorbereitet. Sie wurde zwecks Konzentration der wissenschaftlichen Expertise und Administration des erheblichen Verwaltungsaufwandes gleichzeitig mit der Einführung des zentralisierten Verfahrens in der ursprünglichen VO 2309/93 mit der ursprünglichen Bezeichnung *European Medicines Evaluation Agency* (EMEA) gebildet.

Die Zuständigkeitsabgrenzungen zwischen nationalen Behörden und EU-Kommission richten sich nach Art. 3 Abs. 1 der VO 726/2004, der im Zusammenhang mit Anhang Teil I eine ausschließliche

Zuständigkeit der EMA/EU-Kommission für bestimmte Arzneimittel vorsieht. Der Anhang der VO 726/2004 weist unter anderem folgende Arzneimittel in den ausschließlichen Zuständigkeitsbereich der EU-Kommission:

- Arzneimittel, die mithilfe bestimmter biotechnologischer Verfahren hergestellt werden, wie beispielsweise rekombinierter DNS, Herstellung in Prokaryonten oder Eukaryonten, beziehungsweise Gene, die für biologisch aktive Proteine kodieren,
- Arzneimittel für neuartige Therapien, wie Gentherapeutika, somatische Zelltherapeutika und biotechnologisch bearbeitete Gewebeprodukte,
- Humanarzneimittel für die Indikationen HIV, Krebs, neurodegenerative Erkrankungen, Diabetes, Autoimmunerkrankungen, Immunschwächen, soweit sie einen Wirkstoff enthalten, der vor Inkrafttreten der VO noch nicht in der EU zugelassen war. Weiterhin ist die EU-Kommission zuständig für die Zulassung von Arzneimitteln gegen Viruserkrankungen, soweit der Wirkstoff bis zum 20. Mai 2008 noch nicht in der EU zugelassen war.

Für die oben aufgelisteten Arzneimittel besteht keine Zuständigkeit zur Erteilung der Zulassung für die mitgliedstaatlichen Behörden mehr. Aus dieser Regelung ergibt sich die ausschließliche Zuständigkeit der EMA/EU-Kommission für die Zulassung der COVID-19-Arzneimittel, unabhängig davon, ob sie der Prävention oder der Therapie dienen.

## 6.5 DIE EUROPÄISCHE ARZNEIMITTELAGENTUR EMA

Die EMA ist eine von derzeit 30 »dezentralen« Agenturen. Auf der Seite der EU-Kommission werden die Aufgaben und Befugnisse der dezentralen Agenturen und damit auch der EMA wie folgt beschrieben:

> »Aktuell gibt es über 30 dezentrale Agenturen, mit jeweils eigener Rechtspersönlichkeit, die auf unbestimmte Zeit eingerichtet wurden und von den Organen der EU abzugrenzen sind. Sie tragen zur Umsetzung der politischen Maßnahmen der EU bei und fördern die Zusammenarbeit zwischen der EU und den nationalen Behörden, indem sie das in den EU-Institutionen und den nationalen Behörden vorhandene Fach- und Expertenwissen bündeln.«[197]

Durch die Formulierung, die EMA trage »zur Umsetzung der politischen Maßnahmen« bei, wird auch auf europäischer Ebene – ebenso wie national für Deutschland – eine Verquickung wissenschaftlicher Expertise mit der Politik aufgezeigt. So stellt sich auch hier die Frage nach der Objektivität und/oder Parteilichkeit der Wissenschaft im Hinblick auf die Erreichung und Unterstützung politischer Grundentscheidungen.

> Die EMA trägt zur Umsetzung der politischen Maßnahmen auf europäischer Ebene bei – Verquickung wissenschaftlicher Expertise mit der Politik.

## VERWALTUNGSDIREKTOR/IN

Die Nähe der EMA zur Politik, insbesondere zur EU-Kommission, wird auch aus den Regelungen deutlich, wie die Verantwortlichen der EMA ernannt werden: Die EMA wird von einem Verwaltungsdirektor geleitet. Er/sie ist ihr gesetzlicher Vertreter. Derzeit ist die Verwaltungsdirektorin seit dem 16. November 2020 die Irin Emer Cooke. Bereits seit 1998 ist sie bei der EU-Kommission/EMA in unterschiedlichen Verantwortungsbereichen im pharmazeutischen Bereich tätig. Zuvor arbeitete sie von 1992 bis 1998 als Managerin für Wissenschaft und Zulassungsangelegenheiten bei der *European Federation of Pharmaceutical Industries and Associations* (EFPIA), dem europäischen Verband für Pharmahersteller.

Als Verwaltungsdirektorin wurde Emer Cooke aus einer seitens der EU-Kommission erstellten Bewerberliste durch den Verwaltungsrat der EMA gewählt (Art. 64 (1) der VO 726/2004). Für die Arzneimittelsicherheit ist damit eine Dame verantwortlich, die zunächst vor ihrer Tätigkeit für die EMA eine sechsjährige Ausbildung in »Wissenschaft und Zulassungsangelegenheiten« im großen europäischen Pharmaverband genossen hat. Auch hier kommt die Frage des systemimmanenten Interessenkonflikts auf ...

## ZUSAMMENSETZUNG DES VERWALTUNGSRATS UND SEINE AUFGABEN

Der Verwaltungsrat selbst besteht aus 35 Mitgliedern, Vertreter sämtlicher mitgliedstaatlicher Behörden oder Gesundheitsministerien sowie Vertreter der EU-Kommission, des EU-Parlaments, von Patienten- und Ärzteorganisationen.

Ob sich Mitarbeiter einer weisungsgebundenen Bundesoberbehörde bei der Wahrnehmung ihrer Aufgabe im Verwaltungsrat oder in wissenschaftlichen Ausschüssen der EMA tatsächlich vom »Interesse des Gemeinwohls« leiten lassen, ist mehr als fraglich – der bereits in der nationalen Behörde bestehende systemimmanente Interessenkonflikt setzt sich in den Gremien der EU-Arzneimittelbehörde fort.

Zu den Aufgaben des Verwaltungsrates gehören unter anderem die Erstellung des Haushaltsplans (Art. 66 lit. f) VO 726/2004) und die Überwachung der Tätigkeiten der EMA »im Zusammenhang mit der Pharmakovigilanz, dem Betrieb der Kommunikationsnetze und der Marktüberwachung [...], um die Unabhängigkeit der Agentur zu gewährleisten« (Art. 67 (4), VO 726/2004).

Es wird in Satz 2 des Art. 67 (4) der EMA ausdrücklich erlaubt, Gebühren für die vorgenannten Tätigkeiten zu erheben. Allerdings scheint auch der Verordnungsgeber diesbezüglich gewisse Bedenken in Bezug auf die Unabhängigkeit der EMA gehegt zu haben, heißt es doch als Bedingung für die Erlaubnis der EMA, Gebühren für ihre Tätigkeiten zu erheben, »dass die Unabhängigkeit der Agentur strikt gewahrt« bleiben müsse.

## WISSENSCHAFTLICHE AUSSCHÜSSE

Innerhalb der Organisation der EMA findet sich die fachliche Kompetenz zur Beurteilung sämtlicher Aspekte der Zulassungsdossiers und sämtlicher Fragen rund um die Arzneimittelsicherheit in speziell errichteten Sachverständigen-Ausschüssen (Committees) und Arbeitsgruppen (Working Parties).[198]

Die Rechtsgrundlage für die Errichtung dieser Ausschüsse findet sich jetzt in der VO 726/2004. Die Mitglieder dieser Ausschüsse sind im Wesentlichen Vertreter der – weisungsgebundenen – nationalen Zulassungsbehörden. Jeder Mitgliedstaat einschließlich der EWR-Staaten Island, Norwegen und Liechtenstein entsendet je 2 Vertreter (1 Mitglied und 1 Stellvertreter). Weitere Mitglieder sind 5 kooptierte Vertreter nationaler Behörden, die aufgrund ihrer besonderen Expertise in speziellen Feldern der Wissenschaft berufen werden. So ist beispielsweise derzeit ein Mitarbeiter des Paul-Ehrlich-Instituts, Dr. Jan Müller-Berghaus, für das Spezialgebiet »Qualität, Sicherheit und Wirksamkeit biologischer Arzneimittel, einschließlich neuartiger Therapien und Impfstoffe« kooptierter Vertreter im CHMP.[199]

Seit Einführung des europäischen Zulassungssystems wurden zahlreiche Ausschüsse ins Leben gerufen. Einer der ursprünglichen Ausschüsse ist der heutige Ausschuss für Humanarzneimittel, CHMP (Committee for Human Medicinal Products), ursprünglich CPMP (Committee for Proprietary Medicinal Products). Mit steigender Bedeutung der Nachmarktkontrolle nach Zulassungserteilung, der Pharmakovigilanz, wurde der Ausschuss für die Bewertung von Pharmakovigilanz-Risiken, »Pharmacovigilance Risk Assessment Committee« (PRAC), eingeführt, der sich mit der Bewertung der Nebenwirkungsmeldungen und Erkenntnissen über Arzneimittel nach deren Zulassung befasst. Neben diesen beiden Ausschüssen bestehen zahlreiche Arbeitsgruppen.

Die Mitglieder der wissenschaftlichen Ausschüsse der EMA sind weisungsgebundene Mitarbeiter nationaler Arzneimittelbehörden.

Für besondere Arten von Arzneimitteln wurden weitere Ausschüsse gebildet, deren Mitglieder über die erforderlichen Spezialkenntnisse zur Bewertung dieser besonderen Arzneimittel verfügen. So wurde beispielsweise mit den Regelungen der VO Nr. 1394/2007[200] über die besonderen Anforderungen an »Arzneimittel für neuartige Therapien«, worunter auch Gen- und Zelltherapeutika fallen, in Art. 8 dieser VO der »Ausschuss für neuartige Therapien« (Committee for Advanced Therapies, CAT), errichtet. Dieser Ausschuss unterstützt den CHMP bei der Bewertung von Gen- und Zelltherapeutika.

Derzeit gibt es folgende Ausschüsse für Humanarzneimittel:[201]

— Ausschuss für Humanarzneimittel (CHMP – Committee for Human Medicinal Products)
— Ausschuss für Risikobewertung im Bereich der Pharmakovigilanz (PRAC – Pharmacovigilance Risk Assessment Committee)
— Ausschuss für Arzneimittel für seltene Leiden (COMP – Committee for Orphan Medicinal Products)
— Ausschuss für pflanzliche Arzneimittel (HMPC – Herbal Medicinal Products Committee)
— Ausschuss für neuartige Therapien (CAT – Committee for Advanced Therapies) und den
— Pädiatrieausschuss (PDCO – Paediatric Committee).

Wer sich einen etwas umfangreicheren Überblick über die EMA verschaffen möchte, findet eine Vorstellung auf ihrer Website auch in deutscher Sprache.[202]

Mitglieder der wissenschaftlichen Ausschüsse sind zum Teil ausschließlich Vertreter der – weisungsgebundenen – nationalen mitgliedstaatlichen und EFTA-Zulassungsbehörden. Das ist beispielsweise beim CHMP und dem Ausschuss für pflanzliche Arzneimittel, HMPC, der Fall. Von der EU-Kommission ernannte Vertreter von Patienten- und Ärzteorganisationen sind in wesentlichen wissenschaftlichen Gremien vertreten:

— dem PRAC: Hier sind zusätzlich 6 »unabhängige« von der EU-Kommission ernannte Wissenschaftler vertreten sowie jeweils 1 Vertreter von Patienten- bzw. Ärzteorganisationen – somit 8 von der EU-Kommission ernannte Vertreter[203];
— und mit jeweils 6 von der EU-Kommission gewählten Vertretern (jeweils 3 von Patienten- und Ärzteorganisationen ) bei
— dem Ausschuss für Kinderarzneimittel (PDCO)[204]
— dem Ausschuss für Arzneimittel für seltene Krankheiten (COMP)[205] und
— 4 Mitglieder (2/2) im Ausschuss für neuartige Therapien (CAT).[206]

Zum Teil sind in den Ausschüssen aber auch Vertreter von Patienten- und Ärzteorganisationen sowie »unabhängige Wissenschaftler« Mitglied, die jeweils aus einer Bewerberliste von der EU-Kommission ernannt werden.

## BEISPIEL PRAC – VERTRETER VON PATIENTENORGANISATIONEN VON »BIG PHARMA« FINANZIERT

Im Rahmen der Überwachung der COVID-19-Injektionen hat das PRAC die besonders wichtige Aufgabe zu erfüllen, alle Aspekte des Risikomanagements von Humanarzneimitteln zu bewerten. Diese Aufgaben umfassen unter anderem:

— Erkennung, Bewertung, Minimierung und Kommunikation des Risikos von Nebenwirkungen unter Berücksichtigung der therapeutischen Wirkung des Arzneimittels,
— Entwurf und Bewertung von Sicherheitsstudien nach der Zulassung,
— Analyse der Erkenntnisse auf das Vorliegen von Sicherheitssignalen (Safety signals).

Die Zusammensetzung des PRAC ist in Art. 61a der VO 726/2004 geregelt. Neben den Vertretern eines jeden Mitgliedstaats sowie EWR-Staats und seinem jeweiligen Stellvertreter sind im PRAC auch, wie oben dargestellt, Mitglieder vertreten, die seitens der EU-Kommission nach einem öffentlichen Aufruf zur Interessensbekundung und nach Anhörung im Europäischen Parlament ernannt werden. Es handelt sich dabei um insgesamt 8 Mitglieder und 2 Stellvertreter. 6 dieser Mitglieder sind Wissenschaftler, die den »notwendige(n) Sachverstand, unter anderem in den Bereichen klinische Pharmakologie und Pharmakoepidemiologie« sicherstellen sollen.

Im Ausschuss für Arzneimittelsicherheit sind Vertreter von Patientenorganisationen vertreten, die von Pharmaunternehmen finanziert werden.

Derzeit sind im PRAC Vertreter folgender Patientenorganisationen vertreten:

1. Declan Noone vom *European Haemophilia Consortium* (EHC)
2. Marko Korenjak von der *European Liver Patients Association* (ELPA).

Die Lebensläufe und möglichen Interessenkonflikte der Vertreter müssen auf der EMA-Website ebenfalls veröffentlicht sein.[207] Der Lebenslauf und die Interessenkonflikte von Herrn Declan Noone sind veröffentlicht: In der Erklärung zu Interessenkonflikten wird bis auf eine Beratungstätigkeit, seine Eigenschaft als Präsident des *European Haemophilia Consortium* (EHC) und seiner Beteiligung an einer Studie zu Haemophilie keine Angabe gemacht.[208] Umso interessanter ist aber, wie die Organisation, die er als Präsident vertritt, sich finanziert: Im Jahr 2020 wurde EHC zu 87 % von der Pharmaindustrie finanziert, darunter *Pfizer, Sanofi, Roche* und *Bayer*![209]

Die entsprechenden Angaben zu Marko Korenjak, Präsident von ELPA, sind noch erhellender.[210] Finanziert wird ELPA von zahlreichen Pharma- und Medizinprodukteunternehmen, wie zum Beispiel *Roche, AstraZeneca, Norgine, Janssen, NovoNordisk, BMS (Bristol Myers Squibb), Gilead, Boehringer Ingelheim, Novartis.*

Seit mehr als drei Jahren arbeitet er als »Patientenvertreter« bei der EMA:

- Mitglied der Arbeitsgruppe für Patienten- und Verbraucher, seit Dezember 2022 als deren Vorsitzender
- seit Mai 2022 als stellvertretendes Mitglied im PRAC
- seit Juni 2022 auch Repräsentant von Patientenorganisationen bei der neu geschaffenen »Health Emergency Preparedness and Response Authority« (HERA).

Vertreten diese Organisationen, insbesondere auch deren Vertreter, tatsächlich Patienteninteressen?

## VERFAHREN ZUM ERLASS DER ZULASSUNGS-ENTSCHEIDUNG DER EU-KOMMISSION – DER STÄNDIGE AUSSCHUSS FÜR HUMANARZNEIMITTEL

Wie oben bereits erwähnt, wird die Bewertung der Arzneimittel im Rahmen von Zulassungs-, Änderungs-, Verlängerungs- oder anderen Anträgen und im Bereich der Pharmakovigilanz durch die wissenschaftlichen Ausschüsse der EMA vorgenommen. Die eigentliche Zulassungsentscheidung wird von der EU-Kommission auf Basis des Gutachtens des CHMP erlassen. Allerdings ist die EU-Kommission bei ihrer Entscheidung nicht an das Votum des CHMP-Gutachtens gebunden.

Die EU-Kommission kann ihre Entscheidung nicht unmittelbar erlassen, sondern muss ihren Entscheidungsentwurf mit dem »Ständigen Ausschuss für Humanarzneimittel«[211] abstimmen: Dieser Ausschuss ist vom »Ausschuss für Humanarzneimittel« (CHMP) zu unterscheiden. Während der CHMP Teil der EMA ist, ist der »Ständige Ausschuss für Humanarzneimittel« das Gremium, über das den Mitgliedstaaten ein Mitspracherecht bei Entscheidungen und Gesetzesvorhaben der Kommission eingeräumt wird. Mitglieder des »Ständigen Ausschusses für Humanarzneimittel« sind Vertreter der nationalen Zulassungsbehörden und/oder der Gesundheitsministerien.[212]

Für den Erlass der EU-Kommissionsentscheidung ist ein besonderes Verfahren vorgesehen, das sogenannte Prüfungsverfahren (Art. 87 VO 726/2004 in Verbindung mit Art. 5 der VO Nr. 182/2011/EU[213]). Bei diesem Verfahren hat der »Ständige Ausschuss für Humanarzneimittel« den Entscheidungsentwurf der Kommission zu prüfen und über ihn abzustimmen. Dabei richten sich die Abstimmungsmodalitäten nach Art. 238 Abs. 5 des AEUV (Vertrag über die Arbeitsweise der Europäischen Union). Entscheidungen sind mit qualifizierter Mehrheit zu treffen. Die qualifizierte Mehrheit ist an folgende Voraussetzungen geknüpft:

— Mehrheit von mindestens 55 % derjenigen Mitglieder des Rates, die die beteiligten Mitgliedstaaten vertreten, und gleichzeitig
— müssen mindestens 65 % der Bevölkerung durch die betreffenden Mitgliedstaaten vertreten sein.

In der Praxis bedeutet das, dass 15 von 27 EU-Mitgliedstaaten dem Entscheidungsentwurf zustimmen müssen, die gleichzeitig 65 % der EU-Bevölkerung vertreten.

Die oben aufgezählten Anforderungen müssen dann nicht beide erfüllt sein, wenn die Sperrminorität nicht erreicht ist. Die Sperrminorität bedarf mindestens einer Anzahl von Mitgliedstaaten, die zusammen mehr als 35 % der Bevölkerung der beteiligten Mitgliedstaaten vertreten, zuzüglich eines Mitglieds (Art. 238 Abs. 3 lit. a) S. 2 AEUV).

Gibt der »Ständige Ausschuss für Humanarzneimittel« eine befürwortende Stellungnahme ab, kann die EU-Kommission ihre geplante Entscheidung erlassen.

Lehnt der Ständige Ausschuss den Entscheidungsentwurf der EU-Kommission ab, darf die EU-Kommission die Entscheidung nicht erlassen. Sie kann allerdings innerhalb einer Frist von 2 Monaten einen geänderten Entscheidungsentwurf zur Abstimmung an den »Ständigen Ausschuss für Humanarzneimittel« übermitteln.

Der für dieses Verfahren vorgesehene Zeitrahmen umfasst ca. 60 Tage ab Übermittlung des CHMP-Gutachtens an die EU-Kommission. Auf der EMA-Website ist der Verfahrensablauf beschrieben:

> »Innerhalb von 15 Tagen übermittelt die Kommission einen Entwurf einer Durchführungsentscheidung an den Ständigen Ausschuss für Humanarzneimittel, damit dieser von den EU-Ländern geprüft werden kann. Diese haben 15 Tage Zeit, um ihre sprachlichen Kommentare zu übermitteln, und 22 Tage für wesentliche Kommentare. Sobald eine befürwortende Stellungnahme vorliegt, wird der Entscheidungsentwurf im Rahmen eines Ermächtigungsverfahrens angenommen. Die Annahme der Entscheidung sollte innerhalb von 67 Tagen nach Stellungnahme der EMA erfolgen.«[214]

Bei der Zulassung der COVID-19-Injektionen wurden Gutachten des CHMP noch an demselben Tag in Zulassungsentscheidungen der EU-Kommission umgesetzt. Hierfür wurden durch den CHMP außerreguläre Sitzungen abgehalten, über die in den Protokollen der nächsten regulären Sitzung berichtet wurde.

Für *Comirnaty*® wurden zwei außerreguläre Sitzungen anberaumt: eine am 18. Dezember 2020 und eine am 21. Dezember 2020. Am 21. Dezember 2020 soll das CHMP-Gutachten mit dem Beurteilungsbericht verabschiedet worden sein.[215] Am selben Tag wurde die EU-Kommissionsentscheidung über die Erteilung der bedingten Zulassung erlassen.[216] Das PEI stellt den Prozess so dar: Am 21. Dezember 2020 gab der CHMP sein Gutachten um 15 Uhr bekannt. Um 18.30 Uhr erteilte die EU-Kommission die Zulassung.[217]

Ein ähnlich enger Zeitrahmen wurde bei der bedingten Zulassung für *Spikevax*® von *Moderna* eingehalten: Am 4. und 6. Januar 2021 fanden zwei außerreguläre CHMP-Sitzungen statt. Am 6. Januar 2021 wurde die CHMP-Empfehlung verabschiedet. Die

Bei der Zulassung der COVID-19-Injektionen wurden CHMP-Gutachten innerhalb weniger Stunden in Kommissionsentscheidungen umgesetzt.

Entscheidung der EU-Kommission datiert ebenfalls vom 6. Januar 2021.[218]

Die EU-Kommission hatte zwar in ihrer EU-Strategie für COVID-19 angekündigt, das Verfahren des Erlasses ihrer Entscheidung zu beschleunigen. Angesichts der oben geschilderten extrem kurzen Zeitrahmen zwischen CHMP-Gutachten und Kommissionsentscheidung stellt sich jedoch die Frage, ob die einschlägigen Vorschriften über das formelle Zustandekommen der Entscheidungen einschließlich der Beteiligung der Mitgliedstaaten überhaupt beachtet wurden.

Wurde das Mitspracherecht der Mitgliedstaaten immer weiter zurückgedrängt?

Der Eindruck verstärkt sich, dass das Mitspracherecht der Mitgliedstaaten immer weiter zurückgedrängt wird und ihre Aufgabe lediglich noch darin besteht, die Entscheidung der EU-Kommission »durchzuwinken«.

## GEBÜHREN DER EMA FÜR IHRE TÄTIGKEIT

Abgesehen von der in Art. 67 (4) der VO 726/2004 enthaltenen »Erlaubnis«, Gebühren für die Tätigkeit im Rahmen der Arzneimittelsicherheit, Betrieb von Kommunikationsnetzen und Marktüberwachung zu erheben, gehört es zur Struktur dezentraler EU-Behörden wie der EMA, Gebühren für ihre Tätigkeiten zu erheben. Art. 67 (3) der VO 726/2004 sieht folgende Finanzierung für die EMA vor:

— Beitrag der EU
— Beitrag von Drittländern, hier der EWR-Staaten Island, Norwegen und Liechtenstein
— Gebühren der Pharmaunternehmen für die Zulassungserteilung und Aufrechterhaltung einschließlich Verlängerung einschließlich der Gebühren für Tätigkeiten der Ausschüsse im Rahmen des dezentralen Zulassungssystems sowie Entgelte für

andere Dienstleistungen für Tätigkeiten im Rahmen der Pharmakovigilanz, Betrieb von Kommunikationsnetzen etc. sowie

– Zuschüsse der EU im Rahmen von Forschungs- und Unterstützungsprojekten. Das ist beispielsweise die Beratung von kleinen und mittleren Unternehmen vor Stellung eines Zulassungsantrags bzw. bereits während der Entwicklung eines Produktes.

Die Gebühren der EMA sind in der VO des Rates Nr. 297/95/EG[219] in ihrer jeweils angepassten konsolidierten Fassung[220] geregelt. Interessant sind die Gebührensteigerungen, die seit dem Jahr 1995, dem Jahr, in dem die EMA erstmalig ihre Beurteilungstätigkeit aufnahm, zu verzeichnen sind. Bis zum Jahr 2002 wurden die Gebühren in »ECU« bemessen. Eine Gegenüberstellung der Gebühren 1995 und 2023 enthält folgende Tabelle:

| **ANTRAG/TÄTIGKEIT** | **1995** (ECU)[221] | **2023** (Euro)[222] |
|---|---|---|
| Standardzulassungsantrag | 140.000 | 313.000 |
| Jahresgebühr | keine | 112.200 |
| Verlängerungsantrag | 10.000 | 15.400 |
| Änderungsantrag Typ II | 40.000 | 94.000 |
| Übertragung d. Zulassung | 5.000 | 7.800 |
| Inspektion | 10.000 | 23.700 |

Auffallend ist hier, dass insbesondere die Gebühren für standardmäßige Zulassungsanträge enorm verteuert wurden. Hinzu kommt die Erhebung einer Jahresgebühr. Auch wenn kleinere und mittlere Unternehmen, sogenannte KMUs, zum Teil Gebührenermäßigungen bekommen, sind Gebührenermäßigungen für den Zulassungsantrag nur bei negativem Ausgang trotz wissenschaftlicher Beratung durch die EMA und Umsetzung ihrer Empfehlungen vorgesehen. Die Jahresgebühren werden um 40% reduziert. Für KMUs ist es wirtschaftlich nahezu unmöglich, einen Zulassungsantrag zu stellen.

Zulassungsgebühren der EMA machen es kleinen und mittleren Unternehmen nahezu unmöglich, zentrale Zulassungen zu beantragen.

Da – wie oben beschrieben –sämtliche neuen Wirkstoffe für wesentliche Indikationen wie Krebs, neurodegenerative Erkrankungen, Diabetes, Autoimmunerkrankungen und andere Immunschwächen sowie Viruserkrankungen zwingend das zentrale Verfahren durchlaufen müssen, wird an der Gebührenpolitik der EMA die Förderung von Großunternehmen ganz deutlich. Die Konkurrenz für »Big Pharma« durch KMUs wird nach und nach eliminiert, die Großen sind irgendwann »unter sich«.

Eine weitere interessante Entwicklung ist der Anteil der von den Pharmaunternehmen gezahlten Zulassungsgebühren an dem Finanzaufkommen der EMA. Im Jahr 1995 betrug das Gesamtbudget der Behörde 18,47 Millionen ECU. Hiervon wurden etwas mehr als 50%, 9,4 Millionen ECU, durch die damalige EG bereitgestellt.[223] Im Jahr 2010 betrug das Budget bereits 208,387 Millionen Euro, wobei der Beitrag der EU lediglich noch 18,7% betrug.[224] Im Jahr 2019 stellte das Gebührenaufkommen der Pharmaindustrie einen Anteil von 89,1% am Gesamtbudget von 329,738 Millionen Euro. Der Beitrag der EU betrug insgesamt 6,3%, wobei 2,8% auf allgemeine Beiträge und 3,5% auf Förderungsbeiträge für Arzneimittel für seltene Leiden entfielen.[225]

Anteil am EMA-Budget

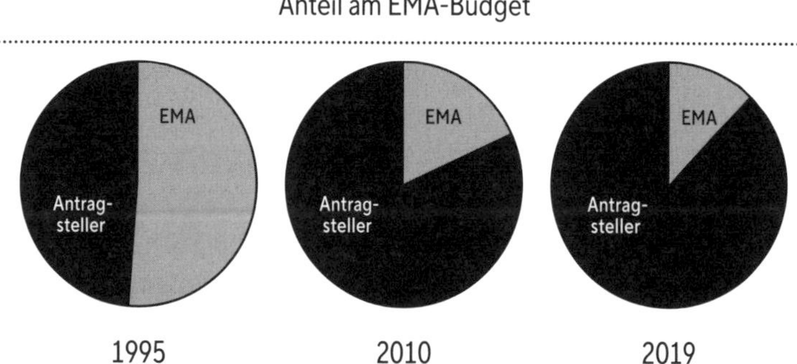

Die EMA wird damit nahezu vollständig von den Gebühren der Pharmaunternehmen finanziert. Das ist sehr bedenklich, und es scheint bei dieser Gebührenstruktur unmöglich, dass die Unabhängigkeit der EMA, wie in Art. 67 (4) der VO 726/2004 gefordert, »strikt gewahrt« ist.

Mittlerweile wird die EMA nahezu vollständig aus Gebühren der Pharmaunternehmen finanziert. Das könnte gegen das Gebot der Unabhängigkeit der EMA verstoßen.

## 6.6 VORAUSSETZUNGEN DER ZULASSUNGSERTEILUNG

Mit der Einführung des vorherigen Zulassungserfordernisses für Arzneimittel wurden sukzessive immer detailliertere Vorschriften für die Anforderungen an die vorzulegenden Unterlagen eingeführt. Das galt ab 2001 besonders für die Arzneimittel für seltene Leiden, die sogenannten »Orphan Drugs«, und die Arzneimittel für neuartige Therapien wie beispielsweise die Gentherapeutika.

### DER BEGRIFF DES ARZNEIMITTELS

Dreh- und Angelpunkt der Regelungen der Arzneimittelzulassung ist der Begriff des Arzneimittels.

Arzneimittel sind »Stoffe oder Zubereitungen aus Stoffen«, die im oder am Menschen zum Zweck der Heilung, Linderung, Verhütung oder Diagnose von Krankheiten angewendet werden(§ 2 Abs. 1 AMG). Dabei ist ein Produkt nach § 2 Abs. 1 AMG als Arzneimittel zu klassifizieren, wenn es entweder

Arzneimittel sind »Stoffe oder Zubereitungen aus Stoffen«, die im oder am Menschen zum Zweck der Heilung, Linderung, Verhütung oder Diagnose von Krankheiten angewendet werden.

- vom Hersteller ausgelobt wird, Prophylaxe- oder Therapieeigenschaften in Bezug auf Krankheiten zu besitzen (sogenannte Präsentationsarzneimittel) oder
- die Eigenschaft besitzt, durch eine pharmakologische, immunologische oder metabolische Wirkung die physiologischen Funktionen wiederherzustellen, zu korrigieren oder zu beeinflussen (sogenannte Funktionsarzneimittel).

Die Klassifizierung als Funktionsarzneimittel ist unabhängig von der Auslobung durch den Hersteller. Selbst wenn der Hersteller das Produkt als Nahrungsergänzungsmittel auslobt, wird es als Arzneimittel klassifiziert und unterliegt der Zulassungspflicht, wenn es pharmakologische, immunologische oder metabolische Wirkungen zur Änderung physiologischer Körperfunktionen entfaltet. Umgekehrt kommt dann, wenn ein Hersteller Arzneimitteleigenschaften auslobt, auch wenn das Produkt keine besitzt, das Arzneimittelgesetz zu Anwendung, und das Inverkehrbringen des Produktes bedarf einer vorherigen Zulassung (die es mangels arzneilicher Wirkungen wohl nicht bekommen wird).

Dem Begriff des Funktionsarzneimittels liegt die Überlegung zugrunde, dass der Verbraucher vor Produkten geschützt werden muss, die eine entsprechende Wirkung auf den Körper haben. Diese Klassifizierung des Arzneimittelbegriffs wird ebenso im europäischen Arzneimittelrecht vorgenommen und wird hier in Art. 1 Nr. 2 der RL 2001/83 geregelt.

Die Klassifikation eines Produktes als Arzneimittel - und auch im Hinblick auf die Frage der jeweiligen Arzneimittelkategorie - muss für jedes Präparat individuell entschieden werden. Zur Beurteilung der Eigenschaft beziehungsweise Klassifikation eines Präparates ist nach ständiger Rechtsprechung des EuGH jedes Präparat in seiner Gesamtheit einschließlich seiner Wirkweise zu betrachten.[226] Hierfür ist auf alle Merkmale eines Präparates abzustellen[227], insbesondere auf die Zusammensetzung, Wirkweise und mögliche Risiken bei der Anwendung[228].

Im Rahmen beider Begriffe des Arzneimittels, des Präsentations- und des Funktionsarzneimittels, kommt der bereits zuvor erläuterte Grundsatz »Im Zweifel für die Sicherheit der öffentlichen Gesundheit« zum Tragen: Wird einem Produkt die prophylaktische oder therapeutische Wirkung bezüglich Krankheiten zugeschrieben, muss es das Zulassungsverfahren für Arzneimittel durchlaufen. Wird einem Produkt diese Eigenschaft seitens des Herstellers nicht zugeschrieben, übt es aber diese Funktion aufgrund seiner Zusammensetzung aus, findet ebenfalls das Arzneimittelrecht und damit das vorherige Zulassungserfordernis Anwendung. Das wird später noch wichtig im Hinblick auf die Frage, welche Regelungen auf die als COVID-19-Impfstoffe bezeichneten Arzneimittel tatsächlich auch im Sinne der Rechtsprechung des EuGH anzuwenden sind beziehungsweise gewesen wären.

Innerhalb des »Arzneimittelbegriffs« gibt es darüber hinaus spezielle Kategorien von Arzneimitteln, die sich nach der Art ihrer Herstellung und/oder ihres Wirkstoffes und/oder ihrer Auswirkung auf den Körper bestimmen. Besondere Arzneimittelkategorien, für die besondere Anforderungen festgelegt wurden, sind beispielsweise biotechnologische Arzneimittel, pflanzliche Arzneimittel, Blut- und Blutprodukte, Impfstoffe sowie Gen- und Zelltherapeutika.

Die oben beschriebenen Grundsätze gelten nicht nur bei der Frage, *ob* ein Arzneimittel vorliegt, sondern auch bei der Frage, *welche Kategorie* von Arzneimittel gegeben ist (pflanzlich, chemisch definiert, neuartige Therapie).

## ZULASSUNGSVORAUSSETZUNGEN: NACHWEIS DER QUALITÄT, WIRKSAMKEIT UND UNBEDENKLICHKEIT/SICHERHEIT DES ARZNEIMITTELS

Ganz allgemein ist die Voraussetzung für die Erteilung der Zulassung, wie in Kapitel 6.3 (S. 120) beschrieben, die umfangreiche Beurteilung des Arzneimittels im Hinblick auf die

– Qualität,
– Wirksamkeit und
– Unbedenklichkeit/Sicherheit.

Eine Zulassung zum Inverkehrbringen eines Arzneimittels darf nur erteilt werden, wenn die vorgenannten Zulassungsunterlagen »angemessen und ausreichend nachgewiesen« sind. Das gilt sowohl für national als auch für zentral zuzulassende Arzneimittel.

Nach Art. 12 Abs. 1 der VO Nr. 726/2004 ist eine Zulassung zu versagen, wenn `sich nach Prüfung der gemäß Artikel 6 vorgelegten Angaben und Unterlagen ergibt, dass der Antragsteller die Qualität, die Sicherheit oder die Wirksamkeit des Arzneimittels nicht angemessen oder ausreichend nachgewiesen hat.`

Als weitere Versagungsgründe führt Art. 12 Abs. 1 UnterAbs. 2 der VO Nr. 726/2004 an, dass die vorgelegten Unterlagen unrichtig sind oder die vom Antragsteller vorgeschlagene Etikettierung und Packungsbeilage nicht den Vorschriften entspricht.

Die entsprechende Regelung für nationale Zulassungen findet sich in § 25 Abs. 2 AMG. Diese Vorschrift zählt abschließend die Voraussetzungen auf, bei deren Vorliegen die Zulassung zu versagen ist. Eine der Voraussetzungen für eine Versagung der Zulassung ist beispielsweise die Unvollständigkeit der Unterlagen.

> Werden Qualität, Wirksamkeit und Sicherheit/Unbedenklichkeit nicht angemessen nachgewiesen oder sind die Unterlagen unrichtig, ist die Zulassung zu versagen.

## ZUM NACHWEIS VON QUALITÄT, WIRKSAMKEIT UND SICHERHEIT VORZULEGENDE ZULASSUNGSUNTERLAGEN

Die Voraussetzungen, die üblicherweise an den Nachweis der einwandfreien Qualität, der Wirksamkeit und der Sicherheit/ Unbedenklichkeit gestellt werden, sind in der EU durch die VO Nr. 726/2004[229] (VO 726/2004) und die RL 2001/83/EG[230] (Gemeinschaftskodex) geregelt.

Im Rahmen der Vorschriften über die vorzulegenden Zulassungsunterlagen verweist die VO auf die Regelungen des Gemeinschaftskodex. Dieser regelt in seinem Artikel 8 in Verbindung mit Anhang I die Anforderungen an die vorzulegenden Dokumente sowohl für nationale als auch für zentral zuzulassende Arzneimittel.

Der Anhang I des Gemeinschaftskodex mit dem Titel »Analytische, toxikologisch-pharmakologische und ärztliche oder klinische Vorschriften und Nachweise über Versuche mit Arzneimitteln« enthält unterschiedliche Teile, in denen auch unterschiedliche Anforderungen an vorzulegende Unterlagen für die oben erwähnten Arzneimittelkategorien aufgeführt werden.

Die Zugehörigkeit eines Arzneimittels zu einer bestimmten Arzneimittelgruppe bestimmt die Anforderungen, die an den Nachweis des Vorliegens der Voraussetzungen an die Zulassung gestellt werden. Die unterschiedlichen Arzneimittelkategorien werden daher dann wesentlich, wenn es um die Frage der Anforderungen geht, die an die vorzulegenden Unterlagen gestellt werden.

Umfang und Qualität der geforderten Unterlagen sind vom Gefahrenpotenzial des betreffenden Arzneimittels und damit seiner Klassifikation in eine Arzneimittelkategorie abhängig.

Welche Art und welcher Umfang an Unterlagen verlangt werden, hängt von verschiedenen Faktoren ab. Einerseits sind Dauer und Art der Erfahrungen zu berücksichtigen, die mit dem Arzneimittel beziehungsweise seinen Bestandteilen an Wirk- und Hilfsstoffen beziehungsweise dem Wirkprinzip des Arzneimittels bereits vorliegen. Weiterhin spielt das mögliche »Gefahrenpotenzial« eines Arzneimittels eine Rolle, denn neben den erwünschten Wirkungen eines Arzneimittels ist immer auch die Möglichkeit der Auslösung unerwünschter Wirkungen, der Nebenwirkungen, zu erwarten: keine Wirkung ohne Nebenwirkung. Deshalb ist es von wesentlicher Bedeutung, mögliche Nebenwirkungen eines Arzneimittels vor Zulassungserteilung abschätzen zu können.

Die Kategorie eines Arzneimittels innerhalb des Oberbegriffs des Arzneimittels hat daher erhebliche Auswirkungen auf die für den Nachweis der Qualität, Wirksamkeit und Unbedenklichkeit/Sicherheit zu stellenden Anforderungen und damit auch auf die vorzulegenden Unterlagen und die für die Erstellung der Zulassungsunterlagen anfallenden Kosten, die das antragstellende Unternehmen für die Zusammenstellung der Zulassungsunterlagen aufzubringen hat.

Anhang I des Gemeinschaftskodex unterteilt zwischen grundsätzlichen, spezifischen und besonderen Anforderungen. Die besonderen Anforderungen können zusätzliche, aber auch geringere Anforderungen sein.

Die grundsätzlichen Anforderungen sind in Teil I des Anhangs I aufgelistet. Die Zulassungsunterlagen sind in unterschiedlichen Modulen einzureichen. Das einzureichende Dokument nennt sich »Common Technical Document« (CTD). Es handelt sich dabei um das zwingend einzuhaltende Format, in dem die Zulassungsunterlagen aufzubereiten und bei der zuständigen Behörde einzureichen sind. Es besteht aus 5 sogenannten Modulen:

→ ***Modul 1:***
Administrative Angaben einschließlich einer unter Ziffer 1.6 aufgeführten Umweltverträglichkeitsprüfung. Das Risiko möglicher Umweltgefahren durch Verwendung und/oder Beseitigung eines Arzneimittels und gegebenenfalls erforderliche Schutzmaßnahmen für die Umwelt sind grundsätzlich in allen

Zulassungsanträgen gemäß Art. 8 Abs. 3 lit. ca) des Gemeinschaftskodex darzulegen. Dieser Bereich betrifft sowohl die Entsorgung des Arzneimittels als auch gegebenenfalls die Reste oder Stoffwechselprodukte, die nach Einnahme des Arzneimittels und seiner Verstoffwechselung ausgeschieden werden. Bei Gentherapeutika betrifft dies aber auch die mögliche Übertragung von Stoffen sowohl in die Umwelt als auch auf Dritte (sogenanntes Shedding).[231]

Bei Gentherapeutika umfasst die Umweltverträglichkeitsprüfung auch die Problematik der Übertragung auf Dritte, das sogenannte Shedding.

→ *Modul 2:*

Zusammenfassungen mit entsprechenden Sachverständigengutachten zu Qualität, Präklinik und Klinik

→ *Modul 3:*

Qualitätsnachweis mit chemischen, pharmazeutischen und biologischen Informationen – hier geht es um den Nachweis der Zusammensetzung des Arzneimittels und sein Herstellungsverfahren. Durch die Grundsätze der »Guten Herstellungspraxis« soll sichergestellt werden, dass ein Arzneimittel immer in gleichbleibender Zusammensetzung hergestellt wird. Hierfür sind die geeigneten Herstellungs- und Kontrollmethoden zu entwickeln.

→ *Modul 4:*

Ergebnisse präklinischer Untersuchungen, das heißt, in Tier- und Laborversuchen muss die Wirksamkeit und Unbedenklichkeit des Arzneimittels vorab getestet werden, um Menschen nicht einem unkalkulierbaren Risiko auszusetzen.

→ *Modul 5:*

Ergebnisse klinischer Studien. In 3 Phasen werden Arzneimittel, die erfolgreich die Tierversuche durchlaufen haben und bei denen eine Wirksamkeit und Unbedenklichkeit angenommen werden kann, an Menschen überprüft. Dabei steigt die Zahl der Studienteilnehmer erst in den einzelnen Phasen sukzessive an, um das Risiko für die Teilnehmer so gering wie möglich zu halten.

Nähere Einzelheiten zu den diesbezüglich relevanten Punkten enthält die Darstellung der an die COVID-19-Injektionen und -Impfstoffe gestellten Anforderungen in Teil II Kapitel 7.

Die spezifischen Anforderungen in Teil II des Anhangs I betreffen besondere Arten von Zulassungsanträgen wie beispielsweise »bezugnehmende Zulassungsanträge«. Dies sind Anträge, bei denen auf andere Zulassungsdossiers – zum Beispiel auf den Originator bei einem Antrag für ein Generikum – oder auf in der Literatur seit Jahren und Jahrzehnten vorliegende Erkenntnisse verwiesen wird. Diese Anträge stellen vom Umfang her meist wesentlich geringere Anforderungen an die vorzulegenden Unterlagen. Derzeit sind die Verantwortlichen bestrebt, diese Vereinfachungen auch auf zukünftige mRNA-Arzneimittel anzuwenden, um den Zulassungsprozess zu beschleunigen und den Aufwand für die Hersteller möglichst gering zu halten. Der Teil III enthält einen Teil besonderer Anforderungen für unterschiedliche Klassen von Arzneimitteln:

— Biologische Arzneimittel: Impfstoffe und aus Plasma/Blut gewonnene Arzneimittel
— Radioaktive Arzneimittel
— Homöopathika
— Pflanzliche Arzneimittel
— Arzneimittel für seltene Leiden.

Teil IV des Anhangs I des Gemeinschaftskodex enthält die Regelungen für Arzneimittel für neuartige Therapien. Für diese sind die Anforderungen besonders umfangreich, da die Erfahrungen – wie die Bezeichnung schon sagt – mit derartigen Therapien noch sehr spärlich sind. Unter die Arzneimittel für neuartige Therapien werden unter anderem gefasst:

— Gentherapeutika und
— somatische Zelltherapeutika.

Zu der in diesem Teil IV enthaltenen Definition des Gentherapeutikums folgen die Ausführungen im Zusammenhang mit der Schilderung der Anforderungen, die an die COVID-19-Injektionen und -Impfstoffe gestellt wurden (Teil II Kapitel 1).

## POSITIVE NUTZEN-RISIKO-ANALYSE ÜBER DEN GESAMTEN LEBENSZYKLUS EINES ARZNEIMITTELS

Die Zulassung für ein Arzneimittel kann nur dann erteilt werden, wenn eine positive Nutzen-Risiko-Abwägung zugunsten des Arzneimittels getroffen werden konnte (Art. 12 Abs. 1 der VO 726/2004). §25 Abs. 2 AMG erwähnt die Erforderlichkeit des positiven Nutzen-Risiko-Verhältnisses ausdrücklich im Umkehrschluss aus seiner Nr. 5: Die Zulassung darf nur versagt werden, wenn das Nutzen-Risiko-Verhältnis »ungünstig ist«.

Art. 1 Nr. 28a des Gemeinschaftskodex definiert die Nutzen-Risiko-Bewertung als »eine Bewertung der positiven therapeutischen Wirkungen des Arzneimittels im Verhältnis zu dem Risiko […]«. Das »Risiko« wiederum wird in Ziffer 28 des Gemeinschaftskodex definiert: Das »mit der Verwendung des Arzneimittels verbundene(s) Risiko« ist; »jedes Risiko im Zusammenhang mit der Qualität, Sicherheit oder Wirksamkeit des Arzneimittels für die Gesundheit der Patienten oder die öffentliche Gesundheit; jedes Risiko unerwünschter Auswirkungen auf die Umwelt.«

In die Nutzen-Risiko-Abwägung bei der Beurteilung eines Arzneimittels sind daher sowohl Risiken für
— die individuellen Patienten,
— die öffentliche Gesundheit als auch
— die Umwelt

einzubeziehen. Dabei kann die individuelle Komponente der Patienten dazu führen, dass die Zulassung eines Arzneimittels für bestimmte Patientengruppen nicht vertretbar ist. Das kann beispielsweise der Fall sein, wenn bestimmte Patientengruppen aufgrund ihrer Disposition ein erhöhtes Nebenwirkungspotenzial aufweisen oder anfälliger für schwerwiegendere Nebenwirkungen sind. Demgegenüber betrifft die Komponente der öffentlichen Gesundheit die Gesundheit von Teilen und/oder der Bevölkerung im Ganzen.

Der Gesundheitszustand der mit dem Arzneimittel zu behandelnden Patienten wirkt sich auf die Nutzen-Risiko-Abwägung aus: Je schwerer die Krankheit wiegt, die therapeutisch mit einem Arzneimittel behandelt werden soll, umso eher sind auch gravierendere Nebenwirkungen im Rahmen der Nutzen-Risiko-Abwägung akzeptabel. Umgekehrt gilt: Wenn Gesunden ein Arzneimittel zur Prophylaxe verabreicht werden soll, sind an das Nebenwirkungsprofil sehr hohe Anforderungen zu stellen und die Gefahr, die die zu verhindernde Krankheit für den individuellen Menschen darstellt, ist mit dem Risiko für auftretende Nebenwirkungen abzuwägen.

> Die positive Nutzen-Risiko-Abwägung muss Risiken für die Gesundheit der Patienten/Anwender und auch für die Umwelt umfassen.

Die positive Nutzen-Risiko-Abwägung muss nicht nur zum Zeitpunkt der Zulassungsentscheidung nachgewiesen sein, sondern über den gesamten Lebenszyklus eines Arzneimittels erhalten bleiben. Aus diesem Grund unterliegt ein Arzneimittel umfangreicher »Nachmarktkontrolle«, die im Bereich des Arzneimittelrechts die Bezeichnung »Pharmakovigilanz« trägt.

Der Zulassungsinhaber ist verpflichtet, fortlaufend ein Monitoring auftretender Nebenwirkungen vorzunehmen und diese den zuständigen Behörden zu melden. Sollte sich das Nebenwirkungsprofil im Vergleich zu den Erkenntnissen aus den klinischen Studien, die zum Zeitpunkt der Zulassungserteilung vorlagen, zulasten des Arzneimittels ändern, ist der Zulassungsinhaber gegebenenfalls auch verpflichtet, aus eigener Initiative sein Produkt zurückzurufen, den Vertrieb auszusetzen und die zuständige Behörde darüber zu informieren. Hierzu hat er in fest definierten Zeitabschnitten periodische Sicherheitsberichte (»Periodic Safety Update Reports«, PSURs) der Behörde vorzulegen. In diesen werden die gemeldeten Nebenwirkungen mitgeteilt und bewertet.

Und es ist die Aufgabe der Behörden, der EMA auf EU-Ebene und des PEI für Impfstoffe auf nationaler Ebene, die Einhaltung der Anforderungen zu überwachen. In Deutschland sind die Landesbehörden dafür zuständig, die Einhaltung der Vorschriften über die »Gute Herstellungspraxis« zu überwachen.

Für *BioNTech* sind dies für die Herstellungsstätten in Mainz und Idar-Oberstein das Landesamt für Soziales, Jugend und Versorgung in Mainz und für Marburg seit Januar 2023 das Hessische Landesamt für Gesundheit und Pflege (HLfGP).

## 7 BEREITUNG DES RECHTSRAHMENS DURCH AUßERKRAFTSETZUNG WESENTLICHER VORSCHRIFTEN DES ARZNEIMITTELRECHTS IN DEUTSCHLAND – MEDIZINISCHER BEDARF VERSORGUNGSSICHERSTELLUNGSVERORDNUNG

Die Bundesregierung, hier das BMG, hat bereits am 6. April 2020 einen Referentenentwurf für eine »Medizinischer Bedarf Versorgungssicherstellungsverordnung – MedBVSV« – veröffentlicht.[232] Mit dieser Rechtsverordnung sollte während der Pandemielage die flächendeckende Versorgung der Bevölkerung mit Arzneimitteln sichergestellt werden. Die Ermächtigungsgrundlage für den Erlass einer solchen Verordnung (VO) war zuvor durch eine Änderung des Infektionsschutzgesetzes (IfSG) durch das »Gesetz zum Schutz der Bevölkerung bei einer epidemischen Lage von nationaler Tragweite« vom 27. März 2020[233] geschaffen worden. Diese MedBVSV wurde am 25. Mai 2020 ausgefertigt, am 26. Mai 2020 im *Bundesanzeiger* verkündet und trat einen Tag nach ihrer Verkündung in Kraft.[234]

Mit der MedBVSV hat der Bundesgesundheitsminister nahezu sämtliche wesentlichen Sicherheitsvorschriften des Arzneimittels für die Zeit der Corona-Pandemie bzw. bis 31. Dezember 2023 außer Kraft gesetzt.

Dass eine solche Möglichkeit des Erlasses spezieller Vorschriften durch das BMG durch nationales Recht ermöglicht werden sollte, war zudem im G-IGV geregelt (s. Kapitel 1).

Der neu eingefügte §5 Abs. 2 Nr. 4 a) IfSG ermächtigt das Bundesgesundheitsministerium und damit den Bundesgesundheitsminister, im Fall einer epidemischen Lage von nationaler Tragweite Ausnahmen von den – die Sicherheit der Arzneimittelverwender gewährleistenden – Vorschriften des Arzneimittelgesetzes vorzusehen. Das betrifft insbesondere

- Herstellung,
- Kennzeichnung,
- Zulassung,
- klinische Prüfung,
- Anwendung,
- Verschreibung und Abgabe,
- Ein- und Ausfuhr,
- das Verbringen

von Arzneimitteln und die Haftung der pharmazeutischen Unternehmer und Ärzte.

## 7.1 EPIDEMISCHE LAGE VON NATIONALER TRAGWEITE – ERMÄCHTIGUNGSGRUNDLAGE IN § 5 ABS. 2 NR. 4 A) IFSG

Diese Verordnung (VO) sollte in ihrer Geltungsdauer an das Bestehen einer epidemischen Lage von nationaler Tragweite gebunden sein – doch gilt sie nach derzeitiger Fassung bis zum 31. Dezember 2023 – und angesichts der wieder beginnenden Corona-Hysterie besteht die nicht unerhebliche Gefahr, dass sie wieder aktiviert und auch verlängert werden könnte.

Kernbegriff für die Übertragung erheblicher Kompetenzen für den Erlass von »Notstandsverordnungen« ist der Begriff der »epidemischen Lage von nationaler Tragweite« in §5 IfSG. Die Auslegung dieses Begriffes entscheidet über die Kompetenz des Bundesgesundheitsministers, den Bürgern dramatische Grundrechtseinschränkungen aufzuerlegen.

§5 Abs. 1 S. 6 IfSG verlangt für eine epidemische Lage von nationaler Tragweite das Vorliegen einer ernsthaften Gefahr für die öffentliche Gesundheit in der gesamten Bundesrepublik Deutschland, weil

1. die Weltgesundheitsorganisation eine gesundheitliche Notlage von internationaler Tragweite ausgerufen hat und die Einschleppung einer bedrohlichen übertragbaren Krankheit in die Bundesrepublik Deutschland droht oder
2. eine dynamische Ausbreitung einer bedrohlichen übertragbaren Krankheit über mehrere Länder in der Bundesrepublik Deutschland droht oder stattfindet.

Die Ausrufung einer gesundheitlichen Notlage von internationaler Tragweite durch den Generaldirektor der WHO ist somit für den Bundestag ein Argument und eine Möglichkeit, die epidemische Lage nationaler Tragweite festzustellen und »Notstandsgesetzgebung« zu aktivieren.

Die ursprüngliche Formulierung des §5 Abs. 1 IfSG in der Fassung des Ersten Bevölkerungsschutzgesetzes sah zunächst entgegen der

Formulierungshilfe[235] keine nähere Definition der epidemischen Lage von nationaler Tragweite vor. Dies wurde durch Artikel 1 des Dritten Bevölkerungsschutzgesetzes vom 18. November 2020 »nachgebessert«, sodass die oben zitierten Voraussetzungen in §5 IfSG eingefügt wurden.[236]

Allerdings wurde – entgegen der Formulierungshilfe zum Ersten Bevölkerungsschutzgesetz – keine Verpflichtung des Bundestags aufgenommen, die epidemische Lage von nationaler Tragweite aufzuheben, wenn die geforderten Voraussetzungen nicht mehr vorliegen.

Es besteht keine ausdrückliche Verpflichtung des Bundestages, die Feststellung der epidemischen Lage von nationaler Tragweite aufzuheben, wenn die Voraussetzungen nicht mehr erfüllt sind.

Das könnte zur Folge haben, dass die in einer Ausarbeitung der Wissenschaftlichen Dienste des Bundestags vom 10. Juni 2020 (WD 3 – 3000 – 141/20) dargestellten Konsequenzen zur Anwendung kommen:[237]:

> »Der Beschluss des Deutschen Bundestages ist somit konstitutiv für die Rechtsfolgen der §5 und §5a IfSG. [...]
> Der Beschluss des Bundestages ist also maßgebend, unabhängig davon, ob tatsächlich eine epidemische Lage angenommen werden kann [...]
> Wenn der Bundestag trotz tatsächlich nicht mehr bestehender Voraussetzungen für die Annahme einer epidemischen Lage den Beschluss aufrecht hält (oder auch erstmals gefällt hätte), hat dies keine Auswirkungen auf die in §5 und §5a IfSG festgelegten Rechtsfolgen. Der BMG könnte weiter die genannten Rechtsverordnungen und Anordnungen erlassen [...] Die getroffenen Anordnungen und Rechtsverordnung würden auch weiterhin längstens bis zum 31. März 2021 in Kraft bleiben.« (S. 6)

Die Gefahr besteht, dass immer dann, wenn der Generaldirektor der WHO eine gesundheitliche Notlage von internationaler Tragweite feststellt, der Bundestag seinerseits eine epidemische Lage nationaler Tragweite feststellt, unabhängig davon, ob es sich um »eine bedrohliche übertragbare Krankheit« handelt. Wie die Erfahrung aus der Corona-Pandemie zeigt, ist dieser Begriff weiten Interpretationsräumen zugänglich.

Deshalb besteht unter Umständen keine Möglichkeit, vom Bundestag die Aufhebung der epidemischen Lage von nationaler Tragweite zu fordern. Zwar können Abgeordnete und Fraktionen entsprechende Anträge auf Aufhebung der Lage stellen. Wird dieser Antrag aber von der (regierenden) Mehrheit des Bundestages abgelehnt, bleiben Fraktionen und Abgeordneten keine rechtlich aussichtsreichen Schritte zur Durchsetzung ihrer Rechte, die aufgrund der Kompetenzverlagerung von der Legislative auf die Exekutive beschnitten wurden. Diese Schlussfolgerung ziehen die Wissenschaftlichen Dienste ebenfalls in ihrer oben zitierten Ausarbeitung: »Der Bundestag kann im Organstreitverfahren [...] nicht zu einer bestimmten Handlung verpflichtet werden [...]« (S. 7)

Dass entsprechende Fraktionsanträge bei Geschlossenheit der Regierungskoalition keine Aussicht auf Erfolg haben, hat die AfD bereits frühzeitig erfahren müssen.[238] Und auch der Bürger hat nach Auffassung der Wissenschaftlichen Dienste des Bundestags keine Möglichkeit, sich bei Weiterbestehen der Feststellung des Deutschen Bundestages mit der Argumentation zur Wehr zu setzen, die materiellen Voraussetzungen einer epidemischen Lage von nationaler Tragweite lägen nicht mehr vor. Das Fazit auf S. 11 lautet:

> »Im Ergebnis kann allein der Umstand des Fortbestandes des Beschlusses über eine epidemische Lage bei Annahme, dass eine solche tatsächlich nicht mehr bestehe, eine verwaltungsgerichtliche Klage gegen eine Rechtsverordnung oder Anordnung nach §5 Abs. 2 bzw. §5a Abs. 2 IfSG nicht zum Erfolg führen.«

## 7.2 AUSSERKRAFTSETZUNG VON FÜR DIE ARZNEIMITTELSICHERHEIT WESENTLICHEN VORSCHRIFTEN DES ARZNEIMITTELGESETZES (AMG)

Die MedBVSV ermöglicht dem BMG das Inverkehrbringen von Arzneimitteln in Unternehmereigenschaft und setzt in ihren §§3 und 4 zahlreiche für die Arzneimittelsicherheit sowie für die Garantie der Qualität der Arzneimittel wesentliche Gebots- und Verbotsvorschriften des Arzneimittelgesetzes, der Arzneimittel- und Wirkstoffherstellerverordnung, des Heilmittelwerbegesetzes und auch der Regelungen für klinische Prüfungen außer Kraft.

Dem Gesetzeszweck nach dient die MedBVSV der Sicherstellung der Versorgung der Bevölkerung mit »Produkten des medizinischen Bedarfs« während einer epidemischen Lage von nationaler Tragweite (§1 Abs.1). Sachlich bezieht sich ihr Anwendungsbereich auf Arzneimittel, Wirk-, Ausgangs- und Hilfsstoffe für Arzneimittel, Betäubungsmittel der Anlagen II und III des Betäubungsmittelgesetzes, Medizinprodukte, Labordiagnostika, Hilfsmittel, Gegenstände der persönlichen Schutzausrüstung und Produkte zur Desinfektion (§1 Abs.2).

Die Ausnahme von der Geltung wesentlicher Vorschriften des AMG gilt ausschließlich für solche Arzneimittel, die durch das BMG oder vom Ministerium beauftragte Stellen beschafft und in den Verkehr gebracht werden. Das war jedenfalls der Fall für die COVID-19-Injektionen und –Therapeutika während der Corona-Pandemie. Das BMG sollte von der Verpflichtung der Einhaltung folgender wesentlicher Vorschriften bezüglich des Inverkehrbringens, der Kennzeichnung, der Packungsbeilage, der Fachinformation, der Herstellung und der Zulassung von Arzneimitteln, Gewebe und Gewebezubereitungen befreit werden:

— §8 (3) AMG: der verbietet, Arzneimittel, deren Verfalldatum abgelaufen ist, in den Verkehr zu bringen; Arzneimittel können daher trotz abgelaufenen Haltbarkeitsdatums in Verkehr gebracht werden;

- § 10 (3) AMG: Inverkehrbringen ohne Verpackung in deutscher Sprache möglich; bei Virusimpfstoffen muss nicht angegeben werden, aus welchen Wirtszellen das Virus angezüchtet wurde;
- § 11 AMG: Inverkehrbringen ohne deutsche Packungsbeilage möglich;
- § 11 (1c) AMG: Bei Arzneimitteln, die zur Anwendung bei Menschen bestimmt sind und die durch Ärzte oder Zahnärzte unmittelbar an Patienten angewendet werden, kann die zuständige Bundesoberbehörde im Fall eines drohenden oder bestehenden versorgungsrelevanten Lieferengpasses auf Antrag des Zulassungsinhabers im Einzelfall gestatten, dass das Arzneimittel abweichend von Absatz 1 Satz 1 befristet mit einer Packungsbeilage in einer anderen als der deutschen Sprache in den Verkehr gebracht wird.
- § 11 (7) AMG entfällt, wonach aus Fertigarzneimitteln entnommene Teilmengen, die zur Anwendung bei Menschen bestimmt sind, nur zusammen mit einer Ausfertigung der für das Fertigarzneimittel vorgeschriebenen Packungsbeilage abgegeben werden dürfen.
- § 11a AMG: Keine Fachinformation für Ärzte und Fachpersonal, keine Information, dass das Arzneimittel der besonderen Überwachung unterliegt nach Art. 23 VO 726/2004/EG, wie dies bei einer bedingten Zulassung geschehen muss, Art. 23 (1) lit. c).
- § 21 (1) AMG: Befreiung von der Zulassungspflicht;
- § 21a (1) und (9) AMG: Befreiung von der Zulassungspflicht für Gewebezubereitungen und hämatopoetische Stammzellzubereitungen;
- § 32 (1) AMG: *Keine* staatliche Chargenprüfung durch das Paul-Ehrlich-Institut erforderlich;
- § 43 AMG: Ausnahme von der Apothekenpflicht;

- §47 AMG: Keine Verpflichtung zur Einhaltung des Vertriebswegs;
- §72 (1) AMG: Keine Importerlaubnis der zuständigen Behörde erforderlich;
- §72a (1) AMG: Kein Zertifikat erforderlich, das bestätigt, dass die Arzneimittel oder Wirkstoffe entsprechend anerkannten Grundregeln für die Herstellung und die Sicherung ihrer Qualität der Europäischen Union oder nach Standards, die diesen gleichwertig sind, hergestellt werden;
- §72b (1) AMG: Keine Einfuhrerlaubnis und Zertifikate für Gewebe und bestimmte Gewebezubereitungen erforderlich;
- §72c (1) AMG: Befreiung von dem Erfordernis, dass Einfuhr von Gewebe nur von einer Gewebeeinrichtung importiert werden können;
- §78 AMG: Ausnahme von den Preisvorschriften.

Diese Aushebelung wesentlicher Vorschriften des AMG für die Sicherstellung der Arzneimittelsicherheit sahen auch die Bundesärztekammer und die Arzneimittelkommission der deutschen Ärzteschaft in ihrer gemeinsamen Stellungnahme zum Referentenentwurf sehr kritisch. Es wurde kritisiert, dass die Kriterien für die Qualitätsanforderungen und auch für das Vorliegen eines positiven Nutzen-Risiko-Verhältnisses nicht definiert wurden, und es wurde dringend angeraten, beide unbestimmten Rechtsbegriffe näher zu konkretisieren:

> »Gerade vor dem Hintergrund, dass aufgrund von §3 Absatz 1 MedBVSV diverse Normen des AMG, die die Qualität von Arzneimitteln sicherstellen, keine Anwendung finden, erscheint es schwierig einzuschätzen, wann im vorliegenden Fall die Qualitätsanforderungen eingehalten sind und wie sie überhaupt aussehen. Es wird daher empfohlen, die Gewährleistung der Qualität näher zu konkretisieren. Auch die notwendige Beurteilung, wann die Anwendung eines solchen Arzneimittels nach den

> Erkenntnissen der medizinischen Wissenschaft ein positives Nutzen-Risiko-Verhältnis zur Vorbeugung oder Behandlung erwarten lässt, wird nicht weiter konkretisiert, etwa mittels dazu heranzuziehender Kriterien. Angesichts der Erfahrung, dass die Feststellung von Nutzen-Risiko-Relationen in der Regel ein längerer Abwägungsprozess ist, wird tatsächlich nur von einer Erwartung ausgegangen werden können und nicht vor einer abschließenden Feststellung des Nutzen-Risiko-Verhältnisses […]«[239]

Die in dieser Stellungnahme geäußerten Bedenken wurden seitens des BMG nicht aufgegriffen. Die in der Stellungnahme der Bundesärztekammer und der Arzneimittelkommission der deutschen Ärzteschaft geäußerten Bedenken gelten daher für die Fassung der MedBVSV vollumfänglich. Es herrscht vollkommene Unklarheit darüber,

- welche Qualitätsanforderungen an Arzneimittel bestehen und deshalb
- wann Qualitätsanforderungen von Arzneimitteln eingehalten werden,
- wie das Nutzen-Risiko-Verhältnis definiert ist und

dementsprechend kann eine Nutzen-Risiko-Abwägung nur eine Erwartung und keine abschließende Feststellung beinhalten.

Und genau das ist mit gravierenden Risiken für die Menschen verbunden, denen die Arzneimittel verabreicht werden!

## 7.3 ERMÄCHTIGUNG ZUSTÄNDIGER BEHÖRDEN ZUM VERZICHT AUF WESENTLICHE VORSCHRIFTEN ZUR QUALITÄTSSICHERUNG GEMÄSS ARZNEIMITTEL- UND WIRKSTOFFHERSTELLERVERORDNUNG (AMWHV)

Darüber hinaus sind die zuständigen Behörden ermächtigt, im Einzelfall das Inverkehrbringen eines Arzneimittels zu gestatten, selbst wenn gegen zahlreiche Vorschriften zur Sicherstellung der Qualität des Arzneimittels gemäß der AMWHV verstoßen wurde (§4 Abs. 3 MedBVSV).

Auf die Einhaltung folgender grundsätzlich zwingender Vorschriften der AMWHV kann verzichtet werden:

- §3 – Unterhaltung eines Qualitätsmanagementsystems
- §4 – Regelungen über sachkundiges und qualifiziertes Personal sowie die Einhaltung der Prinzipien der Guten Herstellungspraxis
- §11 – Selbstinspektion und Lieferantenqualifizierung
- §15 – Kennzeichnung
- §16 – Einhaltung der Vorschriften über die Durchführung der Freigabe zum Inverkehrbringen. Hierbei handelt es sich um die Chargenfreigabe zum Inverkehrbringen, bei der überprüft wird, ob der Herstellungsprozess ordnungsgemäß durchgeführt wurde und die Ergebnisse der Analysen die Einhaltung der Spezifikationen bestätigen.
- §17 – Inverkehrbringen von Arzneimitteln etc. ohne Chargenfreigabe möglich
- §§22–26 – Regelungen über die Herstellung, die Prüfung, die Kennzeichnung, die Freigabe zum Inverkehrbringen sowie das Inverkehrbringen und die Einfuhr von Wirkstoffen nichtmenschlicher Herkunft.

Mit anderen Worten: Die Einhaltung sämtlicher Vorschriften, die die ordnungsgemäße Herstellung und Qualität der Arzneimittel und der Wirkstoffe garantieren, ist entbehrlich!

Wie kommen Politik, PEI, RKI sowie STIKO bei dieser Gesetzeslage zu der Aussage, es handle sich bei den Arzneimitteln um sichere Arzneimittel von überprüfter Qualität?

## HAFTUNG DER PHARMAZEUTISCHEN UNTERNEHMER NUR FÜR VORSATZ UND GROBE FAHRLÄSSIGKEIT – KEINE DECKUNGSVORSORGEPFLICHT FÜR PHARMAZEUTISCHE UNTERNEHMER (§ 3 ABS. 4 MEDBVSV)

§ 3 Abs. 4 MedBVSV setzt den § 84 AMG über die Haftung des pharmazeutischen Unternehmers in gewissem Umfang außer Kraft.

Der »pharmazeutische Unternehmer« ist in § 4 Abs. 18 AMG definiert. Es ist »[...] bei zulassungs- oder registrierungspflichtigen Arzneimitteln der Inhaber der Zulassung oder Registrierung. Pharmazeutischer Unternehmer ist auch, wer Arzneimittel [...] sonst unter seinem Namen in den Verkehr bringt.«

Grundsätzlich ist die Haftung des pharmazeutischen Unternehmers in § 84 Abs. 1 AMG geregelt:

> (1) Wird infolge der Anwendung eines zum Gebrauch bei Menschen bestimmten Arzneimittels, das im Geltungsbereich dieses Gesetzes an den Verbraucher abgegeben wurde und der Pflicht zur Zulassung unterliegt oder durch Rechtsverordnung von der Zulassung befreit worden ist, ein Mensch getötet oder der Körper oder die Gesundheit eines Menschen nicht unerheblich verletzt, so ist der pharmazeutische Unternehmer, der das Arzneimittel im Geltungsbereich dieses Gesetzes in den Verkehr gebracht hat, verpflichtet, dem Verletzten den daraus entstandenen Schaden zu ersetzen. Die Ersatzpflicht besteht nur, wenn
> 1. das Arzneimittel bei bestimmungsgemäßem Gebrauch schädliche Wirkungen hat, die über ein nach den Erkenntnissen der medizinischen Wissenschaft vertretbares Maß hinausgehen oder
> 2. der Schaden infolge einer nicht den Erkenntnissen der medizinischen Wissenschaft entsprechenden Kennzeichnung, Fachinformation oder Gebrauchsinformation eingetreten ist.

> (2) Ist das angewendete Arzneimittel nach den Gegebenheiten des Einzelfalls geeignet, den Schaden zu verursachen, so wird vermutet, dass der Schaden durch dieses Arzneimittel verursacht ist […]

MedBVSV setzt den § 84 AMG über die Haftung des pharmazeutischen Unternehmers in gewissem Umfang außer Kraft!

Ob das Arzneimittel zur Herbeiführung des betreffenden Schadens geeignet ist, beurteilt sich nach den Umständen des Einzelfalles und des betreffenden Arzneimittels. Diese Gefährdungshaftung ist verschuldensunabhängig.

§ 3 Abs. 4 MedBVSV regelt die Haftung abweichend von § 84 AMG wie folgt:

> Abweichend von § 84 AMG unterliegen pharmazeutische Unternehmer, Hersteller und Angehörige von Gesundheitsberufen hinsichtlich der Auswirkungen der Anwendung der in § 1 Absatz 2 genannten Produkte nicht der Haftung, wenn diese Produkte durch das Bundesministerium als Reaktion auf die vermutete oder bestätigte Verbreitung des SARS-CoV-2-Erregers in den Verkehr gebracht werden und nach den Gegebenheiten des Einzelfalls die auf Absatz 1 gestützten Abweichungen vom Arzneimittelgesetz geeignet sind, den Schaden zu verursachen. Pharmazeutische Unternehmer, Hersteller und Angehörige von Gesundheitsberufen haben die Folgen der auf Absatz 1 gestützten Abweichungen vom Arzneimittelgesetz nur bei grober Fahrlässigkeit oder Vorsatz zu vertreten. Im Übrigen bleiben die Haftung für schuldhaftes Handeln sowie die Haftung für fehlerhafte Produkte nach den Vorschriften des Produkthaftungsgesetzes unberührt.

Das bedeutet, dass im Einzelfall geprüft werden muss, ob die durch § 3 Abs. 1 MedBVSV vorgenommenen Abweichungen von den Regelungen des AMG – fehlende Gebrauchs- und Fachinformation, gegebenenfalls abgelaufenes Haltbarkeitsdatum, Verpackung ohne deutsche Kennzeichnung, fehlende Chargenprüfung durch das PEI – geeignet waren, den eingetretenen Schaden kausal zu verursachen. Nur in den Fällen, in denen der Schaden gerade durch die Abweichungen von den Regelungen des AMG verursacht wurde, ist die Haftung ausgeschlossen. Das ergibt sich auch aus der Begründung im Referentenentwurf zur MedBVSV:

> »Dieser Haftungsausschluss gilt vom Umfang her für das spezifische Risiko, das durch das von der Behörde veranlasste Inverkehrbringen der Arzneimittel im Pandemiefall geschaffen worden ist; die Eignung hierfür reicht aus [...] Auch insoweit gilt jedoch, dass die Haftungsbefreiung [Anm.: für pharmazeutische Unternehmer, Hersteller und Angehörige der Gesundheitsberufe] auf das spezifische Risiko beschränkt ist, das mit dem Inverkehrbringen im Pandemiefall verknüpft ist. Für schuldhaft verursachte Schäden, die nicht hiermit in Zusammenhang stehen, gelten die allgemeinen Regeln [...]«[240]

Inwieweit die in §3 Abs.4 MedBVSV in Bezug genommene Haftung nach dem Produkthaftungsgesetz (ProdHaftG) greift, die nach §4 Abs.4 MedBVSV »unberührt« bleiben soll, ist fraglich. §15 Abs.1 des ProdHaftG sieht vor, dass die Regelungen des Produkthaftungsgesetzes auf Arzneimittel keine Anwendung finden:

> (1) Wird infolge der Anwendung eines zum Gebrauch bei Menschen bestimmten Arzneimittels, das im Geltungsbereich des Arzneimittelgesetzes an den Verbraucher abgegeben wurde und der Pflicht zur Zulassung unterliegt oder durch Rechtsverordnung von der Zulassung befreit worden ist, jemand getötet, sein Körper oder seine Gesundheit verletzt, so sind die Vorschriften des Produkthaftungsgesetzes nicht anzuwenden.

Schließlich ist auch die Pflicht der pharmazeutischen Unternehmer, gemäß §94 AMG eine Deckungsvorsorge für mögliche Schäden durch Abschluss einer entsprechenden Haftpflichtversicherung vorzuhalten, außer Kraft gesetzt. Es handelt sich dabei um Deckungsvorsorge gemäß der in §88 AMG geregelten Obergrenzen:

– bei Tod oder Verletzung eines Menschen bis zu einem Kapitalbetrag von 600.000 Euro oder bis zu einem Rentenbetrag von jährlich 36.000 Euro,
– im Falle des Todes oder der Verletzung mehrerer Menschen durch das gleiche Arzneimittel bis zu einem Kapitalbetrag von 120 Millionen Euro oder bis zu einem Rentenbetrag von jährlich 7,2 Millionen Euro.

Angesichts der Milliardengewinne, die von den Herstellern gemacht wurden, sind auch diese Beträge äußerst gering.

1 https://www.who.int/health-topics/international-health-regulations

2 BGBl. Teil II vom 27.2.2007, S. 930 ff; https://www.rki.de/DE/Content/Infekt/IGV/Gesetz_IGV_de-en.pdf?__blob=publicationFile

3 BGBl. I v. 28.03.2013, S. 566, https://www.gesetze-im-internet.de/igv-dg/IGV-DG.pdf

4 Bericht zur Risikoanalyse im Bevölkerungsschutz 2012, BT-Drs. 17/ 12051 v. 3.1.2013, https://dserver.bundestag.de/btd/17/120/1712051.pdf

5 Bericht zur Risikoanalyse im Bevölkerungsschutz 2012, S. 5

6 https://www.who.int/health-topics/international-health-regulations#tab=tab_1

7 https://www.rki.de/DE/Content/Infekt/IGV/Entscheidungsschema.png?__blob=publicationFile

8 https://tkp.at/2023/03/06/who-willkuer-tedros-verlaengert-affenpocken-notstand/

9 https://europa.rlp.de/de/aktuelles/detail/news/News/detail/who-uebernimmt-covid-zertifikat-der-eu/

10 73. Weltgesundheitsversammlung, WHA 73.1, Covid-19 response, https://apps.who.int/gb/ebwha/pdf_files/WHA73/A73_R1-en.pdf

11 https://www.who.int/teams/ihr/ihr-review-committees/covid-19

12 https://cdn.who.int/media/docs/default-source/documents/emergencies/a74_9add1-en.pdf?sfvrsn=d5d22fdf_1&download=true

13 https://inb.who.int/home/inb-process

14 https://www.rnd.de/politik/spahn-wirbt-fuer-internationalen-vertrag-wie-die-who-eine-neue-pandemie-verhindern-will-OK4W5MXWOOPOQVDNGBKD7U3LKU.html

15 https://apps.who.int/gb/bd/PDF/bd47/EN/constitution-en.pdf

16 https://www.rnd.de/politik/spahn-wirbt-fuer-internationalen-vertrag-wie-die-who-eine-neue-pandemie-verhindern-will-OK4W5MXWOOPOQVDNGBKD7U3LKU.html

17 https://www.epochtimes.de/politik/deutschland/who-gesundheitsvorschriften-eu-kommission-verhandelt-fuer-deutschland-a4326945.html?utm_source=expired&src_src=expired&utm_campaign=NL_2023-07-06&src_cmp=NL_2023-07-06&utm_medium=mail&est=tegX%2FL7Te7r7BI%2FIluOSMJPZ4UJgHv4IpDJfV3%2FGTN65XdhZAOkwZ58%3D&utm_term=newstop&utm_content=1

18 Siehe Ziffer 2.6, S. 10: https://www.bundestag.de/resource/blob/645812/e382539acdd205358b958cb7a9e8ba53/WD-2-013-19-pdf-data.pdf ,

19 https://dserver.bundestag.de/btd/20/067/2006712.pdf

20 EuG Rs. T-267/21, https://curia.europa.eu/juris/document/document.jsf?text=&docid=249573&pageIndex=0&doclang=DE&mode=req&dir=&occ=first&part=1

21 https://www.who.int/publications/i/item/9789241580496

22 https://www.who.int/ihr/Portugal_EC_13.pdf

23 https://web.archive.org/web/20200314124222/https://www.rki.de/DE/Content/Kommissionen/Stakob/Stellungnahmen/Stellungnahme-Covid-19_Therapie_Diagnose.pdf?__blob=publicationFile

24 https://www.youtube.com/watch?v=eKfiyuNaBew (ab ca. Minute 25:30)

25 https://www.who.int/news-room/commentaries/detail/immunity-passports-in-the-context-of-covid-19

26 https://cdn.who.int/media/docs/default-source/classification/icd/covid-19/guidelines-cause-of-death-covid-19-20200420-en.pdf?sfvrsn=35fdd864_2&download=true

27 https://www.youtube.com/watch?v=083Vjebhzgl

28 https://apps.who.int/gb/ebwha/pdf_files/WHA72/A72_35-en.pdf; https://www.swr.de/swr2/wissen/who-am-bettelstab-was-gesund-ist-bestimmt-bill-gates-100.html

29 https://www.weforum.org/agenda/2020/04/who-funds-world-health-organization-un-coronavirus-pandemic-covid-trump/

30 https://www.who.int/about/funding/contributors/deu

31 https://www.who.int/initiatives/act-accelerator/about

32 https://www.gatesfoundation.org/

33 www.cepi.net

34 https://www.finddx.org/

35 https://www.gavi.org

36 https://www.theglobalfund.org/en/

37 https://unitaid.org

38 https://wellcome.ac.uk

39 https://www.act-a.org/

40 Mitteilung der EU-Kommission »EU Strategie für COVID-19-Impfstoffe«, COM(2020) 245 final, S. 10

41 »To date, Germany has provided EUR 2.2 billion for the ACT-Accelerator (ACT-A) overall, including EUR 260 million this year to WHO. Most of this sum goes to the vaccine platform COVAX, while some is being used for diagnostic tools and medication to treat COVID-19.«; https://www.who.int/about/funding/contributors/deu

42 https://eur-lex.europa.eu/legal-content/DE/TXT/PDF/?uri=CELEX:52020DC0245; COM (2020) 245 final

43 https://www.who.int/about/funding/contributors/deu

44 https://eur-lex.europa.eu/legal-content/DE/TXT/PDF/?uri=CELEX:52020DC0245, S. 2

45 ABl EG Nr. L 70 v. 20.3.2016, S. 1ff; konsolidierte Fassung; https://eur-lex.europa.eu/legal-content/DE/TXT/PDF/?uri=CELEX:02016R0369-20200201

46 ABl EG Nr. L 117 v. 15.4.2020, 3 ff

47 https://www.youtube.com/watch?v=083Vjebhzgl

48 https://umbrellanews.com.au/health/2023/08/covid-vaccines-and-your-dna-what-the-science-tells-us-and-what-it-doesnt/

49 ABl Nr. L 231 v. 17.7.2020, S. 12 ff; https://eur-lex.europa.eu/legal-content/DE/TXT/PDF/?uri=CELEX:32020R1043

50 ABl. Nr. L 293 vom 5.11.2013, S. 1 ff

51 ABl Nr. L 314, 6.12.2022, S. 26 ff; https://eur-lex.europa.eu/legal-content/de/TXT/?uri=CELEX%3A32022R2371

52 Website des PEI, a. a. O.

53 https://www.icmra.info/drupal/history

54 https://www.icmra.info/drupal/news/March2020

55 https://www.bundesgesundheitsministerium.de/ministerium/aufgaben-und-organisation/aufgaben.html

56 https://www.bundesgesundheitsministerium.de/themen/gesundheitswesen/staatliche-ordnung/akteure-der-gesundheitspolitik.html

57 https://www.kma-online.de/aktuelles/politik/detail/spahn-stellt-ministerium-neu-auf-a-42548

58 BT Drs. 19/17630, S. 91; https://dserver.bundestag.de/btd/19/176/1917630.pdf

59 https://www.bundeswehr.de/de/organisation/sanitaetsdienst/aktuelles-im-sanitaetsdienst/als-generalarzt-ins-gesundheitsministerium-229932

60 https://wehrmed.de/fuehrung-organisation/eine-enorm-fordernde-aufgabe.html

61 https://www.bundeswehr.de/resource/blob/87278/150dee4105a5037f767a4eb9fb099345/032-vita-kommandeur-data.pdf

62 https://www.bundeswehr.de/de/organisation/sanitaetsdienst/aktuelles-im-sanitaetsdienst/dr-hans-ulrich-holtherm-zum-generalstabsarzt-befoerdert-261788

63 https://www.aerzteblatt.de/nachrichten/109585/BMG-beruft-Bundeswehrgeneral-als-Leiter-der-Abteilung-Gesundheitsschutz

64 https://www.bundeswehr.de/de/organisation/sanitaetsdienst/aktuelles-im-sanitaetsdienst/als-generalarzt-ins-gesundheitsministerium-229932

65 https://www.bundeswehr.de/de/organisation/sanitaetsdienst/kommando-und-organisation-sanitaetsdienst/sanitaetsakademie-der-bundeswehr

66 Bill & Melinda Gates Foundation, »The next Epidemic – Lessons from Ebola«. In: New England Journal of Medicine, Med 2015; 372:1381-1384; https://www.nejm.org/doi/full/10.1056/NEJMp1502918

67 https://wehrmed.de/fuehrung-organisation/eine-enorm-fordernde-aufgabe.html

68 https://www.bundestag.de/resource/blob/190494/69a9344feaa8bd5f16465476407bb9e5/richtlinienkompetenz_des_bundeskanzlers-data.pdf

69 https://www.bundesgesundheitsministerium.de/themen/gesundheitswesen/staatliche-ordnung/bundesbehoerden.html

70 https://www.bundesgesundheitsministerium.de/themen/gesundheitswesen/staatliche-ordnung/bundesbehoerden.html

71 https://www.bundesgesundheitsministerium.de/service-benutzerhinweise/behoerden-im-geschaeftsbereich/robert-koch-institut.html

72 https://www.bundesgesundheitsministerium.de/service-benutzerhinweise/behoerden-im-geschaeftsbereich/robert-koch-institut.html

73 https://www.rki.de/DE/Content/Institut/OrgEinheiten/ZIG/zig_node.html

74 https://www.rki.de/DE/Content/Institut/OrgEinheiten/ZIG/ZIG-WHO-HUB/ZIG_WHO_HUB_node.html

75 https://www.centerforhealthsecurity.org/our-work/exercises/2022-catastrophic-contagion/

76 https://www.gatesfoundation.org/about/committed-grants/2021/11/inv039590

77 https://www.who.int/teams/ihr/ihr-review-committees/covid-19

78 https://www.rki.de/DE/Content/Kommissionen/STIKO/stiko_node.html

79 https://www.rki.de/DE/Content/Kommissionen/STIKO/Mitgliedschaft/Mitglieder/Profile/Heininger_Profil.html

80 https://www.bnitm.de/das-institut/ueber-uns

81 https://www.bnitm.de/fileadmin/media/Das_Institut/Ueber_uns/Bibliothek/Jahresberichte_und_Flyer/JB_BNITM_2018-20_210917.pdf

82 https://www.fnih.org/our-people/board-of-directors

83 https://www.bnitm.de/fileadmin/media/Das_Institut/Ueber_uns/Bibliothek/Jahresberichte_und_Flyer/JB_BNITM_2018-20_210917.pdf

84 https://www.taskforce.org/annual-report-2021/#section_5

85 Ein weiteres interessantes Schaubild zu den Zusammenhängen im Gesundheitssystem findet sich auf folgender Seite des BMG:
https://www.bundesgesundheitsministerium.de/fileadmin/Dateien/5_Publikationen/Ministerium/Flyer_Poster_Etc/Unser_Gesundheitssystem_Schaubild_2020.pdf
In diesem Schaubild sind die nach Auffassung des BMG »wichtigsten Institutionen und Zuständigkeiten im deutschen Gesundheitssystem und deren Zusammenspiel« dargestellt. Auch hier werden die vier oben genannten Bundesoberbehörden als zum Geschäftsbereich des Bundesgesundheitsministeriums gehörig ausgewiesen.

86 https://www.zeit.de/politik/2023-05/patrick-graichen-wirtschaftsministerium-robert-habeck-trauzeuge-nachrichtenpodcast?utm_referrer=https%3A%2F%2Fwww.google.com%2F

87 https://www.spiegel.de/wirtschaft/soziales/wirecard-und-cum-ex-finanzministerium-verweigert-herausgabe-von-scholz-kontakten-a-6ce26e4b-95f7-4eea-acc3-29b230174000

88 https://www.spiegel.de/politik/deutschland/jens-spahn-und-die-masken-affaere-wie-drei-jungunternehmer-dem-gesundheitsministerium-vier-millionen-masken-verkauften-a-62ca159d-b981-4e79-bed8-10dd115d081f

89 https://orgenesis.com/team

90 https://www.bloomberg.com/press-releases/2020-05-13/orgenesis-announces-cell-based-vaccine-platform-targeting-covid-19-and-other-existing-and-emerging-viral-diseases

91 https://www.crunchbase.com/organization/orgenesis/company_financials

92 https://www.boundaryholding.com/

93 https://www.youtube.com/watch?v=7xUk1F7dyvI

94 https://www.bundesfinanzministerium.de/Content/DE/Standardartikel/Themen/Bundesvermoegen/Privatisierungs_und_Beteiligungspolitik/Beteiligungspolitik/Beteiligungsberichte/liste-mit-bund-verbundene-unternehmen-download.pdf?_blob=publicationFile&v=12

95 https://corporate.evonik.de/de/investor-relations/evonik-staerkt-strategische-partnerschaft-mit-biontech-bei-covid-19-impfstoff-152800.html

96 https://corporate.evonik.de/de/investor-relations/aktie/aktionaersstruktur/

97 https://www.rag-stiftung.de/stiftung/kuratorium

98 https://www.rag-stiftung.de/stiftung/vorstand

99 https://corporate.evonik.de/de/investor-relations/nachhaltig-und-profitabel-evonik-waechst-weiter-170613.html

100 https://www.youtube.com/watch?v=4YS20YQbVE4

101 https://www.youtube.com/watch?v=g7u3VjHBlNw

102 https://eur-lex.europa.eu/legal-content/DE/TXT/PDF/?uri=CELEX:32022R2065

103 https://www.deutschlandfunk.de/mehr-covid-19-faelle-in-deutschland-rki-praesident-die-100.html

104 https://www.reuters.com/article/us-health-coronavirus-tanzania-idUSKBN22F0KF

105 https://blogs.lse.ac.uk/africaatlse/2020/08/12/role-religion-traditional-medicines-covid19-tanzania-herbs-magufuli/

106 https://www.sueddeutsche.de/politik/tansania-praesident-magufuli-1.5239034

107 https://www.youtube.com/watch?v=-ELKD_xpe4U, Minute 4:25 – 4:28

108 https://www.youtube.com/watch?v=-ELKD_xpe4U

109 https://www.youtube.com/watch?v=-5V6wO1wiPc

110 https://op.europa.eu/en/publication-detail/-/publication/4cc2ea93-d003-417e-9294-1103a6ee877d

111 https://pubmed.ncbi.nlm.nih.gov/25260716/

112 https://edoc.rki.de/bitstream/handle/176904/2707/267604gQec5zY.pdf?sequence=1&isAllowed=y

113 »›Herd immunity‹, also known as ›population immunity‹, is the indirect protection from an infectious disease that happens when a population is immune either through vaccination or immunity developed through previous infection. WHO supports achieving ›herd immunity‹ through vaccination, not by allowing a disease to spread through any segment of the population, as this would result in unnecessary cases and deaths.
Herd immunity against COVID-19 should be achieved by protecting people through vaccination, not by exposing them to the pathogen that causes the disease.«;
https://www.who.int/news-room/questions-and-answers/item/herd-immunity-lockdowns-and-covid-19

114 »the indirect protection from an infectious disease that happens when a population is immune either through vaccination **or immunity developed through previous infection«**; https://web.archive.org/web/20201101161006/https:/www.who.int/news-room/q-a-detail/coronavirus-disease-covid-19-serology

115 https://allswritewiththeworld.medium.com/why-did-the-who-alter-its-definition-of-herd-immunity-d701abeb5a77

116 »a concept used for vaccination, in which a population can be protected from a certain virus if a threshold of vaccination is reached.« Und: »Herd immunity is achieved by protecting people from a virus, not by exposing them to it.«; https://allswritewiththeworld.medium.com/why-did-the-who-alter-its-definition-of-herd-immunity-d701abeb5a77

117 »Attempts to reach ›herd immunity‹ through exposing people to a virus are scientifically problematic and unethical.«; https://www.who.int/news-room/questions-and-answers/item/herd-immunity-lockdowns-and-covid-19

118 O. Wichmann, L. Wieler et al., »Welche Impfquote ist notwendig, um COVID-19 zu kontrollieren?« In: Epidemiologisches Bulletin 27, 2021, 8.7.2021, S. 4; https://www.rki.de/DE/Content/Infekt/EpidBull/Archiv/2021/Ausgaben/27_21.pdf?__blob=publicationFile

119 https://www.rnd.de/gesundheit/warten-auf-den-corona-impfstoff-und-die-normalitat-zuruck-ins-leben-aber-wann-CXORZL2EHFDFLAX4DCWV2L6QJM.html

120 O.Wichmann et al., »Welche Impfquote ist notwendig, um COVID-19 zu kontrollieren?« In: Epidemiologisches Bulletin 27, 2021, 8.7.2021; https://www.rki.de/DE/Content/Infekt/EpidBull/Archiv/2021/Ausgaben/27_21.pdf?__blob=publicationFile

121 Amtsblatt (ABl) EG Nr. L 018 vom 22.01.2000 S. 1 ff

122 ABl. EG Nr. L 103 vom 28.4.2000, S. 5 ff

123 ABl. EG Nr. L 103 vom 28.4.2000, S. 5 ff

124 https://www.faz.net/aktuell/wirtschaft/wirtschaftspolitik/kanzlerin-angela-merkel-sucht-verhaltensforscher-13118345.html

125 https://www.welt.de/wirtschaft/article138326984/Merkel-will-die-Deutschen-durch-Nudging-erziehen.html

126 https://www.spiegel.de/wissenschaft/corona-news-am-sonntag-die-wichtigsten-entwicklungen-zu-sars-cov-2-und-covid-19-a-371b3dda-2ec2-4f4f-9714-3cd257483b9c

127 https://www.bmz.de/de/themen/corona-pandemie/covid-impfungen-weltweit

128 https://dserver.bundestag.de/btd/19/280/1928063.pdf

129 https://fragdenstaat.de/dokumente/4123-wie-wir-covid-19-unter-kontrolle-bekommen/

130 »Wie wir Covid-19 unter Kontrolle bekommen«, S. 13, 14; https://fragdenstaat.de/dokumente/4123-wie-wir-covid-19-unter-kontrolle-bekommen/

131 »Wie wir Covid-19 unter Kontrolle bekommen«, S. 14, a. a. O.

132 BT-Drs. 19/18426 v. 7.4.2020 und BT-Drs. 19/19742 v. 3.6.2020

133 BT-Drs. 19/20301 v. 23.6.2020

134 BT-Drs. 19/19459 v. 24.4.2020, S. 2

135 BT-Drs. 19/20301 v. 23.6.2020

136 https://www.welt.de/politik/deutschland/plus226761145/Corona-Expertenrat-Das-Innenministerium-und-der-Germanist.html [abgerufen am 29.07.2023]

137 https://www.focus.de/gesundheit/coronavirus/corona-strategiepapier-auf-twitter-preist-er-mao-an-wie-fachfremder-china-fan-zum-deutschen-pandemie-berater-wurde_id_13008614.html [abgerufen am 29.07.2023]

138 https://www.rwi-essen.de/rwi/das-institut/ueber-uns [abgerufen am 6.4.23]

139 https://web.archive.org/web/20210419111939/https://www.rwi-essen.de/das-rwi/finanzierung

140 https://web.archive.org/web/20210419111939/https://www.rwi-essen.de/das-rwi/finanzierung

141 https://www.3ieimpact.org/about-us [abgerufen am 29.07.2023]

142 https://www.3ieimpact.org/about-us/3ie-supporters [abgerufen am 29.07.2023]

143 https://www.gatesfoundation.org/about/committed-grants?q=Genesis%20Analytics#committed_grants [abgerufen am 29.07.2023]

144 https://web.archive.org/web/20210628170151/https://www.rwi-essen.de/das-rwi/aufgaben/gremien/forschungsbeirat/ [abgerufen am 29.07.2023]

145 https://de.wikipedia.org/wiki/Institut_der_deutschen_Wirtschaft [abgerufen am 29.07.2023]

146 https://web.archive.org/web/20200927114837/https://www.friendsofeurope.org/wp/wp-content/uploads/2020/07/LIST-OF-2019-MEMBERS.pdf

147 Curriculum Vitae Prof. Dr. Maximilian Mayer, https://www.politik-soziologie.uni-bonn.de/de/personal/jun.-prof.-maximilian-mayer/jun.-prof.-dr.-maximilian-mayer [abgerufen am 29.07.2023]

148 https://www.cgs-bonn.de/cms/wp-content/uploads/2018/08/CGS_Bonn_CV_Xuewu_Gu_2009.pdf

149 Ronja Bauer, »Er preist Mao an: Wie ein fachfremder China-Fan zum deutschen Pandemie-Berater wurde« In: Focus Online, 23.2.2021, https://www.focus.de/gesundheit/coronavirus/corona-strategiepapier-auf-twitter-preist-er-mao-an-wie-fachfremder-china-fan-zum-deutschen-pandemie-berater-wurde_id_13008614.html [abgerufen 23.2.2022]

150 https://www.thepioneer.de/originals/thepioneer-briefing-economy-edition/podcasts/impfgegner-muessen-fuehlbare-nachteile-haben [abgerufen am 29.07.2023]

151 https://www.zdf.de/assets/no-covid-positionspapier-2021-100~original?cb=1641772641906 [abgerufen am 29.07.2023]

152 https://www.cassis.uni-bonn.de/de/forschung/forschungsprojekte/no-covid-strategie/no-covid-strategie [abgerufen am 29.07.2023]

153 https://www.cassis.uni-bonn.de/de/forschung/interdisziplinaere-forschungsvorhaben/politik-und-governance-globaler-infrastrukturen-1/forschungsprojekte/infrastrukturen-der-chinesischen-moderne/infrastructures-of-manipulation [abgerufen am 29.07.2023]

154 https://dynamic.faz.net/download/2020/COVID-19_Ethik_Empfehlung_Endfassung_2020-03-25.pdf

155 https://www.divi.de/joomlatools-files/docman-files/publikationen/covid-19-dokumente/200417-divi-covid-19-ethik-empfehlung-version-2.pdf [abgerufen am 29.07.2023]

156 Julie Metzdorf, »Wie eine Foto-Legende entsteht« In:BR, 26.10.2021, https://www.br.de/kultur/wieso-das-foto-des-militaerkonvois-in-bergamo-fuer-corona-steht-100.html [abgerufen am 29.07.2023]

157 Ebenda

158 Frank Fehrenbach über »Das Bild aus Bergamo«, oder: »The common bond is the movie theatre«, https://www.zispotlight.de/frank-fehrenbach-ueber-das-bild-aus-bergamo-oder-the-common-bond-is-the-movie-theatre/ [abgerufen am 29.07.2023]

159 https://www.berliner-zeitung.de/gesundheit-oekologie/kliniken-werden-geschlossen-obwohl-das-gesundheitssystem-vor-dem-kollaps-steht-li.132283?pid=true [abgerufen am 29.07.2023]

160 https://taz.de/Deutschland-in-der-Pandemie/!5823178/ [abgerufen am 29.07.2023]

161 Tom Lausen, Walter van Rossum, Die Intensiv-Mafia, Rubikon-Verlag, München 2021

162 https://internationale-gesundheit.charite.de/fileadmin/user_upload/microsites/m_cc11/virologie-ccm/dateien_upload/Weitere_Dateien/Charite_SARS-CoV-2_viral_load_2020-06-02.pdf [abgerufen am 01.09.2023]

163 https://www.aerzteblatt.de/archiv/217002/Long-COVID-Der-lange-Schatten-von-COVID-19 [abgerufen am 29.07.2023]

164 https://www.presse.online/2020/06/20/spahn-durch-zu-viele-tests-mehr-falsch-positive-faelle-als-echte/

165 »Wie wir Covid-19 unter Kontrolle bekommen«, S. 13, 14, https://fragdenstaat.de/dokumente/4123-wie-wir-covid-19-unter-kontrolle-bekommen/

166 Wochenbericht des RKI vom 6.1.2022, S. 29, https://www.rki.de/DE/Content/InfAZ/N/Neuartiges_Coronavirus/Situationsberichte/Wochenbericht/Wochenbericht_2022-01-06.pdf?__blob=publicationFile [abgerufen am 29.07.2023]

167 https://www.rki.de/DE/Content/InfAZ/N/Neuartiges_Coronavirus/Situationsberichte/Feb_2021/2021-02-24-de.pdf?__blob=publicationFile [abgerufen am 29.07.2023]

168 https://www.rki.de/DE/Content/InfAZ/N/Neuartiges_Coronavirus/Situationsberichte/Wochenbericht/Wochenbericht_2022-04-21.pdf?__blob=publicationFile [abgerufen am 29.07.2023]

169 https://www.rki.de/DE/Content/InfAZ/N/Neuartiges_Coronavirus/Situationsberichte/Wochenbericht/Wochenbericht_2023-02-02.pdf?__blob=publicationFile

170 https://www.der-niedergelassene-arzt.de/praxis/news-details/wirtschaft/wer-traegt-die-kosten-fuer-corona-tests

171 https://www.rki.de/DE/Content/InfAZ/N/Neuartiges_Coronavirus/Situationsberichte/Wochenbericht/Wochenbericht_2023-02-02.pdf?__blob=publicationFile

172 RGBl. Teil I, v. 18.2.1943, S. 28, https://upload.wikimedia.org/wikipedia/commons/d/d2/Deutsches_Reichsgesetzblatt_43T1_016_0099.jpg

173 Runderlass RMI, 17.05.1943, in: MBliV 1943, Sp. 865, Zitate Sp. 867f

174 https://www.contergan-skandal.de/-/media/projects/thalidomide/de/pdf/erlaubnis-herstellung-contergan-und-contergan-forte-1956.pdf?rev=9fb37ac3ff8e42f2ba9e9abffc9e0c1c&hash=AF4F28A02B926A9A8EBABF74F589E051

175 https://www.contergan-skandal.de/der-contergan-skandal#Verwendung

176 https://www.aerzteblatt.de/archiv/57224/Die-Contergan-Katastrophe-Die-truegerische-Sicherheit-der-harten-Daten

177 https://de.wikipedia.org/wiki/Widukind_Lenz

178 https://img.welt.de/img/gesundheit/origs105290259/3449728110-w900-h600/contergan-weltartikel-DW-Wissenschaft-Stolberg.jpg

179 https://dserver.bundestag.de/btp/03/03058.pdf

180 https://www.bgbl.de/xaver/bgbl/start.xav?start≠/*%5B@attr_id=%27bgbl161s0533.pdf%27%5D#__bgbl__%2F%2F*%5B%40attr_id%3D%27bgbl161s0533.pdf%27%5D__1681563942128

181 BGBl. Teil I, v. 19.5.1961, S. 533 ff

182 Abl. EWG v. 9.2.1965, S. 369 ff

183 Brigitte Collatz, Die neuen europäischen Zulassungsverfahren für Arzneimittel, Aulendorf, 1995, S. 31

184 ABl Nr. L 262 v. 14.10.2003, S. 22 ff

185 ABl L 337 v. 25.11.2014, S. 1 ff

186 https://www.bfarm.de/SharedDocs/Bekanntmachungen/DE/Arzneimittel/klinPr/bm-KlinPr-20060810-3_Bekanntmachung-pdf.pdf?_blob=publicationFile&v=2

187 ABl. EG Nr. L 147 v. 9.6.1975, S. 1 ff

188 ABl EG Nr. L 147 v. 9.6.1975, S. 13 ff

189 S. Anhang der RL 75/319/EWG

190 ABl EG Nr. L 147 v. 9.6.1975, S. 13 ff

191 Urteil vom 20. Mai 1976, de Peijper (104/75, EU:C:1976:67, Rn. 15)

192 Urteil vom 20. Mai 1976, de Peijper (104/75, EU:C:1976:67, Rn. 15). Vgl. auch Urteile vom 7. März 1989, Schumacher (215/87, EU:C:1989:111, Rn. 17), vom 16. April 1991, Eurim-Pharm (C-347/89, EU:C:1991:148, Rn. 26), vom 10. November 1994, Ortscheit (C-320/93, EU:C:1994:379, Rn. 16), und vom 11. Dezember 2003, Deutscher Apothekerverband (C-322/01, EU:C:2003:664, Rn. 103)

193 ABl Nr. L 142 v. 25.05.1989, S. 14 ff; https://eur-lex.europa.eu/legal-content/DE/TXT/PDF/?uri=CELEX:31989L0342&qid=1693582823587

194 Erwägungsgrund der RL 89/342/EG

195 ABl EG Nr. L 159 vom 27/06/2003 S. 46 ff

196 Brigitte Collatz, Die neuen europäischen Zulassungsverfahren für Arzneimittel, Aulendorf, 1995, S. 23 ff

197 https://european-union.europa.eu/institutions-law-budget/institutions-and-bodies/types-institutions-and-bodies_de

198 https://www.ema.europa.eu/en/committees/working-parties-other-groups

199 https://www.ema.europa.eu/en/committees/chmp/members

200 https://eur-lex.europa.eu/LexUriServ/LexUriServ.do?uri=OJ:L:2007:324:0121:0137:en:PDF

201 https://www.ema.europa.eu/en/documents/leaflet/european-regulatory-system-medicines-european-medicines-agency-consistent-approach-medicines_de.pdf

202 https://www.ema.europa.eu/en/documents/other/about-us-european-medicines-agency-ema_de.pdf

203 https://www.ema.europa.eu/en/committees/prac/members

204 https://www.ema.europa.eu/en/committees/pdco/members

205 https://www.ema.europa.eu/en/committees/comp/members

206 https://www.ema.europa.eu/en/committees/cat/members

207 https://www.ema.europa.eu/en/committees/prac/members#EEC

208 https://www.ema.europa.eu/sites/default/files/ContactsAndExperts_CVs_and_DOIs/nooned_DI_en.pdf

209 https://www.ehc.eu/financial-information-2021/

210 https://www.ema.europa.eu/sites/default/files/ContactsAndExperts_CVs_and_DOIs/korenjakm_DI_en.pdf

211 https://ec.europa.eu/transparency/comitology-register/screen/committees/C02500/consult?lang=en

212 Beispielhaft s. https://www.bfarm.de/SharedDocs/Downloads/DE/Arzneimittel/Pharmakovigilanz/Risikoinformationen/RisikoBewVerf/g-l/hes-stellungnahme.pdf?__blob=publicationFile&v=6

213 ABl EG Nr. L 55, 28.2.2011, S. 13 ff, https://eur-lex.europa.eu/legal-content/DE/TXT/PDF/?uri=CELEX:32011R0182&from=LV

214 https://health.ec.europa.eu/medicinal-products/legal-framework-governing-medicinal-products-human-use-eu/authorisation-procedures-centralised-procedure_de

215 Protokoll der CHMP-Sitzung vom 25.–29. Januar 2021, https://www.ema.europa.eu/en/documents/minutes/minutes-chmp-meeting-25-29-january-2021_en.pdf

216 https://ec.europa.eu/health/documents/community-register/2020/20201221150522/dec_150522_de.pdf

217 https://www.pei.de/DE/newsroom/hp-meldungen/2020/201221-europaeische-kommission-erteilt-zulassung-covid-19-impfstoff-biontech-pfizer-eu.html

218 https://ec.europa.eu/health/documents/community-register/2021/20210106150575/dec_150575_de.pdf

219 ABl EG Nr. L 35 S. 1 ff, https://eur-lex.europa.eu/legal-content/DE/TXT/PDF/?uri=CELEX:31995R0297&from=DE

220 https://eur-lex.europa.eu/legal-content/DE/TXT/PDF/?uri=CELEX:01995R0297-20220401&from=EN

221 https://eur-lex.europa.eu/legal-content/DE/TXT/PDF/?uri=CELEX:31995R0297&from=DE

222 https://eur-lex.europa.eu/legal-content/DE/TXT/PDF/?uri=CELEX:01995R0297-20220401&from=EN

223 https://www.ema.europa.eu/en/documents/annual-report/annual-report-european-agency-evaluation-medicinal-products-1995_en.pdf

224 https://www.ema.europa.eu/en/documents/annual-report/annual-report-european-medicines-agency-2010_en.pdf

225 https://www.ema.europa.eu/en/documents/annual-report/annexes-2020-annual-report-european-medicines-agency_en.pdf

226 EuGH Rs. C-308/11 (Paroex 0,12 %), Rnr. 32 f

227 EuGH Rs. C-27/08 (BIOS), Rnr. 18 ff

228 EuGH Rs. C – 140/07 (Hecht Pharma), Rnr. 32

229 ABl. Nr. L 136 v. 30.04.2004, S. 1 ff

230 ABl. Nr. L 311 v. 06.11.2001, S. 67 ff

231 Anhang I Teil I Ziffer 1.6 und Teil IV Ziffer 4.2.2 der RL 2001/83/EG

232 https://www.bundesgesundheitsministerium.de/fileadmin/Dateien/3_Downloads/Gesetze_und_Verordnungen/GuV/M/MedBVSV_RefE.pdf

233 BGBl 2020, Teil I, S. 587 ff

234 https://www.bundesanzeiger.de/pub/publication/RO0wsmbXPLiCumqUISz/content/RO0wsmbXPLiCumqUISz/BAnz%20AT%2026.05.2020%20V1.pdf?inline

235 https://media.frag-den-staat.de/files/docs/ea/d5/f6/ead5f6f161624249bda390ea57274277/formulierungshilfe.pdf?download=

236 Gesetz v. 18.11.2020 BGBl. I S. 2397 (Nr. 52), https://www.buzer.de/gesetz/14233/a254526.htm

237 https://www.bundestag.de/resource/blob/700666/da1b330c0d4f3ac6c8b14ed3844a4d38/WD-3-141-20-pdf-data.pdf

238 https://dserver.bundestag.de/btd/19/189/1918999.pdf

239 https://www.akdae.de/fileadmin/user_upload/akdae/Stellungnahmen/BMG/20200409.pdf

240 https://www.bundesgesundheitsministerium.de/fileadmin/Dateien/3_Downloads/Gesetze_und_Verordnungen/GuV/M/MedBVSV_RefE.pdf

TEIL II

# DER BESCHLEUNIGTE ZULASSUNGS-PROZESS

Politik und Medien hatten die Bevölkerung weltweit auf die »Impfstoffe« gegen COVID-19 »eingeschworen«. Monatelang war der Tenor nahezu aller Berichte, dass die Impfstoffe der einzige Weg aus der Pandemie seien. Dieses Credo zeichnete sich bereits sehr früh ab. Wie es dazu kam, habe ich in Teil I beschrieben.

Wie wurden der von Bill Gates in seinem viel zitierten Interview in den *Tagesthemen* vom 12. April 2020 vorgebrachte Ansatz der »Teleskopierung« von Zulassungsverfahren und die schnelle Zulassung der genbasierten COVID-19-Injektionen erreicht? Wie sah die seitens der EU-Kommission in ihrer »Strategie für COVID-19-Impfstoffe« genannte »Anpassung des EU Rechtsrahmens an die derzeitige Dringlichkeit und Nutzung der bestehenden regulatorischen Flexibilität«[1] aus?

Da ich in diesem Teil zu der Schlussfolgerung komme, dass die genbasierten COVID-19-Injektionen keine Impfstoffe im herkömmlichen Sinn sind, wird der Begriff »Impfstoff« in Anführungszeichen gesetzt beziehungsweise der Begriff »Vakzin« verwendet. Auch wenn der Begriff Vakzin ebenfalls »Impfstoff« bedeutet, verdeutlicht seine Verwendung den Unterschied zu herkömmlichen Impfstoffen.

# 1 »IMPFSTOFF« VERSUS »GENTHERAPEUTIKUM«

Die heiß ersehnten Arzneimittel zum Schutz vor COVID-19 werden von Beginn an als »Impfstoffe« bezeichnet. Impfstoffe sind bei der Bevölkerung seit Jahrzehnten akzeptiert, die Compliance ist groß, und bislang wurden Impfstoffe auch

> Von Beginn an wird der Begriff »Impfstoff« verwendet, weil die Bevölkerung seit Jahrzehnten den herkömmlichen Impfstoffen vertraut.

weitestgehend in der Öffentlichkeit nicht sehr hinterfragt; »man« vertraut ihnen und auf sie, zumindest der mit Abstand größte Teil der Bevölkerung hat Vertrauen in die herkömmlichen Impfstoffe.

In der öffentlichen Diskussion liegt das Hauptaugenmerk auf der Besonderheit der rasanten Entwicklung der »Impfstoffe«. Die erhofften »Impfstoffe« müssten aufgrund der Dringlichkeit besonders schnell entwickelt werden. Es wird in der öffentlichen Diskussion zwar eingeräumt, dass die gewissenhafte Entwicklung von Impfstoffen in der Regel 8–10 Jahre in Anspruch nehme. Allerdings werde man »alles Vertretbare« unternehmen, um der Bevölkerung die »Impfstoffe« zum schnellstmöglichen Zeitpunkt zur Verfügung zu stellen. Auf seiner Website sichert das Paul-Ehrlich-Institut (PEI) bis heute zu:

> »Die Anforderungen an die Unbedenklichkeit von COVID-19-Impfstoffen sind die gleichen wie für jeden anderen Impfstoff in der EU und werden auch in der Pandemie nicht gesenkt.«[2]

Die Politik sichert zu, dass die Anforderungen an die Unbedenklichkeit der COVID-19-«Impfstoffe« trotz rasanter Entwicklung nicht gesenkt werden.

Die besondere »Natur« dieser »Impfstoffe«, der Unterschied zwischen den »Impfstoffen« gegen COVID-19 auf Basis der genbasierten mRNA- beziehungsweise Vektor-Technologie und den herkömmlichen Impfstoffen, wird in der öffentlichen Diskussion nicht näher thematisiert.

## 1.1 ERLÄUTERUNGEN DER WIRKWEISE DER RNA- UND VEKTORVAKZINE DURCH DAS PEI

Wer wissen wollte, was es mit »RNA-Impfstoffen« auf sich hat, erhielt bis zu deren Überarbeitung im Juli 2023 Informationen auf der Website des PEI:

> »RNA-Impfstoffe enthalten die Erbinformation in Form von Boten-RNA (messenger RNA, mRNA), die den Bauplan des Antigens umfasst. Diese Erbinformation wird von Körperzellen als Bauplan genutzt, um das spezifische Antigen in wenigen Körperzellen selbst zu produzieren.«[3]

Inzwischen ist diese Erläuterung auf der Website nicht mehr zu finden. Das PEI informiert unter dieser Adresse: »Wir haben für Sie unsere Webseite modernisiert und präsentieren Ihnen unsere Inhalte in übersichtlicher Struktur und modernem Design.« Über die Wayback-Machine war diese Fassung der Website zum Zeitpunkt der Manuskriptabgabe Ende Juli 2023 noch nachvollziehbar.[4]

An anderer Stelle erläuterte das PEI:

> »mRNA / DNA- und Vektor-Impfstoffe enthalten Teile des Erbmaterials der Viren, die Baupläne für das Oberflächenprotein des Coronavirus-2 oder einem Teil davon umfassen. Nachdem diese genetische Information durch die Impfung in einige wenige Körperzellen des Geimpften gelangt sind, werden sie (wie auch die genetische Information des Menschen) in den Zellen abgelesen und die entsprechenden Oberflächenstrukturen (Proteine) des Virus werden hergestellt. Das Immunsystem reagiert auf diese gebildeten Proteine und bildet Abwehrstoffe (u. a. Antikörper) dagegen.«[5]

Mittlerweile ist auch diese Information nicht mehr unter dieser Webadresse zu finden, sondern nur noch über die Wayback-Machine.[6] Auch unter FAQ Pressebriefing vom 22. April 2020 ist der identische Wortlaut auffindbar.[7]

*BioNTech* erläutert ebenfalls, wie seine mRNA-«Impfung« wirkt: *Comirnaty*® enthalte synthetische, künstlich hergestellte mRNA, Boten-Ribonukleinsäure, die den Bauplan eines Abschnitts des Erbguts des SARS-CoV-2, nämlich des Spike-Proteins, darstelle.

Mithilfe dieser Boten-Ribonukleinsäure könne der Körper das Spike-Protein selbst herstellen.[8]

Sowohl aus der Darstellung des PEI als auch aus der von *BioNTech* ergibt sich, dass mit der mRNA-Injektion dem Körper eine synthetische, künstlich hergestellte und keine natürliche Boten-Ribonukleinsäure hinzugefügt wird. Diese veranlasst den Körper, das Spike-Protein zu produzieren. Es handelt sich um ein körperfremdes Protein.

Mithilfe synthetischer modifizierter RNA wird der genetische Code des Spike-Proteins in die Körperzellen geschleust – der Körper wird gezwungen, das körperfremde Spike-Protein herzustellen.

Der »Bauplan« oder genetische Code des Spike-Proteins wird in Körperzellen geschleust mit dem Ziel, dass die betroffenen Zellen das Spike-Protein herstellen und es an ihrer Oberfläche präsentieren. Da das körpereigene Immunsystem normalerweise sehr schnell fremde RNA erkennt und abbaut, damit sie das Zellinnere nicht erreicht, wurde die mRNA modifiziert und in Lipid-Nanopartikel (LNP) »verpackt« (Einzelheiten dazu in Teil III, Kapitel 3.3, S. 305). Die LNP durchdringen die Zellmembran, wodurch der genetische Code des Spike-Proteins in die Zielzellen gelangt. Die Zellen, in die mithilfe der LNP der Bauplan für das Spike-Protein gelangt, werden auf diese Weise gezwungen, das körperfremde Protein herzustellen.

Bei den Vektor-basierten Arzneimitteln wird die DNA des genetisch veränderten Vektorvirus, eines Adenovirus, in die menschliche Zelle eingeschleust. Die Vektorviren dringen in die menschliche Zelle ein und transportieren auf diese Weise ihr gentechnisch verändertes Erbgut zur Herstellung des SARS-CoV-2-Spike-Proteins in das Zellinnere der menschlichen Zelle. Auch hier wird die Zelle auf diese Weise gezwungen, das Spike-Protein herzustellen. Das PEI erläuterte:

Bei den Vektor-basierten »Impfstoffen« dringen die genetisch veränderten Vektorviren in die Zelle ein und zwingen die Zelle, das Spike-Protein herzustellen.

> »Bei Vektorimpfstoffen wird das Genmaterial in harmlose Trägerviren eingebaut, die als Impfstoff injiziert werden. Bei den Trägerviren kann es sich zum Beispiel um abgeschwächte Impfviren wie das Impfmasernvirus handeln. Mit dem Impfvirus wird so die genetische Information des Coronavirus in die Zellen des Geimpften geschleust.«[9]

Auch diese Webadresse ist verschwunden, aber ebenfalls im FAQ Pressebriefing vom 22. April 2020 noch enthalten und über die Wayback-Machine auffindbar.[10]

Vektorviren wurden mithilfe der Gentechnik so verändert, dass sie den genetischen Code des Spike-Proteins beinhalten. Bei den Vektorviren der Vektor-Injektionen selbst handelt es sich deshalb um genetisch veränderte Organismen im Sinne des Gentechnikgesetzes (GenTG), nämlich um einen

> Organismus […] dessen genetisches Material in einer Weise verändert worden ist, wie sie unter natürlichen Bedingungen durch Kreuzen oder natürliche Rekombination nicht vorkommt […]. (§ 3 Nr. 3 GenTG)

Mit Vektor-Impfstoffen lässt sich der Betroffene daher einen genetisch veränderten Organismus injizieren, der die Körperzellen, in die die gentechnisch veränderten Vektorviren eindringen, dahingehend manipuliert, dass sie gezwungen werden, das Spike-Protein zu bilden.

## 1.2 DEFINITION DES GENTHERAPEUTIKUMS IM ARZNEIMITTELRECHT

An anderer Stelle erläutert das PEI auf seiner Website, wie ein Gentherapeutikum definiert wird. Es wird beschrieben als

> »ein biologisches Arzneimittel, dessen Wirkstoff eine Nukleinsäure (Träger der Erbinformationen) enthält oder daraus besteht. Es wird eingesetzt, um eine Nukleinsäuresequenz zu regulieren, zu reparieren, zu ersetzen, hinzuzufügen oder zu entfernen. Die therapeutische, prophylaktische oder diagnostische Wirkung steht in unmittelbarem Zusammenhang mit der rekombinanten Nukleinsäuresequenz, die es enthält oder mit dem Produkt, das auf Basis dieser genetischen Information gebildet wird.«[11]

Das PEI beschreibt ein Gentherapeutikum als ein biologisches Arzneimittel, dessen Wirkstoff eine Nukleinsäure ist, die dem Körper hinzugefügt wird.

Ein Gentherapeutikum ist also dadurch definiert, dass sein Wirkstoff eine Nukleinsäure ist, die dem Körper beispielsweise hinzugefügt wird; der Körper wird insofern manipuliert, als er gezwungen wird, aufgrund der fremden Erbinformation, die in der Boten-Ribonukleinsäure kodiert ist, ein fremdes Protein zu bilden.

Grundlage dieser Erläuterung ist die Definition des »Gentherapeutikums« in Anhang I Teil IV Ziffer 2.1 der Richtlinie 2001/83/EG (Gemeinschaftskodex):

> Unter einem Gentherapeutikum ist ein biologisches Arzneimittel zu verstehen, das folgende Merkmale aufweist:
> a) Es enthält einen Wirkstoff, der eine rekombinante Nukleinsäure enthält oder daraus besteht, der im Menschen verwendet oder ihm verabreicht wird, um eine Nukleinsäuresequenz zu regulieren, zu reparieren, zu ersetzen, hinzuzufügen oder zu entfernen.
> b) Seine therapeutische, prophylaktische oder diagnostische Wirkung steht in unmittelbarem Zusammenhang mit der rekombinanten Nukleinsäuresequenz, die es enthält, oder mit dem Produkt, das aus der Expression dieser Sequenz resultiert.

Wie sowohl PEI als auch *BioNTech* einräumen, fügen mRNA-basierte Injektionen gegen COVID-19 – Gleiches gilt auch für Vektor-basierte COVID-19-Injektionen – dem menschlichen Körper Nukleinsäuresequenzen zu, die der Körper selbst auf natürliche Weise nicht produzieren würde. Bedingung des Buchstaben a) ist folglich erfüllt.

Das Produkt, das aus der Einschleusung der in der mRNA-kodierten Gensequenz des Spike-Proteins in die menschliche Zelle resultiert, ist das durch die betroffene Körperzelle zwangsweise produzierte Virus-Spike-Protein als Fremdprotein. Gegen dieses Fremdprotein soll der Körper eine Immunantwort entwickeln. Die beabsichtigte Wirkung der Entwicklung einer Immunantwort des Körpers gegen das Spike-Protein steht somit auch unzweifelhaft »in unmittelbarem Zusammenhang mit dem Produkt, das aus der Expression dieser Sequenz resultiert«. Auch die Bedingungen des Buchstaben b) sind damit erfüllt.

## 1.3 »IMPFSTOFFE GEGEN INFEKTIONSKRANKHEITEN SIND KEINE GENTHERAPEUTIKA«

Wie kommt es, dass die genbasierten COVID-19-Injektionen als »Impfstoffe« bezeichnet werden und nicht den strengeren Anforderungen unterworfen wurden, obwohl sie die gesetzliche Definition des Gemeinschaftskodex erfüllen?

Die Antwort findet sich in Satz 2. Durch den kurzen Satz »Impfstoffe gegen Infektionskrankheiten sind keine Gentherapeutika« wird eine juristische Fiktion hinzugefügt, die dazu führt, dass eine Gruppe von Gentherapeutika juristisch aus der Definition ausgenommen wird.

> »Impfstoffe gegen Infektionskrankheiten« werden aus dem Begriff des Gentherapeutikums herausgenommen, obwohl sie die Definition des Gentherapeutikums erfüllen.

Die Herausnahme der »Impfstoffe gegen Infektionskrankheiten« aus der Definition der Gentherapeutika hat weitreichende Folgen in der Anwendung weiterer juristischer und regulatorischer Regeln.[12] Das Europäische Arzneimittelrecht knüpft die Anforderungen an den Nachweis der Qualität, Wirksamkeit und Unbedenklichkeit eines Arzneimittels an dessen jeweilige Eigenart an. Die strengsten Anforderungen gelten in diesem Bereich für Arzneimittel, die als Gentherapeutika zu qualifizieren sind.

Wird ein Gentherapeutikum als Impfstoff gegen eine Infektionskrankheit angewendet, ist die mRNA-Injektion jedoch per Gesetz keine Gentherapie mehr, obwohl sämtliche anderen Voraussetzungen (rekombinant, biologisch) erfüllt sind und sie die entsprechenden medizinischen Wirkungen im Körper entfaltet.

In einem interessanten Artikel[13] aus dem Jahr 2016, der unter anderem von Mitarbeitern des PEI, Zulassungsberatern und dem Ehepaar Şahin/Türeci verfasst wurde, wird am Beispiel eines mRNA-Vakzins zu HPV (Humaner Papilloma-Virus) verdeutlicht, zu welchen – irrationalen – Auswirkungen diese juristische Fiktion führt, wenn ein Gentherapeutikum nur aufgrund der Indikation, für die es angewendet werden soll, nicht mehr als solches klassifiziert wird:

Wird ein mRNA-basiertes Vakzin für die Behandlung oder Prävention von Gebärmutterhalskrebs angewendet, ist es als Gentherapeutikum zu klassifizieren mit der Folge der Anwendung der strengen regulatorischen Anforderungen an Gentherapeutika.

Ein Gentherapeutikum wird nur aufgrund der Indikation, für die es angewendet werden soll, nicht mehr als Gentherapeutikum klassifiziert.

Wird dasselbe mRNA-basierte Vakzin als Prävention gegen eine Infektion mit HPV angewendet, ist es im gesetzlichen Sinn eine Impfung mit der Folge der Anwendung der Vorschriften über (herkömmliche) Impfstoffe, die wesentlich geringere Anforderungen an den Nachweis der Qualität und Sicherheit stellen als die Anforderungen, die diesbezüglich an Gentherapeutika gestellt werden.

In der bisherigen Systematik der Zulassungsanforderungen folgt die juristische Festlegung der Anforderungen an den Nachweis der Qualität, Wirksamkeit und Unbedenklichkeit der medizinisch-naturwissenschaftlichen Einordnung eines Arzneimittels – und das ist im Hinblick auf die Sicherheit der Anwendung eines Arzneimittels die einzig vertretbare Klassifikation. Mit der Einfügung der juristischen Fiktion – »Impfstoffe gegen Infektionskrankheiten sind keine Gentherapeutika« – wurde diese Systematik umgekehrt: Die Anforderungen an den Nachweis der Qualität, Wirksamkeit und Sicherheit eines medizinisch als Gentherapeutikum wirkenden »Impfstoff gegen Infektionskrankheiten« folgen der juristischen Definition als Impfstoff und lassen die medizinischen Wirkungen außer Betracht – mit teils verheerenden Folgen für diejenigen, denen die genbasierten »Impfstoffe« verabreicht wurden ...

Es gilt die juristische Definition als »Impfstoff«, die medizinische Wirkungen bleiben außer Betracht.

## WIE ES ZUR UMDEFINITION KAM – KOMMISSIONSRICHTLINIE NR. 2009/120/EG

Aufgenommen wurde der Satz, der »Impfstoffe gegen Infektionskrankheiten« aus der Definition der Gentherapeutika herausnimmt, durch die KommissionsRL Nr. 2009/120/EG[14]. Die VO Nr. 1394/2007/EG über Arzneimittel für neuartige Therapien[15] hatte mit Wirkung zum 30. Dezember 2008 die neuen Regelungen über »Arzneimittel für neuartige Therapien« neu eingeführt. Ziel der KommissionsRL war die Anpassung der Anforderungen für Gen- und somatische Zelltherapeutika an den wissenschaftlichen und technischen Fortschritt.[16]

Der ursprüngliche Kommissionsentwurf der Richtlinie (RL) sah eine Sonderbehandlung für »Impfstoffe gegen Infektionskrankheiten« nicht vor.

Im Rahmen des öffentlichen Konsultationsverfahrens zum Entwurf der KommissionsRL im Jahr 2008 stellte die EU-Kommission, wie bei der Erstellung von Kommissionsrichtlinien vorgesehen, ihren Entwurf den »interessierten Kreisen« zur Stellungnahme zur Verfügung.

Kommissionspräsident war zum damaligen Zeitpunkt der Erarbeitung des Entwurfs und des Erlasses der RL José Manuel Barroso, ehemaliger Ministerpräsident Portugals von 2002 bis 2004, von 2004 bis 2014 Präsident der EU-Kommission. Seit 2016 ist er nichtgeschäftsführender Vorsitzender von *Goldman Sachs*.[17] Im September 2020 wurde er mit Wirkung ab dem 1. Januar 2021 zum Präsidenten von GAVI, der Impfallianz, berufen. GAVI wurde anlässlich des *Weltwirtschaftsforums* 2000 von WHO, *Unicef*, der Weltbank und der *Bill & Melinda Gates Foundation* gegründet. Es ist eine »öffentlich-private Partnerschaft« (Public-private Partnership, PPP), eine Nichtregierungsorganisation, die hauptsächlich die Impfung von Kindern fördert.[18]

Der ehemalige EU-Kommissionspräsident Barroso, unter dem die Erleichterung für »Impfstoffe gegen Infektionskrankheiten« eingeführt wurde, ist seit 2021 Präsident der Impfallianz GAVI.

Zu den in die Gesetzgebung involvierten interessierten Kreisen gehörten nationale Behörden, Patientenvereinigungen, pharmazeutische Unternehmen und -verbände und Wissenschaft. Ein Teil der pharmazeutischen Industrie hatte sich dafür ausgesprochen, prophylaktische, genbasierte Impfungen dem Anwendungsbereich der Anforderungen für Gentherapeutika zu entziehen. Es wurde befürchtet, dass ansonsten aufgrund der erheblich schärferen Sicherheitsanforderungen für Gentherapeutika eine signifikante Erhöhung der Produktionskosten zu erwarten sei.[19]

Demgegenüber vertrat das PEI im Jahr 2008 eine gegenteilige Auffassung im Sinne des Patientenschutzes:

»Eine ausschließliche Einordnung von genetischen Impfstoffen für die Prophylaxe von Infektionskrankheiten in die Definition der Gentherapie-Arzneimittel sollte diskutiert werden, weil für diese Arzneimittelgruppe die etablierten Anforderungen für Impfstoffe nicht außer Acht gelassen werden dürfen. Andererseits müssen jedoch alle wegen der biologischen Eigenart und Herstellungsweise solcher Impfstoffe erforderlichen spezifischen Anforderungen aus dem Bereich der Arzneimittel für neuartige Therapien gerade auch für genetische Impfstoffe gelten.«[20]

## 1.5 UĞUR ŞAHIN UND ÖZLEM TÜRECI VERLANGEN STREICHUNG VON RNA-PRODUKTEN AUS DER DEFINITION

Eine der abgegebenen Stellungnahmen stammte von einer sich »The RNA Therapeutics Stakeholder Group« nennenden Gruppe von Vertretern der universitären Lehre, von deutschen Krankenhäusern und Unternehmen.[21] In dieser Gruppe vertretene Unternehmen waren unter anderem:

- *Ganymed Pharmaceuticals AG*, ein unter anderem von Özlem Türeci und Uğur Şahin gegründetes Spin-off der Universitäten Mainz und Zürich, das von *Astellas Pharma* 2016 für 422 Millionen Euro erworben wurde.[22] Vertreten wurde *Ganymed Pharmaceuticals AG* in dieser Stellungnahme von Özlem Türeci.
- Universität Mainz mit mehreren Abteilungen. Für zwei der Abteilungen unterzeichnete unter anderem Prof. Dr. Uğur Şahin die Stellungnahme.
- *CureVac* und andere kleinere und mittlere Biotechnologie-Unternehmen mit Spezialisierung auf RNA-Arzneimittel. Aber auch ein Vertreter des *Wellcome Trust Center* unterstützte die Forderungen durch seine Unterschrift.

Die »RNA Therapeutics Stakeholder Group« vertrat die strikte Forderung, RNA-Therapeutika vollumfänglich aus der Definition der Gentherapeutika herauszunehmen. Sie wiesen auf das ihrer Meinung nach mit den RNA-basierten Arzneimitteln verbundene geringe Risiko hin und stellten folgende Forderungen:

1. Ausdrückliche Herausnahme aller RNA-basierten Arzneimittel aus der Definition der Gentherapeutika.
2. Stattdessen sollten die RNA-basierten Wirkstoffe als »chemische Einheit« angesehen werden.
3. RNA-basierte Arzneimittel sollten ausdrücklich von dem Erfordernis der Durchführung von Untersuchungen zur
   a. Genotoxizität,
   b. Karzinogenität,
   c. Reproduktions- und Entwicklungstoxizität,
   d. Integration ins Genom,
   e. Verteilung in die Keimdrüsen und
   f. Sicherheit

   ausgenommen werden. Derartige Untersuchungen seien »wissenschaftlich und klinisch nicht gerechtfertigt, aber zeitaufwendig und kostenintensiv. Die Anwendung dieser Anforderungen würde die Kosten für RNA-basierte Arzneimittel vervielfachen, während sie keinen signifikanten Vorteil für die Sicherheit der behandelten Patienten bringen.«[23]

   Welchem fatalen Irrtum (?) die Unterzeichner unterlagen, wird aus heutiger Sicht mit der Kenntnis unzähliger schwerster Nebenwirkungen überdeutlich.
4. Keine Anwendung des Begriffs »Gentherapie« und der daraus folgenden spezifischen regulatorischen Anforderungen für Gentherapeutika für plasmidbasierte, rekombinante Impfstoffe.

   Die *BioNTech*-Gründer Uğur Şahin und Özlem Türeci sprachen sich 2008 für eine vollumfängliche Herausnahme der RNA-Therapeutika aus der Definition der Gentherapeutika aus.

Diese von Uğur Şahin und Özlem Türeci mitunterzeichnete Stellungnahme verwundert sehr bei einem Vergleich mit den Ausführungen in ihrem Buch *Projekt Lightspeed*. Im Vorwort weist der Autor Joe Miller zwar darauf hin, dass »Erinnerungen an ein schwieriges Jahr [...] manchmal zwangläufig unvollständig und die von den Beteiligten ein und derselben Ereignisse gemachten Datums- und Zeitangaben gelegentlich widersprüchlich« seien.[24] Auch führt er aus, dass einige Teile der Lieferkette nicht im Detail beschrieben würden. Doch versichert er einige Zeilen weiter, dass »nichts davon [...] dem Wahrheitsgehalt der Geschichte in irgendeiner Weise Abbruch« tue.[25]

Schenkt man den Ausführungen im Buch *Projekt Lightspeed* Glauben, hatte Katalin Karikó, die von 2013 bis September 2022 Senior Vice President bei *BioNTech* war und jetzt an der Universität Szeged wieder als Wissenschaftlerin arbeitet[26] (und auch nach wie vor auf der Website der University of Pennsylvania genannt wird[27]), Ende der 1990er Jahre bereits die Erfahrung gemacht, dass Mäuse nach Verabreichung von mRNA starben, »vermutlich [...] durch eine Entzündungsreaktion durch die zu hohen Dosen«[28].

Ende der 1990er Jahre starben Mäuse nach Verabreichung von mRNA vermutlich durch eine Entzündungsreaktion wegen zu hoher Dosierung.

Weiterhin war bereits im Jahr 2006 der Ansatz von Katalin Karikó, das Uridin der mRNA durch Methyl-Pseudo-Uridin zu ersetzen und die mRNA dadurch für das Immunsystem schwerer sichtbar zu machen, patentiert worden.[29] Diese Modifizierung führte zur Bezeichnung als modRNA und sollte den Abbau der RNA durch das Immunsystem wesentlich erschweren.

Es gab also bereits zum damaligen Zeitpunkt der Stellungnahme im Jahr 2008 nicht unerhebliche Hinweise, dass die Verabreichung von mRNA-Arzneimitteln keinesfalls so harmlos sein könnte, dass eine ganze Batterie wesentlicher Untersuchungen, die der Sicherheit der Patienten dienen, entfallen könnte.

Die letztlich von der EU-Kommission erlassene Definition des Gentherapeutikums in der KommissionsVO trug dem Anliegen der Pharmaindustrie Rechnung – entgegen dem begrüßenswerten, strengen Ansatz des PEI, das zum Schutz der Bevölkerung bei der Anwendung prophylaktischer Gen-Impfstoffe gegen Infektionskrankheiten aufgrund ihrer besonderen Eigenschaften diese auch den Anforderungen an Gentherapeutika unterwerfen wollte.

Bereits 2008 gab es Hinweise, dass die Verabreichung von mRNA-Arzneimitteln risikobehaftet sein könnte.

Die »Lösung«, Impfstoffe gegen Infektionskrankheiten aus der Definition des Gentherapeutikums auszunehmen, trägt fast den Anschein eines Kompromisses: Es wurden zwar nicht alle mRNA-Therapeutika aus der Definition der Gentherapeutika herausgenommen, aber der große Teil all derjenigen Gentherapeutika, die zur Prävention einer Viruserkrankung im Sinne einer Impfung angewendet werden sollen.

Allerdings wäre dies ein absurder Kompromiss gewesen: Arzneimittel, die Gesunden verabreicht werden und an die deshalb besonders hohe Sicherheitsanforderungen gestellt werden müssen, werden aus der Definition der Gentherapeutika ausgenommen, die hohe Sicherheitsanforderungen sicherstellt. Dagegen bleiben Impfstoffe für Erkrankte, bei denen schon aufgrund der Erkrankung per se ein anderes Nutzen-Risiko-Verhältnis besteht, von der Definition umfasst.

In der Folge werden seitdem prophylaktische Gen-«Impfstoffe« gegen Infektionskrankheiten, obwohl sie dem Begriff der Gentherapie in medizinischer Hinsicht entsprechen und in der Regel gesunden Menschen verabreicht werden, nicht diesen strengen Anforderungen unterworfen.

## 1.6 HERSTELLER RÄUMEN KLASSIFIZIERUNG ALS GENTHERAPEUTIKUM EIN

Auch *BioNTech* und *Moderna* räumen ein, dass ihre COVID-19-Injektionen in den USA und der EU als Gentherapeutika zu qualifizieren sind.

Uğur Şahin und Özlem Türeci äußern sich im Jahr 2014 in der wissenschaftlichen Zeitschrift *Nature* eindeutig dahingehend, dass erwartet werde, dass mRNA-Arzneimittel als biologische Arzneimittel, Gentherapeutika oder somatische Zelltherapeutika eingestuft werden und dass sie in der EU sehr wahrscheinlich unter die rechtlichen Regelungen zu neuartigen Arzneimitteln (Richtlinie 2009/120/EG) fallen, die Gentherapeutika, manipulierte somatische Zellen und Gewebezüchtungen umfassen [Anm.: und damit sehr strengen Regeln unterwerfen].[30]

*BioNTech* führt zudem auf S. 26 des Jahresberichts für das fiskalische Jahr 2020 in der Einreichung zur US »Securities and Exchange Commission« (SEC), der US-Börsenaufsichtsbehörde, aus:

> »Obwohl wir beabsichtigen, Zulassungsanträge als biologische Arzneimittel für unsere mRNA-basierten Produktkandidaten einzureichen, wurden in den USA und in der Europäischen Union mRNA-Therapien als Arzneimittel der Gentherapie klassifiziert [...]«[31]

Und auf S. 28 wird bestätigt: »Derzeit wird mRNA von der FDA als Gentherapeutikum angesehen.«[32]

Wortgleiche Ausführungen finden sich in der SEC-Einreichung von *Moderna*, beispielsweise im Quartalsbericht für den Zeitraum bis 30. Juni 2020 auf S. 70.[33]

Auch teilen beide Hersteller die Sorge, dass die Klassifikation als Gentherapeutikum zu einer negativen öffentlichen Meinung führen könnte mit der Folge nachteiliger Auswirkungen auf das

Geschäft, die Finanz- und Ertragslage und die zügige Entwicklung, Kommerzialisierung und Nachfrage der Produkte.[34]

Die gleiche Aussage trifft auch der *Bayer*-CEO Stefan Oelrich auf dem »World Health Summit 2021« mit der Ausführung:

> »Letztendlich sind die mRNA-Impfstoffe ein Beispiel für diese zelluläre Gentherapie. Ich sage immer gerne: Wenn wir vor zwei Jahren eine öffentliche Umfrage gemacht hätten, wer bereit wäre, eine Gen- oder Zelltherapie zu nehmen und sich in den Körper injizieren zu lassen, hätten wir wahrscheinlich eine Ablehnungsquote von 95 % gehabt. Ich denke, diese Pandemie hat auch vielen Menschen die Augen für Innovationen geöffnet [...].«[35]

Sind die Menschen blindlings im Vertrauen auf den Begriff der »Impfung« in die Irre geführt worden?

Es stellt sich die Frage: Hat die Pandemie den Menschen »die Augen für Innovationen geöffnet« oder sind die Menschen blindlings im Vertrauen auf den verwendeten Begriff der »Impfung« in die Irre geführt worden in der Annahme, die Risiken einer mRNA-«Impfung« seien nicht größer als die herkömmlicher Impfungen?

Niemand hat den Menschen die Aussage des Chef-Mediziners von *Moderna*, Tal Zaks, aus dem Jahr 2017 zur Kenntnis gegeben. Im Rahmen eines Vortrags ging er noch einen Schritt über das Zugeständnis von Stefan Oelrich hinaus: Er bezeichnete die mRNA-Technologie als Instrument zum »Hacken der Software des Lebens«:

> »Wir hacken tatsächlich die Software des Lebens [...] mRNA [...] ist die entscheidende Information, die bestimmt, was eine Zelle tatsächlich macht. Wir betrachten es also wie ein Betriebssystem. Wenn wir das, was wir die Software des Lebens nennen, tatsächlich ändern könnten, eine Codezeile einführen oder eine Codezeile ändern könnten, zeigt sich, dass dies tiefgreifende

> Auswirkungen auf alles hätte, von der Grippe bis zum Krebs [...] wir würden die Anweisung geben, wie das Protein herzustellen ist, wie der Körper seinen eigenen Impfstoff herstellen kann [...] Wir betrachten es als Informationstherapie [...]«[36]

Wussten die Menschen, dass mit den genbasierten COVID-19-Injektionen ihre »Software des Lebens« gehackt und für die betroffenen Zellen umgeschrieben wird, dass es sich bei den mRNA-Injektionen um »zelluläre Gentherapie« handelt?

Die Antwort ist NEIN – der allergrößte Teil wusste es nicht, wurde nie aufgeklärt. Es wurde nicht nur nie die Diskussion in der Öffentlichkeit geführt, sondern es wurden diejenigen, die diese Thematik in die Öffentlichkeit bringen wollten, systematisch durch sogenannte Faktenchecker unterdrückt.[37]

Die Menschen wussten nicht, dass ihre »Software des Lebens« gehackt wird und es sich bei den mRNA-Therapien um zelluläre Gentherapie handelt.

## 1.7 FORDERUNG NACH VERENGUNG DES BEGRIFFS DER »GENTHERAPIE« AUF MENSCHLICHE GENE VERÄNDERNDE THERAPIEN

Die Hersteller bemühen sich seit Jahren, den Begriff der »Gentherapie« auf solche Therapien zu verengen, die die menschlichen Gene verändern. Derzeit ist dieses Erfordernis in der Definition der Gentherapie auch in Anhang I Teil IV Ziffer 2.2 des Gemeinschaftskodex nicht enthalten. Es wird nicht explizit erwähnt. Deshalb läuft auch die Argumentation der sogenannten »Faktenchecker« diesbezüglich ins Leere.[38]

Den Herstellern der mRNA-Therapeutika geht es dabei – wie aus den Ausführungen in Kapitel 1.5 ersichtlich – bei der Forderung nach Verengung des Begriffs der Gentherapie nicht nur darum, zeitintensive und kostspielige Untersuchungen zu vermeiden. Ihr Ziel ist, das Vertrauen der Öffentlichkeit in die Sicherheit der mRNA-Arzneimittel durch die Wahrnehmung der mRNA-Arzneimittel als Gentherapie nicht zu gefährden. Sie befürchten, der Fall des Auftretens von Nebenwirkungen bei der Anwendung anderer Gentherapeutika könnte negative Auswirkungen auf die öffentliche Wahrnehmung in Bezug auf die Sicherheit der mRNA-Arzneimittel haben. *Moderna* gibt in seinem unter 1.6 bereits zitierten Quartalsbericht für den Zeitraum bis zum 30. Juni 2020 auf S. 75 an:

> »[...] unerwünschte Ereignisse im Bereich der mRNA-Medizin oder anderer Produkte, die mRNA-Arzneimitteln ähnlich erscheinen, wie solche im Zusammenhang mit Gentherapie oder Gen-Editing, könnten zu einer Verringerung des wahrgenommenen Nutzens eines oder mehrerer unserer Programme führen [...]«[39]

Die Amerikanische Gesellschaft für Gen- und Zelltherapie klassifiziert mRNA-Injektionen als Gentherapie.

Allerdings bedarf ein solches Unterfangen der Reduzierung des Begriffs der Gentherapie auf Gen verändernde Arzneimittel der Änderung der derzeit (noch?) bestehenden herrschenden Auffassung selbst der *American Society for Cell and Gen Therapy* (Amerikanische Gesellschaft für Gen- und Zelltherapie, ASCGT). Auch sie klassifiziert die mRNA-Injektionen von *Pfizer/BioNTech* und *Moderna* als Gentherapie. Am 17. November 2020 titelt sie: »COVID-19 Vaccine Candidates Show Gene Therapy is a Viable Strategy«[40] (COVID-19 Impfstoff-Kandidaten zeigen, dass Gentherapie eine praktikable Strategie ist)

Und am 11. Dezember 2020 bejubelt die ASCGT die erste Notfallzulassung (EUA – Emergency Use Authorisation) durch die FDA in den USA: »Approved mRNA Vaccine for COVID-19 is a Milestone for Gene and Cell Therapy« (Zugelassener mRNA-Impfstoff für COVID-19 ist ein Meilenstein für Gen- und Zelltherapie).

Auf *Twitter* antwortet die ASCGT auf eine Anfrage des Journalisten Henning Rosenbusch am 3. November 2021[41]:

> »Hallo, die Definition der ASGCT für Gentherapie ist das Einbringen, Entfernen oder Verändern von genetischem Material – DNA oder RNA – in die Zellen eines Patienten, um eine bestimmte Krankheit zu behandeln. Gemäß dieser Definition sind die Impfstoffe eine Gentherapie.«

Umso wichtiger ist es, in der Öffentlichkeit Bewusstsein dafür zu schaffen, dass trotz der verharmlosenden Bezeichnung der COVID-19-Injektionen als »Impfung« diese den Wirkmechanismus einer Gentherapie haben und nur aufgrund einer juristischen Definition aus dem Anwendungsbereich der Vorschriften für Gentherapeutika herausgenommen wurden. Einzelheiten hierzu werden in Kapitel 6.1 (S. 251) dieses Teils erläutert.

Die Aufklärung ist umso wichtiger, als zwischenzeitlich eine Umstellung zahlreicher herkömmlicher Impfungen auf die mRNA-Technologie durchgeführt wird. Das geschieht auf Basis der Behauptung, die Sicherheit und Wirksamkeit der mRNA-Technologie habe sich bei der Anwendung von Milliarden Dosen der COVID-19-Injektionen erwiesen.

Eine wissenschaftliche Rechtfertigung für die Sonderbehandlung der »Impfstoffe gegen Infektionskrankheiten« und damit eine Sonderbehandlung der mRNA-basierten COVID-19-Injektionen scheint derzeit entgegen den Ausführungen der Hersteller nicht greifbar zu sein.

Hinzu kommt, dass sich mittlerweile in Studien ergeben hat, dass die sogenannte reverse Transkriptase, der »Umbau« von SARS-CoV-2-mRNA in DNA und die Integration in den Zellkern, zumindest im Labor vorkommen kann. Nachgewiesen wurde der Einbau in den Zellkern bei infizierten menschlichen Zellen.[42] Die reverse Transkriptase wurde zudem im Labor in vitro nachgewiesen bei menschlichen

Leberzellen der Zelllinie Huh7, 6 Stunden nachdem diese BNT162b2, dem Wirkstoff von *Comirnaty*®, ausgesetzt worden waren.[43]

Hinzu kommt zwischenzeitlich auch der Aspekt der Verunreinigung der Injektionen mit Plasmid-DNA mit der Folge, dass durch das Vorhandensein der doppelsträngigen Plasmid-DNA (dsDNA), der Einbau in das menschliche Genom um ein Vielfaches wahrscheinlicher wird.[44]

Diese Ergebnisse zeigen, dass ein Einbau des genetischen Codes des Spike-Proteins nach Verabreichung der mRNA-Injektionen nicht zu 100 % ausgeschlossen werden kann und somit auch das Argument der Hersteller, mRNA werde nicht ins menschliche Genom integriert, in jedem Fall für jede neue mRNA-Injektion nach Etablierung eines validierten Herstellungsprozesses im Rahmen von Genotoxizitätsstudien zu untersuchen und nachzuweisen ist.

Laboruntersuchungen haben die Verunreinigung von mRNA-Injektionen *Comirnaty*® und *Spikevax*® mit bakterieller Plasmid-DNA nachgewiesen.

# 2 SIND GENBASIERTE COVID-19-INJEKTIONEN IMPFSTOFFE?

Die weitere Frage, die sich stellt, ist, ob die genbasierten COVID-19-Injektionen überhaupt als »Impfungen«, in diesem Sinne als genbasierte, gentherapeutische »Impfungen« bezeichnet werden können.

Lässt sich der Begriff des »Impfstoffes«, unabhängig davon, dass es sich nicht um herkömmliche Impfstoffe handelt, überhaupt auf die genbasierten COVID-19-Injektionen anwenden?

## 2.1 DEFINITION DES BEGRIFFES »IMPFSTOFF« IM EUROPÄISCHEN ARZNEIBUCH

Ein wesentlicher Teil der Regularien in der Arzneimittelzulassung ist im sogenannten Arzneibuch enthalten. Es gibt sowohl nationale Arzneibücher als auch das Europäische Arzneibuch. §55 Abs. 1 AMG definiert das Arzneibuch als die maßgeblichen pharmazeutischen Regeln. Es enthält eine »*Sammlung anerkannter pharmazeutischer Regeln über die Qualität, Prüfung, Lagerung, Abgabe und Bezeichnung von Arzneimitteln [...]*«.

Stoffe, die bei der Arzneimittelherstellung verwendet werden, sowie Behältnisse, die mit dem Arzneimittel in Berührung kommen (bei Impfstoffen beispielsweise Ampullen), müssen zwingend den pharmazeutischen Regeln des Arzneibuches entsprechen (§55 Abs. 8 Satz 1 AMG).

Das Arzneibuch definiert auch Arten von Arzneimitteln. So enthält das Europäische Arzneibuch eine Definition des Impfstoffes. Das Europäische Arzneibuch verstand bis 2020 unter Impfstoffen »*Zubereitungen, die Antigene enthalten, die eine spezifische, aktive Immunität beim Menschen gegen das infizierende Agens oder das von ihm gebildete Toxin oder Antigen induzieren*« (Ph.Eur. 0153) (1).

Impfstoffe enthalten üblicherweise Antigene, die eine spezifische, aktive Immunität beim Menschen gegen das Antigen hervorrufen.

Diese Definition umfasste die Impfstoffe, mit denen dem Körper Antigene zugeführt werden, um unmittelbar eine Immunantwort des Körpers hervorzurufen. Antigene sind abgeschwächte oder abgetötete Erreger oder Teile der Erreger. Diese Erreger oder Erregerteile sind Fremdkörperproteine, die dem Körper bereits als solche präsentiert werden; der Körper muss sie nicht zunächst durch Manipulation selbst herstellen. Aufgabe des Körpers nach Verabreichung der Antigene ist die Ausbildung einer Immunantwort. Das *DocCheck Flexikon* gibt eine sehr eingängige Merkhilfe: »Antigen = ANTIkörper GENerierend«[45].

Wie in Kapitel 1.1 (S. 185) dargestellt, erläutern sowohl das PEI als auch *BioNTech* auf ihren Websites, dass dem Körper bei Anwendung der genbasierten neuartigen COVID-19-Injektionen nicht das Antigen selbst zugeführt wird, sondern der genetische »Bauplan« zur Herstellung einer Nukleinsäure, der genetische Code des Spike-Proteins des SARS-CoV-2-Virus.[46] Die Verabreichung eines solchen Bauplans war von der bisherigen Definition des Impfstoffes im Europäischen Arzneibuch nicht umfasst.

Sowohl mRNA- als auch Vektor-Injektionen haben zur Folge, dass der Körper das Virusantigen, ein Fremdprotein, selbst in seinen Zellen herstellt. Der menschliche Körper wird zur »Antigenfabrik«. Er stellt, wie Tal Zak, der Chef-Mediziner von *Moderna,* es ausdrückt, »seinen Impfstoff selbst her«.

Durch mRNA- und Vektor-Injektionen wird der Körper zur Antigen- bzw. Impfstofffabrik.

Die Immunantwort des Körpers wird aufgrund der Bildung des Spike-Proteins hervorgerufen, nicht dagegen wird dem Körper mittels des Arzneimittels selbst unmittelbar das Antigen zugeführt. Bei herkömmlichen Impfungen wird der Körper nicht gezwungen, das Fremdprotein herzustellen, sondern er entwickelt die Antikörper gegen das injizierte Antigen.

Dabei ist weder bekannt,
– welche Zellen das Spike-Protein herstellen, noch
– wie viel Spike-Protein von den Zellen hergestellt wird oder
– wie lange die Körperzellen das Spike-Protein herstellen.

Eine jüngst veröffentlichte Studie berichtet davon, dass selbst 187 Tage nach der letzten Injektion bei 50 % der Teilnehmer, die eine Injektion erhalten hatten, noch Spike-Protein gefunden wurde, das aufgrund der Injektion hergestellt wurde.[47]

In pathologischen Untersuchungen waren Spike-Proteine, die ausschließlich von den Injektionen herrühren konnten, in zahlreichen Organen nachgewiesen werden, unter anderem im Herzen und im Gehirn, was zu Entzündungen in den Organen und Organschäden führen kann (Einzelheiten dazu in Teil III, 4.7, S. 380, und Teil IV, S. 471).

Der Unterschied zwischen den durch die Injektion hervorgerufenen Spike-Proteinen und dem Spike-Protein des Virus besteht darin, dass im Falle einer Infektion zusätzlich zum Spike-Protein ein zweites Antigen des Virus vorhanden sein muss, das sogenannte Nukleokapsid-Protein. Wenn das Nukleokapsid-Protein fehlt, kann die sichere Aussage getroffen werden, dass das festgestellte Spike-Protein aufgrund der Injektion gebildet wurde.[48] Darüber berichtete sogar der öffentlich-rechtliche MDR.[49]

Auch ist nicht bekannt, was passiert, wenn das Immunsystem des Menschen nach der Injektion nicht in der Lage ist, der Flut von gebildeten Spike-Proteinen Herr zu werden. Wird der Körper durch die Injektion dann mit Spike-Proteinen überschwemmt?

## 2.2 DAS IMPFANTIGEN ALS WIRKSTOFF EINES HERKÖMMLICHEN IMPFSTOFFES

Das Europäische Arzneimittelrecht, das in der VO 726/2004 und der Richtlinie 2001/83, dem Gemeinschaftskodex, kodiert ist, enthält keine positive Definition des Impfstoffes. Allerdings enthält der Anhang I Teil III Ziffer 1.2 des Gemeinschaftskodex die Sonderregelungen für die Zulassungsunterlagen von Impfstoffen und die Aussage, dass der Wirkstoff eines Impfstoffes ein Impfantigen ist. Entsprechend der Definition des Impfstoffes im Europäischen Arzneibuch heißt es dort:

> Ein Impfstoff kann ein oder mehrere unterschiedliche Impfantigene enthalten. In einem Impfstoff sind ebenso viele Wirkstoffe wie Impfantigene vorhanden.

Der Wirkstoff eines Impfstoffes im Sinne des Gemeinschaftskodex ist immer ein Impfantigen. Dem entspricht auch, dass im Rahmen der Zulassungsunterlagen für die Qualität des Wirkstoffs, also des Impfantigens, eine »Impfantigen-Stammdokumentation« vorzulegen ist. Eine »Impfantigen-Stammdokumentation« ist ein Teil der speziellen Zulassungsunterlagen eines Impfstoffes, der alle biologischen, pharmazeutischen und chemischen Details zu jedem Impfantigen enthält. Diese ist immer dann vorzulegen, wenn es sich um einen anderen Impfstoff als einen Influenza-Impfstoff handelt:

> Das Dossier für einen Antrag auf Zulassung anderer Impfstoffe als Influenzavakzine für den Menschen muss für jedes Impfantigen, das Wirkstoff dieses Vakzins ist, eine Impfantigen-Stammdokumentation beinhalten. (Anhang I Teil III Ziffer 1.2 des Gemeinschaftskodex)

Hieraus lässt sich die Schlussfolgerung ziehen, dass sowohl das Europäische Arzneibuch als auch der Gemeinschaftskodex unter einem Impfstoff ein Arzneimittel verstehen, dessen Wirkstoff ein Impfantigen ist.

Schon aus einem Vergleich der Wirkweise der mRNA- und Vektor basierten Vakzine ist ersichtlich, dass in diesen Fällen Arzneimittel als »Impfstoffe« bezeichnet werden, die dem – zumindest bis 2020 existierenden – europarechtlichen Verständnis des Gemeinschaftskodex von einem Impfstoff nicht entsprechen. Und da die Bevölkerung unter »Impfstoff« die traditionell als »Impfstoff« bezeichneten Arzneimittel verstand, war der Bevölkerung erst recht nicht bewusst, dass diese neuartigen Arzneimittel nicht mit den bisherigen Impfstoffen vergleichbar sind.

> Der Bevölkerung war nicht bewusst, dass die neuartigen mRNA- und Vektor-Injektionen nicht mit den bisherigen Impfstoffen vergleichbar sind.

## 2.3 DEFINITION DES »IMPFSTOFFES« IN § 4 ABS. 4 AMG

Im deutschen Arzneimittelgesetz (AMG) findet sich in §4 Abs. 4 folgende Definition: Danach sind Impfstoffe

> […] Arzneimittel im Sinne des §2 Abs. 1, die Antigene oder rekombinante Nukleinsäuren enthalten und die dazu bestimmt sind, bei Mensch oder Tier zur Erzeugung von spezifischen Abwehr- und Schutzstoffen angewendet zu werden und, soweit sie rekombinante Nukleinsäuren enthalten, ausschließlich zur Vorbeugung oder Behandlung von Infektionskrankheiten bestimmt sind.

Die Passage »*und, soweit sie rekombinante Nukleinsäuren enthalten*« wurde der Impfstoff-Definition im Jahr 2009 durch Artikel 1 Gesetz zur Änderung arzneimittelrechtlicher und anderer Vorschriften vom 17. Juli 2009 hinzugefügt.[50]

Interessant ist, dass diese Änderung des AMG zeitlich vor der Verabschiedung der KommissionsRL vom 14. September 2009 liegt, mit der die geänderte Definition in den Anhang des Gemeinschaftskodex aufgenommen wurde.

In der Gesetzesbegründung vom 16. März 2009 findet sich folgende Erläuterung für die Änderung der Definition des Impfstoffes:

> Arzneimittel, die die Voraussetzung der Arzneimittel für neuartige Therapien erfüllen, jedoch als Impfstoffe zum Schutz vor übertragenen Krankheiten vom Regelungsbereich der in Absatz 9 genannten VO (EG) Nr. 1394/2007 über Arzneimittel für neuartige Therapien ausgenommen sind, werden in die Definition der Impfstoffe aufgenommen.[51]

Das bedeutet, dass sich der deutsche Gesetzgeber im März 2009 auf eine Herausnahme der »Impfstoffe zum Schutz vor übertragbaren Krankheiten« aus dem Begriff der Gentherapie zu einem Zeitpunkt bezieht, zu dem die entsprechende KommissionsRL 2009/120/EG noch gar nicht erlassen war (September 2009)!

Arzneimittel für neuartige Therapien sind in §4 Abs. 9 AMG zwingend entsprechend der VO Nr. 1394/2007/EG definiert als »Gentherapeutika, somatische Zelltherapeutika oder biotechnologisch bearbeitete Gewebeprodukte [...]« und unterliegen als solche, wenn sie nicht als »Impfstoffe gegen Infektionskrankheiten« bestimmt sind, zwingend den strengen Zulassungsanforderungen.

Aus dieser Erläuterung wird deutlich, dass der deutsche Gesetzgeber die Definition des Impfstoffes im AMG in dem vollen Bewusstsein erweiterte, dass es sich bei den aufgrund der Einfügung im deutschen Recht als »Impfstoffe« bezeichneten Arzneimitteln mit rekombinanten Nukleinsäuren um Gentherapeutika handelt, die eigentlich einer erheblich strengeren Regulierung zu unterwerfen wären.

Allerdings ist nicht ganz eindeutig, ob die AMG-Impfstoff-Definition tatsächlich die genbasierten »Impfstoffe gegen Infektionskrankheiten« umfasst. Der Wortlaut eröffnet Argumentationsspielraum: §4 Abs. 4 AMG verlangt, dass die Impfstoffe mit rekombinanten Nukleinsäuren »ausschließlich zur Vorbeugung oder Behandlung von Infektionskrankheiten bestimmt« sein dürfen.

Im Fall der genbasierten COVID-19-Injektionen sind die verabreichten Nukleinsäuren jedoch dazu bestimmt, unter Umgehung der körpereigenen Schutzmechanismen den Körper zunächst zu veranlassen, ein möglicherweise toxisch wirkendes, körperfremdes Spike-Protein zu bilden. Erst aufgrund der Bildung des Spike-Proteins durch den Körper – aufgrund der Injektion – entwickelt der Körper in einem zweiten Schritt Immunreaktionen, mit denen die Vorbeugung (oder Behandlung) von Infektionskrankheiten gelingen kann.

> Genbasierte Injektionen veranlassen den Körper erst in einem zweiten Schritt zur Bildung von Antikörpern, nachdem er zwangsweise zunächst körperfremde Virusantigene gebildet hat.

Die Definition des §4 Abs. 4 AMG ist streng genommen nicht erfüllt, weil die genbasierten COVID-19-Injektionen zwei Zwecke verfolgen, die zwar zusammenhängen, aber sie dienen nicht ausschließlich der Vorbeugung von Infektionskrankheiten.

Trotz der Definition in §4 Abs. 4 AMG ist daher zweifelhaft, ob die COVID-19-Injektionen der deutschen Definition des »Impfstoffes« entsprechen.

## 3 LEITLINIEN ALS KONKRETE AUSGESTALTUNG DER ZULASSUNGSANFORDERUNGEN

Die Anforderungen für die Zulassung eines Arzneimittels sind in einer zweistufigen Hierarchie geregelt: Zunächst definiert das sekundäre EU-Recht, der Gemeinschaftskodex, wie in Teil I, Kapitel 6.6 (S. 145) erläutert, die allgemeinen Zulassungsanforderungen, den Nachweis der Qualität, Wirksamkeit und Sicherheit eines Arzneimittels. In Art. 8 ff werden die vorzulegenden Unterlagen allgemein definiert. Art. 26 Abs. 1 regelt, dass die Zulassung zu versagen ist, wenn

- das Nutzen-Risiko-Verhältnis negativ ist,
- die therapeutische Wirksamkeit nicht nachgewiesen ist oder
- die Zusammensetzung nicht wie angegeben ist.

Welche Art von Prüfungen durchgeführt werden müssen, regelt Art. 8 des Gemeinschaftskodex. Es handelt sich um

- pharmazeutische (physikalisch-chemische, biologische oder mikrobiologische) Untersuchungen zur Zusammensetzung,
- präklinische oder vorklinische (toxikologische und pharmakologische) Untersuchungen und
- klinische Untersuchungen. (Art. 8 Abs. 3 (i)).

Welcher Art im Einzelnen die geforderten Untersuchungen sind, wird im Anhang I des Gemeinschaftskodex für die unterschiedlichen Arzneimittelklassen in unterschiedlichen Teilen I–IV geregelt.

In der Einleitung des Anhangs des Gemeinschaftskodex wird darauf verwiesen, dass die Antragsteller bei der Erstellung der Unterlagen für den Zulassungsantrag die wissenschaftlichen Leitlinien für die Qualität, Wirksamkeit und Unbedenklichkeit (Sicherheit) der Arzneimittel berücksichtigen sollten:

> (4) Bei der Zusammenstellung des Zulassungsantrages sollten die Antragsteller auch die wissenschaftlichen Leitlinien für die Qualität, Unbedenklichkeit und Wirksamkeit von Humanarzneimitteln berücksichtigen, die vom Ausschuss für Arzneispezialitäten (Committee for Proprietory Medicinal Products – CPMP) verabschiedet und von der Europäischen Agentur für die Beurteilung von Arzneimitteln (European Medicine Evaluation Agency – EMEA) veröffentlicht wurden.

Der Gemeinschaftskodex verweist ausdrücklich auf die durch den CHMP verabschiedeten und von der *Europäischen Arzneimittel-Agentur* (EMA) veröffentlichten Leitlinien.

Die Leitlinien sind die zweite Stufe und konkreteste Ausgestaltung der Anforderungen an die Zulassungsunterlagen.

## 3.1 LEITLINIEN DER EMA

Auf ihrer Website führt die *Europäische Arzneimittel-Agentur* (EMA) aus, dass diese wissenschaftlichen Leitlinien vom Ausschuss für Humanarzneimittel (CHMP) und anderen zuständigen Ausschüssen in Absprache mit den mitgliedstaatlichen Zulassungsbehörden erarbeitet werden und den harmonisierten Ansatz der EU-Mitgliedstaaten und der Agentur zur Auslegung und Anwendung der in den Gemeinschaftsrichtlinien festgelegten Anforderungen für den Nachweis der Qualität, Sicherheit und Wirksamkeit« reflektieren[52]:

> »The European Medicines Agency's Committee for Medicinal Products for Human Use prepares scientific guidelines in consultation with regulatory authorities in the European Union (EU) Member States [...] Guidelines reflect a harmonised approach of the EU Member States and the Agency on how to interpret and apply the requirements for the demonstration of quality, safety and efficacy set out in the Community directives.«

Sie werden in einem durch Verfahrensleitlinien festgelegten Verfahren erlassen und von der EMA veröffentlicht.[53] Es handelt sich um sogenanntes »Soft law«.[54] Die Leitlinien haben keine bindende Gesetzeskraft, aber sie definieren mit quasi-gesetzlicher Wirkung den »Stand der Wissenschaft« und das harmonisierte EU-Verständnis.

Folglich ist eine Abweichung von den durch die EMA im Auftrag der EU-Kommission in Kraft gesetzten Leitlinien nur dann zulässig, wenn diese Abweichungen eindeutig wissenschaftlich fundiert und belegt sind. Vermutungen, dass Abweichungen gerechtfertigt sein könnten, reichen nicht aus. Das gilt für beide Seiten, sowohl für die Regulierungsbehörden als auch für die Antragsteller. Jede Seite muss wissenschaftlich fundiert belegen können, warum sie von einer wissenschaftlichen Leitlinie abzuweichen gedenkt.

## 3.2 INTERNATIONALE KONFERENZ (INTERNATIONALER RAT) ZUR HARMONISIERUNG VON ZULASSUNGSANFORDERUNGEN FÜR HUMANARZNEIMITTEL (ICH)

Die detaillierte Ausgestaltung der Anforderungen durch die in der Einleitung des Anhangs der Gemeinschaftskodex erwähnten wissenschaftlichen Leitlinien wird seit 1990 international abgestimmt.

1990 wurde die »International Conference on Harmonisation of Technical Requirements for Pharmaceuticals for Human Use« (ICH) gegründet. Sie sollte als Forum für einen konstruktiven Dialog zwischen Industrie und Behörden in den Regionen EU, Japan und USA geschaffen werden. Ziel war die Harmonisierung und gegenseitige Anerkennung der in den drei Regionen damals noch zum Teil unterschiedlichen Zulassungsanforderungen sowie die gegenseitige Anerkennung von Entscheidungen einschließlich behördlicher Inspektionen.

Gründungsmitglieder waren neben der EU-Kommission, der amerikanischen Zulassungsbehörde FDA und der japanischen Zulassungsbehörde die großen Pharmaverbände

- der EU: *European Federation of Pharmaceutical Industries and Associations* (EFPIA),
- Japans: *Japan Pharmaceutical Manufacturers Association* (JPMA) und
- der USA: *Pharmaceutical Research and Manufacturers of America* (PhaRMA).

In unterschiedlichen Arbeitsgruppen wurden im Laufe der Jahrzehnte Leitlinien für den Nachweis der Qualität, Wirksamkeit und Sicherheit sowie übergreifende multidisziplinäre Fragen erarbeitet. Zu den übergreifenden multidisziplinären Fragen gehört unter anderem die Erarbeitung eines medizinischen Wörterbuchs für regulatorische Aktivitäten, das *Medical Dictionary for Regulatory Activities* (MedDRA).[55] Dieses Wörterbuch dient zur Kodierung von Befunden, Symptomen, Diagnosen, Nebenwirkungen und unerwünschten Ereignissen in klinischen Studien.

Durch die Erarbeitung von Leitlinien in einem vierstufigen Verfahren und anschließender Implementierung durch die Zulassungsbehörden wurden die ICH-Leitlinien sukzessive als Leitlinien der EMA und anderer Zulassungsbehörden übernommen.

Im Oktober 2015 wurde die Harmonisierungskonferenz als internationale Vereinigung, eine juristische Person nach schweizerischem

Recht, gegründet. Sie nennt sich nun »International Council for Harmonisation of Technical Requirements«. Ziel ist die Erstreckung der Harmonisierungsbemühungen über die Regionen der Gründungsmitglieder EU, Japan und USA hinaus.

Die Ausführungen auf der EMA-Website, dass die EMA-Leitlinien in Konsultation mit den mitgliedstaatlichen Zulassungsbehörden abgestimmt werden, ist bei Betrachtung der ICH-Regularien nur ein Teil der Wahrheit. Dass diese Leitlinien auch mit der pharmazeutischen Industrie abgestimmt werden, erwähnt die EMA in ihren Ausführungen nicht.[56]

Streng genommen ist die ICH seit Beginn der Aufnahme ihrer Tätigkeit als eine »Public-private Partnership« zur Harmonisierung der technischen Anforderungen im Rahmen der Zulassungsbedingungen einzustufen. Über den Mechanismus der ICH-Leitlinien nimmt die pharmazeutische Industrie seit 1990 erheblichen Einfluss auf die zu erlassenden wissenschaftlichen Leitlinien, Soft law, das die von ihr im Rahmen der Zulassungsverfahren als Antragsteller vorzulegenden Unterlagen definiert.

Seit 1990 ist die Public-Private Partnership ICH zur Harmonisierung der technischen Anforderungen im Rahmen der Zulassungsbedingungen tätig.

## 3.3 WISSENSCHAFTLICHE LEITLINIEN DER WHO – INSBESONDERE WHO-LEITLINIE VON 2005 ÜBER IMPFSTOFFE

Eines der Kerngebiete der WHO ist ebenfalls die Erarbeitung wissenschaftlicher Leitlinien. In der zitierten Regelung des Gemeinschaftskodex wird auf die WHO-Guidelines nicht verwiesen. Das ist auch nicht verwunderlich, denn eine Delegierung von Auslegungsbefugnissen auf Nichtregierungsorganisationen wie die WHO ist im Vertrag über die Arbeitsweise der Europäischen Union (AEUV) nicht vorgesehen. Der AEUV bildet gemeinsam mit dem EU-Vertrag (EUV) die primärrechtliche Grundlage der Europäischen Union.

Auch wenn die WHO-Leitlinien im Gemeinschaftskodex nicht als Rechtsgrundlage für Zulassungsanforderungen erwähnt werden, zeigen die Ausführungen in den Bewertungsberichten zu den COVID-19-Injektionen, dass diese offensichtlich von der EMA berücksichtigt werden. Besonders wesentlich ist in diesem Zusammenhang die WHO-Leitlinie von 2005, »WHO guideline on nonclinical evaluation of vaccines«[57] (Leitlinie zur nichtklinischen Prüfung von Impfstoffen).

Hersteller der COVID-19-Injektionen berufen sich für Verzicht auf wesentliche toxikologische Prüfungen auf die WHO-Leitlinie von 2005.

Auf diese Leitlinie berufen sich die Antragsteller der genbasierten COVID-19-Injektionen zur Begründung des Verzichts auf wesentliche präklinische Untersuchungen der Injektionen. Die ursprüngliche CHMP-Leitlinie »Note for guidance on preclinical pharmacological and toxicological testing of vaccines« (Leitlinie zur präklinischen pharmakologischen und toxikologischen Prüfung von Impfstoffen) von 1997 (CPMP/SWP/465/95)[58] wurde durch den CHMP im Jahr 2016 zurückgenommen[59].

In einem Frage & Antwort, Q&A, Dokument der EMA mit dem Titel »Questions and answers on the withdrawal of the CPMP Note for guidance on preclinical pharmacological and toxicological testing of vaccines (CPMP/SWP/465)« wird erläutert, dass die ursprüngliche Leitlinie aufgehoben und durch die WHO-Guideline von 2005 ersetzt wurde:

> »Die WHO Leitlinie zur nichtklinischen Bewertung von Impfstoffen wurde 2005 veröffentlicht und war das Ergebnis einer Zusammenarbeit zwischen Sachverständigen unterschiedlicher Zulassungsbehörden, Gesundheitseinrichtungen, wissenschaftlichen Institutionen und Impfstoff-Herstellern. Nach Diskussionen innerhalb der CHMP-Arbeitsgruppe ›Sicherheit‹ wurde vereinbart, die CPMP Leitlinie zur präklinischen pharmakologischen und toxikologischen Untersuchung von

Impfstoffen aufzuheben und sich auf die WHO Leitlinie zur nichtklinischen Bewertung von Impfstoffen zu beziehen.«[60]

Zur Geltung und zum Charakter dieser WHO-Leitlinie wird ausgeführt, dass diese ebenso wie die CHMP-Guidelines nur empfehlenden Charakter habe und nicht bindend sei. Es würden auf die WHO-Guideline daher die entsprechenden Grundsätze Anwendung finden.[61]

WHO-Leitlinie von 2005 wurde nicht vom CHMP verabschiedet. Sie ist auch nicht auf der EMA-Website veröffentlicht.

Aus formalrechtlicher Sicht ergeben sich an diesem Punkt nicht unerhebliche Bedenken: Der Gemeinschaftskodex verweist in der Einleitung seines Anhangs ausdrücklich auf wissenschaftliche Leitlinien, die vom CHMP verabschiedet wurden und von der EMA veröffentlicht werden. Weder wurde die betreffende WHO-Leitlinie vom CHMP verabschiedet, noch ist sie auf der Website der EMA unter https://www.ema.europa.eu/en/human-regulatory/research-development/scientific-guidelines veröffentlicht.

Die Anwendbarkeit dieser Leitlinie und gegebenenfalls anderer WHO-Leitlinien im Rahmen der EU-Zulassung ist daher rechtlich meines Erachtens mehr als zweifelhaft. Eine Anwendung käme allenfalls über die Ausnahmeregelung in Betracht, dass Abweichungen von CHMP-Leitlinien wissenschaftlich fundiert belegt werden müssen.

## 3.4 REGULATORISCHE ÜBERLEGUNGEN DER WHO ZUR »BEWERTUNG DER QUALITÄT, SICHERHEIT UND WIRKSAMKEIT VON MESSENGER RNA VAKZINEN ZUR PRÄVENTION VON INFEKTIONSKRANKHEITEN«

Auf dem 74. Treffen des Expertengremiums der WHO zu biologischer Standardisierung vom 18.–21. Oktober 2021 wurde ein Papier zu regulatorischen Überlegungen zur Bewertung der Qualität,

Sicherheit und Wirksamkeit von messenger RNA-«Impfstoffen« zur Prävention von Infektionskrankheiten verabschiedet.[62] Interessanterweise finden sich in der Einleitung Ausführungen, die bestätigen, dass die Kenntnisse über die Qualität, Sicherheit und Wirksamkeit dieser modRNA-Injektionen auch im Oktober 2021 noch sehr lückenhaft und unzureichend sind.

> »Da noch keine detaillierten Informationen zu den für die Herstellung verwendeten Methoden verfügbar sind, die Kontrollen für sichere und wirksame mRNA-Impfstoffe noch nicht standardisiert sind und bestimmte Details weiterhin geschützt und daher nicht öffentlich zugänglich sind, ist es zu diesem Zeitpunkt nicht möglich, spezifische internationale Richtlinien zu entwickeln oder Empfehlungen. Daher ist derzeit Flexibilität im wissenschaftlichen Ansatz zur Regulierung von mRNA-Impfstoffen erforderlich. Die detaillierten Produktions- und Kontrollverfahren sowie alle wesentlichen Änderungen daran, die sich auf die Qualität, Sicherheit und Wirksamkeit von mRNA-Impfstoffen auswirken können, sollten im Einzelfall mit der NRA [Nationale Zulassungsbehörde; Anm. d. A.] besprochen und von dieser genehmigt werden.«

Im Oktober 2021 stellt das zuständige WHO-Gremium fest, dass aufgrund von Geschäftsgeheimnissen keine detaillierten Informationen zu den Herstellungsmethoden verfügbar und die Kontrollen für sichere und wirksame mRNA-Impfstoffe noch nicht standardisiert sind.

Es stellt sich die Frage: Wie sollen Zulassungs- und Überwachungsbehörden die Qualität prüfen, wenn die Herstellungs- und Kontrollmethoden nicht öffentlich zugänglich sind? Niemand kennt die genauen Herstellungs- und Kontrollmethoden, und trotzdem wird der Bevölkerung die mRNA-Technologie als sicher und wirksam »verkauft«?!

Auch in Bezug auf die Immunogenität werden Verständnislücken eingeräumt, dass zumindest nicht vollumfänglich bekannt ist, *wie* mRNA-Injektionen wirken: Es sei zu beachten, dass es weiterhin Lücken im wissenschaftlichen Verständnis gebe über Arten und Ausmaß der Immunogenität, die ein bestimmter mRNA-Impfstoff möglicherweise erreichen müsse, damit er erfolgreich, breit relevant und dauerhaft wirksam gegen die Krankheit sei, um die es sich handle. Für jeden Impfstoff müssten Vorteile und Risiken daher einzeln bewertet werden (S. 5).

Und ebenfalls der Satz, dass mRNA-Injektionen neu seien und sich von anderen Typen von Impfstoffen unterscheiden, findet sich in den Erwägungen (S. 6)!

Dieses WHO-Papier widerlegt per se sämtliche Aussagen über Qualität, Sicherheit und Wirksamkeit der mRNA-Injektionen der Behörden ... und es ruft die Erinnerung an die Aussage von Lothar Wieler im Oktober 2020 wach:

> »Wir gehen alle davon aus, dass im nächsten Jahr Impfstoffe zugelassen werden. Wir wissen nicht genau, WIE die wirken, wie GUT die wirken, WAS die bewirken, aber ich bin sehr optimistisch, dass es Wirkstoffe gibt.«[63] (ab Min. 28:30).

# 4 DIE BEDINGTE ARZNEIMITTELZULASSUNG

In der EU-Strategie für COVID-19-Impfstoffe hatte die EU-Kommission die Beschleunigung des Zulassungsprozesses durch »Anpassung des EU Rechtsrahmens an die derzeitige Dringlichkeit und Nutzung der bestehenden regulatorischen Flexibilität« angekündigt.[64] Diese Strategie sollte neben der Praktizierung des

- »Rolling Review«-Verfahrens, bei dem der Zulassungsantrag bereits vor Fertigstellung aller Zulassungsunterlagen eingereicht werden kann und die Unterlagen entsprechend der Fertigstellung sukzessive eingereicht und geprüft werden, und
- dem Verzicht auf die Umweltverträglichkeitsprüfung bei Freisetzung gentechnisch veränderter Organismen vor Beginn der klinischen Prüfung am Menschen
- durch die Anwendung der Regelungen über die bedingte Zulassung umgesetzt werden.[65]

Die Regelungen über die bedingte Zulassung finden sich in Art. 14-a der zentralisierten VO 726/2004 sowie in der durch die EU-Kommission erlassenen VO 507/2006.[66]

Ursprünglich waren die Regelungen zur bedingten Zulassung durch die VO 726/2004 in Art. 14 Abs. 7 eingeführt worden. Art. 14 Abs. 7 hatte den Auftrag an die EU-Kommission enthalten, die Details der Vorschriften einer bedingten Zulassung in Form von Durchführungsvorschriften zu erlassen.

Diesen Auftrag erfüllte die EU-Kommission mit der KommissionsVO 507/2006.

## 4.1 ANWENDUNGSBEREICH DER BEDINGTEN ZULASSUNG

In dieser VO wurden die Anforderungen an die Erteilung einer bedingten Zulassung geregelt. Durch die Aufnahme dieser Vorschriften in die zentralisierte VO 726/2004 wurden diese Voraussetzungen zusätzlich zur Regelung in Art. 4 der KommissionsVO 507/2006 auch und grundlegend in Art. 14-a Abs. 1-3 der VO 726/2004 geregelt.

Die Besonderheit der bedingten Zulassung liegt darin, dass deren Erteilung auch dann in Betracht kommt, wenn zum Zeitpunkt der Zulassungserteilung die Zulassungsunterlagen noch unvollständig sind. Zwar müssen grundsätzlich die Untersuchungen zur Qualität und Präklinik vollständig abgeschlossen sein, es müssen aber noch nicht alle Ergebnisse der klinischen Prüfungen vorliegen.

Grundvoraussetzung ist zunächst das Vorliegen einer medizinischen Versorgungslücke. Besteht eine medizinische Versorgungslücke, kann für bestimmte Arzneimittelkategorien von der Anforderung der Vorlage vollständiger Ergebnisse der klinischen Prüfung zum Zeitpunkt des Zulassungsantrags ausnahmsweise abgesehen werden. Diese Arzneimittelkategorien betreffen

— Arzneimittel, die zur Behandlung, Vorbeugung oder ärztlichen Diagnose von lebensbedrohenden oder zu schwerer Invalidität führenden Krankheiten bestimmt sind,
— Arzneimittel für seltene Leiden und
— Arzneimittel, die in von der WHO oder der EU ordnungsgemäß festgestellten Krisensituationen gegen eine Bedrohung der öffentlichen Gesundheit eingesetzt werden sollen.

Das Bestehen einer Versorgungslücke ist Voraussetzung für die Zulässigkeit einer bedingten Zulassung.

Das Hauptanwendungsgebiet lag zunächst bei den Arzneimitteln für seltene Leiden und zur Behandlung von schweren oder lebensbedrohlichen Krankheiten.

## 4.2 GRUNDSÄTZLICHE VORAUSSETZUNGEN DER ERTEILUNG EINER BEDINGTEN ZULASSUNG

Die grundsätzliche Überlegung, die hinter der Erteilung einer bedingten Zulassung steht, ist, dass in den Fällen, in denen keine Behandlungsalternativen existieren, die Zulassung auch dann unter Bedingungen ermöglicht werden soll, wenn noch nicht alle im Regelfall vorzulegenden Unterlagen zum Ergebnis klinischer Studien vorliegen. Zu diesem Zeitpunkt liegen »normalerweise« schon sämtliche Unterlagen zur pharmazeutischen Qualität und der Ergebnisse von präklinischen In-vitro- und Tierstudien zu den Wirkungen des Arzneimittels im Körper vor. Eine Ausnahme hiervon besteht jedoch in Krisenzeiten, in denen noch geringere Anforderungen an die vorzulegenden Unterlagen gestellt werden.

Sämtliche nachfolgend aufgeführten Voraussetzungen müssen für die Erteilung einer bedingten Zulassung zwingend vorliegen:

In Krisenzeiten (Pandemie) dürfen klinische Unterlagen und Qualitäts- *oder* nicht-klinische Unterlagen unvollständig sein.

→ **Positives Nutzen-Risiko-Verhältnis:**
Ein positives Nutzen-Risiko-Verhältnis liegt dann vor, wenn der Nutzen »jedes Risiko im Zusammenhang mit der Qualität, Sicherheit oder Wirksamkeit des Arzneimittels für die Gesundheit der Patienten oder die öffentliche Gesundheit« überwiegt. (Art. 1 Nr. 28a in Verbindung mit Art. 28, 1. Spiegelstrich des Gemeinschaftskodex)
Das bedeutet, dass in die Nutzen-Risiko-Bewertung des Arzneimittels im Rahmen der bedingten Zulassung nicht nur die Bewertung im Hinblick auf die öffentliche Gesundheit vorzunehmen ist, sondern auch die Bewertung für die Gesundheit der Menschen, denen das Arzneimittel verabreicht wird.

Die Nutzen-Risiko-Abwägung bezieht sich auf die öffentliche Gesundheit und die Menschen, denen das Arzneimittel verabreicht werden soll.

→ »Der Antragsteller ist voraussichtlich in der Lage, die umfassenden klinischen Daten nachzuliefern.«
Dies bedeutet, dass eine bedingte Zulassung grundsätzlich zunächst nur dann erteilt werden darf, wenn die vollständigen Unterlagen zur Qualität und Präklinik vorliegen, die klinischen Unterlagen aber noch unvollständig sind. Darüber hinaus kann eine bedingte Zulassung nur in den Fällen erteilt werden, in denen

zu erwarten ist, dass der Antragsteller die grundsätzlich für eine »unbedingte« Zulassung erforderlichen Unterlagen auch tatsächlich nachreichen kann.
Die Vorlage der noch fehlenden Unterlagen wird dem Antragsteller in Form von Bedingungen der Zulassungserteilung innerhalb einer bestimmten Frist verbindlich auferlegt.
Stellt sich zu einem Zeitpunkt nach Erteilung der bedingten Zulassung heraus, dass die Bedingungen nicht erfüllt, also die erforderlichen Unterlagen nicht (mehr) eingereicht werden können, sieht Art. 20a Satz 2 der VO 726/2004 die Änderung, Aussetzung oder den Widerruf der bedingten Zulassung durch die EU-Kommission vor.

Werden die geforderten Unterlagen nicht fristgemäß nachgereicht, ist die bedingte Zulassung auszusetzen, zu widerrufen oder zu ändern.

→ **»Schließung medizinischer Versorgungslücken« – keine alternative Behandlungsmethode**
Für das betreffende Arzneimittel darf es keine alternative Behandlungsmöglichkeit geben. Eine solche »medizinische Versorgungslücke« liegt vor, wenn »für eine Erkrankung kein zufriedenstellendes Mittel zur Diagnose, Vorbeugung oder Behandlung in der Gemeinschaft zugelassen ist oder, selbst wenn dies der Fall ist, das betreffende Arzneimittel einen bedeutenden therapeutischen Nutzen für die von dieser Erkrankung betroffenen Patienten mit sich bringt«. (Art. 14-a Abs. 2 der VO 726/2004 und gleichlautend Art. 4 (2) der VO Nr. 507/2006/EG)
Die Erteilung einer bedingten Zulassung kommt somit grundsätzlich nur dann in Betracht, wenn
– *kein Arzneimittel verfügbar* ist, mit dem die betreffende Erkrankung behandelt oder ihr vorgebeugt werden kann, oder
– das *neue Arzneimittel einen »bedeutenden therapeutischen Nutzen«* gegenüber der existenten Behandlung aufweist.

Alternative Behandlungsmethoden – wie sie mit Ivermectin[67] und Hydroxychloroquin vorlagen, aber unterdrückt wurden – sind daher von großer Bedeutung bei der Frage, ob die Erteilung einer bedingten Zulassung rechtlich zulässig ist.

Eine bedingte Zulassung ist nicht möglich, wenn Behandlungsalternativen bestehen.

→ **Der Nutzen für die öffentliche Gesundheit bei sofortiger Verfügbarkeit des Arzneimittels überwiegt die Gefahr aufgrund noch fehlender zusätzlicher Daten.**
Im Hinblick auf die Unvollständigkeit der vorzulegenden Daten muss eine weitere, zusätzliche Nutzen-Risiko-Bewertung vorgenommen werden, die sich auf die Gefahr bezieht, die sich daraus ergibt, dass die Daten bei der Erteilung der bedingten Zulassung noch unvollständig sind. Hier ist die Abwägung zwischen der Gefahr für die öffentliche Gesundheit bei Fehlen des Arzneimittels gegenüber der Gefahr abzuwägen, dass sich die Annahme über die Sicherheit und Nutzen-Risiko-Abwägung, die aufgrund der unvollständigen Daten vorgenommen wurde, als unrichtig herausstellt. Mit anderen Worten: Wie ist die Gefahr für die Bevölkerung ohne das Arzneimittel gegenüber dem Nebenwirkungspotenzial des Arzneimittels einzuschätzen? Überwiegt der Nutzen für die öffentliche Gesundheit?
Da sich aufgrund unvollständiger Daten in der Regel im Rahmen einer bedingten Zulassung lediglich vermuten lässt, dass die Zulassungsvoraussetzung eines positiven Nutzen-Risiko-Verhältnisses erfüllt sein könnte, kommt den mit der Erteilung der bedingten Zulassung ausgesprochenen »besonderen Bedingungen« gemäß Art. 14a- (4) der VO 726/2004/EG eine herausragende Bedeutung zu. Ohne diese Verpflichtungen wäre die Erteilung der Zulassungen unzulässig. Deshalb sind die für die Erfüllung dieser Verpflichtungen in den Zulassungsbescheiden ausgesprochenen Fristen grundsätzlich einzuhalten.

## BESONDERHEIT IN KRISENZEITEN: ERTEILUNG DER BEDINGTEN ZULASSUNG AUCH BEI UNVOLLSTÄNDIGEN DATEN ZUR QUALITÄT UND KLINIK ERLAUBT

Welches Risiko sich aus der Unvollständigkeit klinischer Daten für die Beurteilung der Sicherheit und Unbedenklichkeit eines Arzneimittels ergibt, hat der Ausschuss für Humanarzneimittel (CHMP) in seiner Leitlinie »Guideline on the scientific application and the practical arrangements necessary to implement Commission Regulation (EC) No 507/2006 on the conditional marketing authorisation for medicinal products for human use falling within the scope of Regulation (EC) No 726/2004«[68] auf S. 5 erläutert:

> »Die Unsicherheiten in Bezug auf das Fehlen umfassender klinischer Daten bei einer bedingten Marktzulassung verlangen grundsätzlich, dass Unsicherheiten in Bezug auf die anderen Teile des Antrags auf ein Minimum beschränkt sein müssen. Für eine bedingte Zulassung sollten umfassende nicht-klinische und pharmazeutische Daten verfügbar und nur die klinischen Daten können weniger umfangreich als im Normalfall sein.«

Der CHMP selbst geht also bei bedingten Zulassungen grundsätzlich davon aus, dass die Unterlagen zur Qualität und Präklinik umfassend und aussagekräftig sein müssen, um die Unsicherheit aufgrund der Unvollständigkeit klinischer Daten vertreten zu können.

Die Unterlagen zur Qualität und Präklinik müssen umfassend und aussagekräftig sein, damit die Unsicherheit aufgrund unvollständiger klinischer Daten vertretbar ist.

Trotz des vom CHMP schon im Falle der Unvollständigkeit klinischer Unterlagen hervorgehobenen Risikos weichen die gleichlautenden Regelungen der KommissionsVO 507/2006/EG in Art. 4 Abs. 1 letzter Satz und Art.

14-a Abs. 1 S. 2 der VO 726/2004 von dem Grundsatz ab, dass nur klinische Unterlagen unvollständig sein dürfen. Diese Vorschrift sieht eine Ausnahme von diesem Grundsatz für den Fall von »Krisensituationen« vor:

> In Krisensituationen kann eine Zulassung solcher Arzneimittel erteilt werden, selbst wenn noch keine vollständigen vorklinischen oder pharmazeutischen Daten vorgelegt wurden. (Art. 14-a VO 726/2004)

Wichtig ist, zu berücksichtigen, dass die Verordnungen neben der Unvollständigkeit klinischer Daten ausschließlich die alternative Unvollständigkeit pharmazeutischer ODER präklinischer Daten erlauben. Eine bedingte Zulassung darf dann nicht erteilt werden, wenn neben den klinischen Unterlagen auch die präklinischen und die pharmazeutischen Unterlagen unvollständig sind.

Dass keine Unvollständigkeit aller drei Aspekte gegeben sein darf, geht auch eindeutig aus dem 4. Erwägungsgrund zur KommissionsVO 507/2006 hervor:

> (4) Die Erteilung bedingter Zulassungen sollte auf jene Fälle beschränkt bleiben, in denen nur der klinische Teil der Antragsunterlagen weniger umfassend ist als üblich. Unvollständige präklinische oder pharmazeutische Daten sollten nur dann zulässig sein, wenn ein Arzneimittel in Krisensituationen gegen eine Bedrohung der öffentlichen Gesundheit eingesetzt werden soll.

Ein Teil der Daten hat vollständig vorzuliegen – entweder der pharmazeutische, qualitative Teil oder der präklinische Teil!

Weiterhin ist zwingend erforderlich, dass die Unterlagen so vollständig sind, dass sie eine positive Nutzen-Risiko-Abwägung sowohl für den einzelnen Patienten als auch für die Allgemeinheit in Bezug auf die sofortige Verfügbarkeit

Auch in Krisenzeiten muss der qualitative oder der präklinische Teil der Unterlagen vollständig sein.

des Arzneimittels ermöglichen. Das verdeutlicht auch der 3. Erwägungsgrund der VO:

> (3) Auch wenn eine bedingte Zulassung auf weniger umfangreichen Daten beruhen kann, sollte das in Artikel 1 Nummer 28a der Richtlinie 2001/83/EG definierte Nutzen-Risiko-Verhältnis dennoch positiv sein. Zudem sollte der Nutzen für die öffentliche Gesundheit, den die sofortige Verfügbarkeit des Arzneimittels auf dem Markt mit sich bringt, das Risiko aufgrund noch fehlender zusätzlicher Daten überwiegen.[69]

Die Unterlagen müssen so vollständig sein, dass sie eine fundierte Nutzen-Risiko-Abwägung ermöglichen.

## 4.4 ZUSÄTZLICHE VORAUSSETZUNG DES VORLIEGENS EINER ZU SCHWERER INVALIDITÄT FÜHRENDEN ODER LEBENSBEDROHLICHEN KRANKHEIT

Auffällig ist im Zusammenhang mit der Auflistung der Zulassungsvoraussetzungen für eine bedingte Zulassung eine Diskrepanz zwischen den Formulierungen in Art. 2 Nr. 2 in Verbindung mit Art. 4 Abs. 1 letzter Satz der Kommissions VO 507/2006 und dem einschlägigen Art. 14-a Abs. 1 S. 2 der VO (des Europäischen Parlament und des Rates) 726/2004. Letzteres ist das höherrangige Recht.

Während der Wortlaut der KommissionsVO Nr. 507/2004 dafür spricht, dass im Falle einer Krisensituation und des Bestehens einer medizinischen Versorgungslücke (jegliche) Arzneimittel zur Schließung der Versorgungslücke in den Genuss des Geltungsbereichs einer bedingten Zulassung kommen können, ohne dass die Voraussetzung einer lebensbedrohlichen Krankheit gegeben sein muss, führt der Wortlaut des Art. 14-a Abs. 1 der VO Nr. 726/2004 zu einer engeren Auslegung des Anwendungsbereichs einer bedingten Zulassung in Krisenzeiten. Es heißt wörtlich:

> In hinreichend begründeten Fällen kann zur Schließung medizinischer Versorgungslücken für Arzneimittel, die zur Behandlung, Vorbeugung oder ärztlichen Diagnose von zu schwerer Invalidität führenden oder lebensbedrohenden Krankheiten bestimmt sind, eine Zulassung erteilt werden, ehe umfassende klinische Daten vorliegen, sofern der Nutzen der sofortigen Verfügbarkeit des betreffenden Arzneimittels auf dem Markt das Risiko überwiegt, das sich daraus ergibt, dass nach wie vor zusätzliche Daten erforderlich sind. In Krisensituationen kann eine Zulassung solcher Arzneimittel erteilt werden, selbst wenn noch keine vollständigen vorklinischen oder pharmazeutischen Daten vorgelegt wurden.

Aus diesem Wortlaut ergibt sich, dass der Anwendungsbereich einer bedingten Zulassung nach Art. 14-a der VO 726/2004 auch in Krisenzeiten verlangt, dass es sich um Arzneimittel zur Behandlung, Vorbeugung oder ärztlichen Diagnose von zu schwerer Invalidität führenden oder lebensbedrohenden Krankheiten handelt. Nur in solchen Fällen ist der weitere Verzicht auf vollständige pharmazeutische und präklinische Daten auch in Krisenzeiten nach dem Wortlaut des Art. 14-a Abs. 1 der VO 726/2004 zulässig.

Da in aller Regel die englische Fassung eines Gesetzestextes der EU Vorrang vor den Übersetzungen hat, ist ein Blick in die englische Version sinnvoll, um sicherzugehen, dass auch in der englischen Version unterschiedliche Fassungen zwischen der KommissionsVO und der VO 726/2004 vorliegen.

> Der weitere Verzicht auf vollständige pharmazeutische oder präklinische Daten ist auch in Krisenzeiten nur für Arzneimittel zur Behandlung, Vorbeugung oder ärztlichen Diagnose von zu schwerer Invalidität führenden oder lebensbedrohenden Krankheiten erlaubt.

Auch in der englischen Fassung der VO 726/2004 findet sich der einschränkende Wortlaut im letzten Satz des Art. 14-a Abs. 1 S. 2:

»In emergency situations, a marketing authorisation for such medicinal products may be granted also where comprehensive pre-clinical or pharmaceutical data have not been supplied.«

Auch die englische Version bezieht sich somit in Satz 2 auf die in Satz 1 bezeichneten Arzneimittel – und das sind Arzneimittel »intended for the treatment, prevention or medical diagnosis of seriously debilitating or life-threatening diseases«.

Das erscheint auch sinnvoll: Bei einer zu schwerer Invalidität führenden oder lebensbedrohlichen Krankheit ist die Nutzen-Risiko-Abwägung eine andere als eine solche Abwägung im Fall einer sich zwar ausbreitenden, aber in ihrem Verlauf für den größten Teil der Bevölkerung nicht schwerwiegenden Erkrankung. Je höher die Gefahr ist, die von einer Erkrankung ausgeht, umso höher darf auch das Risiko von Unwägbarkeiten durch unvollständige Unterlagen sein.

Zu dieser Schlussfolgerung führt auch die Bewertung der oben bereits zitierten Ausführungen des CHMP in seiner Guideline auf S. 5, wonach die Unterlagen zu Qualität und Präklinik vollständig sein müssen, wenn schon Unwägbarkeiten aufgrund der Unvollständigkeit der klinischen Unterlagen geduldet werden müssen.

Das ist auch in der Gesetzesabsicht konsequent: Wenn in »normalen« Zeiten bei Vorliegen einer medizinischen Versorgungslücke für Arzneimittel zur Behandlung von zu schwerer Invalidität führenden oder lebensbedrohenden Krankheiten lediglich ein Verzicht auf die Vollständigkeit lediglich für die klinischen Unterlagen gerechtfertigt ist, ist ein zusätzlicher Verzicht der Vollständigkeit von Nachweisen zur Qualität und Präklinik auch nur bei Vorliegen einer *weiteren* zusätzlichen Voraussetzung zu rechtfertigen – und diese zusätzliche Voraussetzung für den Verzicht auf die Vollständigkeit pharmazeutischer oder präklinischer Daten bei zu schwerer Invalidität führenden oder lebensbedrohenden Krankheiten ist die Krisensituation.

Die Anforderungen des Art. 14-a (1) der hierarchisch höher stehenden VO 726/2004 an die Voraussetzungen für die Anwendbarkeit der bedingten Zulassung im Falle von Krisenzeiten sind daher mit gutem Grund enger als die Voraussetzungen des Art. 2 Nr. 2 der Kommissions-VO 507/2006 für die grundsätzliche Eröffnung des Anwendungsbereichs eben dieser VO.

Sie stimmen auch mit der ursprünglichen Definition einer Influenza-Pandemie durch die WHO auf ihrer »Pandemic Preparedness«-Website überein, auf der eine Influenza-Pandemie wie folgt beschrieben wurde: Eine Influenza-Pandemie liegt vor, wenn ein neues Influenzavirus auftritt, gegen das die menschliche Bevölkerung keine Immunität hat, was weltweit zu mehreren gleichzeitigen Epidemien mit einer enormen Zahl von Todesfällen und Erkrankung führt.[70]

Unter Berücksichtigung des Wortlautes des Art. 14-a (1) der VO Nr. 726/2004 ist daher die Erteilung einer bedingten Zulassung unter zusätzlichem Verzicht auf die Vollständigkeit der Unterlagen zur Qualität oder Präklinik in Krisenzeiten nur dann zulässig, wenn die betreffenden Arzneimittel »zur Behandlung, Vorbeugung oder ärztlichen Diagnose von zu schwerer Invalidität führenden oder lebensbedrohenden Krankheiten bestimmt sind«.

## 4.5 WAS IST EINE KRISENSITUATION?

Eine »Krisensituation«, auf Englisch »emergency situation«, wird in Art. 2 Nr. 2 der KommissionsVO 507/2006 definiert. Es muss sich um eine Krisensituation handeln, die von der WHO oder der EU »im Rahmen der Entscheidung Nr. 2119/98/EG ordnungsgemäß festgestellt wurde«. Weiterhin muss die Krisensituation zu einer Bedrohung der öffentlichen Gesundheit führen, da das betreffende Arzneimittel »gegen die Bedrohung der öffentlichen Gesundheit eingesetzt werden« soll.

Die Krisensituation, die zur Bedrohung der öffentlichen Gesundheit führt, wird vom Generaldirektor der WHO oder der EU-Kommission ausgerufen.

- Die Ausrufung einer Krisensituation durch die WHO geschieht – wie in Teil I Kapitel 1 (S. 26) erläutert – durch den Generaldirektor der WHO auf der Grundlage der IGV durch die Feststellung einer »gesundheitlichen Notlage von internationaler Tragweite« (Public Health Emergency of International Concern, PHEIC (phonetisch »Fake«)).
- Die Feststellung einer Krisensituation in der EU vollzieht sich nach dem Wortlaut des Art. 2 Nr. 2 der VO 507/2006 in Anwendung der Entscheidung 2119/98 des Europäischen Parlaments und des Rates vom 24. September 1998 *»über die Schaffung eines Netzes für die epidemiologische Überwachung und die Kontrolle übertragbarer Krankheiten in der Gemeinschaft«*[71].

Die in der KommissionsVO zitierte Entscheidung wurde 2013 durch die Entscheidung des Rates vom 22. Oktober 2013 »zu schwerwiegenden grenzüberschreitenden Gesundheitsgefahren« ersetzt[72], ohne dass der Wortlaut der VO 507/2006 entsprechend angepasst wurde. Auch diese Entscheidung aus 2013 wurde zwischenzeitlich durch eine neue, weitergehende VO vom 23. November 2022 ersetzt (VO Nr. 2022/2371/EU zu schwerwiegenden grenzüberschreitenden Gesundheitsgefahren und zur Aufhebung des Beschlusses Nr. 1082/2013/EU.)[73] Da diese VO zum Zeitpunkt des Erlasses der bedingten Zulassungen jedoch noch nicht galt, wird an dieser Stelle auf den Beschluss 1082/2013 Bezug genommen.

Nach Art. 12 des Beschlusses konnte die EU-Kommission eine gesundheitliche Krisensituation bei einer Influenza-Epidemie oder einer anderen schweren grenzüberschreitenden Gesundheitsgefahr feststellen, »wenn der Generaldirektor der WHO informiert worden ist und noch keine Entscheidung getroffen hat, wonach nach den Internationalen Gesundheitsvorschriften (2005) eine gesundheitliche Notlage von internationaler Tragweite besteht«.

Die Entscheidung der EU-Kommission hatte nur Geltung für den Zeitraum bis zu einer Entscheidung des WHO-Generaldirektors.

Aus diesen Regelungen wird deutlich, dass sich die EU der Einschätzung der WHO spätestens dann »unterwirft«, wenn der Generaldirektor der WHO eine gesundheitliche Notlage von internationaler Tragweite festgestellt hat.

Stellt der Generaldirektor der WHO – dessen Entscheidung weder geprüft noch von einem Gremium aufgehoben werden kann – eine solche gesundheitliche Notlage von internationaler Tragweite fest, führt diese Feststellung automatisch dazu, dass in der EU die Voraussetzungen für die Anwendung des Verfahrens zur Erteilung bedingter Zulassungen für Arzneimittel eröffnet ist, welche im Rahmen dieser gesundheitlichen Notlage zur Anwendung kommen sollen.

Konsequent gedacht könnte mit diesem Mechanismus eine Pandemie immer dann gelegen kommen, wenn neue Arzneimittel für Infektionskrankheiten in der Entwicklungsphase sind und die Hersteller die umfangreichen Prüfungen zu Qualität oder Präklinik und klinischen Studien zunächst umgehen wollen …

Die Ausrufung einer »gesundheitlichen Notlage von internationaler Tragweite« (PHEIC) durch den WHO-Generaldirektor führt automatisch zur Notlage/Krisensituation in der EU.

## 4.6 ÄNDERUNG DER PANDEMIE-DEFINITION DURCH DIE WHO – EINE ÜBERRASCHENDE ERKENNTNIS

Die oben unter 4.4 zitierte WHO-Definition einer Influenza-Pandemie mit dem Erfordernis einer enormen Anzahl an Todesfällen galt bis zum 3. Mai 2009.[74] Seit dem 6. Mai 2009 ist das Erfordernis einer enormen Anzahl von Todesfällen gestrichen. Außerdem wird ausdrücklich erläutert, eine Pandemie könne in Bezug auf

Erkrankung und Tod mild oder ernst sein.[75] Eine Influenza-Pandemie – und in der Folge natürlich auch eine Pandemie anderer Viren, wie wir es ja auch bei der Feststellung einer PHEIC namens »Affenpocken-Pandemie« erleben durften – bedarf seitdem nicht mehr einer enormen Zahl von Toten und auch nicht mehr einer ernsten Erkrankung. Seit dem Mai 2009 ist die WHO-Beschreibung einer Influenza-Pandemie folgender Satz:

> »Eine Influenza-Pandemie liegt vor, wenn ein neues Influenzavirus auftritt, gegen das die menschliche Bevölkerung keine Immunität hat.«[76]

Es bedarf zur Feststellung einer Pandemie damit nur der Behauptung, es bestehe hinsichtlich des neuen Virus keine Immunität in der Bevölkerung, unabhängig davon, ob die Erkrankung mild oder ernst verläuft. Bei dieser Behauptung besteht zudem die Gefahr, dass – wie in der Corona-Pandemie geschehen – die Kreuzimmunität der Bevölkerung vollkommen unberücksichtigt bleibt beziehungsweise negiert wird.

Seit geraumer Zeit ist diese Seite auf der WHO-Website nicht mehr aufrufbar. Auf Websiten anderer Organisationen und Gesundheitsbehörden findet sich eine Definition, die sich auf die grenzüberschreitende Ausbreitung einer Erkrankung und fehlende Immunität der Bevölkerung bezieht.[77]

In der Tat ist es so, dass die Definition einer Pandemie historisch im Hinblick auf das Risiko und die Schwere der Erkrankung neutral war. Einziges Erfordernis war die grenzüberschreitende Ausbreitung einer Erkrankung, die eine große Anzahl von Menschen betrifft. So wird in einem 2011 im Bulletin of the World Health Organization erschienenen Beitrag[78] das Dictionary of epidemiology (4. Auflage, 2001) mit folgender Definition zitiert:

Erst WHO und CDC haben den Aspekt des mit der Krankheit verbundenen Risikos von Todesfällen mit der ursprünglichen Pandemie-Definition verknüpft.

> »eine Epidemie, die weltweit oder in einem sehr weiten Gebiet auftritt, internationale Grenzen überschreitet und normalerweise eine große Anzahl von Menschen betrifft«[79]

Weiter heißt es in dem Beitrag, dass der Aspekt des mit der Krankheit verbundenen Risikos und auftretenden Todesfällen erst von der WHO und der US-amerikanischen Behörde Centers for Disease Control and Prevention (CDC) mit der Definition der Pandemie verbunden worden sei. Die Autorin Heath Kelly schreibt:

> »Es ist verlockend anzunehmen, dass die komplizierten Pandemiedefinitionen der Weltgesundheitsorganisation (WHO) und der Centers for Disease Control and Prevention der USA den Schweregrad 1,10 im Rahmen einer vorsätzlichen Aktion einbezogen mit der Absicht, politische Aufmerksamkeit und finanzielle Unterstützung für die Pandemievorsorge zu gewinnen.«[80]

Der Aspekt der Schwere oder des Risikos, das mit der sich ausbreitenden Krankheit verbunden ist, erscheint mit dieser Kenntnis der historischen Pandemie-Definition als ein Element der Beeinflussung, um die Notwendigkeit der Entwicklung und Verabreichung eines Impfstoffes zu rechtfertigen.

Kelly stellt in diesem Zusammenhang richtig fest: »Wenn eine klassische Pandemie-Definition verwendet worden wäre, wäre es unnötig gewesen, diese Erklärung mit einer Impfstoff-Produktion zu verbinden.«[81]

Treffend drücken es auch Luc Bonneux und Wim van Damme in ihrem 2011 im *Bulletin* der WHO erschienenen Beitrag »Health is more than Influenza«[82] aus. Ihre Feststellung hat an Aktualität seit dem Erscheinen des Beitrags nichts verloren, im Gegenteil: Sie ist aktueller denn je. Aus diesem Grund fällt das Zitat auch etwas umfangreicher aus:

> »Die wiederholten pandemischen Gesundheitsängste, die durch ein H5N1-Vogelvirus und ein neues menschliches Influenzavirus A(H1N1) verursacht werden, sind Teil der Angstkultur. Das Worst-Case-Denken ersetzte eine ausgewogene Risikobewertung [...] Die Pandemie-Politik wurde nie durch Beweise bestimmt, sondern durch die Angst vor Worst-Case-Szenarien [...] Auf dem hart umkämpften Markt der Gesundheitspolitik wird hart um Aufmerksamkeit, Budgets und Zuschüsse gekämpft. Die Pharmaindustrie und die Medien reagierten nur auf diesen willkommenen Segen. Wir brauchen daher weniger, nicht mehr ›Pandemievorsorge‹-Pläne oder -Definitionen [...] Es gibt keinen Grund für die Annahme, dass eine bevorstehende Pandemie schlimmer sein wird als die milden von 1957 oder 1968, keinen Grund, präventiv zuzuschlagen, keinen Grund zu glauben, dass eine angemessene und ausgewogene Reaktion Leben riskieren würde [...] Der Schlüssel zu verantwortlicher Politikgestaltung ist nicht Bürokratie, sondern Rechenschaftspflicht und Unabhängigkeit von Interessengruppen. Entscheidungen müssen auf adaptiven Reaktionen auf neu auftretende Probleme beruhen, nicht auf Definitionen [...]«[83]

»Die Pandemie-Politik wurde nie durch Beweise bestimmt, sondern durch die Angst vor Worst-Case-Szenarien.«

Es zeigt sich, dass »des Pudels Kern« der Pandemie-Definition nicht die Änderung der Definition von »Pandemie« durch die WHO im Jahr 2009 ist, sondern die Tatsache, dass die WHO die Definition der Pandemie eigenmächtig und in Abkehr von der Pandemie-Definition des *Wörterbuch der Epidemiologie* mit den Aspekten der fehlenden Immunität und dem Schweregrad der Erkrankung, dem Todesrisiko verbunden hat. Auf diese Weise wurde der neutrale Begriff der Pandemie mit einem Angstszenario verknüpft, der die Entwicklung, Produktion und Verabreichung von Impfstoffen sowie die Investition immenser Geldsummen in die Entwicklung von Impfstoffen rechtfertigte.

Die Verknüpfung des Begriffs der Pandemie mit Angst erwähnt auch der WHO-Generaldirektor bei seiner Pressekonferenz anlässlich der Pandemiefeststellung am 11. März 2020[84]: »Pandemic is not a word to use lightly or carelessly. It's a word that, if misused, can cause unreasonable fear […]« (Der Begriff der Pandemie ist kein Begriff, der leichtfertig oder unvorsichtig verwendet werden sollte. Es ist ein Wort, das im Fall seines Fehlgebrauchs unbegründete Angst hervorrufen kann […]) Mit anderen Worten: Vor einer Pandemie müssen die Menschen Angst haben – nur der Fehlgebrauch des Begriffs ruft unbegründete Angst hervor!

WHO und CDC haben eigenmächtig den herkömmlich neutralen Pandemiebegriff mit einem Angstszenario verknüpft.

Gefährlich ist an der Änderung der Pandemie-Definition im Jahr 2009 die Anpassung an die ursprüngliche neutrale Definition unter gleichzeitiger Aufrechterhaltung der Verknüpfung zwischen dem Begriff der Pandemie, fehlender Immunität und Erforderlichkeit von Impfstoffen jeglicher Machart, am besten in Form von mRNA-Injektionen.

Letztlich steht – um mit Heath Kelly zu sprechen – »die Verlockung« der Vermutung im Raum, dass die von der WHO (und den US-amerikanischen CDC) geschaffene abgeänderte Pandemie-Definition von Beginn an ausschließlich der Förderung der finanziellen Interessen der Impfstoffindustrie dienen sollte – und nicht der Fürsorge für die Gesundheit und der Bevölkerung.

Wie aus der EU-Gesetzgebung zur bedingten Zulassung ersichtlich ist, wird mit der Feststellung einer Pandemie die Möglichkeit eröffnet, Zulassungen für Arzneimittel auf dürftiger Datengrundlage zu erlangen, wodurch das für die Bevölkerung bestehende Risiko, das mit der Verabreichung der Arzneimittel verbunden ist, unter Umständen dramatisch erhöht und auch höher als das Risiko durch die zu bekämpfenden Krankheit sein kann.

### 4.7 VORLÄUFIGKEIT DER BEDINGTEN ZULASSUNG

Die bedingte Zulassung ist ihrem Wesen nach eine »vorläufige Zulassung«. Sie wird erteilt, wenn aufgrund der eingereichten unvollständigen Unterlagen

— die Vermutung eines positiven Nutzen-Risiko-Verhältnisses besteht und

— angenommen wird, dass der Nutzen der sofortigen Verfügbarkeit des Arzneimittels für die öffentliche Gesundheit die Gefahr aufgrund noch fehlender zusätzlicher Daten überwiegt.

Diese Vermutungen beziehungsweise Annahmen sind nach Erteilung der bedingten Zulassungen durch die nachzureichenden Unterlagen zu bestätigen.

Entsprechend ihrer Vorläufigkeit beträgt die Geltungsdauer einer bedingten Zulassung 1 Jahr. Die Verlängerung der Zulassung kann 6 Monate vor Ablauf der Geltungsdauer für jeweils 1 Jahr beantragt werden. Stellt sich heraus, dass der Zulassungsinhaber nicht in der Lage ist, die fehlenden Unterlagen nachzureichen, also die Bedingungen nicht erfüllen kann, ist die Zulassung zu widerrufen (Art. 20a VO 726/2004).

## 5 ANWENDUNGSBEREICH DER BEDINGTEN ZULASSUNG FÜR COVID-19-INJEKTIONEN UND -IMPFSTOFFE

Aus den Zulassungsbescheiden, die für die zunächst bedingt zugelassenen COVID-19-Injektionen erlassen wurden, ergibt sich, dass die COVID-19-Injektionen, aber auch der Impfstoff von *Novavax*,

*Nuvaxovid*®, unter besonderen Bedingungen zugelassen wurden, die sich nicht nur auf die Forderung der Vorlage weiterer klinischer Daten beziehen. Die größere Anzahl der besonderen Bedingungen bezieht sich bei den genbasierten COVID-19-Injektionen auf die Qualität der Arzneimittel, sei es auf die Qualität des Wirkstoffes, einzelner Hilfsstoffe und/oder des Fertigproduktes.[85]

Ein zusätzlicher Verzicht auf vollständige Unterlagen zur Qualität und gegebenenfalls Präklinik ist jedoch, wie oben ausgeführt, nur dann zulässig, wenn

- eine Krisensituation vorliegt und
- eine medizinische Versorgungslücke zur Behandlung von COVID-19 besteht, somit keine alternative Behandlungsmöglichkeit für die Behandlung von COVID-19 existiert und
- es sich bei COVID-19 um eine zu schwerer Invalidität führende oder lebensbedrohende Krankheit handelt.

## 5.1 VORLIEGEN EINER KRISENSITUATION

Am 11. März 2020 erklärte der Generaldirektor der WHO in Anwendung seiner Kompetenz aus Art. 12 der IGV den Ausbruch der SARS-CoV-2-Pandemie. Zum damaligen Zeitpunkt waren laut Aussage des WHO-Generaldirektors anlässlich der Pressekonferenz bei einer knapp 8 Milliarden zählenden Weltbevölkerung 118.000 Menschen infiziert[86] – wir wissen heute, es waren »lediglich« positive PCR-Tests. Der Anteil der Menschen mit einem positiven PCR-Test betrug folglich 0,001475 % der Weltbevölkerung!

Dennoch ist die Feststellung der Pandemie durch den Generaldirektor unabhängig von ihrem tatsächlichen Vorliegen auf Basis des Wortlautes des Art. 2 Nr. 2 der Kommissions-VO 507/2006 ausreichend für die Begründung einer »Krisensituation« im Sinne der Vorschriften über die bedingte Zulassung. Der Generaldirektor erklärt die Verbreitung einer Krankheit zur Pandemie beziehungsweise einer »Public Health Emergency of International Concern« (PHEIC), und in der Folge tritt in der EU die Notfallgesetzgebung in Kraft.

Das zeigt, wie gefährlich die Übertragung dieser Befugnisse auf die WHO und damit einen »allein herrschenden« Generaldirektor ist – die in der EU mit den zitierten Vorschriften bereits stattgefunden hat. Durch den Automatismus, dass eine Krisensituation in der EU immer dann besteht, wenn der Generaldirektor eine Krise erklärt beziehungsweise feststellt, existiert faktisch bereits die »Gesundheitsdiktatur« der WHO und EU.

In der EU kommen automatisch Notfallgesetze zur Anwendung, wenn der Generaldirektor der WHO einen PHEIC erklärt – ohne Überwachungs- und Überprüfungsmechanismen!

Ohne Mechanismen zur Überwachung und Überprüfung wird ein PHEIC durch den Generaldirektor der WHO erklärt, und in der EU kommen Notfallgesetze zur Anwendung! Formal verlangt Art. 2 Nr.2 der KommissionsVO 507/2006 zwar, dass die Feststellung der Pandemie »ordnungsgemäß« ist – und zur Ordnungsgemäßheit gehört nicht nur die Frage der formellen, sondern auch der sogenannten materiellen Ordnungsmäßigkeit, dass die Voraussetzungen einer Pandemie überhaupt erfüllt sind, also eine Krisensituation vorliegt.

Im Rahmen der Verhältnismäßigkeit ist es ohne das tatsächliche Vorliegen einer Krisensituation/gesundheitliche Notlage von internationaler Tragweite nicht vertretbar, Impfungen, Injektionen oder sonstige Arzneimittel zu verabreichen, deren Zulassungsunterlagen gegenüber dem »Normalstandard« sehr lückenhaft sind.

Das Problem liegt darin, dass keinerlei Instrumentarium vorhanden ist – weder im EU-Recht noch in den IGV –, das eine Überprüfung der Feststellung einer Pandemie/eines öffentlichen Gesundheitsnotstands von internationaler Tragweite (PHEIC) vorsieht. WHO-Mitgliedstaaten und die Bevölkerung haben keine Möglichkeit, die Feststellung einer Pandemie durch den Generaldirektor überprüfen oder aufheben zu lassen. Sie sind der Beurteilung durch den WHO-Generaldirektor »ausgeliefert«. Der Generaldirektor entscheidet »selbstherrlich« über Vorliegen oder Nicht-Vorliegen eines PHEIC (s. Teil I Kapitel 1, S. 26).

Wer Einfluss auf die Entscheidung des WHO-Generaldirektors haben könnte, kann Gegenstand von Spekulationen sein. Fakten sind die für das Jahr 2022 bis einschließlich März 2023 von der WHO veröffentlichten Angaben zu finanziellen Beiträgen in US-Dollar:

| | |
|---|---|
| USA | 15,03 % ( ca. 1.186 Milliarden $) |
| Bill & Melinda Gates Foundation | 12,05 % ( ca. 930 Millionen $) |
| Deutschland | 10,57 % ( ca. 854 Millionen $) |
| EU-Kommission | 7,85 % (ca. 589 Millionen $) |
| GAVI | 7,64 % (ca. 492 Millionen $) |

Danach folgt lange nichts, bevor mit 3 % »Verschiedene« folgt.[87] China beteiligt sich beispielsweise mit 0,33 % (168.514 US-Dollar). Die anderen EU-Länder beteiligen sich mit einem Anteil zwischen 0,3 % und 1,8 % (Frankreich) am Gesamtfinanzaufkommen der WHO.

In den Jahren 2020/2021 war der Finanzierungsanteil Deutschlands noch erheblich höher (s. Teil I, Kapitel 1.3, S. 40). Da Deutschland laut Website des Bundesfinanzministeriums 24 % des EU-Haushalts[88] finanziert, stammt aus deutschen Steuergeldern auch ein erheblicher Teil der EU-Gelder an die WHO, womit aus deutschen Steuergeldern eine knappe Milliarde US-Dollar von 1/2022 bis einschließlich 3/2023 an die WHO geflossen sind. Hinzu kommen in 2022 400 Millionen US-Dollar an GAVI, die Impfallianz[89], wobei auch hier über die EU-Gelder weitere deutsche Steuergelder an die GAVI fließen[90].

Deutschland gibt Milliarden Euro für WHO, GAVI und andere Organisationen zur Impfförderung aus.

## 5.2 BESTEHEN EINER MEDIZINISCHEN VERSORGUNGSLÜCKE ZUR BEHANDLUNG VON COVID-19 – IVERMECTIN UND HYDROXYCHLOROQUIN

Weitere Voraussetzung für die Zulässigkeit einer bedingten Zulassung für die COVID-19-Injektionen ist das Bestehen einer medizinischen Versorgungslücke.

Am 19. Februar 2020 berichteten chinesische Forscher über einen Durchbruch bei der Behandlung von COVID-19: In klinischen Studien habe Chloroquinphosphat eine offensichtliche Wirkung in der Behandlung von COVID-19 assoziierter Lungenentzündung gezeigt.[91] Die WHO initiierte daraufhin den sogenannten »Soldarity Trial« zu Chloroquin. Zweck sollte die Ermittlung der Wirksamkeit und richtigen Dosis von Chloroquin sein. Konsultierte Experten waren

– Marco Cavalieri, Leiter der Abteilung Anti-Infektiva und Impfstoffe bei der EMA,
– Nicholas White, Mahidol University, Thailand
– Scott Miller, *Bill & Melinda Gates Foundation* (BMGF) und
– Richard Peto, Oxford University.[92]

Mindestens zwei dieser Experten vertreten Einrichtungen, die ein unmittelbares Interesse an der Verwendung von Impfstoffen haben: Scott Miller von der BMGF und Richard Peto von der Oxford University; die Oxford University war Entwicklungspartner von *AstraZeneca* bei der Entwicklung der COVID-19-Vektorinjektion *Vaxzevria*®.

Um das Ergebnis vorwegzunehmen: Die WHO gab am 19. Juni 2020 bekannt, die Studie werde mangels Wirksamkeit von Chloroquin endgültig abgebrochen.[93] Zu einem ersten Stopp war es bereits im Mai 2020 gekommen.

Das gleiche Schicksal ereilte die Studien zur Wirksamkeit von Ivermectin bei der Therapie und Prävention von COVID-19. Eine groß angelegte Studie mit positivem Ergebnis zur Wirksamkeit von Ivermectin wurde zurückgezogen.[94]

Besteht keine Versorgungslücke bzw. gibt es alternative Behandlungsmöglichkeiten, kommt weder die Erteilung einer Notfallzulassung in den USA, Großbritannien und Kanada in Betracht, noch die Erteilung einer bedingten Zulassung in der EU. Vor diesem Hintergrund wird verständlich, warum die Studien abgebrochen beziehungsweise zurückgezogen werden mussten: Das Narrativ »Nur die Impfung hilft aus der Pandemie« wäre mit einer alternativen Behandlungsmöglichkeit in sich zusammengebrochen.

Die Verantwortlichen mögen in einem Zustand kognitiver Dissonanz, dass nicht sein kann, was nicht sein darf, Chloroquin und Ivermectin tatsächlich für unwirksam gehalten haben. Aber es stellte sich bereits frühzeitig heraus, dass in verschiedenen Ländern Südamerikas, aber auch in Indien, mit der frühzeitigen Behandlung von COVID-19 mit Ivermectin und Hydroxychloroquin außerhalb der für die beiden Arzneimittel zugelassenen Indikationen (Off-label), kombiniert mit hochdosierten Vitaminpräparaten und gegebenenfalls Antibiotika, nicht nur im Frühstadium von COVID-19 beachtliche Erfolge erzielt werden konnten.[95]

Am 30. September 2020 wurde eine Metaanalyse zur Auswertung randomisierter klinischer Prüfungen zur frühen ambulanten Behandlung mit Hydroxychloroquin bei der Prävention der COVID-19-Infektion, Hospitalisierung und Tod veröffentlicht.[96] Die Autoren kamen zu folgender Schlussfolgerung:

> »Die Anwendung von Hydroxychloroquin bei ambulanten Patienten verringert die Inzidenz des kombinierten Ergebnisses aus COVID-19-Infektion, Krankenhausaufenthalt und Tod. Schwerwiegende Nebenwirkungen wurden nicht gemeldet und Herzrhythmusstörungen traten selten auf.«

Für Ivermectin veröffentlicht die Organisation der »Frontline Doctors for Covid-19 Critical Care« bereits am 16. Januar 2021 – kurz nach Erteilung der ersten Zulassungen – Auswertungen klinischer Studien und kommt zu folgender Schlussfolgerung[97]:

> »Zusammenfassend empfehlen wir auf der Grundlage der bestehenden und kumulativen Beweislage die Verwendung von Ivermectin sowohl zur Prophylaxe als auch zur Behandlung von COVID-19. Angesichts eines globalen Anstiegs von COVID-19 würde der weit verbreitete Einsatz dieses sicheren, kostengünstigen und wirksamen Arzneimittels zu einer drastischen Verringerung der Übertragungsraten sowie der Morbidität und Mortalität in leichten, mittelschweren und sogar schweren Krankheitsphasen führen. Die Autoren sind ermutigt und hoffnungsvoll angesichts der vielen günstigen Auswirkungen auf die öffentliche Gesundheit und die Gesellschaft, die sich ergeben würden, sobald es für die Anwendung zugelassen wird.«

Im Krankenhaus der Barmherzigen Brüder in München hatte man ebenfalls gute Erfahrungen mit Ivermectin gemacht.[98] Man sehe »dramatisch bessere Verläufe« bei der Behandlung mit Ivermectin. Und es sei auch prophylaktisch anwendbar.

Die Behandlung mit Ivermectin wurde jedoch von den verantwortlichen Behörden von Beginn an unterdrückt, teilweise sogar ins Lächerliche gerückt mit der Aussage, es sei ein Entwurmungsmittel für Pferde. Die Öffentlichkeit wurde nicht darüber informiert, dass Ivermectin bereits seit Jahrzehnten auch für die Anwendung als Humanarzneimittel zur Behandlung von Scabies (Krätze) und Würmern zugelassen und das Sicherheitsprofil für Ivermectin bekannt ist. Auch die EMA sprach sich gegen die Verabreichung von Ivermectin außerhalb von klinischen Studien aus, selbst auch gegen die Verabreichung im Rahmen der ärztlichen Therapiefreiheit.[99] Gleiches geschah weltweit, beispielsweise auch durch die FDA in den USA.[100]

Während der gesamten Zeit der Pandemie ist ein Behandlungsprotokoll für die frühzeitige Behandlung von COVID-19 *nicht* vorgesehen. Diejenigen, die einen positiven PCR-Test erhalten oder Krankheitssymptome zeigen, werden aufgefordert, sich in Quarantäne zu begeben und zu isolieren, statt den Betroffenen eine frühzeitige Behandlung zukommen zu lassen. Letztlich wurden sie mit ihrer von Politik und Medien geförderten Angst um ihr Leben allein gelassen: ohne Arzt, ohne Familienmitglieder, ohne Freunde, ohne Unterstützung, stattdessen in »Einzelhaft«.

Angesichts dieser Tatsachen müssen sich die Verantwortlichen die Fragen gefallen lassen, warum sie

- kein Behandlungsprotokoll für die frühzeitige Behandlung von COVID-19 erarbeitet,
- stattdessen die Betroffenen allein gelassen und zur »Einzelhaft« verbannt,
- nicht zumindest versuchsweise für diejenigen, die dazu bereit waren, Ivermectin oder Hydroxychloroquin unter ärztlicher Aufsicht zur Verfügung gestellt haben?

Stattdessen sind die Preise für Ivermectin in einem Maße explodiert, dass es kaum noch erschwinglich war. Gegen Menschen, die in ihrer Verzweiflung den Versuch unternommen haben, sich Ivermectin aus dem Ausland zu beschaffen, wurden Strafverfahren wegen Verbringens eines nicht zugelassenen Arzneimittels ins Inland eröffnet.

All diese Fragen lassen die starke Vermutung aufkommen, dass diese Verweigerungspolitik gegenüber Ivermectin und Hydroxychloroquin mit der Tatsache in Verbindung stehen könnte, dass eine bedingte Zulassung beziehungsweise Notfallzulassung für COVID-19-Injektionen in anderen Ländern nicht mehr möglich gewesen wären, wenn sich die Wirksamkeit und Sicherheit von Ivermectin und Hydroxychloroquin offiziell erwiesen hätte.

Im Fall des Bestehens einer alternativen Behandlungsmethode mit Therapeutika, auch außerhalb des zugelassenen Anwendungsbereichs, die nebenwirkungsarm und wirksam sind, ist die Erteilung einer bedingten Zulassung unzulässig beziehungsweise ist eine bedingte Zulassung zumindest auszusetzen, bis der Nachweis der Qualität, Wirksamkeit und Unbedenklichkeit der COVID-19-Injektionen auf Basis vollständiger Unterlagen nach den allgemein gültigen Vorschriften erbracht wurde.

Welche Konsequenzen hätte es nach sich gezogen, wenn die offiziellen Stellen die Wirksamkeit und Sicherheit der alternativen Arzneimittel Ivermectin und Hydroxychloroquin eingeräumt oder zumindest untersucht hätten?

- Das Credo der Impfung als einzigem Weg aus der Pandemie wäre in sich zusammen gebrochen.
- Es hätte keine Rechtfertigung mehr für den Abschluss der Verträge mit Impfstoffherstellern über zig Milliarden Euro/US-Dollar gegeben.
- Die Maßnahmen der Quarantäne, Lockdowns 2G, 3G, Impfpflicht etc. hätten nicht durchgesetzt werden können.
- Es hätte keine Rechtfertigung mehr für Impfpässe und COVID-Zertifikate gegeben.

Mit anderen Worten: Das gesamte Panikszenario wäre in sich zusammen gebrochen.

Behandlungsalternativen mit Ivermectin und Hydroxychloroquin werden systematisch unterdrückt, denn: mit Behandlungsalternative keine Notfall- oder bedingte Zulassung!

Auch die nachfolgende Zulassung anderer Therapeutika zur Behandlung bestimmter Patientenpopulationen wird bei der Erteilung der bedingten Zulassung der COVID-19-Injektionen nicht berücksichtigt. Über drei Jahre fährt man fort, bedingte Zulassungen zu erteilen, sowohl für COVID-19-Injektionen und -Impfstoffe als auch für -Therapeutika.

Von Relevanz hinsichtlich der Reduzierung des Risikos schwerer Verläufe – ein Aspekt, der auch in Bezug auf die Impfung vorgebracht wird – waren beispielsweise schon relativ früh die Arzneimittel *Regkirona*®, *Ronapreve*® und *Xevudy*® zur Behandlung von COVID-19-Patienten verfügbar.[101]

Gerade vulnerable Gruppen, die, wie auch das Bundesverfassungsgericht (BVerfG) in seinem Beschluss vom 10. Februar 2022 zum Aktenzeichen 1 BvR 2649/21 ausführt, besonders durch die Impfpflicht geschützt werden sollten, konnten durch diese Arzneimittel geschützt werden. Trotzdem wird Ende 2021 die Duldungspflicht bei der Bundeswehr, im März 2022 die Nachweispflicht in den Gesundheitsberufen eingeführt und im März 2022 über einen Gesetzentwurf zur Einführung einer allgemeinen Impfpflicht abgestimmt.

## 5.3 COVID-19 – EINE ZU SCHWERER INVALIDITÄT FÜHRENDE ODER LEBENSBEDROHENDE KRANKHEIT?

Wie unter 5.3 ausgeführt, war nach Art. 14-a Abs. 1 S. 2 der VO 726/2004 eine der zwingenden Zulässigkeitsvoraussetzungen für die Anwendung des bedingten Zulassungsverfahrens, dass es sich bei COVID-19 um eine zu schwerer Invalidität führende oder lebensbedrohende Erkrankung handele.

Um diese Frage beurteilen zu können, wäre die Auswertung zuverlässiger Daten von RKI und DIVI-Intensivregister erforderlich gewesen. Solche Zahlen liegen bis heute nicht vor, wie sich bei den intensiven Recherchen des Datenanalysten Tom Lausen immer wieder herausstellt. Durch einen Bericht des Bundesrechnungshofes war im Juni 2021 gar der Verdacht aufgekommen, dass die angegebene Zahl der Intensivbetten nicht zuverlässig sein könnte.[102]

In einer Studie kam John Ioannidis, Professor für Epidemiologie und Statistik, bei einer Analyse verschiedener Länder verschiedener Kontinente zu dem Ergebnis, dass für die betreffenden Länder zusammengenommen die mittlere Infektions-Mortalitätsrate für die unterschiedlichen Altersgruppen wie folgt errechnet wurde:

| | | | | | |
|---|---|---|---|---|---|
| 0–19 Jahre | 0,0003 % | 30–39 Jahre | 0,011 % | 50–59 Jahre | 0,129 % |
| 20–29 Jahre | 0,003 % | 40–49 Jahre | 0,035 % | 60–69 Jahre | 0,501 % |

Für die 0–59-Jährigen ergab sich eine durchschnittliche Mortalitätsrate von 0,025–0,032 %, für die 0–69-Jährigen von 0,063–0,082 %.[103]

Für die Altersgruppen ab 70 Jahre war die Infektionsmortalitätsrate abhängig vom Anteil der Menschen, die älter als 85 Jahre waren. Je höher der Anteil der Menschen über 85 Jahre war, umso höher war die Mortalitätsrate.[104]

Der Epidemiologe John Ioannidis gelangt in einer Studie zu der Erkenntnis: COVID-19 hat eine sehr geringe Mortalitätsrate.

Diese Daten sprechen für die Altersgruppen unter 85 Jahren eindeutig gegen das Vorliegen einer zu schwerer Invalidität führenden oder lebensbedrohlichen Krankheit.

## 5.4 GILT EINE BEDINGTE ZULASSUNG WEITER BEI ENTFALLEN EINES ZWINGENDEN ZULASSUNGSERFORDERNISSES DER BEDINGTEN ZULASSUNG?

Es stellt sich die interessante juristische Frage, ob ein Wegfall einer der zwingenden Voraussetzungen für die Anwendbarkeit des Verfahrens für die bedingte Zulassung Auswirkungen auf die Geltung der Zulassung hat. Muss die bedingte Zulassung zurückgenommen oder ausgesetzt werden, wenn die Gefahrenlage für die öffentliche Gesundheit europaweit entfällt oder wenn sich Erkenntnisse über eine alternative Behandlungsmöglichkeit zeigen? Ausdrücklich ist in der VO 726/2004 keine Rechtsfolge für solche Fälle enthalten.

Die unter Umständen sehr eingeschränkte Datenlage eines in einer Krisensituation bedingt zugelassenen Arzneimittels ist in Nicht-Krisenzeiten unzureichend für die Erteilung einer auch nur bedingten Zulassung, geschweige denn einer regulären Zulassung. In »normalen« Zeiten wäre bei Vorliegen einer unzureichenden Datenlage der Zulassungsantrag nach Art. 12 der VO 726/2004 zurückzuweisen. Unter Berücksichtigung dieser Regelung müsste der Wegfall einer der zwingenden Bedingungen für die Erteilung einer bedingten Zulassung dazu führen, dass die Zulassung zumindest auszusetzen wäre, bis die Datenlage durch den Zulassungsinhaber innerhalb einer zu setzenden Frist im notwendigen Umfang ergänzt wird.

Eine weitere Frage ist, ob bei Wegfall der Voraussetzung einer epidemischen Lage in einem der EU-Mitgliedstaaten in diesem Mitgliedstaat ein aufgrund einer Krisensituation mit erheblich eingeschränkter Datenlage bedingt zugelassenes Arzneimittel überhaupt verkehrsfähig ist und ob die Zulassungsbehörde reagieren und ebenfalls die Zulassung zumindest aussetzen müsste.

In Deutschland hatte der Bundestag in seiner Sitzung vom 18. November 2021 keinen Beschluss über das weitere Bestehen einer »epidemischen Lage von nationaler Tragweite« gefasst, sodass hier mit Auslaufen der Feststellung am 25. November 2021 keine Krisensituation mehr vorlag.

War mit dem Entfallen der epidemischen Lage von nationaler Tragweite auch die Rechtsgrundlage für die Anwendung nur bedingt zugelassener und nur sehr summarisch geprüfter Arzneimittel ohne vollständig evaluierte Qualität, Wirksamkeit und Sicherheit entfallen?

Die Zulassungen für die COVID-19-Injektionen wurden erst ab Oktober 2022 sukzessive in reguläre Zulassungen umgewandelt.

Art. 13 der VO 726/2004 bestimmt, dass eine Zulassung, die nach dieser VO durch die EU-Kommission erteilt wurde, in der gesamten EU Gültigkeit besitzt. Das Europäische Gericht Erster Instanz (EuG) hat im Rahmen von Nichtigkeitsklagen, die von italienischen Bürgern gegen die bedingten Zulassungen von *Comirnaty*® und *Spikevax*® erhoben worden waren, ausgeführt, dass eine bedingte Zulassung Rechtswirkungen in zweierlei Hinsicht entfaltet:

– Zum einen erlaube die bedingte Zulassung dem jeweiligen Zulassungsinhaber, das Arzneimittel im Gebiet der EU in Verkehr zu bringen.

– Zum anderen sei es »den Mitgliedstaaten untersagt [...] sich seinem Inverkehrbringen auf dem Markt der Europäischen Union für eine solche Anwendung zu widersetzen«.[105]

Allerdings ist fraglich, ob diese Rechtsprechung auch uneingeschränkt in den Fällen gilt, in denen in einem Mitgliedstaat keine gesundheitliche Notlage mehr besteht und der Mitgliedstaat geltend macht, dass er unter diesen Umständen das Inverkehrbringen eines Arzneimittels auf unvollständiger Datengrundlage für sein Hoheitsgebiet im Hinblick auf das Nutzen-Risiko-Verhältnis nicht mehr für vertretbar hält. Eine der zwingenden Bedingungen für die Erteilung und Weitergeltung einer bedingten Zulassung ist die Abwägung, dass

> [...] der Nutzen der sofortigen Verfügbarkeit des betreffenden Arzneimittels auf dem Markt das Risiko überwiegt, das sich daraus ergibt, dass nach wie vor zusätzliche Daten erforderlich sind. (Art. 14-a Abs. 1 S. 1 VO 726/2004)

Liegt keine Notlage für die öffentliche Gesundheit mehr vor, ist eine Voraussetzung für die bedingte Zulassung entfallen. Es ist daher naheliegend, dass sich der Mitgliedstaat, in dem die gesundheitliche Notlage entfallen ist, zum Schutz der öffentlichen Gesundheit seiner Bevölkerung auf den Standpunkt stellen müsste, dass das Inverkehrbringen eines nur unzureichend geprüften Arzneimittels ohne Vorliegen einer Gefahr für die öffentliche Gesundheit auf seinem Territorium unvertretbar ist, und die Zulassung daher aussetzen. Die konkrete Nutzen-Risiko-Abwägung in dem betreffenden Mitgliedstaat wäre zulasten des unzureichend geprüften Arzneimittels zu treffen.

Problematisch ist allerdings, dass aufgrund der VO 507/2006 die Regelungen über die bedingte Zulassung automatisch auch in der EU anwendbar sind, solange der WHO-Generaldirektor die Pandemie nicht für beendet erklärt hat.

Zu Hilfe käme einem besorgten und auf das Wohl seiner Bevölkerung abstellenden Mitgliedstaat allerdings die Rechtsprechung des

Europäischen Gerichtshofs (EuGH) zum Stellenwert des Schutzes der öffentlichen Gesundheit.

Der EuGH betont in ständiger Rechtsprechung, dass »unter den in Artikel 36 [AEUV] geschützten Gütern und Interessen [...] die Gesundheit und das Leben von Menschen den ersten Rang ein[nehmen] und es [...] Sache der Mitgliedstaaten [ist], in den durch den Vertrag gesetzten Grenzen zu bestimmen, in welchem Umfang sie deren Schutz gewähren wollen«[106].

Darüber hinaus hat der EuGH seit 2009 die Auffassung vertreten, dass ein »Mitgliedstaat [...] diejenigen Maßnahmen treffen [kann], die eine Gefahr für die Gesundheit der Bevölkerung, wozu im Einzelnen eine Gefahr für die sichere und qualitativ hochwertige Arzneimittelversorgung der Bevölkerung gehört, weitest möglich verringern«[107].

> Grundsätzlich ist der einzelne Mitgliedstaat dafür verantwortlich, eine Gefahr für die sichere und qualitativ hochwertige Arzneimittelversorgung seiner Bevölkerung weitestmöglich zu verringern.

Diese Ausführungen des EuGH sprechen meines Erachtens dafür, dass ein Mitgliedstaat eine nationale Entscheidung, die Zulassungen auszusetzen, nicht nur fällen darf, sondern muss. Es kann keine Verpflichtung für den Mitgliedstaat bestehen, das Inverkehrbringen eines nur bedingt zugelassenen und nur lückenhaft auf das Vorliegen der Zulassungsvoraussetzungen geprüften Arzneimittels zu dulden, wenn eine der zwingenden Zulassungsvoraussetzungen für die Erteilung einer bedingten Zulassung auf seinem Hoheitsgebiet entfallen ist.

In Deutschland ist das PEI auch bei zentral zugelassenen Arzneimitteln verpflichtet, die öffentliche Gesundheit in Deutschland im Hinblick auf Arzneimittelrisiken zu schützen. Das AMG sieht in Verbindung mit Art. 20 Abs. 4 der VO 706/2004 die Berechtigung der zuständigen Bundesoberbehörde vor, »das Ruhen der Zulassung an[zu]ordnen oder den Rückruf eines Arzneimittels an[zu]ordnen, sofern ihr Tätigwerden zum Schutz der in Satz 2 genannten Rechtsgüter [Anm.: Schutz der menschlichen Gesundheit] dringend erforderlich ist« (§69 Abs. 1a S. 4 AMG).

Der EuGH hat mit seiner Rechtsprechung den Schutz der öffentlichen Gesundheit als oberste Priorität definiert. Deshalb hat in der Arzneimittelsicherheit immer der Grundsatz »In dubio pro securitate« gegolten und zu gelten.

## 6 AUSWIRKUNG DER KLASSIFIKATION ALS »IMPFSTOFF«: WESENTLICH GERINGERE ANFORDERUNGEN AN DIE EINZUREICHENDEN ZULASSUNGSUNTERLAGEN

Die Einstufung der genbasierten COVID-19-Vakzine als »Impfstoffe« oder aber »Gentherapeutika« hat erhebliche Auswirkungen auf die Anforderungen an die einzureichenden Zulassungsunterlagen. Das ist, wie ausgeführt, auch einer der Gründe, weshalb sich die »The mRNA Therapeutics Stakeholder Group« im Jahr 2008 vehement für die Herausnahme sämtlicher mRNA-Therapeutika aus der Definition des Gentherapeutikums eingesetzt hatte.

Teil I des Anhangs des Gemeinschaftskodex enthält die Anforderungen, die an alle Arzneimittel gestellt werden. Teil III enthält die Sonderregelungen unter anderem für biologische Arzneimittel, zu denen auch Impfstoffe zählen. Die besonders strengen Anforderungen für Gentherapeutika, die zusätzlich zu den Standardanforderungen erhebliche weitere Anforderungen umfassen, werden in Anhang Teil IV definiert.

## 6.1 REGELUNGEN ÜBER GENTHERAPEUTIKA

Für Gentherapeutika gelten die höchsten Anforderungen an den Nachweis der Arzneimittelsicherheit.

Neben den standardmäßigen Anforderungen in Teil I und den besonderen Anforderungen für Gentherapeutika im Anhang Teil IV ist für Gentherapeutika zusätzlich die wissenschaftliche Leitlinie EMA/CAT/80183/2014 »Guideline on the quality, non-clinical and clinical aspects of gene therapy medicinal products«[108] (Leitlinie zu den qualitativen, nicht-klinischen und klinischen Aspekten von gentherapeutischen Arzneimitteln) zu berücksichtigen.

Bei den zusätzlich zu den standardmäßig von Anträgen für Neuzulassungen verlangten Anforderungen werden für Gentherapeutika insbesondere bei den vorzulegenden Daten der Qualität und der präklinischen Labor- und Tierversuche gravierende zusätzliche Anforderungen gestellt. So sind für Gentherapeutika zusätzliche Untersuchungsergebnisse vorzulegen, um das Risikopotenzial des Produktes für den Menschen abschätzen zu können. Nachfolgend werden die Anforderungen an präklinische und klinische Untersuchungen dargestellt.

### ANFORDERUNGEN AN PRÄKLINISCHE UNTERSUCHUNGEN

In der nachfolgenden Aufstellung über die im Rahmen der Präklinik erforderlichen Untersuchungen sind die üblichen Anforderungen in normaler und die zusätzlichen Anforderungen für Gentherapeutika in kursiver Schrift genannt.

→ **Pharmakologie – Fragestellung: Was macht das Arzneimittel mit dem Körper?**

— Primäre Pharmakodynamik (Wirkmechanismen des Arzneimittels im Organismus, wie z. B. Rezeptorbindung, Dosis-Wirkungs-Verhältnis)

— *In-vitro- und In-vivo-Studien zu Wirkungen im Zusammenhang mit dem vorgeschlagenen therapeutischen Zweck (d. h. Pharmakodynamik-Studien zum Nachweis des Wirkprinzips, »proof of concept«)*
— *Zielselektivität: Soll ein Gentherapeutikum eine selektive oder auf das Ziel begrenzte Funktion erfüllen, sind Studien vorzulegen, die die Spezifizität und Dauer von Funktion und Aktivität in den Zielzellen und -geweben bestätigen.*
— Sekundäre Pharmakodynamik (weitere Effekte eines Arzneimittels, die für die Sicherheit/unerwünschte Wirkungen von Belang sein können)
— Pharmakologie zur Unbedenklichkeit (Sicherheitspharmakologie; Auswirkungen eines Arzneimittels auf wichtige physiologische Funktionen wie Herz und Kreislauf, Atemwege, Zentralnervensystem)

→ **Pharmakokinetik – Fragestellung: Was geschieht mit dem Arzneimittel im Körper?**
— Resorption (Aufnahme von Stoffen in das Blut oder die Lymphe)
— Verteilung (Verteilung eines Arzneimittels oder von Bestandteilen eines Arzneimittels im Körper)
— *Studien zur Biodistribution müssen Untersuchungen von Persistenz (wie lange bleibt das Arzneimittel und/oder seine Bestandteile im Körper), Clearance (Entgiftungsleistung der Nieren) und Mobilisierung (Gentransfer) umfassen. In den Biodistributionsstudien ist zudem auf die Gefahr eines Gentransfers in die Keimbahn einzugehen.*
— Metabolismus – Stoffwechsel – Umwandlung im Körper
— Ausscheidung
— *Im Rahmen der Umweltverträglichkeitsprüfung sind Untersuchungen zur Ausscheidung und zur Gefahr der Übertragung auf Dritte vorzulegen (Shedding)*
— pharmakokinetische Wechselwirkungen (Wechselwirkungen mit anderen Arzneimitteln und Lebensmitteln)
— sonstige pharmakokinetische Studien

→ **Toxikologie – Fragestellung: Ist das Arzneimittel »giftig«/ toxisch für den Körper oder bestimmte Organe, Gewebe?**

— Toxizität bei einmaliger Verabreichung
— Toxizität bei wiederholter Verabreichung
— Genotoxizität (Schädigung oder Veränderung des Erbguts (DNA/RNA) in der Zelle durch das Arzneimittel)
— in vitro – in Zellkulturen
— in vivo – Tierversuche (einschließlich zusätzlicher toxikokinetischer Bewertungen)
— Mutagenität – Fähigkeit des Arzneimittels/Wirkstoffs, Krebs zu erzeugen oder die Krebshäufigkeit zu erhöhen
— Karzinogenität – Fähigkeit des Arzneimittels/Wirkstoffs, Krebs zu erzeugen oder die Krebshäufigkeit zu erhöhen
— Langzeitstudien
— Kurzzeitstudien oder Studien mittlerer Dauer
— sonstige Studien
— Reproduktions- und Entwicklungstoxizität (Beeinträchtigung der männlichen und weiblichen Fortpflanzungsfunktionen bzw. -fähigkeit (Fertilität) und Gefahr von Entwicklungsschäden am Fötus)
— Fertilität und embryonale Frühentwicklung
— embryonale/fötale Entwicklung
— prä- und postnatale Entwicklung
— Studien, in denen die Nachkommen (Jungtiere) Dosen erhalten und/oder weitere Bewertungen an ihnen durchgeführt werden
— *Studien zur Wirkung auf die Fruchtbarkeit und die allgemeine Fortpflanzungsfunktion*
— *Studien zur embryonalen und fötalen sowie zur perinatalen Toxizität*
— *Studien zur Übertragung in die Keimbahn*
— lokale Verträglichkeit

→ **Sonstige Toxizitätsstudien**

1) *Studien zur Integration in den Zellkern: Studien zur Integration sind für jedes Gentherapeutikum vorzulegen, es sei denn, ihr Fehlen ist wissenschaftlich begründet, z. B. weil die Nukleinsäuresequenzen nicht in den Zellkern eindringen. Für Gentherapeutika, bei denen man nicht davon ausgeht, dass sie zur Integration befähigt sind, sind dennoch Studien zur Integration durchzuführen, wenn die Daten zur Biodistribution auf die Gefahr einer Übertragung in die Keimbahn hindeuten.*

– Antigenität (Fähigkeit des Arzneimittels, eine Immunreaktion auszulösen, wodurch der Körper spezifisch mit Antikörpern und aktivierten Lymphozyten zu reagieren)
– Immunotoxizität (Fähigkeit des Arzneimittels, das Immunsystem zu schädigen oder fehl zu leiten, z. B. Immunsuppression oder fehlgerichtete Immunantwort)

2. *Immunogenität und Immunotoxizität: Potenzielle immunogene und immunotoxische Wirkungen sind zu untersuchen.*

– mechanistische Studien (Studien über den Mechanismus der Reaktion auf das Arzneimittels als Verständnis für die Funktionsweise des Arzneimittels im Körper)
– Abhängigkeit (Potenzial des Arzneimittels, eine Abhängigkeit auszulösen)
– Metaboliten (Stoffe, die im Körper aufgrund des Metabolismus des Arzneimittels entstehen)
– Verunreinigungen (Inhaltsstoffe des Arzneimittels, die nicht enthalten sein sollten)

## ANFORDERUNGEN AN KLINISCHE UNTERSUCHUNGEN

Im Rahmen der klinischen Arzneimittelprüfungen müssen grundsätzlich für Gentherapeutika Ergebnisse folgender Untersuchungen im Zulassungsantrag vorgelegt werden:

→ **biopharmazeutische Studien**
– Dosisfindungsstudien
– Bioverfügbarkeitsstudien
– vergleichende Studien zur Bioverfügbarkeit und Bioäquivalenz
– In-vitro-/In-vivo-Korrelationsstudien

→ **Studien zur Pharmakokinetik am Menschen**
– Studien zur Plasmaproteinbindung
– Studien zur hepatischen Metabolisierung und zu Wechselwirkungen
– Berichte über pharmakokinetische Studien am Menschen
– Studien zur Pharmakokinetik und anfänglichen Verträglichkeit bei gesunden Probanden
– Studien zur Pharmakokinetik und anfänglichen Verträglichkeit bei Patienten (Studienteilnehmer, die an der zu behandelnden Krankheit leiden)
– Studien zum Einfluss innerer Faktoren auf die Pharmakokinetik
– Studien zum Einfluss äußerer Faktoren auf die Pharmakokinetik
– populationsbezogene Studien zur Pharmakokinetik (Studien, die sich auf unterschiedliche Altersgruppen oder Geschlechter oder aber auch Populationen unterschiedlicher geografischer Herkunft beziehen)

3. *Die Studien zur Pharmakokinetik am Menschen müssen Folgendes beinhalten:*
*a) Studien zur Ausscheidung des Gentherapeutikums*
*b) Studien zur Verteilung im Körper*
*c) pharmakokinetische Studien über das Arzneimittel und die durch Genexpression entstandenen wirksamen Anteile der Art und der Menge nach (z. B. exprimierte Proteine oder Genomsignaturen).*

Wie aus dieser Auflistung zu ersehen ist, ist ein langer Katalog unterschiedlichster präklinischer und klinischer Studien durchzuführen, deren Ergebnisse zum Zeitpunkt der Zulassungserteilung grundsätzlich vorliegen müssen.

Bei der Zulassung eines Gentherapeutikums spielen Untersuchungen zur
— Genotoxizität,
— Karzinogenität,
— Reproduktions- und Entwicklungstoxizität sowie
— zur Verteilung im Körper (Biodistribution)
— eine besonders wichtige Rolle.
Hinzu kommen auch Untersuchungen zur
— Frage der Integration in die Keimbahn sowie
— die Integration in den Zellkern.
Schließlich sind auch die Fragen der
— Übertragbarkeit auf Dritte und
— Umweltverträglichkeit
ein wesentlicher Prüfaspekt. Wenn also im Zusammenhang mit den COVID-19-Injektionen die Möglichkeit des »Shedding« in den Raum gestellt wird, ist dies mehr als berechtigt.

Die Zulassungsvorschriften für Gentherapeutika sehen ausdrücklich vor, dass Ergebnisse entsprechender Untersuchungen vorzulegen sind. Allein schon daraus ergibt sich das grundsätzliche Risiko einer Übertragbarkeit – von was auch immer. Genau das wäre zu prüfen gewesen.

Darüber hinaus ist bei der obigen Darstellung zu berücksichtigen, dass die standardmäßig und zusätzlich für Gentherapeutika geforderten zunächst präklinischen und dann klinischen Studien grundsätzlich hintereinander durchzuführen sind, um das Risiko für die Studienteilnehmer möglichst gering zu halten. Bei den genbasierten Injektionen wurden diese Studien »teleskopiert«, also ineinandergeschoben. Das beinhaltete ein nicht kalkulierbares Risiko nicht nur für die Menschen, die nach Erteilung der bedingten Zulassungen die Injektionen verabreicht bekamen, sondern selbstredend auch für die Studienteilnehmer.

## 6.2 REGELUNGEN ÜBER IMPFSTOFFE

Ende 2019 wurde ein Beitrag führender Mitarbeiter des PEI aus dem Fachgebiet für virale Impfstoffe und der Abteilung Virologie veröffentlicht, der die besonderen Anforderungen, die an Impfstoffe zu stellen sind, klar formuliert[109]:

1. Impfstoffe bestehen zumeist aus sehr komplexen biologischen Wirkstoffen (Viren, Bakterien, abgetötet oder abgeschwächt) und unterliegen deshalb besonderen Zulassungs- und Überwachungsanforderungen;
2. »Impfstoffe werden in der Regel gesunden Personen aller Altersgruppen, vielfach Kindern, zu prophylaktischen Zwecken verabreicht. Daher ist der Anspruch an die Wirksamkeit und Sicherheit von Impfstoffen, die am Menschen angewendet werden, besonders hoch. Auch bei größtmöglichem Nutzen kann nur ein vertretbares Maß an Nebenwirkungen toleriert werden [...] nur im Falle eines klar positiven Nutzen-Risiko-Verhältnisses kann eine Zulassung erfolgen.«

Im Laufe der letzten zwei bis drei Jahrzehnte wurden trotz dieser grundsätzlich zu verlangenden hohen Anforderungen, die in den Standardanforderungen des Gemeinschaftskodex gesetzlich definiert sind, die Anforderungen an die Zulassungsunterlagen für Impfstoffe in Form von Leitlinien der Zulassungsbehörden immer weiter reduziert.

Diese Bemühungen um Reduzierung der Anforderungen werden damit begründet, dass sich bei der Zusammensetzung von Impfstoffen die Herstellungsprozesse und auch die Verwendung der Hilfsstoffe (Adjuvantien) immer weiter standardisierten. Es wird argumentiert, dass sich aufgrund der jahrzehntelangen Erfahrung in der Anwendung von Impfantigenen »schlussfolgern lasse«, dass sie »im Gegensatz zu vielen chemisch charakterisierten Wirkstoffen, kaum toxische Wirkungen aufweisen«[110].

Allerdings wird in der Publikation des PEI auch klar ausgeführt, dass in den Fällen, in denen neue Stoffe verwendet werden, die sonst für konventionelle Impfstoffe nicht verlangten Untersuchungen wie Toxizitätsuntersuchungen zu dem Adjuvans oder der Trägersubstanz, Verteilungs- beziehungsweise Anreicherungsstudien der Substanzen im Organismus, aber auch Reproduktions-, Genotoxizitäts- oder Karzinogenitätsstudien durchzuführen seien.[111]

Bei neuen Impfstoffen sind Toxizitätsuntersuchungen einschließlich Reproduktions-, Genotoxizitäts- und Karzinogenitätsstudien erforderlich.

## ANFORDERUNGEN AN PRÄKLINISCHE UNTERSUCHUNGEN

Treibende Kraft bei diesen Bemühungen um Erleichterungen für Impfstoffe ist die WHO mit der im Jahr 2005 verabschiedeten Leitlinie über die nichtklinischen Prüfungen für Impfstoffe, die »WHO Guideline on nonclinical evaluation of vaccines«[112] (s. Teil II, 4.3), die in den Beurteilungsberichten als Rechtfertigung für den Verzicht auf die Vorlage wesentlicher Untersuchungen angeführt wird.

In dieser Leitlinie werden weitere Erleichterungen für Impfstoffe in Bezug auf den Nachweis der Unbedenklichkeit im Vergleich zu den grundsätzlich für alle Arzneimittel gestellten Anforderungen festgelegt. Es werden beispielsweise für Impfstoffe mit Inhaltsstoffen, zu denen jahrzehntelange Erfahrungen vorliegen, bezüglich folgender Aspekte keine Studien gefordert:

- sekundäre Pharmakodynamik,
- pharmakodynamische Arzneimittel-Interaktionen,
- Sicherheitspharmakologie,
- Biodistribution,
- Genotoxizität,
- Karzinogenität,
- Mutagenität.

Die WHO treibt seit Jahrzehnten die Erleichterung der Zulassungsvoraussetzungen für Impfstoffe voran.

Allerdings sind auch in dieser Leitlinie die klaren Aussagen enthalten, dass im Fall neuer Impfstoffe und Adjuvantien die ansonsten entbehrlichen Untersuchungen im Einzelfall zumindest mit den neuen Adjuvantien oder Inhaltsstoffen durchzuführen seien.[113]

Bei dieser WHO-Leitlinie ist zu berücksichtigen, dass es sich nicht um eine Leitlinie im Sinne des Annex, Einleitung Ziffer (4) des Gemeinschaftskodex handelt. Dieser setzt voraus, dass es sich um eine vom Ausschuss für Humanarzneimittel (CHMP) erarbeitete Linie handelt, die von der EU-Kommission veröffentlicht wird. Die WHO-Leitlinie ist auf der Website der EMA nicht veröffentlicht – dennoch wird sie angewendet.

## ANFORDERUNGEN AN KLINISCHE UNTERSUCHUNGEN

In Bezug auf die klinischen Studien sind auch für Impfstoffe die unterschiedlichen Phasen I–III der klinischen Studien einzuhalten.

Begonnen wird zunächst mit Studien an weniger als 100 gesunden Probanden zur ersten Beurteilung der Fähigkeit des Impfstoffes, eine Immunreaktion auch im Menschen hervorzurufen, und zur Verträglichkeit (Phase I).

Die Phase II der klinischen Studien wird an mehreren 100 gesunden Probanden durchgeführt mit dem Ziel der Bestätigung der in Phase I erzielten Ergebnisse einschließlich Studien zur Dosisfindung. Im Wesentlichen dienen Phase-I- und Phase II-Studien dem Nachweis, dass der Impfstoff in der Lage ist, die gewünschte Immunreaktion auszulösen, und somit das Konzept des entsprechenden Antigens bestätigt wird (»proof of concept«).

An mehreren 1.000 bis 10.000 Probanden werden dann in Phase III Studien zum Nachweis der Wirksamkeit und Sicherheit durchgeführt.[114] Diese phasenweise Abstufung der klinischen Prüfung dient dem Schutz

Die phasenweise Durchführung klinischer Studien dient dem Schutz der Probanden. Teleskopierung stellt eine Gefahr für die Studienteilnehmer dar.

der Probanden. Mit der Steigerung der Erkenntnisse über einen neuen Impfstoff kann auch die Anzahl der Probanden steigen, die dem Risiko eines noch nicht vollständig geprüften Arzneimittels ausgesetzt werden. Deshalb sind die einzelnen Phasen grundsätzlich hintereinander zu absolvieren und nicht gleichzeitig.

## 6.3 KONSEQUENZ DER KLASSIFIZIERUNG DER GENBASIERTEN INJEKTIONEN ALS »IMPFSTOFFE« FÜR DIE ERFORDERLICHEN UNTERSUCHUNGEN

Die Klassifikation der genbasierten COVID-19-Injektionen als »Impfstoffe« führt letztlich zu folgenden Konsequenzen:

1. Es entfallen die besonderen Anforderungen an Gentherapeutika und
2. aufgrund der Anwendung der WHO-Guideline aus 2005 werden Beurteilungsspielräume geschaffen, die gegebenenfalls weitere Erleichterungen für die vorzulegenden Unterlagen zu präklinischen Studien ermöglichen.

Folgende Untersuchungen und Studien werden aufgrund der geänderten Klassifikation für COVID-19-Injektionen *nicht* verlangt:

- Untersuchungen, ob und, wenn ja, welche Proteine im Fall verkürzter mRNA-Stränge vom Körper produziert werden
- Dauer von Funktion und Aktivität (Proteinproduktion) in den Zielzellen und -geweben
- Sekundäre Pharmakodynamik
- Pharmakologie zur Unbedenklichkeit (Sicherheitspharmakologie)
- Wechselwirkungen mit anderen Impfstoffen (*Comirnaty®* S. 43; *Spikevax®* S. 43)
- Verteilung des Fertigproduktes. Bezüglich der Frage der Verteilung wurde lediglich für Lipidnanopartikel und eine

andere modifizierte RNA untersucht, in Untersuchungen, die nicht der »Guten Laborpraxis entsprachen« (*Comirnaty*® EPAR, S. 46)

- Gefahr eines Gentransfers in die Keimbahn (Studien zur Integration sind für jedes Gentherapeutikum vorzulegen, es sei denn, ihr Fehlen ist wissenschaftlich begründet. Für Gentherapeutika, bei denen man nicht davon ausgeht, dass sie zur Integration befähigt sind, sind dennoch Studien zur Integration durchzuführen, wenn die Daten zur Biodistribution auf die Gefahr einer Übertragung in die Keimbahn hindeuten.)
- Untersuchungen zur Ausscheidung und zur Gefahr der Übertragung auf Dritte
- Genotoxizität
- Karzinogenität
- Langzeitstudien
- Studien zur embryonalen und fötalen sowie zur perinatalen Toxizität des Fertigproduktes
- Studien zur Pharmakokinetik am Menschen:
  a) Studien zur Ausscheidung des Gentherapeutikums
  b) Studien zur Biodistribution
  c) pharmakokinetische Studien über das Arzneimittel und die durch Genexpression entstandenen wirksamen Anteile (z. B. exprimierte Proteine oder Genomsignaturen)
- Studien zur Pharmakodynamik am Menschen bezüglich der Expression und Funktion der Nukleinsäuresequenz nach Verabreichung des Gentherapeutikums.

In Bezug auf die Ausnahmen für präklinische Studien verweist die EMA in ihren Ausführungen zum Verzicht auf Untersuchungen zur Genotoxizität, Karzinogenität und Sicherheitspharmakologie in den jeweiligen Beurteilungsberichten auf die »WHO-Guideline on

WHO-Leitlinie von 2005 sieht zunächst die Erleichterungen für die Vorlage von Unterlagen für neue Impfstoffe gar nicht vor.

nonclinical evaluation of vaccines«. Allerdings ist zu berücksichtigen, dass diese expressis verbis die Erleichterungen für die Vorlage von Unterlagen für neue Impfstoffe gar nicht vorsieht, sondern auf herkömmliche Impfstoffe beschränkt.

Der Verzicht auf pharmakologische Studien für die COVID-19-Injektionen unter Verweis auf die Leitlinie der WHO von 2005 stellt daher auch einen Verstoß gegen die Regelungen der WHO-Leitlinie zu Impfstoffen mit neuen Inhaltsstoffen dar. In dieser Hinsicht missachten die Zulassungsbehörden selbst die in der WHO-Leitlinie von 2005 enthaltenen Regelungen!

Diese wissenschaftlich und medizinisch ungerechtfertigte geänderte Klassifikation führte zu einer dramatischen Reduzierung der zur Sicherheit der Patienten als erforderlich angesehenen Untersuchungen – und das selbst unter Missachtung der Erläuterungen in der WHO-Leitlinie zu nicht-klinischen Studien aus 2005. Letztlich wandten die Zulassungsbehörden auf die neuartigen Injektionen die für herkömmliche Impfstoffe geltenden Regularien an.

So wie die Klassifikation als »Impfstoff« auf Seiten der Hersteller zu Erleichterungen führt, führt sie auf Seiten der Menschen, denen die nicht entsprechend umfangreich geprüften Impfstoffe verabreicht werden, zu dramatisch höheren Risiken.

Zusätzlich kommt die von der EU-Kommission in ihrer COVID-19-Strategie gewählte Formulierung der »Nutzung der bestehenden regulatorischen Flexibilität« mit der Anwendung der Vorschriften über die bedingte Zulassung zum Tragen.

> Die Hersteller erhielten Erleichterungen durch die Klassifikation als »Impfstoff« und durch die Anwendung der Vorschriften über die bedingte Zulassung.

Zusätzlich zu den für Impfstoffe geltenden Erleichterungen kommen die Erleichterungen durch die Anwendung des bedingten Zulassungsverfahrens zum Tragen: Es besteht die Möglichkeit

– Qualitätsunterlagen oder
– präklinische Unterlagen und
– klinische Unterlagen

unvollständig vorzulegen, wie in Kapitel 4 (S. 218) und 5 (S. 236) dieses Teils erläutert.

Die Darstellung dessen, was seitens der EMA in Bezug auf die klinischen Unterlagen für die Erteilung der bedingten Zulassung als ausreichend angesehen wurde, ist kurz. Es handelte sich um

1. eine *nicht beendete* klinische Phase 1/2 – Dosisfindungsstudie – mit jeweils 12 Probanden je Dosis (EPAR S. 56) und
2. eine *begonnene* klinische Phase 1/2/3-Studie mit geplanten 44.000 Probanden (EPAR S. 56)

sowie unvollständige Qualitäts- und präklinische Unterlagen.

1 https://eur-lex.europa.eu/legal-content/DE/TXT/PDF/?uri=CELEX:52020DC0245, S. 2

2 https://www.pei.de/DE/newsroom/dossier/coronavirus/coronavirus-inhalt.html?nn=169730&cms_pos=4

3 https://www.pei.de/SharedDocs/FAQs/DE/coronavirus/coronavirus-wie-funktionieren-rna-impfstoffe-vorteile.html; https://web.archive.org/web/20220929141117/https://www.pei.de/SharedDocs/FAQs/DE/coronavirus/coronavirus-wie-funktionieren-rna-impfstoffe-vorteile.html

4 https://web.archive.org/web/20220929141117/https://www.pei.de/SharedDocs/FAQs/DE/coronavirus/coronavirus-wie-funktionieren-rna-impfstoffe-vorteile.html ;

5 https://www.pei.de/SharedDocs/FAQs/DE/coronavirus/coronavirus-impfstoffkonzepte.html; https://web.archive.org/web/20230424033653/https://www.pei.de/SharedDocs/FAQs/DE/coronavirus/coronavirus-impfstoffkonzepte.html

6 https://web.archive.org/web/20230424033653/https://www.pei.de/SharedDocs/FAQs/DE/coronavirus/coronavirus-impfstoffkonzepte.html

7 https://www.pei.de/SharedDocs/Downloads/DE/newsroom/dossiers/faq-pressebriefing-erste-studie-sars-cov-2-impfstoff.pdf?__blob=publicationFile&v=4

8 https://impfung.biontech.de/de/impfung/mechanism-of-mrna.html

9 https://www.pei.de/SharedDocs/FAQs/DE/coronavirus/coronavirus-impfstoffkonzepte.html,

10 https://www.pei.de/SharedDocs/Downloads/DE/newsroom/dossiers/faq-pressebriefing-erste-studie-sars-cov-2-impfstoff.pdf?__blob=publicationFile&v=4; https://web.archive.org/web/20230424033653/https://www.pei.de/SharedDocs/FAQs/DE/coronavirus/coronavirus-impfstoffkonzepte.html

11 https://www.pei.de/DE/arzneimittel/atmp/gentherapeutika/gentherapeutika-node.html

12 Banoun, Hélène, mRNA: Vaccine or Gene Therapy? The Safety Regulatory Issues, International Journal of Molecular Science 2023, 24 (13), 10514; https://www.mdpi.com/1422-0067/24/13/10514

13 Hinz et al, The European Regulatory Environment of RNA-based Vaccines, in: RNA-Vaccines, Springer Verlag 2016, S. 213

14 ABl Nr. L 242 v. 15.9.2009, S. 4 ff, https://eur-lex.europa.eu/legal-content/DE/TXT/PDF/?uri=CELEX:32009L0120

15 ABl Nr. L 324 v. 10.12.2007, S. 121 ff; https://eur-lex.europa.eu/legal-content/DE/TXT/PDF/?uri=CELEX:32007R1394&from=DE

16 Erwägungsgrund 3 der KommissionsRL 2009/120/EG

17 https://www.goldmansachs.com/media-relations/press-releases/current/jose-manuel-barroso-appointed.html

18 https://www.gavi.org/governance/gavi-board/members/jose-manuel-barroso

19 Kommissionspapier ENTR F2 NR D(2008) vom 9.7.2008 »Outcome of the Public Consultation«, S. 2

20 Stellungnahme des PEI im Rahmen der öffentlichen Konsultation zum Entwurf der Richtlinie 2009/120/EG zur Änderung des Annex I der Richtlinie 2001/83/EG; http://ec.europa.eu/assets/sante/health/human-use/advtherapies/annex1_directive200183ec_co_en.zip , zu erreichen über https://health.ec.europa.eu/consultations/public-consultation-proposals-amend-annex-i-directive-200183ec-regards-advanced-therapy-medicinal_en

21 http://ec.europa.eu/assets/sante/health/human-use/advtherapies/annex1_directive200183ec_co_en.zip , zu erreichen über https://health.ec.europa.eu/consultations/public-consultation-proposals-amend-annex-i-directive-200183ec-regards-advanced-therapy-medicinal_en

22 https://www.healthcaremarketing.eu/unternehmen/detail.php?rubric=M%E4rkte&nr=45419&PHPSESSID=0a049s4ao40akbfperkm7lmem1

23 Originalzitat: »scientifically and clinically not justified, but are time consuming and cost intensive. Application of these requirements would multiply the costs for RNA-based medicinal products while not providing any significant advantage for the safety of the treated patients.«, http://ec.europa.eu/assets/sante/health/human-use/advtherapies/annex1_directive200183ec_co_en.zip , zu erreichen über https://health.ec.europa.eu/consultations/public-consultation-proposals-amend-annex-i-directive-200183ec-regards-advanced-therapy-medicinal_en

24 Miller, Türeci, Sahin, Projekt Lightspeed, Rowohlt Verlag, 2. Auflage 2021, S. 11

25 Miller et al., Projekt Lightspeed, aaO

26 https://www.faz.net/aktuell/wirtschaft/unternehmen/biochemikerin-kariko-verlaesst-biontech-18256358.html

27 https://www.pennmedicine.org/providers/profile/katalin-kariko

28 Miller, Projekt Lightspeed, S. 146

29 https://patents.google.com/patent/US8278036B2/en

30 Şahin, Türeci, Kalikó, mRNA-based therapeutics – developing a new class of drugs, in: Nature Reviews Drug Discovery, 2014, S. 759- 780; https://www.nature.com/articles/nrd4278 : »One would expect the classification of an mRNA drug to be a biologic, a gene therapy or a somatic cell therapy [...] In the European Union, mRNA-based therapies are most likely to fall under the European Medicines Agency (EMA)'s regulation for advanced therapy medicinal products (Directive 2009/120/EC), which covers gene therapies, engineered somatic cells and tissue engineered products.«

31 https://last10k.com/sec-filings/bntx/0001564590-21-016723.htm : »Although we expect to submit BLAs for our mRNA-based product candidates in the United States, and in the European Union, mRNA therapies have been classified as gene therapy medicinal products [...]«

32 https://last10k.com/sec-filings/bntx/0001564590-21-016723.htm; »Currently, mRNA is considered a gene therapy product by the FDA.«

33 https://www.sec.gov/Archives/edgar/data/1682852/000168285220000017/mrna-20200630.htm

34 Moderna:https://www.sec.gov/Archives/edgar/data/1682852/000168285220000017/mrna-20200630.htm, S. 76; BioNTech: https://last10k.com/sec-filings/bntx/0001564590-21-016723.htm , S. 66

35 https://www.youtube.com/watch?v=YHaTepMEnLA; »Ultimately, the mRNA vaccines are an example for that cellular gene therapy. I always like to say: If we had surveyed two years ago in the public, would you be willing to take a gene or cell therapy and inject it into your body, we would have probably had a 95 % refusal rate. I think this pandemic has also opened many peoples' eyes to innovations [...].«

36 https://www.youtube.com/watch?v=AHB2bLILAvM ; »... We are actually hacking the software of life.... mRNA... is the critical information that determines what a cell would actually do. So we think of it like an operating system. If we could actually change that what we call the »software of life«, introduce a line of code or change a line of code, it turns out that has profound implications for everything, from the flu to cancer ...we would give the instructions on how to make the protein, of how the body can make its own vaccine...we think of it as information therapy... » https://www.technocracy.news/modernas-top-scientist-we-are-actually-hacking-the-software-of-life/

37 https://www.mdr.de/wissen/faktencheck/faktencheck-gentherapie-100.html und s. beispielhaft die Publikation und Depublizierung des Beitrags »Das Zulassungsdesaster« in der Berliner Zeitung vom 12. Februar / 16. Februar 2023; https://www.berliner-zeitung.de/politik-gesellschaft/das-zulassungsdesaster-lobbyarbeit-und-rechtsbruch-im-fall-der-mrna-praeparate-li.314750

38 https://www.mdr.de/wissen/faktencheck/faktencheck-gentherapie-100.html

39 »..... as any other adverse events in the field of mRNA medicine, or other products that are perceived to be similar to mRNA medicines, such as those related to gene therapy or gene editing, could result in a decrease in the perceived benefit of one or more of our programs,...«

40 https://asgct.org/publications/news/november-2020/covid-19-moderna-nih-vaccine

41 https://twitter.com/ASGCTherapy/status/1455997882683768838; »Hi, ASGCT's definition of gene therapy is the introduction, removal or change in genetic material–DNA or RNA–into the cells of a patient to treat a specific disease. Per that definition, the vaccines are gene therapy.«

42 Zhang, L.; Richards, A.; Barrasa, M.I.; Hughes, S.H.; Young, R.A.; Jaenisch, R. Reverse-transcribed SARS-CoV-2 RNA can integrate into the genome of cultured human cells and can be expressed in patient-derived tissues. Proc. Natl. Acad. Sci. USA 2021, 118, e2105968118; https://www.pnas.org/doi/full/10.1073/pnas.2105968118

43 Aldén, M.; Olofsson Falla, F.; Yang, D.; Barghouth, M.; Luan, C.; Rasmussen, M.; De Marinis, Y. Intracellular reverse transcription of Pfizer BioNTech COVID-19 mRNA vaccine BNT162b2 in vitro in human liver cell line. Curr. Issues Mol. Biol. 2022, 44, 1115–1126; https://www.mdpi.com/1467-3045/44/3/73

44 McKernan, Sequencing of bivalent Moderna and Pfizer mRNA vaccines reveals nanogram to microgram quantities of expression vector dsDNA per dose; https://cdn-ceo-ca.s3.amazonaws.com/1i4tp3q-Sequencing%20of%20bivalent_4-11-23.pdf

45 https://flexikon.doccheck.com/de/Antigen

46 S. im Einzelnen Langer, Klaus, Nanotechnologie der Covid-19-Vakzinen, https://www.pharmazeutische-zeitung.de/nanotechnologie-der-covid-19-vakzinen-124828/seite/alle/

47 Brogna et al., Detection of recombinant Spikeprotein in the blood of individuals vaccinated against SARS-CoV-2: Possible molecular mechanisms, Wiley Online Library, https://onlinelibrary.wiley.com/doi/epdf/10.1002/prca.202300048

48 Mörz, Michael, A Case Report: Multifocal Necrotizing Encephalitis and Myocarditis after BNT162b2 mRNA Vaccination against COVID-19, Vaccines 2022, 10(10), 1651; https://www.mdpi.com/2076-393X/10/10/1651

49 https://www.mdr.de/video/mdr-videos/c/video-677092.html

50 BGBl 2009, Teil I, vom 22. Juli 2009, S. 1990 ff

51 Bundestagsdrucksache 16/12256, S. 42; https://dserver.bundestag.de/btd/16/122/1612256.pdf

52 https://www.ema.europa.eu/en/human-regulatory/research-development/scientific-guidelines

53 Richtlinie 2001/83/EG Anhang I, Einleitung, ABl. Nr. L 311 v. 28.11.2001, S. 67 ff

54 EMEA/P/24143/2004 Rev. 1 corr

55 https://www.meddra.org/

56 https://www.ema.europa.eu/en/human-regulatory/research-development/scientific-guidelines

57 WHO TechnicalReport Series, No. 927, 2005; https://www.who.int/publications/m/item/nonclinical-evaluation-of-vaccines-annex-1-trs-no-927

58 https://www.ema.europa.eu/en/documents/scientific-guideline/note-guidance-preclinical-pharmacological-toxicological-testing-vaccines_en.pdf

59 https://www.ema.europa.eu/en/preclinical-pharmacological-toxicological-testing-vaccines-scientific-guideline

60 EMA/CHMP/SWP/242917/2016, https://www.ema.europa.eu/en/documents/other/questions-answers-withdrawal-cpmp-note-guidance-preclinical-pharmacological-toxicological-testing/swp/465_en.pdf; »The WHO guideline on nonclinical evaluation of vaccines (2) was published in 2005 and was the result of a collaboration between experts from different regulatory agencies, health agencies, academic institutions and vaccine manufacturers. EU regulators took active part in this work. Following discussion within the CHMP Safety Working Party and Vaccine Working Party, it has been agreed to remove the CPMP guideline on preclinical pharmacological and toxicological testing of vaccines, and to refer to the WHO guideline on nonclinical evaluation of vaccines.«

61 EMA/CHMP/SWP/242917/2016

62 https://cdn.who.int/media/docs/default-source/biologicals/ecbs/post-ecbs-who-regulatory-considerations-document-for-mrna-vaccines–final-version–29-nov-2021_tz.pdf?sfvrsn=8f57a1af_1&download=true; »Because detailed information is not yet available on the methods used for production, controls are not yet standardized for safe and efficacious mRNA vaccines, and certain details remain proprietary and thus not publicly available, it is not feasible to develop specific international guidelines or recommendations at this time. Consequently, flexibility in the scientific approach to regulating mRNA vaccines is currently needed. The detailed production and control procedures, as well as any significant changes in them that may affect the quality, safety and efficacy of mRNA vaccines, should be discussed with and approved by the NRA (Anm. Nationale Zulassungsbehörde) on an individual case-by-case basis.«

63 https://www.ardmediathek.de/video/phoenix-persoenlich/alfred-schier-im-gespraech-mit-lothar-h-wieler/phoenix/Y3JpZDovL3dkci5kZS9CZWI0cmFnLTMzZTJmNjM3LTg2YjItNGY1Yi04ZjI0LTIxN2JkNmZkMGQ4MA

64 https://eur-lex.europa.eu/legal-content/DE/TXT/PDF/?uri=CELEX:52020DC0245, S. 2

65 https://eur-lex.europa.eu/legal-content/DE/TXT/PDF/?uri=CELEX:52020DC0245

66 ABl. Nr. L 92 v. 30.03.2006, S. 6 ff

67 S. z.B. https://pubmed.ncbi.nlm.nih.gov/32871846/

68 EMA/CHMP/509951/2006, Rev.1 ; https://www.ema.europa.eu/en/documents/scientific-guideline/guideline-scientific-application-practical-arrangements-necessary-implement-commission-regulation-ec/2006-conditional-marketing-authorisation-medicinal-products-human-use-falling_en.pdf ; »The uncertainties related to the absence of comprehensive clinical data in a conditional marketing authorisation generally require that uncertainties deriving from other parts of the application are kept to a minimum. For a conditional marketing authorisation, comprehensive non-clinical and pharmaceutical data should be available and only the clinical data could be less comprehensive than is normally the case.«

69 ABl. Nr. L 92 vom 30.3.2006, S. 6 ff

70 https://web.archive.org/web/20030202145905/http://www.who.int/csr/disease/influenza/pandemic/en/; Peter Doshi, The elusive definition of pandemic influenza, https://www.who.int/bulletin/volumes/89/7/11-086173.pdf; »An influenza pandemic occurs when a new influenza virus appears against which the human population has no immunity, resulting in several, simultaneous epidemics worldwide with enormous numbers of deaths and illness.«

71 ABl Nr. L 268, v. 03.10.1998, S. 1 ff

72 ABl Nr. L 293 v. 5.11.2013, S. 1 ff

73 ABl Nr. L 314, v. 6.12.2022, S. 26 ff

74 https://web.archive.org/web/20090503112025/http://www.who.int/csr/disease/influenza/pandemic/en/

75 https://web.archive.org/web/20090506005107/www.who.int/csr/disease/influenza/pandemic/en/ ; »Pandemics can be either mild or severe in the illness and death they cause…«

76 https://web.archive.org/web/20090506005107/http://www.who.int/csr/disease/influenza/pandemic/en/; »An influenza pandemic may occur when a new influenza virus appears against which the human population has no immunity.«

77 So z.B.

78 Kelly, The classical definition of a pandemic is not elusive, Bulletin WHO 2011; 89 (7), 539–540, https://apps.who.int/iris/bitstream/handle/10665/270942/PMC3127276.pdf?sequence=1&isAllowed=y

79 Kelly, The classical definition of a pandemic is not elusive, Bulletin WHO 2011; 89 (7), 539–540, https://apps.who.int/iris/bitstream/handle/10665/270942/PMC3127276.pdf?sequence=1&isAllowed=y

80 Kelly, aaO, S. 540; »It is tempting to surmise that the complicated pandemic definitions used by the World Health Organization (WHO) and the Centers for Disease Control and Prevention of the United States of America involved severity 1,10 in a deliberate attempt to garner political attention and financial support for pandemic preparedness.«

81 Kelly, aaO, S. 540; »If a classical pandemic definition had been used, linking the declaration to vaccine production would have been unnecessary.«

82 Bonneux, van Damme, Health is more than Influenza, Bulletin WHO, 2011; 89 (7), 538; https://www.ncbi.nlm.nih.gov/pmc/articles/PMC3127278/

83 Bonneux, van Damme, aaO; »The repeated pandemic health scares caused by an avian H5N1 and a new A(H1N1) human influenza virus are part of the culture of fear. Worst-case thinking replaced balanced risk assessment… The pandemic policy was never informed by evidence, but by fear of worst-case scenarios…

In the highly competitive market of health governance, the struggle for attention, budgets and grants is fierce. The pharmaceutical industry and the media only reacted to this welcome boon. We therefore need fewer, not more »pandemic preparedness« plans or definitions…

There is no reason for expecting any upcoming pandemic to be worse than the mild ones of 1957 or 1968, no reason for striking pre-emptively, no reason for believing that a proportional and balanced response would risk lives…

The key to responsible policy-making is not bureaucracy but accountability and independence from interest groups. Decisions must be based on adaptive responses to emerging problems, not on definitions…

84 https://www.youtube.com/watch?v=xKPWngYf2Wk , ab Minute 1:30.

85 Siehe ursprüngliche European Public Assessment Reports für die Covid-19-Impfstoffe,https://www.ema.europa.eu/en/human-regulatory/overview/public-health-threats/coronavirus-disease-covid-19/treatments-vaccines/vaccines-covid-19/covid-19-vaccines-authorised#authorised-covid-19-vaccines-section

86 https://www.youtube.com/watch?v=xKPWngYf2Wk

87 https://open.who.int/2022-23/contributors/contributor

88 https://www.bundesfinanzministerium.de/Web/DE/Service/Quiz/Euroquiz/frage4.html

89 https://www.gavi.org/investing-gavi/funding/donor-profiles/germany

90 https://www.gavi.org/investing-gavi/funding/donor-profiles/european-union

91 Gao et al., Breakthrough: Chloroquine phosphate has shown apparent efficacy in treatment of COVID-19 associated pneumonia in clinical studies, Biosci Trends . 2020 Mar 16;14(1):72-73, doi: 10.5582/bst.2020.01047. Epub 2020 Feb 19; https://pubmed.ncbi.nlm.nih.gov/32074550/

92 https://www.who.int/docs/default-source/documents/r-d-blueprint-meetings/rd-blueprint-expert-group-on-cq-dose-call-apr8.pdf

93 https://www.who.int/news-room/questions-and-answers/item/coronavirus-disease-covid-19-hydroxychloroquine

94 https://www.newswise.com/coronavirus/joint-statement-of-the-flccc-alliance-and-british-ivermectin-recommendation-development-group-on-retraction-of-early-research-on-ivermectin

95 https://video.foxnews.com/v/6290779450001?playlist_id=3386055101001#sp=show-clips ab Minute 9:10; https://covid19criticalcare.com/wp-content/uploads/2022/11/FLCCC-Ivermectin-in-the-prophylaxis-and-treatment-of-COVID-19.pdf

96 Ladapo et al., Randomized Controlled Trials of Early Ambulatory Hydroxychloroquine in the Prevention of COVID-19 Infection, Hospitalization, and Death: Meta-Analysis; https://www.medrxiv.org/content/10.1101/2020.09.30.20204693v1.full.pdf; »Hydroxychloroquine use in outpatients reduces the incidence of the composite outcome of COVID-19 infection, hospitalization, and death. Serious adverse events were not reported and cardiac arrhythmia was rare.«

97 Kory et al., »Review of the Emerging Evidence Demonstrating the Efficacy of Ivermectin in the Prophylaxis and Treatment of COVID-19«, https://www.scstatehouse.gov/CommitteeInfo/SenateMedicalAffairsCommittee/FLCCC-Ivermectin-in-the-prophylaxis-and-treatment-of-COVID-19.pdf ;«In summary, based on the existing and cumulative body of evidence, we recommend the use of Ivermectin in both prophylaxis and treatment for COVID-19. In the presence of a global COVID-19 surge, the widespread use of this safe, inexpensive, and effective intervention would lead to a drastic reduction in transmission rates and the morbidity and mortality in mild, moderate, and even severe disease phases. The authors are encouraged and hopeful at the prospect of the many favorable public health and societal impacts that would result once adopted for use.«

98 Bericht vom 05.09.2021, https://www.tvbayernlive.de/mediathek/video/corona-anitibiotikum-therapie-ivermectin, ab Minute 8:00

99 https://www.ema.europa.eu/en/news/ema-advises-against-use-ivermectin-prevention-treatment-covid-19-outside-randomised-clinical-trials

100 https://twitter.com/US_FDA/status/1429050070243192839

101 https://www.ema.europa.eu/en/human-regulatory/overview/public-health-threats/coronavirus-disease-covid-19/treatments-vaccines/covid-19-treatments

102 https://www.stern.de/politik/deutschland/geldverschwendung-im-gesundheitsministerium-war-zahl-der-intensivbetten-manipuliert-30567918.html

103 Ioannidis, John et al., Age-stratified infection fatality rate of COVID-19 in the non-elderly informed from pre-vaccination national seroprevalence studies, https://www.medrxiv.org/content/10.1101/2022.10.11.22280963v1

104 Ioannidis, John; Axfors, Catherine, Infection fatality rate of COVID-19 in community-dwelling populations with emphasis on the elderly: An overview, https://doi.org/10.1101/2021.07.08.21260210 preprint

105 https://curia.europa.eu/juris/document/document.jsf?text=&docid=253801&pageIndex=0&doclang=DE&mode=req&dir=&occ=first&part=1; so beispielsweise EuG, Rechtssache T 464/21, Faller / EU-Kommission, Beschluss vom 7. Februar 2022, Rnr. 31

106 Urteil vom 20. Mai 1976, de Peijper (104/75, EU:C:1976:67, Rn. 15). Vgl. auch Urteile vom 7. März 1989, Schumacher (215/87, EU:C:1989:111, Rn. 17), vom 16. April 1991, Eurim-Pharm (C-347/89, EU:C:1991:148, Rn. 26), vom 10. November 1994, Ortscheit (C-320/93, EU:C:1994:379, Rn. 16), und vom 11. Dezember 2003, Deutscher Apothekerverband (C-322/01, EU:C:2003:664, Rn. 103)

107 Vgl. Urteile vom 19. Mai 2009, Kommission/Italien (C-531/06, EU:C:2009:315, Rnr. 55 - 58), und vom 19. Mai 2009, Apothekerkammer des Saarlandes u. a. (C-171/07 und C-172/07, EU:C:2009:316, Rnr. 31–34

108 https://www.ema.europa.eu/en/documents/scientific-guideline/guideline-quality-non-clinical-clinical-aspects-gene-therapy-medicinal-products_en.pdf

109 Grabski et al., aaO

110 Grabski, Hildt, Wagner, Zulassungsverfahren für Humanimpfstoffe in Deutschland und Europa und das Präqualifizierungsprogramm der WHO, Bundesgesundheitsbl 2020, 63_ 4 – 15; https://doi.org/10.1007/s00103-019-03059-w , online publiziert am 27.11.2019, S. 8

111 Grabski et al., aaO, S. 9

112 WHO TechnicalReport Series, No. 927, 2005; https://www.who.int/publications/m/item/nonclinical-evaluation-of-vaccines-annex-1-trs-no-927

113 s. beispielsweise S. 50 f der Leitlinie für Genotoxizitäts- und Karzinogenitätsstudien

114 Grabski et al., aaO

TEIL III

# DIE ZULASSUNGS-ENTSCHEIDUNG – WAS WUSSTEN DIE VERANTWORTLICHEN ZU DIESEM ZEITPUNKT UND WAS WUSSTEN SIE NOCH NICHT?

*»Alle Dinge sind Gift, und nichts ist ohne Gift;*
*allein die Dosis macht's, dass ein Ding kein Gift sei.«*
Paracelsus

Eingedenk des Lehrsatzes von Paracelsus darf ein Arzneimittel erst dann die Zulassung erhalten, wenn der Antragsteller nachgewiesen hat, dass es von einwandfreier Qualität und in der vorgesehenen Dosis sicher ist sowie Wirksamkeit für die beantragte Indikation besitzt. Die Nutzen-Risiko-Abwägung für das Arzneimittel muss positiv sein. Bei den COVID-19-Injektionen ist zudem zu berücksichtigen, dass sie zur Prävention der Erkrankung COVID-19 dienen sollen und meist gesunden Menschen verabreicht werden. Aus diesem Grund sind an die Nutzen-Risiko-Abwägung noch höhere Anforderungen zu stellen als bei Arzneimitteln, die Menschen zur Behandlung einer Erkrankung verabreicht werden sollen.

An die Nutzen-Risiko-Abwägung bei Arzneimitteln zur Krankheitsprävention für Gesunde sind höchste Anforderungen zu stellen.

# 1 PRÜFUNG DER ZULASSUNGSANTRÄGE IM »ROLLING-REVIEW«-VERFAHREN

Wie in Teil I (S. 53) ausgeführt, sieht die Strategie der EU-Kommission für COVID-19-Impfstoffe vor, ein sogenanntes Rolling-Review-Verfahren zu etablieren. Die EU-Kommission greift damit die Anregung von Bill Gates auf, Zulassungsverfahren zu »teleskopieren« und so beschleunigt zu bearbeiten. Das von der *Europäischen Arzneimittel-Agentur* (EMA) eingeführte Rolling-Review-Verfahren sieht vor, dass die Antragsteller bereits vor Einreichung des eigentlichen Zulassungsantrags Unterlagen zur Qualität und Präklinik vorlegen können, um sie von der EMA beurteilen zu lassen. Hält die EMA die zunächst eingereichten Daten zu Qualität und Präklinik für ausreichend, kann der Zulassungsantrag mit Zwischenergebnissen klinischer Daten eingereicht werden. Die nach Auffassung der Behörde dann noch fehlenden Unterlagen sind sukzessive nachzureichen, wenn sie fertiggestellt werden.

Das Paul-Ehrlich-Institut (PEI) schreibt auf seiner Website dazu: »Trotz Beschleunigung bleiben die Anforderungen an Qualität, Sicherheit und Wirksamkeit der betreffenden Arzneimittel unverändert hoch.«[1]

Das Paul-Ehlich-Insitut garantiert: »Trotz Beschleunigung bleiben die Anforderungen an Qualität, Sicherheit und Wirksamkeit der betreffenden Arzneimittel unverändert hoch.«

*BioNTech/Pfizer* beginnen den Einreichungsprozess für ihren Zulassungsantrag am 6. Oktober 2020 mit den präklinischen und chemisch-pharmazeutischen Daten[2]; am 30. November 2020 wird der Antrag auf bedingte Zulassung gestellt[3]. Am 6. Oktober werden laut Aussage von *BioNTech* auf ihrer Website die chemisch-pharmazeutischen Unterlagen zur Zusammensetzung, Herstellung und Qualitätskontrolle sowie die Ergebnisse der nicht-klinischen Untersuchungen (Labor- und Tierversuche) eingereicht. Die bedingte Zulassung wird am 21. Dezember 2020 erteilt.

*Moderna* startet den Einreichungsprozess am 16. November 2020[4], die EMA berichtet am 1. Dezember 2020 über den Erhalt des Zulassungsantrags auf bedingte Zulassung[5]. Die bedingte Zulassung für *Spikevax*® wird am 6. Januar 2021 erteilt.[6]

Die Zulassung für *Comirnaty*® wird innerhalb von 2½ Monaten nach Start des Einreichungsprozesses erteilt, die Zulassung für *Spikevax*® innerhalb von weniger als 2 Monaten.

Vor der Einreichung hatten bereits Kontakte mit der EMA zwecks Beratung und Klärung der Anwendbarkeit des zentralisierten Verfahrens und innerhalb dessen des Rolling-Review-Verfahrens stattgefunden. Zum Zweck der speziellen Beratung der Hersteller von COVID-19-Injektionen und -Therapeutika hatte die EMA die Arbeitsgruppe »COVID-19 EMA Pandemic Task Force« (ETF) ins Leben gerufen.

Mit dem Auslaufen der COVID-19-Pandemie wird diese »Task Force« nicht aufgelöst, sondern lediglich durch die Verordnung (VO) 2022/123 der EU vom 25. Januar 2022 »zu einer verstärkten Rolle der Europäischen Arzneimittel-Agentur bei der Krisenvorsorge und -bewältigung in Bezug auf Arzneimittel und Medizinprodukte« in »Emergency Task Force« umbenannt.[7]

Im Schatten der COVID-19-Pandemie werden durch umfangreiche Regelungen zur zukünftigen Pandemievorsorge und -bewältigung durch die EU-Kommission, aber auch mit Billigung des EU-Parlaments, Mechanismen geschaffen und etabliert, die im Fall einer zukünftigen Pandemie oder eines anderweitigen Gesundheitsnotstands jederzeit »scharf geschaltet« werden können und eine schnelle Anordnung und Umsetzung von Maßnahmen ermöglichen.

Wie durch Informationsfreiheitsanfragen aus den USA bekannt ist, umfasst allein der Antrag von *BioNTech/Pfizer* auf Notfallzulassung (Emergency Use Authorisation) in den USA mehr als 300.000 Seiten.[8] Es ist nicht anzunehmen, dass der Antrag von *Moderna* einen geringeren Umfang hatte.

Der Antrag von Pfizer/BioNTech für die Notfallzulassung in den USA umfasst mehr als 300.000 Seiten.

Es ist anzunehmen, dass die Unterlagen, die bei der EMA eingereicht werden, weitestgehend identisch sind mit den in den USA eingereichten Dokumenten. Zwischen den Zulassungsbehörden fand eine internationale Abstimmung (ICMRA – siehe S. 55) statt, was letztlich nur sinnvoll ist, wenn den Behörden dieselben Unterlagen mit denselben Ergebnissen vorliegen.

Dieser extrem schnelle Verfahrensablauf wirft angesichts solch umfangreicher Unterlagen durchaus Fragen auf:

- Wie gelingt es Antragstellern, einen solchen Umfang an Unterlagen innerhalb von neun Monaten zusammenzustellen?
- Wie gelingt es einer Behörde, einen Zulassungsantrag von über 300.000 Seiten in der Zeit vom 6. Oktober bis zum 21. Dezember 2020 bereits vollumfänglich durchgesehen und bewertet zu haben? Und dabei handelte es sich nicht nur um den Zulassungsantrag von *BioNTech/Pfizer*, sondern es wurden ja parallel auch die Zulassungsanträge von *Moderna, AstraZeneca* und *Johnson& Johnson* bewertet.

Zwar wird die Beurteilung von Zulassungsunterlagen innerhalb des Ausschusses für Humanarzneimittel (CHMP) zwei Berichterstatter-Ländern (Rapporteur und Co-Rapporteur) übertragen. Und auch wenn die Bearbeitung der Anträge durch die jeweiligen mitgliedstaatlichen Behörden unterstützt wird, denen Rapporteur und Co-Rapporteur angehören, ist doch fraglich: Wie gelingt es zwei Behörden, eine solche Unterlagenflut innerhalb dieser kurzen Zeit nicht nur durchzulesen, sondern auch zu bewerten und ein Gutachten abzugeben?

Wie gelingt es zwei Behörden, eine solche Menge an Unterlagen innerhalb dieser kurzen Zeit nicht nur durchzulesen, sondern auch zu bewerten und ein Gutachten abzugeben?

Die jeweiligen Rapporteure/Co-Rapporteure für die Prüfung der Zulassungsunterlagen waren für

1. *Comirnaty*®: Rapporteur: Filip Josephson (Schweden), Co-Rapporteur: Jean-Michel Race (Frankreich)[9]
2. *Spikevax*®: Rapporteur: Jan Mueller-Berghaus (PEI/Deutschland), Co-Rapporteur: Andrea Laslop (BASG/Österreich)[10]
3. *Vaxzevria*®: Rapporteur: Sol Ruiz (Spanien), Co-Rapporteur Johann Lodewijk Hillege (Niederlande)[11]
4. *JCovden*®: Rapporteur: Christophe Focke (Belgien), Co-Rapporteur: Sol Ruiz (Spanien)[12]

Hinzu kommt, dass der grundsätzliche Verfahrensablauf zwingend ein Mitentscheidungs- und Mitspracherecht der Mitgliedstaaten zum Entscheidungsentwurf der Kommission vorsieht, weshalb die Umsetzung eines CHMP-Gutachtens in eine Entscheidung der EU-Kommission normalerweise bis zu 60 Tage dauert (s. auch Teil I, S. 139). In diesem Zusammenhang stellen sich folgende Fragen:

— Hat die Einholung der Stellungnahme des StändigenAusschusses für Humanarzneimittel in diesen Fällen wenige Stunden gedauert?[13]
— Konnten die Mitgliedstaaten unter diesen Umständen überhaupt ihr Mitspracherecht wahrnehmen oder haben sie gegebenenfalls von vornherein auf ihr Mitspracherecht verzichtet?

Bei *Comirnaty*® und *Spikevax*® wurde die Entscheidung der EU-Kommission innerhalb weniger Stunden (statt bis zu 60 Tage) nach Abgabe des CHMP-Gutachtens erlassen. Haben Mitgliedstaaten auf ihr Mitspracherecht verzichtet?

In der Strategie der EU-Kommission für COVID-19-Impfstoffe war zwar von einer Verkürzung des üblichen – bis zu 60 Tage dauernden – Verfahrens die Rede, eine Verkürzung auf wenige Stunden lässt allerdings die Frage nach einem Verzicht auf die Durchführung des Stellungnahmeverfahrens als solches im Raum stehen. Auch bei *Moderna* wurden CHMP-Gutachten und Entscheidung der EU-Kommission am gleichen Tag bekannt gemacht – am 6. Januar 2021.

# 2 ÜBERBLICK ÜBER DIE ART DER BEDINGUNGEN UND EMPFEHLUNGEN BEI DER ERTEILUNG DER BEDINGTEN ZULASSUNGEN FÜR DIE GENBASIERTEN COVID-19-INJEKTIONEN

Die Zulassungsentscheidungen der EU-Kommission werden auf der Basis eines Gutachtens des CHMP getroffen. Der öffentliche Beurteilungsbericht (»European Public Assessment Report«, EPAR) mit der Zusammenfassung der Bewertung wird auf der Website der EMA veröffentlicht. Zur Veröffentlichung des EPAR unter Streichung von Angaben, die möglicherweise Geschäftsgeheimnisse darstellen, ist die EMA gemäß Art. 11 Satz 2 der VO 726/2004 verpflichtet.

Aus den jeweiligen Beurteilungsberichten für die COVID-19-Injektionen ebenso wie für die COVID-19-Therapeutika ergeben sich die Erwägungen des CHMP für die Befürwortung oder Ablehnung der Zulassungserteilung. Ebenso ergeben sich aus den Berichten die Erwägungen, die zu den jeweiligen Bedingungen im Rahmen der bedingten Zulassungen geführt haben.

Für nahezu alle genbasierten COVID-19-Injektionen wurden Bedingungen zur Qualität und zur Klinik ausgesprochen. Bei der Erteilung bedingter Zulassungen in »Krisensituationen« dürfen die Unterlagen zum Nachweis der Qualität *oder* der Präklinik *und* der Klinik unvollständig sein. Unzulässig ist die Unvollständigkeit des Nachweises in allen 3 Modulen, also in den Qualitäts-, den präklinischen und den klinischen Unterlagen.

Bei bedingten Zulassungen dürfen auch in Krisensituationen die Unterlagen nicht in allen 3 Modulen – Qualität, Präklinik und Klinik – unvollständig sein!

Die Erfüllung der Bedingungen innerhalb des vorgegebenen Zeitrahmens ist essenziell für die Aufrechterhaltung der bedingten Zulassungen. Das Europäische Arzneimittelrecht sieht in Art. 20a der VO 726/2004 vor, dass bei Nichterfüllung der auferlegten Bedingungen durch den Zulassungsinhaber die EMA die EU-Kommission entsprechend informieren muss und die Kommission daraufhin einen Beschluss zur Änderung, zur Aussetzung oder zum Widerruf der Zulassung zu erlassen hat.

## 2.1 LEITLINIE DES CHMP: UNVOLLSTÄNDIGKEIT DER KLINISCHEN UNTERLAGEN ERFORDERT GRUNDSÄTZLICH UMFASSENDE UND AUSSAGEKRÄFTIGE UNTERLAGEN ZU QUALITÄT UND PRÄKLINIK

Wie bereits an anderer Stelle ausgeführt (s. Teil II, S. 224), ist der CHMP auch bei bedingten Zulassungen grundsätzlich der Auffassung, dass die Unterlagen zur Qualität und Präklinik umfassend und aussagekräftig sein müssen, um die Unsicherheit aufgrund der Unvollständigkeit klinischer Daten vertreten zu können.

»Trotz Beschleunigung bleiben die Anforderungen an Qualität, Sicherheit und Wirksamkeit der betreffenden Arzneimittel unverändert hoch.«[14] Diese Zusicherung wurde durch das PEI und die verantwortlichen Politiker immer wieder geäußert, doch es stellt sich die entscheidende Frage, ob sie tatsächlich zutrifft. Deshalb möchte ich an dieser Stelle die (ursprüngliche) Auffassung des CHMP noch einmal in Erinnerung rufen. Der CHMP führt in seiner Leitlinie zur bedingten Zulassung aus:

> »Die Unsicherheiten in Bezug auf das Fehlen umfassender klinischer Daten bei einer bedingten Marktzulassung verlangen grundsätzlich, dass Unsicherheiten in Bezug auf die anderen Teile des Antrags auf ein Minimum beschränkt sein müssen.«

Und weiter:

> »Für eine bedingte Zulassung sollten umfassende nicht-klinische und pharmazeutische Daten verfügbar sein und nur die klinischen Daten können weniger umfangreich als im Normalfall sein.«[15]

Leitlinie des CHMP: Bei Unsicherheiten in Bezug auf klinische Daten müssen die Unsicherheiten in Bezug auf die anderen Teile auf ein Minimum beschränkt sein.

Auch wenn eine »Krisensituation« allein deshalb formal vorlag, weil der Generaldirektor der WHO am 11. März 2020 eine Pandemie feststellte und deshalb die Ausnahme gilt, dass neben den Unterlagen zur Klinik auch die Unterlagen zur Qualität *oder* Präklinik unvollständig sein dürfen, darf aber dennoch dieser Grundsatz nicht vollständig außer Acht gelassen werden. Sind daher Unsicherheiten und/oder Lücken innerhalb der Qualität *oder* Präklinik bei Vorliegen einer Krisensituation vorhanden, sind diese auf solche Aspekte zu beschränken, die aller Voraussicht nach keine gravierenden Auswirkungen auf die Sicherheit des Arzneimittels haben.

Anderenfalls wäre – gesunden Menschenverstand und nicht nur »Glaskugellogik« vorausgesetzt – die von Art. 14-a Abs. 1 der VO 726/2004 zwingend geforderte Beurteilung, dass »der Nutzen der sofortigen Verfügbarkeit des betreffenden Arzneimittels auf dem Markt das Risiko überwiegt, das sich daraus ergibt, dass nach wie vor zusätzliche Daten erforderlich sind«, nicht möglich.

Wie soll das Überwiegen des Nutzens der sofortigen Verfügbarkeit des Arzneimittels festgestellt werden, wenn die möglichen schädlichen Auswirkungen unbekannt sind?

Sind mögliche schädliche Wirkungen unbekannt, ist die Feststellung bzgl. des erforderlichen überwiegenden Nutzens der sofortigen Verfügbarkeit des Arzneimittels unmöglich.

Die Unvollständigkeit der Qualitätsunterlagen dürfte daher – selbst in Krisensituationen – nur in extremen Ausnahmefällen und ausschließlich bezüglich solcher Aspekte zulässig sein, bei denen mit großer Wahrscheinlichkeit zu vermuten ist, dass die Auswirkungen auf die Sicherheit des Arzneimittels nicht zu schweren Nebenwirkungen führen können. In den Fällen, in denen nicht beurteilt werden kann, welche Auswirkung die Lückenhaftigkeit der Unterlagen haben könnte, ist der Verzicht auf die Vollständigkeit der Unterlagen unzulässig. Schließlich ist das höchste Schutzgut des Europäischen Arzneimittelrechts nach ständiger Rechtsprechung des Europäischen Gerichtshofs (EuGH) die öffentliche Gesundheit, zu der auch und gerade vor dem Hintergrund der *Contergan*-Katastrophe in den 1960er Jahren der Schutz der Menschen zählt, denen das betreffende Arzneimittel verabreicht wird.

> In den Fällen, in denen eine Abschätzung der Auswirkungen der Lückenhaftigkeit der Unterlagen nicht möglich ist, ist der Verzicht auf die Vollständigkeit der Unterlagen unzulässig. Erst recht wenn geplant ist, die Arzneimittel »7 Milliarden Menschen« zu verabreichen.

Daher ist unabdingbar, dass die Unterlagen zur Qualität und Präklinik zumindest so umfassend und aussagekräftig sein müssen, dass eine Einschätzung möglicher schädlicher Auswirkungen möglich ist. Das gilt umso mehr, als präventiv eingesetzte Arzneimittel gesunden Menschen verabreicht werden; umso sicherer und fundierter muss die Prognose im Hinblick auf mögliche Nebenwirkungen sein.

Das gilt natürlich erst recht, wenn von Anfang an geplant war, diese Art der Arzneimittel »7 Milliarden Menschen« zu verabreichen. Angesichts dieser Menge an Verabreichungen war sicher, dass selbst von üblicherweise »seltenen« (zwischen 1 und 10 von 10.000) oder »sehr seltenen« (weniger als 1 von 10.000) Nebenwirkungen eine Zahl zwischen 700.000 und 7 Millionen Menschen betroffen sein können.

Wollte man diese Menschen nicht der Schnelligkeit »opfern«, musste sich aus den vorhandenen Daten zumindest ein äußerst geringes Schädigungspotenzial mit großer Sicherheit beurteilen lassen!

## 2.2 BEDEUTUNG DER UNVOLLSTÄNDIGKEIT DER QUALITÄTSDATEN – »WIR FLOGEN DAS FLUGZEUG, WÄHREND WIR ES NOCH BAUTEN«

Unvollständige Daten im Bereich der Qualität bedeuten grundsätzlich, dass die Qualität sowie Analyse/Prüfung/Kontrolle eines Arzneimittels und seiner Inhaltsstoffe mit Unsicherheiten behaftet sind. Das ist schon deshalb als sehr kritisch anzusehen, weil Arzneimittel nach ständiger Rechtsprechung des Bundesverwaltungsgerichts »Waren besonderer Art« sind, die einer besonderen Beobachtung und Regelungskontrolle unterliegen.[16] Die Rechtsprechung erkennt an, dass aufgrund der Besonderheit ihrer Inhaltsstoffe Qualitätsmängel bei Arzneimitteln besonders schwerwiegende Folgen nach sich ziehen und gravierende Auswirkungen auf das Sicherheitsprofil von Arzneimitteln haben können. Jeder Inhaltsstoff eines Arzneimittels kommt mit den Körperfunktionen in Kontakt und hat zwingend Auswirkungen auf diese.

Angesichts der möglichen und auch beabsichtigten Interaktionen zwischen den Inhaltsstoffen der Injektionen und dem Körper sowie deren möglichen Auswirkungen auf Körperfunktionen ist die garantierte einwandfreie Qualität der Inhaltsstoffe der Grundpfeiler und Grundvoraussetzung für die Bewertung der Präklinik und Klinik – letztlich steht und fällt alles mit der Qualität als alles bestimmendem Faktor!

Dies bestätigt auch die ehemalige Leiterin der Impfstoffforschung und -entwicklung bei *Pfizer*, Kathrin Jansen. In einem Interview, das im November 2022 in der Zeitschrift *Nature* erscheint und in dem sie sich zur schnellen Entwicklung von *Comirnaty*® äußert.[17] Sie beschreibt die üblichen Entwicklungsschritte, die bei Arzneimitteln aus Sicherheitsgründen *hintereinander* erfolgen müssen, als »Bürokratie«, die wegfiel.

Die einwandfreie Qualität des Arzneimittels ist der alles bestimmende Faktor und Grundvoraussetzung für die Bewertung der präklinischen und klinischen Daten.

> »Die ganze Bürokratie fiel weg. Wir haben die Dinge parallel erledigt, uns die Daten angesehen und die Herstellung durchgeführt. Normalerweise wird die Herstellung erst nach Jahren in ein Programm einbezogen.«

Wie bedenklich das ist, ergibt sich aus ihren weiteren Ausführungen:

> »Wir haben vieles weggeworfen, was nicht funktionierte, aber wir hatten immer andere Dinge, die bereits maßstabsgetreu waren und die wir vorantreiben konnten.«

Dennoch flog *Pfizer* das Flugzeug, während es gebaut wurde:

> »Als unser CEO [im März 2020] sagte: ›Erledigen Sie es vor Jahresende‹, sagte ich: ›Das ist verrückt!‹ Aber Geld spielte keine Rolle – und dann kann man in erstaunlich kurzer Zeit erstaunliche Dinge tun. Wir wurden kreativ – wir konnten nicht auf Daten warten, wir mussten so viel ›unter Risiko‹ tun. Wir flogen das Flugzeug, während wir es noch bauten.«

Weitere Aussagen der ehemaligen *Pfizer*-Verantwortlichen sind in Kapitel 3.6 (S. 328) wiedergegeben.

## 2.3 BEDEUTUNG DER UNVOLLSTÄNDIGKEIT DER PRÄKLINISCHEN DATEN

Wie bereits in Teil I (S. 149) und Teil II (S. 214) erläutert, handelt es sich bei den präklinischen Untersuchungen um Laboruntersuchungen (In-vitro-Untersuchungen) und Tierversuche. Wesentlich ist, dass die Erkenntnisse aus diesen Untersuchungen auf den Menschen übertragbar sind. Sie dienen dazu, einen gewissen Grad an Sicherheit für die erstmalige Anwendung am Menschen zu schaffen.

- Deshalb ist zum einen wesentlich, dass die präklinischen Untersuchungen mit einem Arzneimittel durchgeführt werden, das in seiner Zusammensetzung/Qualität dem Arzneimittel entspricht, das in der klinischen Studie und ebenfalls später im kommerziellen Vertrieb verabreicht werden soll.
- Zum anderen ist wesentlich, dass bei den In-vitro-Untersuchungen Zellen und bei den Tierversuchen Tierspezies verwendet werden, die Rückschlüsse auf die Wirkung des Arzneimittels im Menschen zulassen. Wird beispielsweise ein Tierversuch für ein präventiv einzusetzendes Arzneimittel mit einer Spezies durchgeführt, die gar nicht an der entsprechenden Krankheit erkranken kann, kann dieser Tierversuch die Wirksamkeit nicht belegen, weil es an der Übertragbarkeit der Untersuchungsergebnisse auf den Menschen fehlt.

Ebenso wie es bei der Herstellung und Qualitätskontrolle für Arzneimittel die Anforderungen der »Guten Herstellungspraxis« gibt, existieren für die Durchführung von Labor- und Tierversuchen die Anforderungen der »Guten Laborpraxis« (Good Laboratory Practice, GLP). Grundsätzlich sind die präklinischen Untersuchungen unter Beachtung der GLP-Regeln durchzuführen, da ansonsten die Reproduzierbarkeit der Ergebnisse nicht gewährleistet ist.

Die nachfolgende Darstellung wird sich im Wesentlichen auf *Comirnaty*® konzentrieren, da die zusätzliche Erläuterung der anderen genbasierten Injektionen den Rahmen dieses Buches sprengen würde. Nur teilweise werden auch Aspekte in Bezug auf *Spikevax*® von *Moderna* abgehandelt.

# 3 QUALITÄT/ZUSAMMENSETZUNG DER GENBASIERTEN COVID-19-INJEKTIONEN

Die Qualität/Zusammensetzung eines Arzneimittels ist der entscheidende Faktor für seine Wirksamkeit und Unbedenklichkeit. Das gilt erst recht für neuartige genbasierte Arzneimittel, die den Körper dazu veranlassen sollen, eine körperfremde Nukleinsäure in seinen Zellen herzustellen.

Zur Sicherstellung, dass die Herstellung den »anerkannten pharmazeutischen Regeln« entspricht, sind sämtliche Aktivitäten zur Herstellung, zum Import und Vertrieb von Arzneimitteln und (u. a.) biologischen Wirkstoffen von der Erteilung entsprechender behördlicher Erlaubnisse abhängig, sowohl nach europäischem als auch nach nationalem Arzneimittelrecht. Art. 40 Abs. 2 und Abs. 3 des Gemeinschaftskodex verpflichten die Mitgliedstaaten, Herstellung, Prüfung und Import von Arzneimitteln und Wirkstoffen aus Drittländern außerhalb der EU von einer behördlichen Erlaubnis abhängig zu machen. Im deutschen Arzneimittelgesetz (AMG) findet diese Verpflichtung in den §§ 13 ff und 72 ihre Entsprechung.

Grundsätzlich müssen für Arzneimittel die Anforderungen der »Guten Herstellungspraxis«(GMP) eingehalten werden. Die MedBVSV setzt diese Anforderungen außer Kraft.

Die Anforderungen, die seitens des Antragstellers für die Erlangung einer solchen Herstellungs- oder Importerlaubnis erfüllt werden müssen, werden bestimmt durch die »Regeln der Guten Herstellungspraxis« (Good Manufacturing Practice, GMP), die von der EU-Kommission erlassen wurden und sowohl auf EU-Ebene als auch in nationalen Gesetzen und Ausführungsvorschriften ihren

Niederschlag gefunden haben. Auf der Website des BMG findet man diese Leitlinien in deutscher Sprache.[18]

Wesentliche Vorschrift für die Ordnungsgemäßheit der Herstellung ist zudem § 55 Abs. 8 AMG. Gemäß dieser Vorschrift dürfen nur Inhaltsstoffe für die Herstellung von Arzneimitteln verwendet werden, die den anerkannten pharmazeutischen Regeln entsprechen:

> (8) Bei der Herstellung von Arzneimitteln dürfen nur Stoffe und die Behältnisse und Umhüllungen, soweit sie mit den Arzneimitteln in Berührung kommen, verwendet werden und nur Darreichungsformen angefertigt werden, die den anerkannten pharmazeutischen Regeln entsprechen.

## 3.1 ERFORDERNIS UND ERTEILUNG DER HERSTELLUNGS- UND IMPORTERLAUBNIS

Die Herstellungserlaubnis erhält der Hersteller dann, wenn er den Nachweis erbracht hat, dass er die Herstellung nicht nur nach hohen Sicherheitsstandards hinsichtlich Herstellung und Prüfung der Arzneimittel, sondern auch in gleichbleibender Qualität aus- und durchführen kann (§ 13 ff AMG). Die Importerlaubnis erhält er dann, wenn der den Nachweis geführt hat, dass er die importierten Arzneimittel oder Wirkstoffe auf ihre ordnungsgemäße Qualität zu prüfen in der Lage ist. Der Importeur muss nachweisen, dass er über die validierten Prüfverfahren verfügt und sie anwenden kann, die erforderlich sind, um zu prüfen, ob die Spezifikationen für das zu importierende Produkt eingehalten sind.

Dabei bezieht sich die Herstellungs- beziehungsweise Importerlaubnis nicht nur allgemein auf die Erlaubnis zur Herstellung/zum Import von Arzneimitteln, sondern sie muss grundsätzlich sowohl

- das Arzneimittel beziehungsweise den Wirkstoff, auf den sie sich bezieht, individuell bezeichnen, als auch

– die Herstellungs- beziehungsweise Prüfaktivitäten, die sie umfasst.

Die Arzneimittel beziehungsweise Wirkstoffe, auf die sich die Herstellungserlaubnis bezieht, werden in Anhang 8 der Herstellungserlaubnis aufgeführt. Die für die Erteilung der Herstellungs- beziehungsweise Importerlaubnis zuständige Überwachungsbehörde ist in Deutschland die jeweilige oberste Landesbehörde des Bundeslandes, in dem die erlaubnispflichtigen Aktivitäten ausgeübt werden. Diese Behörde ist ebenfalls zuständig für die Erteilung der sogenannten GMP-Zertifikate, mit denen bescheinigt wird, dass der betreffende Betrieb bei der Herstellung und Qualitätskontrolle der Arzneimittel/Wirkstoffe die strengen Regeln der Guten Herstellungspraxis erfüllt und Arzneimittel/Wirkstoffe in gleichbleibender Qualität herstellen und auch zuverlässig auf ihre Qualität prüfen kann. Eine Liste der Überwachungsbehörden ist auf folgender Website der Zentralstelle der Länder für Gesundheitsschutz bei Arzneimitteln und Medizinprodukten (ZLG) abrufbar: https://www.zlg.de/arzneimittel/deutschland/laenderbehoerden.

Für die Herstellungsstätten von *BioNTech* ist für Mainz und Idar-Oberstein/Rheinland-Pfalz das Landesamt für Soziales, Jugend und Versorgung in Mainz zuständig; für die Herstellungsstätte von *BioN Tech* in Marburg/Hessen war bis Januar 2023 das Regierungspräsidium Darmstadt zuständige Behörde. Seit Januar 2023 ist das Hessische Landesamt für Gesundheit und Pflege für die Überwachung der Marburger Herstellungsstätte von *BioNTech* zuständig.

## BEGRIFF DER »HERSTELLUNG«

§4 Abs. 14 AMG definiert den Begriff des »Herstellens« als `das Gewinnen, das Anfertigen, das Zubereiten, das Be- oder Verarbeiten, das Umfüllen einschließlich Abfüllen, das Abpacken, das Kennzeichnen und die Freigabe.`

Der Gesetzgeber hat aufgrund der Wichtigkeit jedes einzelnen Herstellungsschrittes für die Qualität eines Arzneimittels in §4 Abs. 14 AMG bewusst einen sehr weiten Herstellungsbegriff gewählt (Gewinnen, Anfertigen, Zubereiten, Be- oder Verarbeiten, Umfüllen einschließlich Abfüllen, Abpacken, Kennzeichnen und Freigabe). Selbst wenn ein Unternehmen nur eine dieser Tätigkeiten ausübt, muss es für die Ausübung eben dieser Tätigkeit für das individuell zu bestimmende Arzneimittel die entsprechende Herstellungserlaubnis besitzen. Sämtliche Hersteller/Importeure der COVID-19-Injektionen bedürfen daher für sämtliche im Gesetzestext beschriebenen Schritte im Rahmen der Gesamtherstellung eines Arzneimittels bis einschließlich der Freigabe zum Inverkehrbringen einer Erlaubnis.

Rechtsprechung: Es muss eine lückenlose Überwachung der an der Arzneimittelherstellung beteiligten Personen sichergestellt sein.

Auch die Rechtsprechung geht von einem weiten Herstellungsbegriff aus. Es müsse eine lückenlose Überwachung der an der Arzneimittelherstellung beteiligten Personen durch die nach dem AMG vorgesehenen Sicherungsmaßnahmen sichergestellt werden. So führt das Bundesverwaltungsgericht (BVerwG) in einem Urteil vom 17. August 2017 unter Randziffer (Rz). 19 aus:

> »In der Rechtsprechung des Senats ist geklärt, dass angesichts der weiten Definition des Herstellens nach §4 Abs. 14 AMG nicht stets erst der letzte Herstellungsschritt vor dem Inverkehrbringen die Arzneimitteleigenschaft des Erzeugnisses begründet. Vielmehr gebietet der Schutzzweck des Gesetzes, nicht nur das abgabefertige Endprodukt als Arzneimittel einzuordnen, sondern bei einem mehrstufigen Herstellungsprozess auch bestimmte Vorstufen den Kontrollen und Anforderungen des Arzneimittelrechts zu unterstellen (BVerwG, Urteil vom 3. März 2011 – 3 C 8.10 - Buchholz 418.32 AMG Nr.60 Rn. 14 und Rn. 16).«

Weiterhin führt das BVerwG unter Rz. 20 aus:

> »(2) Das Bundesverwaltungsgericht hat in seiner bisherigen Rechtsprechung für die Unterscheidung zwischen Arzneimitteln und Vorprodukten, die selbst kein Arzneimittel sind, darauf abgestellt, ab welcher Verarbeitungsstufe die Bestimmung eines arzneilichen Anwendungszwecks möglich ist und erkennbar vorliegt. Danach ist die Arzneimitteleigenschaft eines Vorprodukts begründet, wenn bereits im Zeitpunkt seiner Herstellung eindeutig feststeht, dass seine künftige Zweckbestimmung ausschließlich darin besteht, durch Anwendung im oder am menschlichen oder tierischen Körper arzneilichen Zwecken zu dienen.«[19]

Die Herstellung von RNA ist in Anwendung der Rechtsprechung des BVerwG unzweifelhaft den arzneimittelrechtlichen Vorschriften zu unterwerfen, auch wenn es sich um ein Vorprodukt des fertigen Arzneimittels handelt.

Der Hersteller muss gemäß § 14 Abs. 1 Nr. 1 AMG eine »sachkundige Person« zur Verfügung haben, die die im Gesetz in § 15 AMG näher definierten fachlichen Voraussetzungen erfüllt und gemäß § 19 AMG dafür verantwortlich ist, dass jede Charge des Arzneimittels nur dann freigegeben wird, wenn sichergestellt ist, dass die Herstellung und Prüfung des Arzneimittels entsprechend den Vorschriften durchgeführt wurde, die Charge diesen Anforderungen entspricht und dies vor Inverkehrbringen von der verantwortlichen Person für jede Charge »in einem fortlaufenden Register oder einem vergleichbaren Dokument« bescheinigt wurde.

Eine Arzneimittelcharge darf nur dann freigegeben werden, wenn sichergestellt ist, dass die Herstellung und Prüfung des Arzneimittels entsprechend den Vorschriften durchgeführt wurde.

Gemäß § 14 Abs. 1 Nr. 6a AMG ist die Herstellungserlaubnis zu versagen, wenn 6a. der Hersteller nicht in der Lage ist zu gewährleisten, dass die Herstellung oder Prüfung der Arzneimittel nach dem Stand von Wissenschaft und Technik […] vorgenommen wird.

## GRUNDSÄTZE DER GUTEN HERSTELLUNGSPRAXIS (GOOD MANUFACTURING PRACTICE, GMP)

Die Regelungen des EU-GMP-Leitfadens sind durch die Arzneimittel- und Wirkstoffherstellerverordnung (AMWHV) in Deutschland geltendes Recht.

Kapitel 1 des GMP-Leitfadens[20] legt folgenden Grundsatz fest:

> Der Inhaber einer Herstellungserlaubnis muss Arzneimittel so herstellen, dass ihre Eignung für den vorgesehenen Gebrauch gewährleistet ist, sie, soweit anwendbar, den Anforderungen der Arzneimittelzulassung oder der Genehmigung der klinischen Prüfung entsprechen und die Patienten keiner Gefahr wegen unzureichender Sicherheit, Qualität oder Wirksamkeit aussetzen. Für die Erreichung dieses Qualitätszieles ist die Geschäftsleitung eines Unternehmens verantwortlich […]

Herstellung und Prüfung gemäß GMP: Patienten dürfen keiner Gefahr wegen unzureichender Sicherheit, Qualität oder Wirksamkeit ausgesetzt werden.

→ **Herstellung gemäß GMP**
Dieser Absatz belegt die herausragende Wichtigkeit der ordnungsgemäßen Qualität eines Arzneimittels für die Sicherheit des Patienten.
Das pharmazeutische Qualitätssystem des Herstellers muss gemäß Ziffer 1.4 danach unter anderem sicherstellen, dass

(xv) Arzneimittel nicht verkauft oder ausgeliefert werden, bevor eine sachkundige Person bescheinigt hat, dass jede Herstellungscharge in Übereinstimmung mit der Arzneimittelzulassung und allen anderen für die Herstellung, Prüfung und Freigabe von Arzneimitteln relevanten Vorschriften hergestellt und kontrolliert wurde.

Der Herstellungsprozess und das Monitoring sowie die Kontrolle der Herstellungsprozesse, der Ausgangsstoffe, Zwischenprodukte und des End- bzw. Fertigproduktes müssen so ausgestaltet sein, dass ein kongruenter Herstellungsprozess und gleichbleibende Produktqualität gemäß Zulassungsdossier gewährleistet sind. Zu diesem Zweck muss bei der Entwicklung und der Herstellung des Arzneimittels unter anderem auch gemäß Ziffer 1.4 gewährleistet sein, dass

(viii) durch Entwicklung und Einsatz wirksamer Monitoring- und Kontrollsysteme ein Kontrollstatus eingeführt und aufrechterhalten ist für die Prozessdurchführung und Produktqualität;

(ix) die Ergebnisse des Produkt- und Prozessmonitoring berücksichtigt werden bei der Chargenfreigabe, bei der Überprüfung von Abweichungen und mit Blick auf Vorbeugungsmaßnahmen, um eventuelle Abweichungen zukünftig zu verhindern;

(x) alle notwendigen Prüfungen der Zwischenprodukte sowie alle weiteren Inprozesskontrollen und Validierungen durchgeführt werden.

### → Qualitätskontrolle gemäß GMP

Neben dem Herstellungsprozess ist auch die Qualitätskontrolle Teil der Guten Herstellungspraxis (GMP-Leitfaden, Kapitel 1, Ziffer 1.9). Es muss unter anderem sichergestellt werden, dass

- die Fertigprodukte […] die Wirkstoffe [enthalten], die qualitativ und quantitativ der Arzneimittelzulassung oder der Genehmigung der klinischen Prüfung entsprechen, […] die

erforderliche Reinheit auf[weisen], […] sich in den richtigen Behältnissen [befinden] und ordnungsgemäß gekennzeichnet [sind] (Ziffer 1.9 (v)) und
- keine Produktcharge […] vor der Zertifizierung durch eine Sachkundige Person, dass sie übereinstimmt mit den relevanten Genehmigungen in Einklang mit Anhang 16, für den Verkauf oder die Auslieferung freigegeben [wird]. (Ziffer 1.9 (vii))

Annex 16 des GMP-Leitfadens und auch §16 der AMWHV legen verbindlich fest, dass jede Charge eines Fertigproduktes – im deutschen Arzneimittelgesetz ist dies das »Fertigarzneimittel« – durch eine sachkundige Person innerhalb der EU freigegeben werden muss, bevor sie innerhalb der EU oder im Export in den Vertriebsweg gelangt.

Das »Fertigarzneimittel« wird in §4 Abs. 1 AMG gesetzlich definiert als […] Arzneimittel, die im Voraus hergestellt und in einer zur Abgabe an den Verbraucher bestimmten Packung in den Verkehr gebracht werden […].

§16 der AMWHV regelt im Zusammenspiel mit dem GMP-Leitfaden die Anforderungen an die Freigabe zum Inverkehrbringen. Gemäß diesem Paragrafen darf die Freigabe durch die sachkundige Person des Herstellers nur dann erteilt werden, wenn

1. das Herstellungsprotokoll und das Prüfprotokoll ordnungsgemäß unterzeichnet sind,

2. zusätzlich zu den analytischen Ergebnissen essenzielle Informationen wie die Herstellungsbedingungen und die Ergebnisse der Inprozesskontrollen berücksichtigt wurden, und

3. die Überprüfung der Herstellungs- und Prüfunterlagen die Übereinstimmung der Produkte mit ihren Spezifikationen, einschließlich der Endverpackung, bestätigt hat.

Eine Freigabe zum Inverkehrbringen darf daher nur dann erfolgen, wenn eine Chargenzertifizierung des Fertigarzneimittels durch die sachkundige Person vorgenommen wurde und garantiert ist, dass die Herstellung und Prüfung des Fertigarzneimittels mit den Zulassungsunterlagen und der Zulassung sichergestellt ist.

Die Chargenfreigabe des Fertigarzneimittels, welches sich in der zur Abgabe an den Verbraucher bestimmten Verpackung befindet, erfordert daher die Prüfung, ob das Arzneimittel gemäß den Anforderungen der Zulassung sowie den GMP-Grundsätzen hergestellt und geprüft wurde und ob alle relevanten gesetzlichen Vorgaben berücksichtigt wurden.

## EINSCHRÄNKUNG DER GMP-ANFORDERUNGEN DURCH DIE MedBVSV

Die von Bundesgesundheitsminister Jens Spahn am 25. Mai 2020 erlassene Medizinischer Bedarf Versorgungssicherstellungsverordnung (MedBVSV) rückt auch von den strikten Anforderungen an die Einhaltung der Grundsätze der Guten Herstellungspraxis ab (Einzelheiten s. Teil I Kapitel 7, S. 156).

§4 Abs. 3 der MedBVSV sieht die Möglichkeit für die zuständige Landesüberwachungsbehörde vor, im Einzelfall das Inverkehrbringen von Arzneimitteln zu gestatten, die ohne Einhaltung der strengen Vorschriften über die Herstellung und Qualitätskontrolle hergestellt wurden.

Voraussetzung für eine solche Ausnahmegenehmigung ist allerdings, dass das Paul-Ehrlich-Institut in einer Nutzen-Risiko-Bewertung feststellt, dass die jeweilige Ausnahme von den genannten Vorschriften zur Sicherstellung der Versorgung der Bevölkerung mit Arzneimitteln

Die MedBVSV ermöglicht Gestattung des Inverkehrbringens von Arzneimitteln, die ohne Einhaltung der GMP-Anforderungen hergestellt und geprüft wurden!

erforderlich ist und die Qualität, Wirksamkeit und Unbedenklichkeit der herzustellenden Arzneimittel gewährleistet sind.

Im Rahmen einer Anfrage nach dem Informationsfreiheitsgesetz (IFG) war unter anderem die Frage gestellt worden, in welchen Bereichen das PEI Nutzen-Risiko-Bewertungen im Sinne der MedBVSV erteilt habe. Die Antwort des PEI lautete, dass eine Nutzen-Risiko-Abwägung ausschließlich in Bezug auf die Erlaubnis zum Vertrieb von COVID-19-Injektionen durch den Arzneimittel-Großhandel vorgenommen worden sei.

Es bleibt die Frage an Jens Spahn und seinen Nachfolger, der die Verordnung nicht aufgehoben hat (sie gilt derzeit bis zum 31. Dezember 2023 – warum eigentlich immer noch?): Wie ist ethisch und rechtlich vertretbar, dass der Bundesgesundheitsminister mit einer »Medizinischer Bedarf Versorgungssicherstellungsverordnung« die Möglichkeit eröffnet, derartig für die Patientensicherheit herausragend wichtige Regelungen für verzichtbar zu erklären?

## CHARGENFREIGABE GEMÄß § 32 AMG DURCH DAS PAUL-EHRLICH-INSTITUT

Während für das Inverkehrbringen eines Standard-Arzneimittels üblicherweise ausschließlich die Chargenfreigabe zum Inverkehrbringen durch die sachkundige Person des Zulassungsinhabers vorliegen muss, hat der Gesetzgeber in §32 AMG Sonderanforderungen unter anderem für Sera, Impfstoffe und Allergene festgelegt. Diese Klasse von Arzneimitteln darf nur dann in Verkehr gebracht werden, wenn zuvor die Chargenfreigabe durch das Paul-Ehrlich-Institut vorgenommen wurde. §32 Abs. 1 AMG lautet:

> (1) Die Charge eines Serums, eines Impfstoffes oder eines Allergens darf unbeschadet der Zulassung nur in den Verkehr gebracht werden, wenn sie von der zuständigen

> Bundesoberbehörde freigegeben ist. Die Charge ist freizugeben, wenn eine Prüfung (staatliche Chargenprüfung) ergeben hat, dass die Charge nach Herstellungs- und Kontrollmethoden, die dem jeweiligen Stand der wissenschaftlichen Erkenntnisse entsprechen, hergestellt und geprüft worden ist und dass sie die erforderliche Qualität, Wirksamkeit und Unbedenklichkeit aufweist. Die Charge ist auch dann freizugeben, soweit die zuständige Behörde eines anderen Mitgliedstaates der Europäischen Union nach einer experimentellen Untersuchung festgestellt hat, dass die in Satz 2 genannten Voraussetzungen vorliegen [...]

Aus dieser Vorschrift ergibt sich, dass für jede Charge der streitgegenständlichen »Impfstoffe« im Rahmen einer experimentellen Untersuchung grundsätzlich durch das PEI zu prüfen ist, ob die Qualität und die durch den Hersteller durchgeführten Kontrollen »dem Stand der wissenschaftlichen Erkenntnisse« entsprechen und durchgeführt worden sind und dass die Arzneimittel die erforderliche Qualität, Wirksamkeit und Unbedenklichkeit aufweisen.

Das PEI muss grundsätzlich selbst experimentelle Untersuchungen durchführen. Auf diese kann nur dann verzichtet werden, wenn eine »*Behörde eines anderen Mitgliedstaates der Europäischen Union nach einer experimentellen Untersuchung*« die Übereinstimmung der Charge mit GMP-Grundsätzen und dem Inhalt des Zulassungsdossiers geprüft hat. Das PEI macht auf seiner Website Erklärungen zum Umfang der Chargenprüfung bei mRNA-Injektionen. Auf die Frage, *wie* mRNA-Injektionen experimentell geprüft werden, wird geantwortet:

> »Bei der Chargenprüfung wird die Identität, die Menge und Konzentration sowie die Integrität der im Impfstoff enthaltenen RNA untersucht. Zusätzlich wird der Anteil der RNA bestimmt, der in Lipidpartikeln verpackt ist. Zudem wird das Aussehen des Impfstoffs geprüft.«[21]

Diese experimentellen Prüfungen sind im Rahmen der Chargenfreigabe – wie oben dargestellt – an dem Fertigarzneimittel vorzunehmen. Fertigarzneimittel ist im Falle von *Comirnaty®* das Konzentrat beziehungsweise die Injektionsdispersion in der zur Abgabe an den Verbraucher bestimmten Verpackung, somit in der Mehrdosisdurchstechflasche beim Konzentrat und der Einzelinjektion bei der fertigen Injektionsdispersion.

Aus der Aufzählung der Prüfparameter ergibt sich *keine* Prüfung auf Verunreinigungen.

Das PEI führt nach eigenen Angaben keine Prüfung auf Verunreinigungen durch.

Auch das Erfordernis der Chargenfreigabe nach §32 AMG wurde durch die MedBVSV aufgeweicht (s. Teil I Kapitel 7, S. 156).

Allerdings ergab eine Anfrage nach dem Informationsfreiheitsgesetz (IFG) von fünf Chemieprofessoren, dass das PEI für sämtliche in Deutschland in Verkehr gebrachten Chargen von *Comirnaty®* die Chargenprüfung durchgeführt hat. Die Chemieprofessoren versuchen seit Anfang 2022, vom PEI über IFG-Anfrage Informationen über die Zusammensetzung von *Comirnaty®* und zu den Kontrollmethoden zu erhalten.[22]

## IMPORTERLAUBNIS VON *BIONTECH* FÜR BNT162B2 VOM 1. OKTOBER 2020 AUF BASIS EINER INSPEKTION VOM 11. SEPTEMBER 2019?

Die von zuständigen Behörden der EU erteilten Herstellungs- und Importerlaubnisse ebenso wie Großhandelserlaubnisse werden in einer Datenbank auf der Website der EMA veröffentlicht, der »EudraGMDP-Datenbank«[23].

Dabei steht »GMDP« für »Good Manufacturing and Distribution Practice« und beinhaltet, dass sowohl Herstellungserlaubnisse als auch Großhandelserlaubnisse auf der Website einsehbar sind. Gleiches gilt für die der Herstellungs- und gegebenenfalls

Importerlaubnis zugrunde liegenden Zertifikate über die Einhaltung der »Guten Herstellungspraxis«, die sogenannten »GMP-Zertifikate«. Diese werden auf Basis einer Inspektion durch die zuständige Überwachungsbehörde (Landesbehörde) im Vorfeld beziehungsweise spätestens gemeinsam mit der entsprechenden Erlaubnis erteilt.

Allerdings enthält diese »EudraGMDP« nicht alle erteilten GMP-Zertifikate beziehungsweise Herstellungs- und Importerlaubnisse. Nach welcher Systematik eine Veröffentlichung erfolgt, ist auf der Website nicht erläutert.

Für *BioNTech* waren und sind in der Datenbank unterschiedliche Herstellungs- und Importerlaubnisse für unterschiedliche Herstellungsstätten und Herstellungsschritte auffindbar. Auch in Mainz verfügt *BioNTech* nach Angaben in den Zertifikaten/Erlaubnissen über mehrere Herstellungsstätten: Es finden Herstellungs- und Prüfaktivitäten nicht nur »An der Goldgrube 12« statt, sondern auch am Ort »Kupferbergterrasse 17–19«.

Hervor sticht bei den Erlaubnissen das »GMP-Zertifikat DE_RP_01_GMP_2020_0052«, ausgestellt vom Landesamt für Soziales, Jugend und Versorgung Rheinland-Pfalz für die Betriebsstätte Kupferbergterrasse 17–19:

1. Ausstellungsdatum 1. Oktober 2020,
2. basierend auf einer Inspektion vom 11. September 2019 (!)
3. betreffend den Import von »2.3.4 Other (importation activities): APIs of genetically-engineered origin: RNA constructs for manufacturing of RNA-based vaccines BNT-162 (Starting material DNA PCR fragment or linearized plasmid DNA)(en)« (Sonstige (Importaktivitäten): APIs (Active Pharmaceutical Ingredient – Arzneimittelwirkstoff) gentechnischen Ursprungs: RNA-Konstrukte zur Herstellung von RNA-basierten Impfstoffen BNT-162 (Ausgangsmaterial DNA-PCR-Fragment oder linearisierte Plasmid-DNA)(en) [Übersetzung der Autorin]

Weiterhin wird erläutert, auf welche Aktivitäten sich die Erlaubnis bezieht:

> »(Zu 2.3.4) Die Genehmigung beschränkt sich auf die Einfuhr und Freigabe der folgenden RNA-Konstrukte: BNT-162a1, BNT-162b1 und BNT-162b2. Qualitätskontrolltests werden in der BioNTech-Einrichtung An der Goldgrube 12, 55131 Mainz und in externen Qualitätskontrolllabors durchgeführt.«[24]

Wohlgemerkt: BNT-162b2 ist das RNA-Konstrukt, das *Comirnaty®* zugrunde liegt!

Mit den anderen Konstrukten werden beziehungsweise wurden ebenfalls klinische Studien durchgeführt.

Das Dokument ist in vielerlei Hinsicht sehr bemerkenswert und stellt mit dem sich daraus ergebenden Geschehensablauf nicht nur sämtliche Narrative zu COVID-19 infrage, sondern es stellt sich die Frage, ob die von *BioNTech/Pfizer* angewandten 2 unterschiedlichen Herstellungsprozesse (siehe S. 323) bereits September 2019 praktiziert wurden – konnte bei der Inspektion für die Importerlaubnis die Herstellung der RNA-Konstrukte aus den Ausgangsmaterialien DNA-PCR-Fragment oder linearisierte Plasmid-DNA bereits begutachtet werden?

Unter Zugrundelegung dieses Dokuments könnte sich folgender chronologischer Zeitablauf ergeben:

- 11. September 2019:Die Überwachungsbehörde Rheinland-Pfalz führt bei *BioNTech* eine Inspektion zur Erteilung einer Erlaubnis zum Import und Qualitätskontrolle der »RNA-Konstrukte: BNT-162a1, BNT-162b1 und BNT-162b2« durch.
- Ende Dezember 2019: Die Welt erfährt vom Ausbruch eines »neuartigen« Coronavirus in Wuhan, China.
- 5. Januar2020: Die erste Genomsequenz von SARS-CoV-2 wird veröffentlicht.[25]

- 24. Januar 2020: Uğur Şahin wird nach eigener Aussage in dem Buch *Projekt Lightspeed* durch einen Artikel im Wissenschaftsteil des *Spiegel* auf den Ausbruch in Wuhan aufmerksam.[26]
- 30. Januar 2020: Der Generaldirektor der Weltgesundheitsorganisation (WHO) erklärt den Ausbruch des SARS-CoV-2-Virus zur »Gesundheitlichen Notlage von internationaler Tragweite«.[27]
- 11. März 2020: Die WHO erklärt den Ausbruch des SARS-CoV-2-Virus zu einer weltweiten Pandemie.[28]

Dieser Zeitplan wirft folgende Frage auf:

- Wie kann bereits bei einer Inspektion am 11. September 2019 seitens der Überwachungsbehörde überprüft werden, ob *BioNTech* die Aktivitäten der Einfuhr und Qualitätskontrolle für »RNA-Konstrukte: BNT-162a1, BNT-162b1 und BNT-162b2« GMP-gerecht ausführt?
  Die »RNA-Konstrukte: BNT-162a1, BNT-162b1 und BNT-162b2« müssen aus einem Drittland (Nicht-EU) eingeführt worden sein (USA? *Pfizer*?), da ansonsten eine Importerlaubnis nicht erforderlich gewesen wäre.
  Wenn am 11. September 2019 im Rahmen einer Inspektion entsprechende Aktivitäten für eine Importerlaubnis ab 4. Quartal 2020 überprüft wurden, müsste – wenn ordnungsgemäß gearbeitet wurde – eine Inspektion in Bezug auf die zu prüfenden Substanzen »RNA-Konstrukte: BNT-162a1, BNT-162b1 und BNT-162b2« durchgeführt und in der Folge müssten diese Konstrukte bereits um den 11. September 2019 nach Deutschland eingeführt worden sein!

## 3.2 HERAUSFORDERUNGEN BEI DER QUALITÄT VON mRNA-INJEKTIONEN

In einem Artikel mit dem Titel »The EMA covid-19 data leak, and what it tells us about mRNA instability« im *British Medical Journal*, der am 10. März 2021 veröffentlicht wurde, bringt es die Medizinjournalistin Serena Tirani auf den Punkt. Aus den Bedenken, die die EMA-Prüfer in den geleakten oder gehackten EMA-Prüfberichten äußern, zieht sie die Schlussfolgerung, dass die Qualitätssicherung von mRNA-Vakzinen von erheblicher Komplexität sei, die von

1. der Quantifizierung, Identität und Integrität der mRNA und
2. der Trägerlipide (Lipidnanopartikel) über
3. die Verteilung der Partikelgröße und
4. die Verkapselung bis hin zur RNA-Stabilität

reiche und die bisher nur wenig Aufmerksamkeit erhalten habe.[29]

### PROBLEMATIK DER STABILITÄT UND PROTEINBILDUNG

Ein wesentliches Problem im Hinblick auf die Stabilität der mRNA-Injektionen in der fertigen Zusammensetzung liegt auch in ihrer Haltbarkeit, insbesondere im Hinblick auf Transport und Lagerung.

Eine niederländische Forschergruppe befasst sich in einer Veröffentlichung von Anfang Dezember 2020 mit der Problematik der Stabilität genbasierter mRNA-Injektionen und analysiert die bis dahin bekannten Ansätze der Hersteller zur Lösung der Lagerungs- und Transportproblematik.[30] Während die Autoren umfangreiche Literatur zur Stabilität von mRNA an sich auffinden konnten, sei kaum Literatur über die Stabilität der mRNA-Injektion in der fertigen Zusammensetzung auffindbar.[31] Vor dem Ausbruch von COVID-19 sei der Entwicklung von Lagertemperaturen von mRNA-Injektionen keine große Aufmerksamkeit gewidmet worden. Üblicherweise seien kleine Chargen bei 80 °C eingefroren, dann aufgetaut und bei Bedarf verabreicht worden. Eine auch nur geringfügige Abbaureaktion des mRNA-Stranges jedoch führe zu einer unvollständigen Bildung des Zielantigens[32] – und damit nicht zur Bildung des gewünschten Spike-Proteins, sondern eines anderen, unvorhergesehenen Proteins.

Ende 2020 war kaum Literatur über die Stabilität der mRNA-Injektion in der fertigen Zusammensetzung auffindbar.

## PROBLEMATIK HINSICHTLICH DER LIPIDNANOPARTIKEL

Auch den Lipidnanopartikeln (LNP) kommt – neben ihren vielfältigen Aufgaben beim Transport der mRNA innerhalb des Körpers – eine sehr bedeutende Funktion bei der Lagerung und dem Transport der genbasierten mRNA-Injektionen zu.

LNP bestimmen innerhalb des Körpers

- die Verteilung der mRNA im Körper durch ihre Oberfläche und Größe,
- sind aufgrund ihrer positiven Ladung »Türöffner« für die negativ geladene mRNA und ermöglichen ihr das Eindringen durch die ebenfalls negativ geladene Zellmembran[33] und
- beeinflussen die Bildung des Zielantigens in den Körperzellen.

Deshalb sind LNP ein bedeutender Faktor in Bezug auf die Immunantwort des Körpers einschließlich möglicher Nebenwirkungen und bestimmen damit auch das Sicherheitsprofil genbasierter mRNA-Vakzine. Daher sei die Herstellung dieser Rohmaterialien und auch ihr Transport zur Weiterverarbeitung ein kritischer Parameter der Arzneimittelwirksamkeit und -sicherheit von mRNA-Vakzinen.[34]

Zum Zeitpunkt der Veröffentlichung der Ausarbeitung der niederländischen Forschergruppe Ende 2020 waren Leitlinien der Zulassungsbehörden für mRNA-basierte Vakzine noch nicht entwickelt; ebenso wenig gab es Beispiele spezifischer Freigabe und/oder Stabilitätskriterien für Qualitätseigenschaften dieser Arzneimittel – man befand sich somit in Bezug auf Qualitätsanforderungen kurz vor Erteilung der bedingten Zulassungen im »Blindflug«.

Die Autoren stellen fest, dass es zwar hinreichend Daten zu klinischen Parametern der COVID-19-Vakzine gab, Informationen zu den Qualitätsattributen, die die Stabilität kontrollieren und limitieren, einschließlich Akzeptanz-Kriterien für die relevanten Qualitätsparameter seien in Veröffentlichungen jedoch nicht auffindbar.[35]

Man befand sich Anfang Dezember 2020 in Bezug auf Qualitätsanforderungen kurz vor Erteilung der bedingten Zulassungen im »Blindflug«.

Nach der Analyse der bis zum Anfang Dezember 2020 vorliegenden Erkenntnisse kommen die Autoren zu dem erschreckenden Ergebnis, dass es zum Zeitpunkt ihrer Untersuchung an systematischen Ansätzen zur Identifizierung der wichtigsten physikalisch-chemischen Abbaumechanismen der damaligen genbasierten COVID-19-Injektionen mangelt.[36]

Die Entwicklung von Qualitäts- und Stabilitätskriterien befinde sich noch in den »Kinderschuhen«. Deshalb müsse der Erreichung optimal stabilisierter mRNA-Injektionen während Lagerung, Transport und Verabreichung die Top-Priorität in der pharmazeutischen Entwicklung zukommen.[37]

## 3.3 WAS IST DAS BESONDERE AN DER MESSENGER-RNA DER INJEKTIONEN?

Die im Wirkstoff BNT 162b2 des Arzneimittels *Comirnaty*® ebenso wie die in dem Wirkstoff mRNA-1273 *Spikevax*® enthaltene messenger-RNA (mRNA) ist im jeweils ersten Beurteilungsbericht des CHMP beschrieben, der der Erteilung der bedingten Zulassungen zugrunde liegt. Die bedingte Zulassung für *Comirnaty*® wurde am 21. Dezember 2020 und für *Spikevax*® am 6. Januar 2021 erteilt. Auf S. 13 und 15 (*Comirnaty*®) sowie S. 15–17 (*Spikevax*®) wird die mRNA beschrieben als eine mRNA, die den Bauplan für das Spike-Protein

(Antigen) des SARS-CoV-2-Virus enthält. Die mRNA enthält den »Code« für die Herstellung des Spike-Proteins; es ist eine »kodierende mRNA«.

Die in den Injektionen verwendete mRNA ist gegenüber einer natürlichen mRNA – so verändert ist, dass

- durch Eingriff in die Elemente, die für Aminosäuren kodieren (Codons), eine gegenüber der natürlichen mRNA höhere Proteinausbeute erzielt wird und
- das Nukleosid Uridin durch 1-Methyl-Pseudouridin ersetzt wurde. Die mRNA enthält an keiner Stelle das üblicherweise in einer mRNA enthaltene Uridin. (S. 42 für *Comirnaty*®/S. 141 für *Spikevax*®).

Es handelt sich folglich um eine synthetisch hergestellte, modifizierte mRNA (modRNA).[38]

Die für das Spike-Protein (Antigen) des SARS-CoV-2-Virus kodierende mRNA ist eine synthetisch hergestellte, modifizierte mRNA, also eine modRNA.

Was ergibt sich aus dieser Beschreibung?

1. Die Tatsache, dass die mRNA für das Spike-Protein des SARS-CoV-2-Virus kodiert, bedeutet, dass es sich um die Kodierung für ein körperfremdes Protein und damit auch um eine körperfremde mRNA handelt.
2. Die Änderungen haben folgende Auswirkungen:
   a) Die in der Injektion verwendete körperfremde, künstliche RNA ist erheblich stabiler als die üblicherweise schnell durch spezielle Enzyme, die RNAsen, abgebaute natürliche mRNA. Diese längere »Lebensdauer« wird erzielt durch veränderte Basenabfolgen an den jeweiligen Enden der mRNA, dem sog. 5’-Ende (5’-cap) und dem »Poly-A-Schwanz« (Poly-A-Tail).[39]
   b) Die Ersetzung des Uridins durch Pseudouridin führt dazu, dass die *körperfremde* RNA quasi »im Tarnkappenmodus« im Körper unterwegs ist. So wird die zelluläre Abwehrreaktion des Immunsystems gegen die fremde mRNA verhindert. Das Ergebnis ist

sowohl eine höhere Syntheserate des kodierten Fremdproteins (höhere Proteinproduktion durch den Körper) als auch eine geringere Immunreaktion.

Diese Technik hatten Katalin Karikó[40] und Drew Weissman als Erfinder in dem mittlerweile weltweit geltenden US-Patent Nr. US8278036B2 mit Priorität 25. August 2005 beschrieben; das Patent für die Synthese und Anwendung der derart modifizierten mRNA, der »modRNA«, wurde 2012 erteilt. Patentinhaber ist die University of Pennsylvania.[41] Der Titel des Patents lautet »RNA containing modified nucleosides and methods of use thereof« (RNA mit modifizierten Nukleosiden und Methoden ihrer Anwendung).

In der Beschreibung der Erfindung wird erläutert, dass sie unter anderem die Synthese von RNA mit Pseudouridin betrifft und ihre Anwendung für Genersatz, Gentherapie sowie Stilllegung von Genen in Betracht kommt. Finanziert wurde die Erfindung zum Teil durch Fördergelder des US-amerikanischen *National Institute of Health* (NIH). Bei *Google Patents* wird darauf hingewiesen, dass die US-Regierung gewisse Rechte an dieser Erfindung haben könnte.[42]

In einer Veröffentlichung aus dem Jahr 2008 beschreiben Karikó und Weissman ihre Ergebnisse:

> »Wir fanden heraus, dass mRNAs, die Pseudouridine enthalten, eine höhere Translationskapazität haben als unmodifizierte mRNAs [...] Diese Ergebnisse deuten darauf hin, dass die Nukleosidmodifikation ein wirksamer Ansatz zur Verbesserung der Stabilität und Translationsfähigkeit von mRNA bei gleichzeitiger Verringerung ihrer Immunogenität in vivo ist. Die durch Pseudouridin verliehenen verbesserten Eigenschaften machen solche mRNA zu einem vielversprechenden Werkzeug sowohl für den Genersatz als auch für die Impfung.«[43]

Mit anderen Worten: Es handelt sich bei der verwendeten mRNA *nicht* um natürlich vorkommende mRNA, sondern um modifizierte mRNA (modRNA), also synthetische RNA, die sowohl

– die Abwehrreaktion des Immunsystems mithilfe der Ersetzung des Uridins durch Pseudouridin umgeht als auch
– durch Veränderung des 5'cap-Endes und des Poly-A-Schwanzes

weitaus stabiler ist als natürlich vorkommende mRNA, womit auch eine längere Bildung des körperfremden Proteins verbunden ist.

Streng genommen ist daher die Verwendung des Begriffs »mRNA« für die Injektionen irreführend, da es sich anerkanntermaßen um modifizierte RNA (modRNA) handelt. Nachfolgend werde ich daher den Begriff modRNA verwenden.

## 3.4 WAS IST DAS BESONDERE AN DEN LIPIDNANOPARTIKELN?

Sowohl bei *Comirnaty*® als auch bei *Spikevax*® werden kationische – also positiv geladene – synthetische Lipidnanopartikel (LNP) verwendet. Sie dienen der Verkapselung der modRNA. Die Verkapselung soll einerseits dem Schutz der mRNA vor Abbau durch den Schutzmechanismus des Körpers, körperfremde RNA zu zerstören, dienen. Weiterer Zweck ist die Einschleusung der modRNA in die Körperzellen, die dann die modRNA als Bauplan für die Herstellung des körperfremden Spike-Proteins verwenden.

### WAS SIND NANOPARTIKEL UND WELCHE REGELUNGEN GELTEN FÜR SIE?

Auf ihrer Website definiert die *Europäische Chemikalienagentur* (*European Chemicals Agency*, ECHA) Nanomaterialien:

> »Nanomaterialien sind chemische Stoffe oder Materialien mit einer Partikelgröße von 1 bis 100 Nanometern [...]
> Aufgrund einer größeren spezifischen Oberfläche je Volumen können Nanomaterialien im Vergleich zu demselben Material ohne Merkmale im Nanobereich andere Eigenschaften aufweisen. Infolgedessen können die physikalisch-chemischen Eigenschaften von Nanomaterialien von den Eigenschaften der Stoffe in Bulkform oder von Partikeln mit größeren Maßen abweichen. Viele Produkte des alltäglichen Lebens, die Nanomaterialien enthalten, sind bereits auf dem Europäischen Markt präsent, wie Batterien, Beschichtungen, antibakterielle Kleidung und Kosmetik. Während Nanomaterialien technische und kommerzielle Möglichkeiten bieten, können sie auch ein Risiko für unsere Gesundheit und die Umwelt darstellen. Ebenso wie jeder andere Stoff auf dem EU-Markt, ist es wichtig, sicherzustellen, dass ihre Anwendung korrekt bewertet wird und jegliche Risiken entsprechend kontrolliert werden.«[44]

Europäische Chemikalienagentur (ECHA): Nanomaterialien können ein Risiko für Gesundheit und Umwelt darstellen.

Weiterhin führt die ECHA auf ihrer Website aus, dass für Nanomaterialien die Bestimmungen der REACH- und der CLP-Verordnung gelten. Die Abkürzung REACH steht für »Registration, Evaluation, Authorization and Restriction of Chemicals« (Registrierung, Bewertung, Zulassung und Beschränkung chemischer Stoffe). Die REACH-Verordnung Nr. 1907/2006/EG[45] verpflichtet die Unternehmen zur Registrierung der in Verkehr gebrachten Chemikalien. Im Rahmen der Registrierung werden die von dem jeweiligen Stoff ausgehenden Risiken für die menschliche Gesundheit oder die Umwelt bewertet. Wie diese Stoffe eingestuft, gekennzeichnet und verpackt werden, regelt die CLP-Verordnung Nr. 1272/2008/EG.[46] Die Abkürzung »CLP« steht für »Classification, Labelling and Packaging« (Einstufung, Kennzeichnung und Verpackung) von Stoffen und Gemischen.

## WELCHE AUSWIRKUNGEN HABEN NANOPARTIKEL AUF DIE GESUNDHEIT?

Auf ihrer Internetseite der »Generaldirektion Gesundheit und Verbraucherschutz« veröffentlicht die EU-Kommission einen Frage-/Antwortkatalog zu Nanomaterialien.[47] In diesem werden unter Punkt 6.1 die Auswirkungen von Nanopartikeln (NP) auf lebende Organismen erläutert. Die zentrale, zusammenfassende Aussage in diesem Abschnitt lautet:

> »Es gibt noch viele unbekannte Details über die Wechselwirkung von Nanopartikeln und biologischen Systemen und es sind weitere Informationen über die Reaktion lebender Organismen auf das Vorhandensein von Nanopartikeln unterschiedlicher Größe, Form, chemischer Zusammensetzung und Oberflächeneigenschaften erforderlich, um die Toxizität von Nanopartikeln zu verstehen und zu kategorisieren.«[48]

Weitere wesentliche Aussagen sind:

- Die Größe der NP beeinflusst die Interaktion der NP mit dem Körper.
- NP können Zellmembranen überwinden und so ins Zellinnere gelangen. Sind sie im Blut, können sie auch Zielorte wie die Leber, das Herz oder die Blutzellen erreichen.
- Schlüsselfaktoren bei der Interaktion mit lebenden Strukturen sind die Dosis der NP, ihre Fähigkeit, sich im Körper auszubreiten, und ihre Löslichkeit.
- Schwer lösliche NP können sich im Körper anreichern und über einen langen Zeitraum im Körper verbleiben, was solche NP besonders besorgniserregend macht!
- Des Weiteren finden sich im Abschnitt 6.2 wesentliche Aussagen zum Thema, welche Eigenschaften der NP ausschlaggebend für Auswirkungen auf die Gesundheit sind.[49] Es werden angegeben:

- Die Größe: NP sind im Allgemeinen toxischer als größere Partikel derselben Zusammensetzung. Es wird vermutet, dass das der Tatsache geschuldet sein könnte, dass NP ein viel größeres Verhältnis von Oberfläche zu Volumen haben, sodass im Verhältnis zu größeren Partikeln mehr Moleküle auf der Oberfläche der NP vorhanden sind.
- Die chemische Zusammensetzung und Eigenschaften ihrer Oberfläche: Die Toxizität der NP ist abhängig von ihrer chemischen Zusammensetzung und der Zusammensetzung etwaiger, auf ihrer Oberfläche adsorbierter Chemikalien.
- Die Form: Es wird vermutet, dass die gesundheitlichen Auswirkungen der NP auch formabhängig sind. So wurde in einer Studie eine hohe Toxizität von Kohlenstoffnanoröhren festgestellt, die einen Durchmesser von wenigen Nanometern und eine Länge von mehreren Mikrometern haben können. Diese hohe Toxizität wurde vermutlich durch einen völlig neuen Mechanismus hervorgerufen, der sich vom normalen Modell giftigen Staubs unterscheidet.

Unter 6.4 sind auf der Website der ECHA die gesundheitlichen Auswirkungen von Nanopartikeln beschrieben, die als Arzneimittelträger verwendet werden.[50] Charakteristisch für diese NP ist:
- Sie sind so konzipiert, dass sie an Zellmembranen haften, in bestimmte Körperzellen gelangen (so bei den COVID-19-Injektionen) und Zellen passieren.
- Die Oberfläche der NP wird gegebenenfalls derart modifiziert, dass sie vom Immunsystem nicht erkannt und eliminiert werden können.
- Sie können in Impfungen verwendet werden und dazu, Gene in Zellen einzubringen.
- Es kann schwer zu ermitteln sein, ob die Toxizität vom Wirkstoff des Arzneimittels oder von den NP verursacht wird.

Nanopartikel können die Blut-Hirn-Schranke überwinden und toxische Substanzen ins Gehirn transportieren.

Die Beeinträchtigung der Leberfunktion durch akkumulierte NP ist möglich.

– NP können die Blut-Hirn-Schranke überwinden und daher nicht nur Arzneimittel, sondern auch toxische Substanzen ins Gehirn transportieren.

Die ECHA macht auf ihrer Website in Abschnitt 6.5. auch klare Aussagen zu den erforderlichen Untersuchungen für den Nachweis beziehungsweise Ausschluss der Toxizität von NP, die in Arzneimitteln verwendet werden. Sie hält die üblichen Toxizitätsprüfungen aufgrund der spezifischen Eigenschaften von NP für nicht ausreichend, um alle schädlichen Wirkungen von NP zu eruieren:

> »Aufgrund der spezifischen Eigenschaften von Nanopartikeln reichen herkömmliche Toxizitätstests möglicherweise nicht aus, um alle möglichen schädlichen Auswirkungen zu erkennen. Daher wurde eine Reihe spezifischer Tests vorgeschlagen, um die Toxizität von Nanopartikeln zu bewerten, die in Arzneimittelabgabesystemen verwendet werden. Ein Mechanismus der Toxizität von Nanopartikeln dürfte die Induktion von oxidativem Stress in Zellen und Organen sein. Im Rahmen der toxikologischen Bewertung sollte die Prüfung der Wechselwirkung von Nanopartikeln mit Proteinen und verschiedenen Zelltypen in Betracht gezogen werden.«[51]

Schließlich informiert die ECHA darüber, dass das Verhalten von NP im Körper mit Ausnahme der in der Luft befindlichen NP kaum bekannt ist:

> »Mit Ausnahme von Partikeln, die in der Luft in die Lunge gelangen, sind die Informationen über das Verhalten von Nanopartikeln im Körper, einschließlich Verteilung, Akkumulation, Metabolismus und organspezifischer Toxizität, immer noch minimal.«

Diese Aussage der ECHA wird bestätigt durch eine 2018 erschienene wissenschaftliche Studie mit dem Titel »Toxicological status of nanoparticles: What we know and what we don't know«:

> »Obwohl der Einsatz von NPs für die Gentherapie ein vielversprechender Ansatz zur Behandlung von Krankheiten wie Krebs, Virusinfektionen und einigen Erbkrankheiten ist, ist bekannt, dass die Anwendung kationischer NPs starke immunologische Reaktionen hervorruft, und die allgemeine Sicherheit und Wirksamkeit dieser Strategien werden noch untersucht.«[52]

Weiterhin heißt es in dem Beitrag, dass kleinere NP normalerweise eine höhere Gewebeverteilung aufweisen und schwerwiegendere Nebenwirkungen verursachen als größere NP, selbst wenn sie aus denselben Komponenten zusammengesetzt sind.[53] Daher wird empfohlen, dass aufgrund des besonderen Oberfläche-Volumen-Verhältnisses von NP für die Bestimmung der Toxizität von NP ihre Dosierung nicht im Sinne der Masse angegeben, sondern in Oberflächengröße oder Anzahl verabreichter Partikel ausgedrückt werden sollte. Die Bewertung der EMA basiert dagegen auf der Angabe der Masse!

Aus diesen Nachweisen lässt sich folgendes Fazit ziehen:

1. Es war bekannt, dass die Verwendung kationischer Lipidnanopartikel (LNP) starke immunologische Reaktionen hervorruft.
2. Die Sicherheit und Wirksamkeit der Verwendung kationischer LNP war noch nicht bekannt.

Kationische Nanopartikel sind dafür bekannt, starke Immunreaktionen auszulösen. Ihre Sicherheit und Wirksamkeit sind noch nicht bekannt.

## WELCHE SPEZIELLEN TOXIKOLOGISCHEN UNTERSUCHUNGEN WERDEN FÜR NP FÜR ERFORDERLICH GEHALTEN?

Wie oben (S. 302) beschrieben, ist auf der Website der ECHA die Information zu finden, dass aufgrund der speziellen Eigenschaften von NP die herkömmlichen toxikologischen Untersuchungen nicht für ausreichend erachtet werden. Auch hinsichtlich der für NP erforderlichen speziellen toxikologischen Untersuchungen finden sich eingehende Informationen auf der Website der ECHA.[54]

Folgende toxikologische Untersuchungen werden als erforderlich angesehen:

1. Untersuchungen auf Schäden an Blutzellen,
2. Akute-Phase-Reaktionen von Hepatozyten oder Lungenzellen,
3. Permeabilitätstests von Endothelzellen,
4. Prüfung auf Destabilisierung von atherosklerotische Plaques (entzündliche Veränderung der Blutgefäße) in Tiermodellen für Atherosklerose,
5. Auswirkungen auf das autonome Nervensystem,
6. Auswirkungen auf die Immunaktivierung durch Messung der T-Zell-Aktivität und Zytokininduktion in Lymphknoten,
7. Bestimmung der Oberflächenaktivität,
8. Messung der Induktion von oxidativem Stress in Zelllinien,
9. Tests zur Toxizität auf verschiedene Zelllinien in vitro,
10. Tests zur Verweildauer im Körper.

## SCHLUSSFOLGERUNGEN AUS DEN AUSFÜHRUNGEN AUF DER WEBSITE DER ECHA ZU NANOPARTIKELN

Aus diesen dokumentierten Aussagen der ECHA können meines Erachtens folgende Schlussfolgerungen gezogen werden:

Neuartige NP dürfen erst dann in die kommerzielle Verwendung insbesondere für Arzneimittel gelangen, wenn geklärt ist, welche

Wirkungen die speziellen NP auf den Körper haben. Hierzu sind in Bezug auf die Qualität detaillierte Informationen erforderlich zu den chemischen Eigenschaften nicht nur im Hinblick auf die Zusammensetzung, sondern auch in Bezug auf die

a. Größe,
b. Oberflächenstruktur und
c. Dosierung, ausgedrückt entweder als Oberfläche oder Anzahl verabreichter Partikel.

Neuartige NP wie die in *Comirnaty®* und *Spikevax®* verwendeten LNP dürfen erst dann in die kommerzielle Verwendung gelangen, wenn geklärt ist, welche Wirkungen sie auf den Körper haben.

Weiterhin sind für LNP *vor* ihrer Verwendung in Arzneimitteln die auf S. 312 aufgeführten Untersuchungen durchzuführen und den Zulassungsbehörden mit dem Zulassungsantrag vorzulegen. Alles andere widerspricht den EU-Standards, die seitens der ECHA als für Chemikalien zuständige Behörde aufgestellt wurden. Diese Standards reflektieren den Stand der Wissenschaft für die sichere Anwendung und Verwendung von NP und sind auch von der EMA im Rahmen der Arzneimittelzulassung zu berücksichtigen.

## IN DEN mRNA-INJEKTIONEN VERWENDETE LIPIDNANOPARTIKEL (LNP)

Sowohl in *Comirnaty®* als auch in *Spikevax®* wird eine Mixtur aus 4 verschiedenen LNP verwendet. Bei *Comirnaty®* sind dies die LNP ALC-0315, ALC-0159, DSPC und Cholesterol. *Spikevax®* enthält die LNP SM-102, PEG2000-DMG und ebenfalls DSPC und Cholesterol.[55] Von diesen LNP stufte die EMA jeweils 2 als »neuartige Hilfsstoffe« ein: ALC-03154 und ALC-0159 bei *Comirnaty®* sowie SM-102 und PEG2000-DMG bei *Spikevax®*. Diese Substanzen fanden zuvor noch keine Verwendung in zugelassenen Arzneimitteln.[56] Es gab also dementsprechend noch keine Erfahrung in zugelassenen Arzneimitteln, auf die zurückgegriffen werden konnte.

Die neuen Lipidnanopartikel sind nicht im Europäischen Arzneibuch definiert und auch nicht im Chemikalienverzeichnis der ECHA gelistet.

Auch sind die neuen LNP nicht im Europäischen Arzneibuch definiert und auch nicht im Chemikalienverzeichnis der *Europäischen Chemikalienagentur* (ECHA) gelistet. Im Einstufungs- und Kennzeichnungsverzeichnis (C&L = Classification and Labelling) der ECHA findet sich ebenfalls noch keine Beurteilung.[57]

Alle 4 neuartigen LNP sind synthetisch hergestellte Lipide, die im Körper nicht vorkommen. In beiden modRNA-Injektionen werden kationische/ionisierbare LNP verwendet. Ende 2021 waren Sicherheitsdatenblätter für ALC-0315 und ALC-0159 unterschiedlicher Firmen im Internet auffindbar, die jeweils den Vermerk beinhalteten, dass ALC-0315 lediglich für Forschungszwecke und nicht für die Verwendung im Menschen bestimmt sei. Die Firma *Echelon Inc.* beispielsweise hatte in ihrem Sicherheitsdatenblatt für ALC-0315 den bemerkenswerten Vermerk:

> »ALC-0315 ist ein kationisches Lipid, das für den Transport von RNA verwendet wird. ALC-0315 ist eine der Komponenten im BNT 162b2-Vakzin gegen SARS-CoV-2 zusätzlich zu ALC-0159, DSPC und Cholesterol. Dieses Produkt ist nur für Forschungszwecke und nicht für den menschlichen Gebrauch bestimmt.«

Über die Wayback-Machine ist diese Version noch verfügbar.[58] Sie wurde jedoch zügig geändert, nachdem die Frage der Rechtmäßigkeit der Verwendung der Substanz in mRNA-Vakzinen aufkam, und lautet nun: »This is a reagent grade product, for research use only.« (Dies ist ein Produkt in Reagenzienqualität, das nur für Forschungszwecke bestimmt ist.)

## SICHERHEITSDATENBLATT VON *PFIZER* ZU *COMIRNATY®* *(PFIZER-BIONTECH COVID-19 VACCINE)*

Auf seiner Website stellt *Pfizer* Sicherheitsdatenblätter für seine Produkte zur Verfügung. Das Sicherheitsdatenblatt für *Comirnaty®* (im Datenblatt »Pfizer-BioNTech COVID-19 Vaccine«) gibt an, dass das Vakzin eine »Nanoform« sei. Zu den LNP enthält das Sicherheitsdatenblatt jeweils zu den beiden »ALC-LNPs« die Information, dass zur Einstufung in Gefahrenklassen und für die Bestimmung des spezifischen Konzentrationslimits keine Daten verfügbar seien. Auch ist die Information enthalten, dass eine Listung nach REACH nicht existiert.[59] Für die charakteristischen Eigenschaften, die für das Sicherheitsprofil der LNP ausschlaggebend sind, fehlt ebenfalls eine Beschreibung im Sicherheitsdatenblatt. Das toxikologische Profil von ALC-0159 und ALC-0315 ist somit nicht offiziell bekannt; weder als Substanz noch als Nanoform.

Unter Abschnitt 9.1. wird keine Angabe zu Partikelgröße und Größenverteilung der Partikel als für die Sicherheitsbeurteilung wesentliche Eigenschaften gemacht. Die fehlende Angabe der für die Sicherheitsbeurteilung wesentlichen Eigenschaften widerspricht den Regelungen der KommissionsVO 2020/878, Ziffer 3.1:

> Ist der Stoff nicht registriert, doch das Sicherheitsdatenblatt umfasst Nanoformen, deren Partikeleigenschaften sich auf die Sicherheit des Stoffs auswirken, sind diese Eigenschaften anzugeben.[60]

Bemerkenswert ist auch die in Abschnitt 11.1 enthaltene Angabe zur Toxizität. Es heißt dort: »Toxikologische Eigenschaften wurden nicht gründlich untersucht.«

Die Aussage im Sicherheitsdatenblatt von *Pfizer* widerspricht den Angaben des PEI auf seiner Website. Auf die Frage, ob einzelne Phasen der Impfstoffentwicklung bei COVID-19-Zulassungen ausgelassen werden konnten, ist die Antwort: »Nein. Sie alle haben den regulären Weg der Impfstoffzulassung in kurzer Zeit durchlaufen, ohne wichtige Entwicklungsphasen auszulassen.«[61]

Auch auf der Seite www.infektionsschutz.de der Bundeszentrale für gesundheitlich Aufklärung (BzgA) wird auf die Frage der Kenntis über mRNA-Injektionen ausgeführt: »Studien haben gezeigt, dass die Lipidnanopartikel nicht zellschädigend (zytotoxisch) sind und von ihnen keine Gefahr für den menschlichen Körper ausgeht.«[62]

Welche Angabe stimmt? Die des PEI oder die im *Pfizer*-Sicherheitsdatenblatt?

Im Sicherheitsdatenblatt von Pfizer für *Comirnaty®* wird eingeräumt, dass die toxikologischen Eigenschaften nicht gründlich untersucht wurden.

## AUSSAGEN VON *MODERNA* GEGENÜBER DER US-AMERIKANISCHEN BÖRSENAUFSICHT ZU LNP

In einer Einreichung von *Moderna* gegenüber der US-amerikanischen Börsenaufsicht, der »Security and Exchange Commission« (SEC), finden sich folgende Erläuterungen in Formblatt 10-Q für das Quartal April–Juni 2020:

> »Die meisten unserer Prüfpräparate werden in einem LNP formuliert und verabreicht, was bei Verabreichung zu systemischen Nebenwirkungen im Zusammenhang mit den Bestandteilen des LNP führen kann, von denen einige möglicherweise noch nicht an Menschen getestet wurden. Obwohl wir unsere LNPs weiter optimiert haben, kann nicht garantiert werden, dass unsere LNPs keine unerwünschten Auswirkungen haben. Unsere LNPs könnten ganz oder teilweise zu einer oder mehreren der folgenden Reaktionen beitragen: Immunreaktionen, Infusionsreaktionen, Komplementreaktionen, Opsonierungsreaktionen [Markierung der LNP durch Antikörper, das Komplementsystem oder eine Kombination von beiden – Anm. d. A.],

Antikörperreaktionen oder Reaktionen auf PEG. Bestimmte Aspekte unserer Prüfpräparate können Immunreaktionen entweder der mRNA oder des Lipids sowie unerwünschte Reaktionen innerhalb der Leberwege oder einen Abbau der mRNA oder des LNP auslösen, was jeweils zu erheblichen unerwünschten Ereignissen in einem oder mehreren unserer klinischen Studien führen könnte. Viele dieser Arten von Nebenwirkungen wurden bei zuvor entwickelten LNPs beobachtet. Daraus kann Unsicherheit hinsichtlich der zugrunde liegenden Ursache eines solchen unerwünschten Ereignisses entstehen, was es schwierig machen würde, Nebenwirkungen in zukünftigen klinischen Studien genau vorherzusagen und zu erheblichen Verzögerungen in unseren Programmen führen würde.«[63]

*Moderna* kann nicht garantieren, dass ihre verwendeten Lipidnanopartikel keine unerwünschten Auswirkungen haben.

## *BIONTECH* US-PATENT »10,485,884B2 – RNA FORMULATION FOR IMMUNOTHERAPY«

Die Problematik der kationischen LNP war auch Uğur Şahin bekannt: *BioNTech SE* und die Forschungseinrichtung »Translationale Onkologie an der Universitätsmedizin der Johannes Gutenberg-Universität Mainz gGmbH« (TRON) [deren Mitgründer Uğur Şahin und Özlem Türeci sind; Anm. d. A.] sind gemeinsam Inhaber des US-Patentes »10,485,884B2 – RNA Formulation for Immunotherapy«.[64] Es handelt sich um eine 2013 eingereichte Patentanmeldung, mit Patenterteilung 2019, für LNP-Formulierungen von definierter Partikelgröße mit einer negativen beziehungsweise nahezu Null-Nettoladung, die so beschaffen sind, dass sie hauptsächlich die Milz als Zielorgan ansteuern.

In »Hintergründe für die Patentanmeldung« finden sich folgende Ausführungen:

1) »Leider wurde für positiv geladene Liposomen und Lipoplexe eine erhöhte Toxizität berichtet, was für die Anwendung solcher Präparate als Arzneimittel ein Problem darstellen kann.«
2) »Bisher konnte eine selektive Expression in einem bestimmten Zielorgan oder Zellbestandteil unter Vermeidung der Expression in Off-Target-Organen [Anm. Nicht-Zielorganen] nicht ausreichend realisiert werden [...] wurde beispielsweise über Transfektionen in Lunge, Leber, Milz, Nieren und Herz berichtet. Es hat sich als besonders schwierig erwiesen, die Ausrichtung auf Lunge und Leber zu vermeiden, da in vielen Fällen die Ausrichtung auf Lunge und Leber vorherrscht [...] Die Leber ist ein typisches Zielorgan für Liposomen und Formulierungen mit lipophilen Verbindungen wie den in den Lipoplexen vorhandenen Lipiden.

Bei einer RNA-basierten Immuntherapie kann das Targeting der Lunge oder Leber schädlich sein, da das Risiko einer Immunantwort gegen diese Organe besteht.«[65]

In einer Patentanmeldung wird ausgeführt, dass eine Verteilung kationischer Lipide u. a. in Lunge und Leber beobachtet wurde und dass dies eine Schädigung von Lunge und Leber zur Folge haben kann.

Die Frage, die sich nach diesen Ausführungen und dem Wissen um das kationische LNP ALC-0315 stellt, ist: Warum wurden kationische LNP für die Zusammensetzung von *Comirnaty*® gewählt, wenn man um die Problematik der erhöhten Toxizität kationischer LNP wusste?

In dem zweiten Beispiel, das in der Patentanmeldung dargestellt wird, wird die physikalische Auswirkung der Verwendung von Pufferlösungen beschrieben:

»Die Verwendung von Puffern, die für pharmazeutische Anwendungen häufig erforderlich sind, und von Ionen kann zur Aggregation von Lipoplexen führen, was sie für die parenterale Anwendung bei Patienten ungeeignet macht [...]

> Im PBS-Puffer ist der gleiche Effekt stärker ausgeprägt. Lipoplexe mit einem positiven oder neutralen Ladungsverhältnis bilden größere Partikel (teilweise stabilisiert durch die positiven Ladungen [...]).
> In 150 mM Natriumchlorid sowie in PBS-Puffer führt ein positives 2/1 DOTMA/RNA-Ladungsverhältnis zu stark erhöhten/aggregierten Partikelgrößen mit einem Polydispersitätsindex von mehr als 0,4. Dieses Ergebnis weist darauf hin, dass positive Ladungen nicht zur Stabilisierung von Lipoplexen geeignet sind und dass auch unter physiologischen Bedingungen mit einer Aggregation der positiv geladenen Lipoplexe zu rechnen ist.«[66]

Aus diesen Ausführungen der Anmelder ist klar ersichtlich, dass die Verwendung kationischer LNP in intramuskulär zu verabreichenden Injektionen zu einer LNP-Aggregation und daher erhöhter Toxizität führen kann, insbesondere wenn sie zusammen mit Phosphat-Puffern verwendet werden.

Gemäß den Ausführungen im Beurteilungsbericht des CHMP enthält das Konzentrat zur Herstellung einer Injektionsdispersion eine phosphathaltige Pufferlösung (EMA/707383/S. 23). In einem Beurteilungsbericht vom 14. Oktober 2021 des CHMP zu verschiedenen Änderungsanzeigen wird erwähnt, dass in der neuen Darreichungsform der fertigen Injektionsdispersion statt der phosphatgepufferten Kochsalzlösung ein TRIS-Puffer ohne Natriumchlorid und Kaliumchlorid verwendet wird (EMA/594686/2021, S. 11).[67]

Auch hier stellt sich wieder die Frage: Warum wird ein Phosphat-Puffer verwendet, wenn man weiß, dass LNP in Phosphat-Puffern dazu neigen, Aggregationen zu bilden?

Warum wird nach wie vor im Konzentrat zur Herstellung einer Injektionsdispersion ein PBS-Puffer zusammen mit Natriumchlorid verwendet?

### UNTERSUCHUNG ZU ENTZÜNDUNGSREAKTIONEN NACH GABE KATIONISCHER LIPIDNANOPARTIKEL

Im November 2021 erscheint ein wissenschaftlicher Beitrag über eine Studie an Mäusen zur Frage von Entzündungsreaktionen nach Verabreichung von LNP, wie sie in den COVID-19-Injektionen verwendet werden. Im Ergebnis zeigte sich eine hohe Entzündlichkeit der in den COVID-19-Injektionen verwendeten LNP.[68]

Die Autoren tätigen zunächst die Aussage, dass der Wirkmechanismus der Kombination der mRNA mit den in den COVID-19-Injektionen verwendeten kationischen LNP-Kombination (LNP-Plattform) nicht gut definiert, also nicht gut bekannt ist. Sie stellen in ihrer Studie fest, dass eine starke Entzündungsreaktion durch diese Kombination hervorgerufen wird. Das Weglassen der kationischen/ionisierbaren Komponente führte zu wesentlich geringeren Entzündungsreaktionen. Daraus ziehen die Autoren die Schlussfolgerung, dass die nach den Injektionen beobachteten Nebenwirkungen, die allgemein dahingehend interpretiert werden, dass die Injektionen wirksam seien, tatsächlich kein Beweis für die Wirksamkeit, sondern Reaktionen des Immunsystems auf die ionisierten LNP seien.

Trotzdem werden die kationischen LNP nach wie vor verwendet!

Bei einer Studie an Mäusen zur Frage von Entzündungsreaktionen nach Verabreichung der in den COVID-19-Injektionen verwendeten LNP ergab eine hohe Entzündlichkeit dieser LNP-Kombination.

## 3.5 HACKERANGRIFF AUF DIE EMA – UNTERLAGEN VON *BIONTECH/PFIZER* IM DARK NET VERÖFFENTLICHT

Für *Comirnaty*® liegen zusätzlich zu dem Beurteilungsbericht Erkenntnisse aus Unterlagen vor, die gemäß Mitteilung der EMA vom 9. Dezember 2020[69] Hackern bei einem Angriff in die Hände gefallen sein sollen. Diese Unterlagen erlauben einen umfassenden Einblick in die seitens der EMA im November 2020 bestehenden Bedenken in Bezug auf die Qualität von *Comirnaty*®. Die bei dem Hackerangriff erlangten Unterlagen werden der Öffentlichkeit zugänglich gemacht und auch dem *British Medical Journal* zugespielt, das den Inhalt der Unterlagen in einem Artikel aufgreift.[70]

Die Unterlagen sind insofern sehr interessant, weil sie erhebliche Zweifel an der Zulassungsfähigkeit – auch der bedingten Zulassungsfähigkeit – von *Comirnaty*® zum Zeitpunkt Ende November 2020 aufkommen lassen. Zu ihnen gehört unter anderem eine Stellungnahme des Ausschusses für Humanarzneimittel (CHMP) vom 30. November 2020 zum Zulassungsantrag von *BioNTech/Pfizer*, also nur 3 Wochen vor Erteilung der bedingten Zulassung. Die in der Stellungnahme des CHMP aufgeführten Bedenken (»Concerns«) finden sich im Wesentlichen auch in den besonderen Bedingungen des Zulassungsbescheids wieder.

Teil der gehackten Unterlagen ist weiter eine Stellungnahme der Arbeitsgruppe »Biologics Working Party« (BWP) vom 24. November 2020. Auch diese Stellungnahme offenbart gravierende Qualitätsprobleme bei *Comirnaty*®. Anhang I der Stellungnahme enthält eine Liste der Fragen, die sich für die BWP am 24. November 2020 – 4 Wochen vor Erteilung der bedingten Zulassung – stellen. Die Mängelliste umfasst insgesamt 16 eng gedruckte Seiten mit 117 Punkten und 53 Unterpunkten. Von diesen 117 Punkten werden 3 als sogenannte »Major Objections« (MO), als größere Beanstandungen, qualifiziert. Solche MO stehen im Normalfall einer Zulassungserteilung entgegen, wenn sie nicht vor Zulassungserteilung durch den Antragsteller ausgeräumt werden.

> Nur 4 Wochen vor Erteilung der bedingten Zulassung gibt es eine Mängelliste mit 117 Punkten und 53 Unterpunkten.

Die wesentlichsten Bedenken betreffen die Gewährleistung ordnungsgemäßer Herstellungsqualität einschließlich der Qualitätskontrolle. Die Bedenken beziehen sich sowohl auf die Wirksubstanz »mRNA« als auch auf die LNP, insbesondere ALC-0315 und ALC-0159.

Die im Prüfbericht der BWP erarbeiteten Bedenken finden sich auch im »Quality rolling review CHMP overview and list of questions« (EMA/CHMP/641856/2020) vom 30. November 2020 wieder.

## IDENTITÄT UND INTEGRITÄT DER mRNA

Innerhalb der 117 formulierten kritischen Punkte werden unter anderem Bedenken im Hinblick auf die Identität und Integrität der mRNA geäußert:

1. Im Fertigprodukt sei verkürzte und geänderte mRNA enthalten. Eine Charakterisierung der verkürzten mRNA sei nicht erfolgt, weshalb unbekannt sei, ob, und wenn ja, welches Protein durch die Körperzellen aufgrund verkürzter mRNA hergestellt würde. (S. 30 des Prüfberichts).
2. *BioNTech/Pfizer* hatten unterschiedliche Prozesse verwendet für die Herstellung der klinischen Chargen einerseits und der kommerziellen Chargen andererseits. (s. S. 324) Die Vergleichbarkeit der Chargen der unterschiedlichen Herstellungsprozesse – somit eine einheitliche Zusammensetzung/Qualität des Fertigproduktes – war bis zum 24. November 2020 noch nicht nachgewiesen, was zu Unsicherheiten in Bezug auf die Wirksamkeit und Sicherheit des Produktes führte. Die Unterschiede zwischen den Herstellungsprozessen betrafen insbesondere den Anteil an intakter mRNA (ca. 78 % in den klinischen Chargen gegenüber ca. 55 % im kommerziellen Maßstab). Auch diesbezüglich waren die Auswirkungen dieser Unterschiede auf Wirksamkeit und Sicherheit der Injektion unbekannt und von *BioNTech/Pfizer* nicht untersucht.

## DNA-VERUNREINIGUNGEN BEIM HERSTELLUNGSPROZESS DER KOMMERZIELLEN CHARGEN

Die klinischen Chargen wurden mittels eines teuren und sauberen Herstellungsprozesses produziert: Es wurden synthetische DNA-Matrizen im PCR-Verfahren hergestellt und anschließend mit Magnetperlen gereinigt.

Bei der Produktion der kommerziellen Chargen dagegen wurden DNA-Matrizen verwendet, die aus Plasmiden genetisch manipulierter *Escherichia-coli*-Bakterien stammen. Diese Plasmide werden in einem enzymatischen Prozess aufgereinigt.

Unter Punkt 17 fordern die Prüfer engere Grenzwerte für die Reinheit und herstellungsbedingten DNA-Verunreinigungen der DNA-Vorlage (DNA-Template) (S. 33 des Prüfberichts). Aufgrund der Verwendung von *E.-coli*-Bakterien zur Herstellung der DNA-Vorlage und Gewinnung der RNA ist dieser Herstellungsvorgang per se einem wesentlich größeren Verunreinigungsrisiko ausgesetzt. Wird der Aufreinigungsprozess nicht gründlich genug ausgeführt, besteht die Gefahr, dass sich Plasmid-DNA im Ergebnis auch in der Injektion befindet.

Dieser bereits im Prüfbericht der BWP aufgeführte Punkt verdient insofern besondere Beachtung, als Kevin McKernan in diesem Jahr 2023 in Untersuchungen von *Comirnaty*® und *Spikevax*® eine erhebliche Verunreinigung der mRNA-Injektionen mit doppelsträngiger DNA und Plasmiden entdeckt hat.[71] Die Menge der Verunreinigungen liegt über den von der EMA festgelegten Höchstwerten (330 µg DNA/mg RNA[72]). Sie beinhaltet eine erhebliche Gefährdung im Hinblick auf Integration der Plasmid-DNA in die menschliche DNA einschließlich der Entstehung von Krebs und kann auch Auswirkungen auf die Dauer der Herstellung des Spike-Proteins im Körper haben.[73]

Darüber hinaus wurde bei der Sequenzierung der Plasmid-DNA festgestellt, dass diese Abschnitte enthält, die unter anderem für

> In der ersten Jahreshälfte 2023 wird in einer Studie eine erhebliche Verunreinigung der mRNA-Injektionen *Spikevax®* und *Comirnaty®* entdeckt, die u. a. zur Entstehung von Krebs führen kann.

Neomycin- beziehungsweise Kanamycinresistenz (Antibiotika) kodieren. Weiterhin wurde eine Sequenz ermittelt, die für den sogenannten Simian Virus 40 (SV40)-Promoter kodiert. Dieser SV40 kann bei Menschen möglicherweise zur Krebsentstehung führen.[74] Bereits 2004 war bei Untersuchungen in 33 von 55 Tumoren DNA des SV40 bei Patienten nachgewiesen worden, bei denen kurz zuvor ein Non-Hodgkin-Lymphom diagnostiziert worden war.[75] Aufgefundene Kodierungen für Antibiotikaresistenzen könnten unter Umständen auch bei dem betroffenen Menschen zu entsprechenden Antibiotikaresistenzen führen.

Die Ergebnisse von McKernans Untersuchungen beider modRNA-Injektionen sind sehr bedenklich und bedürfen der Abklärung. Es muss zudem untersucht werden, ob die Problematik der Beseitigung von bakterieller DNA ein grundsätzliches Problem des industriellen Herstellungsprozesses der RNA unter Verwendung gentechnisch veränderter Bakterien ist. Die sich hieraus ergebenden Bedenken würden dann für sämtliche modRNA-Arzneimittel greifen, deren modRNA mithilfe dieses Herstellungsprozesses produziert werden.

## UNZUREICHENDE UNTERLAGEN FÜR LNP ALC-0315 UND ALC-0159

In den Punkten 106 und 107 beanstanden die Prüfer, dass aufgrund der begrenzten Informationen zu den LNP ALC-0315 und ALC-0159 keine endgültigen Schlussfolgerungen zur Herstellung und Qualitätskontrolle des Ausgangsmaterials, zu Spezifikationsgrenzen für Verunreinigungen und zum erforderlichen Zeitraum für die Stabilitätsprüfungen gemacht werden können. Das bedeutet letztlich, dass die Qualitätsanforderungen an die Beschaffenheit der LNP ALC-0315 und ALC-0159 vollkommen unbestimmt waren und auch hier die Zulassungsbehörde »im Blindflug« unterwegs war. (S. 46 des Prüfberichts)

### E-MAILS VON EMA-MITARBEITERN

Sehr interessant sind ebenfalls einige E-Mails, die sich in den internen Unterlagen befinden. Aus diesen geht hervor, wie sehr die Mitarbeiter unter Druck waren, die bedingten Zulassungen für *BioN Tech/Pfizer* und *Moderna* zu erteilen. Die Prüfer äußerten ihre erheblichen Bedenken insbesondere in Bezug auf die Qualität. Der Inhalt der E-Mails erweckt den Eindruck, als habe ein Wettbewerb unter den Zulassungsbehörden der USA, Kanadas, Großbritanniens und der EMA bestanden, wer die erste Zulassung erteilt. Emer Cooke, die Präsidentin der EMA, hatte in der Öffentlichkeit die Erteilung der bedingten Zulassungen für *Comirnaty*® und *Spikevax*® vor Ende 2020 angekündigt – was die Mitarbeiter unter erheblichen Druck setzte.

> Die Mitarbeiter der EMA standen unter erheblichem Druck einer positiven Beurteilung, weil in der Öffentlichkeit die Erteilung einer Zulassung für Ende 2020 angekündigt worden war.

## 3.6 WIE UNVOLLSTÄNDIG WAREN DIE QUALITÄTSUNTERLAGEN BEI DEN modRNA-BASIERTEN INJEKTIONEN?

Möchte man einen Überblick über die der bedingten Zulassung zugrunde liegenden besonderen Bedingungen zur Qualität der COVID-19-Injektionen erhalten, beginnt dies mit einem mühsamen Heraussuchen der Angaben.

## AUSSAGEN DER EHEMALIGEN LEITERIN DER FORSCHUNG & ENTWICKLUNG VON *PFIZER* ÜBER DIE ENTWICKLUNG VON *COMIRNATY*®

Die Aussage »Wir flogen das Flugzeug, während es noch gebaut wurde« sowie die anderen in Kapitel 2.2, S. 285 zitierten Aussagen der ehemaligen Leiterin der Forschung und Entwicklung von Impfstoffen bei *Pfizer*, Kathrin Jansen, in dem zitierten Interview[76] werfen hinsichtlich der Qualitätsentwicklung von *Comirnaty*® Fragen auf:

— Wie lange wurde/n diese Herstellungsentwicklung/Herstellungsexperimente durchgeführt?
— Geschah das auch noch nach der Erteilung der bedingten Zulassung?

Angesichts der hohen Zahl an Qualitätsauflagen ist es nicht unwahrscheinlich, dass diese Experimente/Entwicklung seit Zulassungserteilung weitergelaufen sind, vielleicht immer noch weiterlaufen.

Auch zur mRNA-Plattform äußerte sich Kathrin Jansen:

> »Die mRNA-Plattform war noch nicht bereit für die Verwendung in großem Maßstab. [freie Übersetzung von »prime time« in diesem Kontext]. Es gab Stabilitätsprobleme und Formulierungsprobleme, die wir lösen mussten. Im Jahr 2020 handelte es sich lediglich um einen Forschungsprozess, der ausgeweitet werden musste. Normalerweise beginnt man mit einem kleinen Reaktor und geht dann zu immer größeren Reaktoren über. Wir hatten keine Zeit dafür. Stattdessen haben wir diesen relativ kleinen Prozess im Forschungsmaßstab einfach viele Male und an mehreren Standorten geklont, um die Kapazität zur Produktion von Milliarden Dosen zu erreichen.«[77]

Aus diesen Ausführungen ergibt sich, dass die modRNA-Plattform noch in keiner Weise für die Massenproduktion bereit war – was durch die in Kapitel 3.7 behandelten Qualitätsauflagen bestätigt wird. Zusätzlich wurde das sogenannte »Scale-up«, das normalerweise schrittweise über einen längeren Zeitraum durchgeführt wird, nicht ordnungsgemäß durchgeführt. Stattdessen wurde der Forschungsmaßstab »geklont« und an zahlreichen Standorten angewendet.

Diesbezüglich stellen sich die folgenden Fragen:

- An welchen Produktionsstandorten wurden die geklonten Herstellungsprozesse durchgeführt?
- Waren alle Produktionsstandorte im Besitz der erforderlichen Herstellungserlaubnis beziehungsweise des GMP-Zertifikats?
- Wie wurde sichergestellt, dass alle Produktionsstandorte in der Lage waren, einheitliche Herstellung über die Standorte hinweg sicherzustellen?

Anmerkung: Normalerweise werden solche Produktionsverlagerungen und -erweiterungen auf andere Produktionsstandorte in aufwendigen Techniktransfers durchgeführt. Auch diese Prozesse sind nicht innerhalb kurzer Zeit »mal eben so« durchführbar. Auch setzt ein solcher Techniktransfer voraus, dass die zu übertragende Technik ausgereift ist – und das war sie, legt man den Beurteilungsbericht der EMA und auch die Eingeständnisse von Kathrin Jansen zugrunde, offensichtlich nicht.

FAZIT: Es wurde eine hinsichtlich der Qualität in vielerlei Hinsicht unausgereifte Injektion einer großen Anzahl von Menschen injiziert, während die Qualitätsentwicklung noch fortgeführt wurde. Die unterschiedlichen Nebenwirkungsprofile der unterschiedlichen Chargen könnten das sichtbare Ergebnis dieser Weiterentwicklungen sein. Im Lichte der Aussagen von Kathrin Jansen in dem Interview werfen die Aussagen des PEI auf seiner Website eine weitere wesentliche Frage auf.

Das PEI führt auf seiner Website[78] aus,

- dass alle COVID-19-«Impfstoffe« »den regulären Weg der Impfstoffzulassung in kurzer Zeit durchlaufen [hätten], ohne wichtige Entwicklungsphasen auszulassen« und

– »Schon vor der Genehmigung einer klinischen Prüfung der Phase 1 müssen eine Reihe von Daten vorliegen und Voraussetzungen erfüllt werden, zu denen beispielsweise [...] der Nachweis der Herstellung nach Guter Herstellungspraxis (Good Manufacturing Practice, GMP) gehört.«

Wie sind diese Aussagen des PEI mit den Aussagen von Kathrin Jansen in Einklang zu bringen? Auch diesbezüglich besteht Erklärungsbedarf!

Aussagen der ehemaligen Leiterin der Abteilung »Forschung und Entwicklung« bei *Pfizer* und des PEI sind nicht miteinander in Einklang zu bringen. Es besteht Erklärungsbedarf.

## ÜBERBLICK ÜBER DIE BESONDEREN BEDINGUNGEN

In den auf der EMA-Website veröffentlichten Produktinformationen sind lediglich die Hauptbedingungen aufgeführt. Diese unterteilen sich in Unterbedingungen, die im Rahmen der Hauptbedingungen zu erfüllen sind. Zugänglich sind die Einzelheiten der Bedingungen aber lediglich über den öffentlichen Beurteilungsbericht (European Public Assessment Report, EPAR) – und dieser wiederum liegt nur in englischer Sprache vor, ist also für viele Betroffene sowohl aufgrund der Fremdsprache als auch der Wissenschaftlichkeit der Sprache nicht verständlich.

Zu diesen Listen an Bedingungen und Unterbedingungen kommen sogenannte »Empfehlungen für die weitere Qualitätsentwicklung« hinzu. Derartige »Empfehlungen« sind in dieser Form im europäischen Arzneimittelrecht nicht expressis verbis vorgesehen. Das europäische Arzneimittelrecht kannte bisher neben den im Gemeinschaftskodex in den Artikeln 21a, 22 und 22a geregelten Bedingungen/Auflagen, deren Erfüllung auch an Fristen geknüpft ist, und den besonderen Bedingungen der bedingten Zulassung nach Art. 14-a der VO 726/2004 keine »Empfehlungen« für die zukünftige Entwicklung.

Empfehlungen für die weitere Entwicklung werden üblicherweise im Rahmen »normaler Zulassungen« dann erteilt, wenn dem Antragsteller aufgrund der Unzulänglichkeit seiner Zulassungsunterlagen seitens der Behörde angeraten wird, den Zulassungsantrag zurückzuziehen, weitere Entwicklungsarbeit zu leisten und zu einem späteren Zeitpunkt den Zulassungsantrag noch einmal einzureichen [zumindest ist dies die Praxis der Behörden bei kleineren und mittleren Unternehmen]. Ist weitere Entwicklungsarbeit erforderlich, zeigt dies üblicherweise, dass die Ausgereiftheit des Arzneimittels für die Stellung eines Zulassungsantrags nicht ausreichend ist.

Sowohl die Bedingungen für die Zulassung als auch die Empfehlungen verdeutlichen, dass die Entwicklung der Herstellung und/oder der Qualitätskontrolle noch nicht ausgereift, damit mangelhaft und die Qualität – zumindest zum Zeitpunkt der Erteilung der bedingten Zulassungen und für einen unbestimmten Zeitraum danach – unzureichend nachgewiesen war – üblicherweise ein absoluter Ausschließungsgrund und ein »No-Go« für die Erteilung einer – auch bedingten – Zulassung.

Die nachfolgende Tabelle enthält einen Überblick der Anzahl der aus den Beurteilungsberichten herausgearbeiteten Bedingungen/Empfehlungen zum Zeitpunkt der Zulassungserteilung:

| PRODUKTNAME | QUALITÄTSBEDINGUNGEN/ UNTER-BEDINGUNGEN/ EMPFEHLUNGEN | KLINISCHE BEDINGUNGEN/ EMPFEHLUNGEN | EMPFEHLUNGEN FÜR DIE PRÄKLINIK |
|---|---|---|---|
| *Comirnaty®*[79] | 5/29/23 | 1 | 0 |
| *Spikevax®*[80] | 3/34/96 | 1 | 0 |
| *Vaxzevria®* | 2/0/36 | 3 | 6 |
| *Jcovden®* | 2/0/14 | 1/33 | 0 |

## MÖGLICHKEIT DER INFORMIERTEN ZUSTIMMUNG OHNE KENNTNIS VON DEN BESONDEREN ZULASSUNGSBEDINGUNGEN?

Es steht hier auch die Frage im Raum, inwieweit es einem Betroffenen überhaupt möglich war, sich selbst umfassend zu informieren. Die Gebrauchsinformation der Injektionen, die den Bürgern nicht einmal ausgehändigt wurde, enthielt diese Angaben nicht. Das war »legal« – mit der MedBVSV war seitens des Bundesgesundheitsministeriums die Möglichkeit geschaffen worden, die betreffenden genbasierten Vakzine ohne die Gebrauchsinformation (für Patienten)- und/oder Fachinformation (für Ärzte) in deutscher Sprache in den Verkehr zu bringen.

Die gleiche Frage stellt sich auch für die Ärzte: Welcher Arzt ist in der Lage, in mühevoller Kleinarbeit die Lücken der Erkenntnisse über die Arzneimittel herauszuarbeiten, wenn sie nicht ausdrücklich in der Fachinformation genannt werden?

In all dem liegt meines Erachtens ein Widerspruch zu den Anforderungen des Art. 14-a Abs. 6 der VO 726/2004. Diese Vorschrift verlangt, dass […] in der Zusammenfassung der Produktmerkmale und der Packungsbeilage […] ausdrücklich darauf hingewiesen [wird], dass die Zulassung des Arzneimittels vorbehaltlich dieser besonderen Verpflichtungen gemäß Absatz 4 erteilt wurde.

Wenn aber die eigentlich auferlegten Bedingungen in Haupt- und Unterbedingungen aufgeteilt und lediglich die Hauptbedingungen in der Gebrauchs- und Fachinformation genannt werden, kann sich dann ein Betroffener, ob Arzt oder Patient, überhaupt vollumfänglich über Nutzen und Risiken des Arzneimittels informieren?

Es hätte das Erfordernis bestanden, offen die Information über die besonderen Bedingungen in der Gebrauchs- und Fachinformation zu kommunizieren. Weder der betroffene Bürger noch der applizierende Arzt können realistischer Weise eine Vorstellung davon haben, welche speziellen Bedingungen für die Erteilung eines vollständig neuartigen Arzneimittels seitens der zulassenden Behörde auferlegt worden ist, wenn diese Information nicht vollumfänglich aus der Gebrauchs- und Fachinformation ersichtlich ist.

Das gilt umso mehr, als das Bundesgesundheitsministerium auf seiner Website zu Long COVID mittlerweile über die Haftung der Ärzte für unzureichende Aufklärung informiert:

> »So sind Ärztinnen und Ärzte z. B. verpflichtet, Patientinnen und Patienten vor einer medizinischen Behandlung über sämtliche für die Einwilligung wesentlichen Umstände aufzuklären. Dabei muss die Aufklärung über Impfrisiken so umfassend sein, dass der Patientin oder dem Patienten das Wissen vermittelt wird, das für eine wirksame Einwilligung in die Behandlung notwendig ist. Sie ist zwar grundsätzlich auch anhand eines Merkblatts möglich, der Patient muss dann jedoch in jedem Fall die Möglichkeit haben, weitere Informationen in einem persönlichen Gespräch mit der Ärztin oder dem Arzt erhalten zu können. Enthält das Merkblatt das Risiko verharmlosende Ausführungen, dann muss dieser Eindruck gegenüber dem Patienten korrigiert werden.
> Ist die Aufklärung nicht oder nicht ordnungsgemäß erfolgt, ist die Einwilligung der Patientin oder des Patienten unwirksam, sodass die gleichwohl durchgeführte Schutzimpfung eine Pflichtverletzung darstellt, die Ärztinnen und Ärzte zum Schadensersatz verpflichtet.«[81]

Die Tragweite dieser Erläuterungen des BMG kann nicht unterschätzt werden: Den Ärzten wird die Haftung auferlegt, wenn sie auf die mehr als unzureichenden Aufklärungsbögen vertraut haben, die seitens des BMG/

Das BMG klärt Patienten auf der Long-COVID-Website über Haftung der Ärzte bei unzureichender Aufklärung über die COVID-19-Injektionen auf.

RKI zur Verfügung gestellt wurden. Aus dem Aspekt der Aufklärungspflicht sollen die Ärzte haften, wenn sie gegenüber den Impfwilligen nicht die im Aufklärungsbogen enthaltenen »verharmlosenden Ausführungen« korrigiert haben!

Dass eine aussagekräftige Information über die der bedingten Zulassung zugrunde liegenden Bedingungen erforderlich ist, ergibt sich auch aus der Entstehungsgeschichte und dem Wortlaut der Vorschrift des Art. 14-a Abs. 6 der VO 726/2004:

Art. 14-a wurde durch die VO 2019/5/EU[82] in die VO 726/2004 aufgenommen. Aus dem Verweis auf die in Art. 14-a Abs. 4 genannten besonderen Bedingungen ergibt sich, dass die tatsächlich erteilten Bedingungen in die Gebrauchs- und Fachinformation aufzunehmen sind und lediglich ein Hinweis, dass die Zulassung unter Bedingungen erteilt wurde, ohne die spezifischen Bedingungen zu nennen, nicht ausreicht.

Schon diese Tatsache führt dazu, dass weder der Betroffene, der die Injektion verabreicht bekam, noch der die Injektion vornehmende Arzt durch die Gebrauchs- beziehungsweise Fachinformation ausreichend über das jeweilige Arzneimittel informiert wurde. Unter diesen Umständen konnte weder eine wirksame Einwilligung erteilt noch eine rechtlich korrekte Aufklärung durchgeführt werden – und das Merkblatt des RKI reichte bei Weitem nicht aus (s. Teil IV, Kapitel 7, S. 500 – Aufklärungsbogen)

## 3.7 BESONDERE BEDINGUNGEN ZUM QUALITÄTSNACHWEIS BEI *CORMIRNATY*® UND *SPIKEVAX*®

Die bedingten Zulassungen werden erteilt mit

— bei *Comirnaty*® 5 Hauptbedingungen, unterteilt in 29 Unterbedingungen und 23 Empfehlungen für die zukünftige Entwicklung – somit 52 nicht erfüllten Punkten zur Qualität,[83]

– bei *Spikevax*® sind es 3 Hauptbedingungen, unterteilt in 34 Unterbedingungen zuzüglich 96 Empfehlungen für die zukünftige Entwicklung – entsprechend 130 (!) nicht erfüllten Anforderungen[84].

Diese Anzahl an Bedingungen und »Empfehlungen« sind Ausdruck für die Lückenhaftigkeit der Qualitätsunterlagen und damit auch der Erkenntnisse zur Qualität der modRNA-basierten Injektionen. Ungeachtet der Brisanz und Gefährlichkeit unvollständiger Qualitätsunterlagen, die der Behörde auch bewusst sind, werden die genbasierten COVID-19-Injektionen mit unvollständigen Qualitätsunterlagen bedingt zugelassen.

## 5 HAUPTBEDINGUNGEN, 29 UNTERBEDINGUNGEN UND 23 EMPFEHLUNGEN FÜR *COMIRNATY®*

Die Bedingungen für *Comirnaty*® betreffen die Charakterisierung des Wirkstoffes und des Fertigarzneimittels im Hinblick auf unterschiedliche sogenannte »Critical Quality Attributes« (CQA), also wesentliche Qualitätseigenschaften. CQAs sind solche Eigenschaften, die für die Wirksamkeit und/oder Sicherheit des Arzneimittels ausschlaggebend sind. Teilweise sind Spezifikationen in Bezug auf bestimmte wesentliche Qualitätseigenschaften nicht vorhanden und müssen erst erstellt sowie Analysen- und Kontrollmethoden erst entwickelt werden. Weitere Unklarheiten betreffen Verunreinigungen und Eigenschaften der Hilfsstoffe ALC-0315 und ALC-0159.

Die 23 sogenannten »Empfehlungen« beziehen sich auf die Überarbeitung von Analyse- und Herstellungsverfahren für den Wirkstoff, die Hilfsstoffe und das Fertigarzneimittel.

Milliarden Menschen werden Arzneimittel verabreicht, von denen sowohl den Herstellern als auch den Zulassungsbehörden bewusst ist, dass ihre Qualitätsentwicklung zum Zeitpunkt der Erteilung der bedingten Zulassung noch nicht abgeschlossen ist.

Es müssen neben 5 Besonderen Bedingungen, die in 29 Unterbedingungen aufgeteilt werden, zusätzlich 23 Empfehlungen ausgesprochen werden, um überhaupt für die Zukunft die Herstellung des Arzneimittels in ordnungsgemäßer Qualität nachprüfbar sicherzustellen. Demgegenüber wird der Bevölkerung vermittelt, die Arzneimittel seien alle vollumfänglich und wie üblich geprüft, wie das PEI auf seiner Website ausführt:

> »Die wirksamste Möglichkeit, die Pandemie einzudämmen und sich selbst vor COVID-19 zu schützen, sind Impfstoffe. Diese Erkenntnis hat alle an der Impfstoffentwicklung beteiligten Expertinnen und Experten bewogen, die Zusammenarbeit enger und die Prozesse effizienter zu gestalten, ohne Abstriche bei der Sorgfalt zu machen.«

Und

> »Die Anforderungen an die Unbedenklichkeit von COVID-19-Impfstoffen sind die gleichen wie für jeden anderen Impfstoff in der EU und werden auch in der Pandemie nicht gesenkt.«[85]

Wie kommt das PEI zu dieser Aussage?

## 3 HAUPTBEDINGUNGEN, 34 UNTERBEDINGUNGEN UND 96 EMPFEHLUNGEN FÜR *SPIKEVAX®*

Für *Spikevax®* ergeben sich die Unterpunkte der jeweiligen Besonderen Bedingungen ebenfalls aus dem Beurteilungsbericht.

Auch hier handelt es sich um Besondere Bedingungen, die der Charakterisierung und Analyse sowie Kontrolle des Wirkstoffs, der Lipidnanopartikel SM-102 und PEG-2000DMG und des Fertigarzneimittels dienen sollten. Von diesen Bedingungen war ein Großteil zum Zeitpunkt der Verlängerung der Zulassungsentscheidung im Oktober 2021 noch nicht erfüllt. Trotzdem hat der CHMP die Verlängerung der Zulassung empfohlen und die EU-Kommission die Verlängerungsentscheidung am 4. Oktober 2021 erlassen.[86]

Ebenfalls für *Spikevax*® kommen zahlreiche Empfehlungen hinzu, für die eigens ein separater Annex (Annex I zum Zulassungsbescheid) beigefügt wird. Es handelt sich hierbei um insgesamt 5 Oberpunkte von Empfehlungen zur Qualität, die wieder in unzählige Unterpunkte aufgeschlüsselt sind. Zu folgenden Punkten sind Empfehlungen ausgesprochen worden:

| UNTERLAGEN | EMPFEHLUNGEN | BETROFFENE ASPEKTE UNTER ANDEREM |
|---|---|---|
| Wirkstoff | 10 | Herstellungsprozess<br>Inprozesskontrolle<br>Qualitätskontrolle der Ausgangsmaterialien<br>Charakterisierung des Wirkstoffes<br>Kontrolle des Wirkstoffs<br>Referenzstandard<br>Qualität der Primärverpackung<br>Stabilität (Wie lange ist die Qualität gewährleistet?) |
| Lipidnanopartikel | 6 | Herstellung<br>Prozessvalidierung<br>Charakterisierung<br>Kontrolle des Wirkstoffs<br>Qualität der Primärverpackung<br>Stabilität |
| Fertigprodukt | 5 | Pharmazeutische Entwicklung<br>Herstellung<br>Qualitätskontrolle der Hilfsstoffe<br>Qualitätskontrolle des Fertigprodukts<br>Qualität der Primärverpackung<br>Stabilität |
| Neue Hilfsstoffe SM-102 | 4 | Herstellung<br>Qualitätskontrolle<br>Qualität der Primärverpackung<br>Stabilität |
| PEG-2000DMG | 4 | Herstellung<br>Qualitätskontrolle<br>Qualität der Primärverpackung<br>Stabilität |

## DIE EINZELNEN QUALITÄTSBEDINGUNGEN FÜR *COMIRNATY*®

Zum Zeitpunkt der Zulassungsentscheidung für *Comirnaty*® sind folgende, auf S. 37 des Beurteilungsberichts aufgeführten Fragen noch nicht geklärt, obwohl unmittelbar nach der Erteilung der Zulassung dieses Arzneimittel an Millionen Menschen in der EU und Milliarden Menschen weltweit verabreicht wird:

— Die Charakterisierung der Art der verkürzten und modifizierten mRNA im Fertigprodukt – das heißt, es ist nicht bekannt, für was die verkürzte und modifizierte mRNA kodiert und welches Protein von der betroffenen Zelle aufgrund dieser mRNA gebildet wird.
— Analyse der modRNA-Integrität der RNA mit vollständiger Länge – Es ist nicht bekannt, ob die modRNA mit vollständiger Länge für das Spike-Protein kodiert;
— Bestätigung der Protein-Identität für das Fertigprodukt, das heißt Bestätigung, dass das gebildete Protein tatsächlich das Spike-Protein ist. Zu diesem Zeitpunkt ist nicht einmal das Molekulargewicht des intakten Spike-Proteins bekannt;

Es ist nicht bekannt, ob das vom Körper aufgrund des Bauplans gebildete Protein wirklich das Spike-Protein ist.

— Es gibt noch keine final festgelegten Spezifikationsgrenzen für die Länge des Poly-A-Schwanzes des Wirkstoffes, obwohl der Poly-A-Schwanz als kritisches Qualitätsmerkmal klassifiziert wird, das bei der Freigabe jeder Charge geprüft werden sollte. – Es ist unklar, ob überhaupt die modRNA in *Comirnaty*® enthalten ist, die in den Zulassungsunterlagen beschrieben wird. Die Länge des Poly-A-Schwanzes ist unklar und damit auch die Frage der Wirksamkeit und Eigenschaften der modRNA.
— Es ist unklar, ob der Test für die korrekte Länge des Poly-A-Schwanzes des Wirkstoffes angemessen ist, deshalb sollen diesbezüglich weitere Unterlagen vorgelegt werden.
— Die Spezifikationen für die modRNA-Integrität und die Polydispersität sind noch nicht final festgelegt. Es ist unklar, zu

welchem Prozentsatz die modRNA intakt sein muss. Welche Wirkungen die nicht-intakte modRNA im Körper hat, ist unbekannt. Der Antragsteller äußert lediglich Annahmen.

— Es gibt lipidbezogene Verunreinigungen. Diese sind weiter zu analysieren. Die einwandfreie Qualität der LNP ist nicht bekannt.
— Der Herstellungsprozess ist noch nicht validiert, entspricht somit nicht GMP-Bedingungen. Die Validierung des Herstellungsprozesses in der Herstellungsstätte Puurs bei Pfizer in Belgien ist nachzureichen, auch in Bezug auf das Fertigarzneimittel.
— Die chemische Synthese von ALC-0315/ALC-0159 ist zu beschreiben.
— Die Unterschiede im Herstellungsprozess für ALC-0315 / ALC-0159 von 2 unterschiedlichen Herstellern sind unter Berücksichtigung der Auswirkungen auf mögliche Verunreinigungen zu beschreiben.
— Qualitätskontrolle der Ausgangsmaterialien für ALC-0315/ ALC-0159 ist noch nicht ausreichend begründet und damit die finale Qualität der Bestandteile unklar und nicht definiert.
— Verunreinigungen für ALC-0315/ALC-0159 sind zu spezifizieren und zu bewerten sowie geeignete Spezifikationsgrenzen festzulegen für individuelle Verunreinigungen. Die finale Qualität der Bestandteile ist unklar und nicht definiert.
— Die Spezifikationsgrenzen für die Gesamtverunreinigung für ALC-0315/ALC-0159 sind zu überarbeiten. Die finale Qualität der Bestandteile ist unklar und nicht definiert.
— Validierungsmethoden zur Qualitätskontrolle von ALC-0315/ ALC-0159 sind zu erarbeiten. Die finale Qualität der Bestandteile ist unklar und nicht definiert.

In dieser Auflistung sind die 23 Empfehlungen zur weiteren Qualitätsentwicklung noch nicht einmal enthalten. Deutlich wird allerdings zur Genüge, dass die Qualität von *Comirnaty*® zum Zeitpunkt der Erteilung der bedingten Zulassung alles andere als ausreichend belegt ist. Die Menschen sollen sich ein Arzneimittel verabreichen lassen, dessen Gesamtqualität zum damaligen Zeitpunkt unbekannt ist und dessen Wirkungen auf den Körper auch aus diesem Grund vollkommen unbekannt sind.

Würden Sie an einer Tankstelle Ihr Auto an einer Zapfsäule tanken, an der der Hinweis angebracht ist, dass weder die Auswirkungen des Kraftstoffs auf den Motor Ihres Autos, noch die Inhaltsstoffe, noch die Verunreinigungen bekannt sind?

Nicht zu entschuldigen ist die Tatsache, dass die Menschen über diese Tatsachen in keiner Weise aufgeklärt werden. Stattdessen werden sie mit unwahren Informationen versorgt, die Injektionen seien gründlich geprüft, sie seien von guter Qualität, und die Anforderungen an die COVID-19-Injektionen seien die gleichen wie für jeden anderen Impfstoff in der EU und würden auch in der Pandemie nicht gesenkt.[87]

## FRISTEN ZUR ERFÜLLUNG DER BESONDEREN BEDINGUNGEN FÜR *COMIRNATY®*

Die in bedingten Zulassungen angeordneten Besonderen Bedingungen sind innerhalb eines ebenfalls vorbestimmten Zeitfensters zu erfüllen. Das bedeutet, dass die fehlenden Unterlagen bis zu einer festgelegten Frist eingereicht werden müssen. Für *Comirnaty®* waren die ursprünglichen Fristen zur Einreichung der fehlenden Qualitätsunterlagen März und Juli 2021.

Die bedingte Zulassung für *Comirnaty®* enthält in ihrer ursprünglichen Version folgende Fristen zur Erfüllung der qualitätsbezogenen Bedingungen: Die Besonderen Bedingungen SO 1, SO 2, SO 4 und SO 5 sollen bis Juli 2021 erfüllt werden, die SO 3 bis März 2021.

Für *Comirnaty®* lagen die Fristen zur Erfüllung im März und Juli 2021. Zum Zeitpunkt der Verlängerung der bedingten Zulassung im Oktober 2021 waren zahlreiche Bedingungen noch nicht erfüllt.

Die bedingte Zulassung wird verlängert, obwohl die Bedingungen noch nicht erfüllt sind.

Dass *Pfizer/BioNTech* die Fristen zur Nachreichung der geforderten Unterlagen nicht eingehalten haben, ergibt sich aus dem Beurteilungsbericht für die Verlängerungsentscheidung (EMA/853699/2022).[88] Er datiert vom 14. Oktober 2021 und weist auf seinen Seiten 5–10 die Nichterfüllung zahlreicher Bedingungen, insbesondere der Unterbedingungen aus. Aus diesem Grund bleiben die Besonderen Bedingungen, die mit der ursprünglichen Zulassungsentscheidung erlassen worden waren, aufrechterhalten, allerdings ohne dass eine Änderung des Zeitfensters vorgenommen wird. Dies resultiert in der absurden Situation, dass die Kommission am 3. November 2021 eine Entscheidung über die Verlängerung der bedingten Zulassung trifft, deren Bedingungen in der Vergangenheit, im Juli 2021, bereits hätten erfüllt sein müssen.

In der EMA-Datenbank wird für den 16. Dezember 2021 ein Beurteilungsbericht zu einer Gruppe von Änderungsanzeigen angezeigt. Diese Gruppe von Änderungsanzeigen soll die Besonderen Bedingungen SO 4 und SO 5 für die LNP ALC-0159 und ALC-0315 betreffen. Umgesetzt werden diese Änderungsanzeigen durch die Entscheidung der EU-Kommission vom 24. Januar 2022. In der Folge werden die Besonderen Bedingungen SO 4 und SO 5 als erfüllt angesehen und entsprechend aus der Liste der noch zu erfüllenden Besonderen Bedingungen gestrichen. Der Beurteilungsbericht, aus dem sich die Erfüllung der betreffenden Besonderen Bedingungen ergeben würde, ist nach wie vor nicht auf der EMA-Website veröffentlicht. Das widerspricht der Verpflichtung der EMA aus Art. 26 Abs. 1 lit. j) der VO 726/2004, der verlangt, dass auf der EMA-Website »Ergebnisse der Beurteilungen, Empfehlungen, Gutachten, Zustimmungen und Entscheidungen der Ausschüsse nach Artikel 56 Absatz 1 Buchstaben a (=CHMP)und aa« veröffentlicht werden. Für die Öffentlichkeit ist daher bis heute nicht nachvollziehbar, ob diese Bedingungen zu den LNP tatsächlich erfüllt wurden oder

nicht. Anfragen auf Basis der Regelungen zur Informationsfreiheit werden gar nicht oder sehr schleppend bearbeitet.
Unabhängig von den – nach wie vor nicht nachprüfbar – eingereichten Unterlagen zu den SO 4 und SO 5 in Bezug auf ALC-0315 und ALC-0159 wurden bis zum Zeitpunkt der Entscheidung über die Verlängerung der bedingten Zulassung weitere Besondere Bedingungen zum Qualitätsnachweis von *Cormirnaty*® nicht erfüllt, obwohl auch sie bis Juli 2021 hätten erfüllt werden müssen.

Es handelt sich um die folgenden Besonderen Bedingungen:

- »Um die Charakterisierung des Wirkstoffs und des Endprodukts zu vervollständigen, sollte der Zulassungsinhaber zusätzliche Daten bereitstellen« und
- »Um eine gleichbleibende Produktqualität zu gewährleisten, sollte der Zulassungsinhaber zusätzliche Informationen zur Verbesserung der Kontrollstrategie bereitstellen, einschließlich der Spezifikationen des Wirkstoffs und des Endprodukts.«

Es handelt sich bei diesen Besonderen Bedingungen um die ursprünglichen Besonderen Bedingungen SO 1 und SO 2, die, wie sich aus dem Beurteilungsbericht für die Verlängerungsentscheidung ergibt, jeweils selbst wieder in 3 beziehungsweise 6 Unterbedingungen aufgeteilt waren (siehe oben). Die Unterbedingung 2(f), die sich auf lipidbedingte Verunreinigungen bezog, soll durch die Einreichung der oben bereits erwähnten Gruppe von Änderungsanzeigen durch Beurteilungsbericht vom 16. Dezember 2021 und der daraus folgenden Entscheidung der EU-Kommission vom 24. Januar 2022 als erfüllt anzusehen sein.

Im Einzelnen waren nicht erfüllt:

→ **SO 1:**

Sie betraf die Verpflichtung, weitere Unterlagen zur Charakterisierung des Wirkstoffs und des Fertigprodukts vorzulegen. Sämtliche Unterpunkte 1 (a) bis 1 (c) waren zum Zeitpunkt der Verlängerungsentscheidung noch nicht erfüllt. Besonders erwähnt die EMA folgende

Elemente: SO 1 (a): »further characterise the truncated and modified mRNA species present in the finished product [...] Relevant protein/peptide characterization data for predominant species should be provided [...]« Das betrifft das Erfordernis zusätzlicher Daten, die ermöglichen, die gekürzte und modifizierte modRNA-Spezies zu charakterisieren, die sich im Fertigprodukt befindet.

Obwohl die EMA-Prüfer ausweislich der gehackten Unterlagen der Prüfberichte die Frage nach den verkürzten und modifizierten modRNA-Spezies für wesentlich erachteten, war auch ein Jahr nach Erteilung der bedingten Zulassung diese Frage noch nicht geklärt. Die EMA hatte auch zum Zeitpunkt der Verlängerung der bedingten Zulassung keine Kenntnis darüber, um welche Arten von modRNA es sich handelte und für was sie kodieren. Ob sie diese Kenntnis zum Zeitpunkt der Umwandlung der bedingten Zulassung in eine reguläre Zulassung hatte, ist nicht nachvollziehbar. Im Beurteilungsbericht führt der CHMP aus, die Bedingungen zur Qualität seien erfüllt – ob dies tatsächlich der Fall war und ist, ist nicht nachvollziehbar, weil die entsprechenden Unterlagen nicht veröffentlicht werden und der Zugang zu ihnen unter Hinweis auf Betriebs- und Geschäftsgeheimnisse von *BioNTech* nicht gewährt wird.

Die weitere Formulierung in der Bedingung: »Any homology between translated proteins (other than the intended spike protein) and human proteins that may, due to molecular mimicry, potentially cause an autoimmune process should be evaluated« beinhaltete das Erfordernis der Bewertung jeglicher Übereinstimmung zwischen übersetzten (gebildeten) Proteinen (andere als das beabsichtigte Spike-Protein) mit menschlichen Proteinen, die aufgrund molekularer Nachahmung möglicherweise einen Autoimmunprozess hervorrufen können.

Diese Formulierung beinhaltet letztlich folgende Fragen der EMA an *BioNTech*:

— Könnte es sein, dass (unbeabsichtigt) andere Proteine als das Spike-Protein durch die Verwendung der mRNA gebildet werden?

– Könnte es sein, dass diese Proteine aufgrund der molekularen Nachahmung Autoimmunprozesse hervorrufen können?

Die fehlende Beantwortung der Fragen zum Zeitpunkt der Verlängerung der bedingten Zulassung regt umso mehr zum Nachdenken an, als zahlreiche Autoimmunreaktionen nach den Injektionen bekannt wurden und noch immer werden.

Bedeutet die Akzeptanz der fehlenden Beantwortung der Fragen zum Zeitpunkt der Verlängerung der bedingten Zulassung, dass das Risiko der Entstehung eines Autoimmunprozesses bewusst in Kauf genommen wurde, da zu diesem Zeitpunkt nicht ausgeschlossen werden konnte, dass auch andere Proteine gebildet werden?

Die weitere zum Zeitpunkt der Zulassungsverlängerung nicht erfüllte Besondere Bedingung war

→ **SO 1** (c):

»Protein heterogeneity, resulting in broad bands on the (Western blot) WB and uncertainties in the theoretical intact molecular weight of the spike protein, is assumed to be due to glycosylation. Therefore, to further confirm protein identities, enzymatic deglycosylation of the expressed proteins followed by WB analysis should be performed.«

Diese Bedingung beinhaltete die Verpflichtung zur Vornahme zusätzlicher Untersuchungen, um die Proteinidentität zu bestätigen. Es bestanden Unsicherheiten im Hinblick auf das theoretische intakte Molekulargewicht des Spike-Proteins. Man vermutete, dass dies mit der »Glykosilierung« zusammenhängen könnte. Deshalb wurde *BioNTech* verpflichtet, den umgekehrten Prozess der enzymatischen Deglykosilierung und in der Folge eine Analyse der Proteine vorzunehmen.

Die Glykosilierung spielt eine wesentliche Rolle bei der Proteinfaltung. Die Proteinfaltung wiederum ist wesentlich für die Frage, ob das jeweilige Protein die korrekte Struktur annimmt. Die »Glykosilierung« wird in *Wikipedia* wie folgt beschrieben:

> »Glykosylierung beschreibt eine Reihe *enzymatischer* oder chemischer Reaktionen, bei denen *Kohlenhydrate* an *Proteine, Lipide* oder andere *Aglykone* gebunden werden. [...] An biologischen Signalprozessen beteiligte Glykosylierungsmuster sind sehr spezifisch und ihre Biosynthese ist eine wichtige *posttranslationale Modifikation* von Proteinen. [...] Viele Proteine *falten sich* nicht korrekt, wenn sie nicht zuvor glykosyliert wurden [...].«[89]

Die Glykosilierung ist daher auch wesentlich für die korrekte Faltung des Spike-Proteins und damit dafür, dass es die gewünschte Struktur annimmt. Wenn Unsicherheiten hinsichtlich der Glykosilierung des Spike-Proteins bestanden, bestand nach meinem Verständnis gleichzeitig eine Unsicherheit, ob das Spike-Protein seine korrekte dreidimensionale Struktur annimmt, sich also korrekt »faltet«.

Welche Konsequenzen eine unkorrekte Proteinfaltung haben kann, erläutert die Max-Planck-Gesellschaft:

> »Proteine sind kettenartige Eiweiß-Riesenmoleküle, die sich zu komplizierten dreidimensionalen Formen falten. Dieser Prozess durchläuft eine Qualitätskontrolle, kann aber dennoch fehlschlagen. Falsch gefaltete Proteine können sich zu Klumpen zusammenlagern, die für die Zelle gefährlich werden. Bei verschiedenen altersbedingten Krankheiten wie etwa der Alzheimerdemenz sammeln sich solche Aggregate an [...]
> Falsch geformte Proteine können nicht nur ihre biologischen Aufgaben nicht mehr erfüllen, sondern klumpen oft auch zu unlöslichen Aggregaten zusammen, die sich in der Zelle oder ihrer unmittelbaren Umgebung ansammeln. Derartige Abfallprodukte dürften das reibungslose Funktionieren der Zelle beeinträchtigen und diese schädigen – unter Umständen mit dramatischen Folgen. Nach neuen Erkenntnissen spielt das vermutlich so verursachte Absterben von Nervenzellen eine entscheidende Rolle bei vielen altersabhängigen Krankheiten

des Nervensystems, etwa bei Chorea Huntington (›erblichem Veitstanz‹) und der Alzheimerdemenz.«[90]

Die Fragen, die sich der Autorin als biologischer Laie stellen:

— Ist der menschliche Körper überhaupt in der Lage, eine – wie seitens der Max-Planck-Gesellschaft beschriebene – »Qualitätskontrolle« für die Faltung eines körperfremden Proteins zu leisten?
— Könnte es sein, dass die vielfach auftretenden Entzündungen im Gehirn oder auch vermehrtes Auftreten von Demenzerkrankungen durch die fehlerhafte Proteinfaltung des Spike-Proteins oder welchen Proteins auch immer, das/die aufgrund der Injektion der modRNA gebildet wird/werden, hervorgerufen werden?

→ **SO** 2:

Die Bedingungen im Rahmen der SO 2 betrafen die konsistente Produktqualität. Diesbezüglich verlangte die EMA die Erarbeitung von Wirkstoff- und Produktspezifikationen in Bezug auf den Poly-(A)-Schwanz, auf die Integrität der modRNA und auf die Molmassenverteilung sowie die Erarbeitung entsprechender Analysenmethoden zur Messung der jeweiligen Elemente.

Von den ursprünglichen 6 Unterpunkten 2 (a) bis 2 (f) waren zum Zeitpunkt der Verlängerung der bedingten Zulassung die Unterpunkte (a) bis (e) noch nicht erfüllt. Beispielhaft seien erwähnt:

→ **SO** 2 (b):

»Poly(A) tail length is considered a critical attribute, which should be controlled on each batch, even though comparable results were obtained until now. An active substance specification to control poly(A) length should be introduced. A suitable method should be developed, and appropriate acceptance criteria should be set.«

Die Länge des Poly (A)-Schwanzes wird als wesentlicher Parameter für die Charakterisierung des Wirkstoffes und des Fertigproduktes angesehen. Es sollten Spezifikationen mit angemessenen Akzeptanzkriterien und entsprechende Analysenmethoden zur Bestimmung der Länge des Poly-(A)-Schwanzes entwickelt werden. Dass Unsicherheiten hinsichtlich der Angemessenheit der ursprünglich von *BioNTech* angegebenen Methode bestanden, wurde auch durch SO 2 (c) bestätigt: »The poly(A) tail percentage is considered a critical attribute, but uncertainties remain on the suitability of the method [...]« (Der Prozentsatz des Poly(A)-Schwanzes gilt als kritischer Parameter, es bestehen jedoch weiterhin Unsicherheiten hinsichtlich der Eignung der Methode.)

→ **SO 2 (d), (e)**

»Since mRNA integrity and polydispersity are CQAs for the efficacy of the medicinal product, the finished product acceptance criteria for these parameters should be revised [...] Additional data should be provided to support the suitability of the method used for potency determination or an alternative suitable assay for this purpose should be developed and introduced [...]«

Die Integrität der modRNA und die Polydispersität (Molmassenverteilung) werden als wesentliche Qualitätsattribute (Critical Quality Attribute, CQA) für die Wirksamkeit des Fertigarzneimittels angesehen. Vom Zulassungsinhaber wurde verlangt, die Akzeptanzkriterien für diese Parameter in Bezug auf das Fertigarzneimittel zu definieren und entsprechende Untersuchungsmethoden zu entwickeln.

*Comirnaty*® wurde seit Erteilung der bedingten Zulassung und auch nach ihrer Verlängerung vertrieben und Milliarden von Menschen verabreicht, obwohl die Akzeptanzkriterien in Bezug auf kritische Qualitätsattribute noch nicht feststanden!

Wie konnte eine EMA/EU-Kommission zu der Entscheidung kommen, dass ein Arzneimittel eine positive Nutzen-Risiko-Bewertung hat, wenn nicht einmal die pharmazeutische Zusammensetzung sicher feststand?

Kann daraus die Schlussfolgerung gezogen werden, dass die EMA zum Zeitpunkt der Erteilung der bedingten

Zulassung am 21. Dezember 2020 und auch zum Zeitpunkt der Verlängerung der bedingten Zulassung im Oktober 2021 keine Kenntnis von Qualitätsparametern hatte, die für die Wirksamkeit des Fertigarzneimittels erhebliche Bedeutung haben, weil diese zum einen nicht definiert waren (warum nicht?), zum anderen die entsprechenden Untersuchungs- und Analysenmethoden noch nicht entwickelt waren?

Hieran schließen sich die Frage an: Wie konnte eine EMA/EU-Kommission zu der Entscheidung kommen, dass ein Arzneimittel eine positive Nutzen-Risiko-Bewertung hat, wenn nicht einmal die pharmazeutische Zusammensetzung sicher feststand?

Mit den zum Zeitpunkt der Zulassungsverlängerung immer noch nicht erfüllten Besonderen Bedingungen bleiben gravierende Unsicherheiten in Bezug auf die Charakterisierung des Wirkstoffs sowie des Fertigprodukts. Nicht einmal angemessene Kontrollmethoden zur Messung der für die Wirksamkeit und Unbedenklichkeit des Arzneimittels kritischen Parameter standen zur Verfügung.

Frage: Befand man sich seitens der Behörde – und möglicherweise auch des Zulassungsinhabers – selbst im Hinblick auf die Qualität und Identität des Wirkstoffs und des Arzneimittels im »Blindflug«? Sind diese Fragen mittlerweile geklärt?

## FRISTEN FÜR *SPIKEVAX*® – JANUAR, APRIL, JUNI 2021, TEILWEISE VERLÄNGERT AUF OKTOBER, NOVEMBER 2021

Gemäß dem ursprünglichen Zulassungsbescheid für *Spikevax*® waren die besonderen Bedingungen SO 1 bis SO 3 wie folgt zu erfüllen:

- SO 1: Charakterisierung des Wirkstoffs und Fertigprodukts hinsichtlich des Herstellungsprozesses bis Januar 2021
- SO 2: Zusätzliche Validierungs- und Vergleichbarkeitsdaten zur Bestätigung der Konsistenz des Herstellungsprozesses des Wirkstoffs und Fertigprodukts bis April 2021

- SO 3: Einreichung weiterer Stabilitätsdaten, Wirkstoff- sowie Fertigproduktspezifikationen zur Sicherstellung der Konsistenz des Wirkstoffs und Fertigprodukts bis Juni 2021 (Beurteilungsbericht der EMA zur ursprünglichen Zulassungserteilung S. 155)

Aus dem Beurteilungsbericht für die Verlängerung der Zulassung für *Spikevax*® vom 16. September 2021 ist ersichtlich, dass ein Großteil der Bedingungen zum Zeitpunkt der Entscheidung über die Zulassungsverlängerung – die Entscheidung der EU-Kommission datiert vom 4. Oktober 2021 – noch nicht erfüllt war. Teilweise wurden die Fristen für die Einreichung der Unterlagen verlängert. Es betraf:

- SO 1 (iii): Testverfahren zum Erscheinungsbild von SM-102 und dem Fertigprodukt mRNA-1273
- SO 2: 14 Unterbedingungen bzgl. Prozessvalidierung, Vergleichsbarkeitsbewertung (Konsistenz des Wirkstoffs und Fertigprodukts) für die Herstellung an unterschiedlichen Standorten, teilweise waren die Fristen zum 31. Oktober 2021 beziehungsweise 15. November 2021 festgelegt.
- SO 3: Hier waren alle 4 Unterbedingungen zum Zeitpunkt der Verlängerungsentscheidung noch nicht erfüllt. Es handelte sich um die Nachweise zur Stabilität und zu den Spezifikationen des Wirkstoffs sowie des Fertigprodukts, bezogen auf unter anderem Erscheinung, Reinheit, produktbezogene Verunreinigungen, RNA, Verkapselung der RNA, In-vitro-Translation, Lipidverunreinigungen, Osmolalität und Polydiversität. Letzteres betraf die Frage der Verteilung des Molekulargewichts, hier insbesondere bei Nanopartikeln, und ist von erheblicher Bedeutung für die Aufnahme und Verteilung des Stoffes im Körper sowie die Biotransformation und Ausscheidung aus dem Körper.

Hervorzuheben ist die fehlende Erfüllung folgender Bedingungen zum Zeitpunkt der Verlängerung:

→ **SO 3 (xii):**
»The applicant should review the specifications for CX-024414 (mRNA) active substance: appearance, purity, product related impurities, % 5'capped, % PolyA tailed RNA, residual DNA template. LNP: appearance, lipid impurities, purity, product related impurities, % RNA encapsulation, particle size, polydispersity, osmolality no later than 30.06.2021« (Der Antragsteller sollte die Spezifikationen für den Wirkstoff CX-024414 (mRNA) überprüfen: Aussehen, Reinheit, produktbezogene Verunreinigungen, % 5'-verkappte % PolyA-Schwanz RNA, DNA-Vorlage. LNP: Aussehen, Lipidverunreinigungen, Reinheit, produktbezogene Verunreinigungen, % RNA-Verkapselung, Partikelgröße, Polydispersität, Osmolalität nicht später als 30.06.2021)

→ **SO 3 (xiii):**
»The MAH should review the specifications for the finished product: appearance, RNA content, purity, product related impurities % RNA encapsulation, in vitro translation, lipid content, lipid impurities, particle size, polydispersity, osmolality no later than 30.06.2021.« (Der Zulassungsinhaber sollte die Spezifikationen für das Endprodukt überprüfen: Aussehen, RNA-Gehalt, Reinheit, produktbezogene Verunreinigungen, % RNA-Verkapselung, In-vitro-Translation, Lipidgehalt, Lipidverunreinigungen, Partikelgröße, Polydispersität, Osmolalität nicht später als 30.06.2021)

Auch bei *Spikevax*® stand nicht fest, ob das Spike-Protein und/oder andere Proteine gebildet werden!

Zu den bei *Comirnaty*® ausgeführten Unklarheiten kommen bei *Spikevax*® weitere Unklarheiten hinzu wie beispielsweise

- Verunreinigungen im Fertigprodukt und bei den Lipidnanopartikeln,
- Reinheitsgehalt,
- Osmolalität.

Insbesondere die wesentlichen Charakteristika des Wirkstoffs und des Fertigarzneimittels waren auch für *Spikevax®* weder zum Zeitpunkt der Erteilung noch zum Zeitpunkt der Verlängerung der bedingten Zulassung vollständig nachgewiesen und die Fristen für die Nachreichung der Unterlagen fruchtlos abgelaufen. Ob die Bedingungen zum Zeitpunkt der Umwandlung der bedingten in eine reguläre Zulassung vorlagen, lässt sich aus den bei *Comirnaty®* ausgeführten Gründen auch für *Spikevax®* nicht nachvollziehen.

## RECHTLICHE KONSEQUENZEN, DIE AUS DER UNVOLLSTÄNDIGKEIT DER UNTERLAGEN UND NICHT FRISTGEMÄẞEN ERFÜLLUNG DER BESONDEREN BEDINGUNGEN HÄTTEN GEZOGEN WERDEN MÜSSEN

Voraussetzung für die Erteilung der bedingten Zulassung ist gemäß der VO 726/2004 unter anderem, dass

- der Nutzen der sofortigen Verfügbarkeit des betreffenden Arzneimittels auf dem Markt das Risiko überwiegt, das sich daraus ergibt, dass nach wie vor zusätzliche Daten erforderlich sind (Art. 14-a Abs. 1 S. 1),
- das »Nutzen-Risiko-Verhältnis« des Arzneimittels positiv ist (Art. 14-a Abs. 3) und
- der Antragsteller aller Wahrscheinlichkeit nach in der Lage sein [muss], umfassende Daten bereit zu stellen.

An zwei Stellen ist daher eine positive Nutzen-Risiko-Abwägung erforderlich, damit eine bedingte Zulassung rechtmäßig erteilt werden kann:

Eine positive Nutzen-Risiko-Abwägung ist erforderlich in Bezug auf den Nutzen der sofortigen Verfügbarkeit des Arzneimittels gegenüber dem Risiko, das sich aus der Unvollständigkeit der Unterlagen ergibt.

1. Zum einen muss das positive Nutzen-Risiko-Verhältnis in Bezug auf den Vorteil beziehungsweise Nutzen der sofortigen Verfügbarkeit des Arzneimittels auf dem Markt gegenüber dem Risiko überwiegen, dass aufgrund der Unvollständigkeit der Unterlagen Aussagen zu Qualität, Wirksamkeit und Unbedenklichkeit des Arzneimittels nicht abschließend getroffen werden können. Diese Nutzen-Risiko-Abwägung kann auch als Nutzen-Risiko-Abwägung für die öffentliche Gesundheit bezeichnet werden.
2. Zum anderen muss das positive Nutzen-Risiko-Verhältnis des betreffenden Arzneimittels gemäß Art. 1 Nr. 28a in Verbindung mit Art. 1 Nr. 28 des Gemeinschaftskodex festgestellt werden können. Ein positives Nutzen-Risiko-Verhältnis in diesem Sinn liegt vor, wenn eine Bewertung der positiven therapeutischen Wirkungen des Arzneimittels im Verhältnis zu dem Risiko seiner Anwendung gemäß der Definition in Nummer 28 erster Gedankenstrich bei den Patienten festgestellt werden kann. Ein Risiko eines Arzneimittels ist nach dieser Definition »jedes Risiko im Zusammenhang mit der Qualität, Sicherheit oder Wirksamkeit des Arzneimittels für die Gesundheit der Patienten oder die öffentliche Gesundheit«.

Das bedeutet, dass nicht nur auf die öffentliche Gesundheit abgezielt werden darf, sondern auch die Gesundheit des Einzelnen, dem das Arzneimittel verabreicht wird, in die Bewertung mit einzubeziehen ist. Art. 1 Nr.28a verlangt dabei ganz eindeutig, dass die therapeutische Wirksamkeit des Arzneimittels gegenüber Risiken im Zusammenhang mit der Qualität und Sicherheit überwiegen muss.

Im Umkehrschluss bedeutet dies aber auch, dass in jedem Fall Unterlagen zur Qualität und Sicherheit in einem Umfang vorzulegen sind, die ermöglicht, eine Beurteilung sowohl der therapeutischen Wirksamkeit als auch des Risikos, das sich möglicherweise aus der Qualität/Zusammensetzung des Arzneimittels ergibt, vorzunehmen. Die Unterlagen dürfen keinesfalls so lückenhaft sein, dass eine Bewertung möglicher, sich aus der Qualität des Arzneimittels ergebender Risiken unmöglich wird und letztlich ein »Blindflug« stattfindet.

Dass diese Anforderung nicht »aus der Luft gegriffen« ist, ergibt sich zudem auch aus der Darstellung des PEI, das beispielhaft für vorzulegende Unterlagen zur Qualität folgende Angaben aufführt:

> »[...] zur pharmazeutischen Qualität, einschließlich Angaben zur Identität und Reinheit der Impfstoffbestandteile sowie deren Gehalt und die biologische Aktivität (Potenz).
> Daten zu jedem Herstellungsschritt und zu den Kontrollen, zur Sicherstellung, dass jede Impfstoffcharge von gleichbleibend hoher Qualität ist.«[91]

Eine Analyse der Besonderen Bedingungen und Empfehlungen für *Comirnaty®* und *Spikevax®* in Hinblick auf diese Parameter ergibt Unklarheiten in Bezug auf
— die Identität der Proteine (SO 1 von *Comirnaty®* und SO 1 von *Spikevax®*) und
— Reinheit der Impfstoffbestandteile (SO 1 von *Comirnaty®* und SO 3 (xii) und (xiii) von *Spikevax®*) sowie
— deren Gehalt (SO 1 von *Comirnaty®* und SO 3 von *Spikevax®*) und
— die biologische Aktivität (Potenz) (SO 1 von *Comirnaty®* und SO 3 von *Spikevax®*).

Darüber hinaus sind
— Herstellungsprozesse sowie
— Analysen- und Kontrollmethoden zu entwickeln,

um die konsistente Herstellung des in seiner Qualität noch zu definierenden Wirkstoffs und Fertigarzneimittels – nichts anderes ergibt sich aus den oben

Zum Zeitpunkt der Erteilung und Verlängerung der bedingten Zulassungen waren die Identität der gebildeten Proteine sowie Reinheit, Gehalt und biologische Aktivität der Impfstoffbestandteile unklar.

genannten Bedingungen – sicherzustellen. Das bedeutet im Umkehrschluss, dass diese Methoden weder zum Zeitpunkt der Erteilung der bedingten Zulassung noch zum Zeitpunkt ihrer Verlängerungen bestanden und eine konsistente Herstellung der Injektionen schon aus diesem Grund nicht sichergestellt war.

Diese Erkenntnis wird letztlich bestätigt durch die Erkenntnisse des Forscherteams, das die Website *howbad.info* mit Informationen über Nebenwirkungen zahlreicher Chargen unter anderem von *Comirnaty*® und *Spikevax*® betreibt.[92]

Ein Abgleich mit der Darstellung des PEI verdeutlicht, dass ein wesentlicher Teil der Qualitätsunterlagen, die vom PEI als unabdingbar für die Erteilung einer Zulassung angesehen werden, bis zur Erteilung der Zulassung und zum Teil auch bis zur Verlängerung der Zulassung im Oktober 2021 nicht vorgelegt wurden und auch die diesbezüglichen Besonderen Bedingungen bis zur Verlängerungsentscheidung über die bedingten Zulassungen nicht erfüllt sind, obwohl der hierfür vorgesehene Zeitrahmen bereits überschritten war.

Die Fragen, die sich stellen, sind:

1. Wie war es bei solcher Lückenhaftigkeit der Unterlagen möglich, die einwandfreie Qualität eines Arzneimittels festzustellen?
2. Wie war es bei solcher Lückenhaftigkeit der Unterlagen möglich, ein positives Nutzen-Risiko-Verhältnis festzustellen?
3. Konnte der CHMP rechtmäßig eine bedingte Zulassung empfehlen und die EU-Kommission eine Zulassung aussprechen, wenn insgesamt noch 52 (!) Punkte bei *Comirnaty*® und 130 (!) Punkte bei *Spikevax*® für die zukünftige Qualitätssicherung umgesetzt werden mussten?
4. Konnte der CHMP rechtmäßig eine Verlängerung der bedingten Zulassung empfehlen und die EU-Kommission eine Zulassung aussprechen, wenn zahlreiche Besondere Bedingungen und Empfehlungen auch zum Zeitpunkt der Verlängerungsentscheidung noch nicht erfüllt waren?

5. Lagen die geforderten Unterlagen zum Zeitpunkt der Umwandlung der bedingten in reguläre Zulassungen tatsächlich vor?

## FAZIT ZU DEN QUALITÄTSUNTERLAGEN

Es kann daher Folgendes zu den Qualitätsunterlagen festgehalten werden:

1. Es wurden sehr lückenhafte Unterlagen eingereicht, die weder die Charakterisierung des Wirkstoffs noch die Charakterisierung des Fertigprodukts erlauben.
2. Es wurden sehr lückenhafte Unterlagen zu den Spezifikationen des Wirkstoffs und des Fertigprodukts eingereicht, Analyse- und Kontrollmethoden erlaubten die eindeutige Charakterisierung nicht.
3. Eine konsistente Herstellung in gleichbleibender Qualität ist zum Zeitpunkt der Zulassungserteilung nicht sichergestellt, weil auch die Charakterisierung und Prüfung dessen, was hergestellt werden soll, noch nicht möglich ist.
4. Die an die zum Nachweis der ordnungsgemäßen Qualität zu stellenden Anforderungen sind bei der Einreichung nicht erfüllt.
5. Die hierauf bezogenen Besonderen Bedingungen sind zum Fristablauf nicht erfüllt.
6. Die Verordnung Nr. 726/2004 knüpft sowohl an die Nichterfüllung der in bedingten Zulassungen angeordneten Besonderen Bedingungen in Art. 20a als auch an die Unvollständigkeit der Unterlagen zum Nachweis der Qualität in Art. 12 Abs. 1 rechtliche Konsequenzen in Form der Aussetzung, Änderung, Rücknahme oder des Widerrufs der Zulassungen an:

Art. 20a sieht eine Entscheidung der Kommission über die Änderung, Aussetzung oder den Widerruf der Zulassung vor für den Fall, dass der Zulassungsinhaber einer bedingten Zulassung den in der

Zulassung festgelegten Verpflichtungen nicht nachgekommen ist. Kommt der CHMP zu diesem Schluss, dass der Zulassungsinhaber seine Verpflichtungen nicht erfüllt hat, muss die Kommission hiervon durch die EMA in Kenntnis gesetzt werden, damit sie nach dem in der Verordnung vorgesehenen Entscheidungsverfahren – nach Erstellung eines Beurteilungsberichts durch den CHMP – eine entsprechende Entscheidung zur Änderung, Aussetzung oder zum Widerruf der Zulassung erlassen kann.

Eine bedingte Zulassung kann nach Art. 14-a Abs. 3 der VO Nr. 726/2004/EG nur dann erteilt werden, wenn der Antragsteller »aller Wahrscheinlichkeit in der Lage sein wird, umfassende Daten bereit zu stellen« und die Unterlagen so beschaffen sind, dass sie eine positive Nutzen-Risiko-Abwägung ermöglichen.

Aufgrund der erheblichen Verzögerung bei der Vorlage wesentlicher Unterlagen hätten die bedingten Zulassungen zumindest ausgesetzt werden müssen, bis vollständige Erkenntnisse vorlagen.

Die erhebliche Verzögerung bei der Vorlage wesentlicher Unterlagen, ohne die eine Charakterisierung von Wirkstoff und Fertigprodukt und ebenso auch eine in der Qualität konsistente Herstellung nicht möglich ist, macht eine valide Nutzen-Risiko-Abwägung unmöglich. Zudem drängt sich der Schluss auf, dass der Zulassungsinhaber nicht in der Lage sein könnte, die erforderlichen Unterlagen innerhalb angemessener Zeit zur Verfügung zu stellen.

Hält der Zulassungsinhaber zudem die Fristen zur Vorlage der Unterlagen nicht ein, ist die Kommission in der Verpflichtung, die Zulassung zumindest auszusetzen, bis die Unterlagen eingereicht und von der EMA bewertet wurden, wenn nicht sogar die Zulassung vollends zu widerrufen und den Zulassungsinhaber auf eine erneute Einreichung eines Zulassungsantrags zu verweisen.

Art. 12 Abs. 1 regelt ausdrücklich, dass die Zulassung versagt wird,

wenn sich nach Prüfung der gemäß Artikel 6 vorgelegten Angaben und Unterlagen ergibt, dass der Antragsteller die Qualität, die Sicherheit oder die Wirksamkeit des Arzneimittels nicht angemessen oder ausreichend nachgewiesen hat.

Abgesehen von der Frage, ob bei der oben festgestellten Lückenhaftigkeit der Unterlagen überhaupt eine bedingte Zulassung hätte erteilt werden dürfen, steht jedenfalls fest, dass die Unterlagen zum Nachweis der einwandfreien Qualität und zum Nachweis der konsistenten Herstellung in einwandfreier Qualität sehr lückenhaft und unvollständig waren (und gegebenenfalls noch sind).

Ergänzend zu den Regelungen der VO 726/2004 kommen die einschlägigen Vorschriften des Gemeinschaftskodex zur Anwendung, die die Verpflichtungen der Mitgliedstaaten regeln und entsprechend auf die Kommission als zuständige Behörde anzuwenden sind. Art. 116 des Gemeinschaftskodex regelt, dass eine Zulassung ausgesetzt, geändert oder zurückgenommen wird, wenn

- das Arzneimittel nicht die angegebene quantitative und qualitative Zusammensetzung aufweist (Art. 116 Abs. 1 S. 1) oder
- wenn sich herausstellt, dass die den Antrag stützenden Angaben gemäß den Artikeln 8, 10, 10a, 10b, 10c oder 11 unrichtig sind.

Unrichtig sind die Unterlagen letztlich auch, wenn

a. sie unvollständig sind, weil sie nicht das vollumfängliche Bild über die Qualität des Wirkstoffs beziehungsweise Fertigarzneimittels ermöglichen;
b. sie nicht gemäß Artikel 16 Abs. 1 der VO 726/2004 G hinsichtlich Herstellungs- und Kontrollmethoden an den Stand der Wissenschaft und Technik angepasst wurden,
c. wenn die in Artikel 112 vorgesehenen Kontrollen nicht durchgeführt wurden,
d. wenn die Herstellung des Arzneimittels nicht gemäß den Zulassungsunterlagen erfolgt oder
e. wenn die Kontrollen nicht entsprechend den in den Zulassungsunterlagen beschriebenen Kontrollmethoden durchgeführt werden.

Die Vorschriften des europäischen Arzneimittelrechts verlangen die Versagung der Zulassung, wenn Qualität, Sicherheit oder Wirksamkeit des Arzneimittels nicht angemessen oder ausreichend nachgewiesen wurden.

Im Hinblick auf eine Rücknahme beziehungsweise Aussetzung der Zulassung wegen Nichtbeachtung der ausgesprochenen Empfehlungen – die von den besonderen Bedingungen zu unterscheiden sind - kam insbesondere die Regelung oben zu (b) in Betracht. Es ist davon auszugehen, dass die Empfehlungen der EMA den zu berücksichtigenden Stand der Wissenschaft und Technik widerspiegeln, sodass eine Nichtbeachtung der Empfehlungen einen Verstoß gegen die Verpflichtung aus Art. 16 (1) der VO 726/2004 darstellt und in der Konsequenz eine Aussetzung beziehungsweise Rücknahme der Zulassung zur Sicherstellung des Schutzes der Gesundheit der »impfwilligen« Menschen hätte nach sich ziehen müssen.

## PFLICHT ZUM TÄTIGWERDEN AUCH FÜR DEUTSCHE ÜBERWACHUNGSBEHÖRDEN IM FALLE VON *COMIRNATY®*

Im Hinblick auf die von der EU-Kommission erteilte bedingte Zulassung von *Comirnaty®* sind nicht nur die Kommission und die EMA zum Tätigwerden verpflichtet, um die öffentliche und die individuelle Gesundheit der Menschen in der EU sicherzustellen. Für das Gebiet der Bundesrepublik Deutschland übernehmen gemäß Art. 18 der VO 726/2004 auch die Behörden der Mitgliedstaaten, die die Herstellungserlaubnis erteilt haben, die Überwachung der Herstellung zentral zugelassener Arzneimittel.

*Comirnaty®* wird unter anderem in Deutschland hergestellt, und deutsche Überwachungsbehörden haben die Herstellungserlaubnisse erteilt (Landesamt für Soziales, Jugend und Versorgung Rheinland-Pfalz in Mainz, Abteilung 5, und ggf. das Regierungspräsidium Darmstadt, jetzt seit dem 1.1.2023 das Hessische Landesamt für

Gesundheit und Pflege (HLfGP)) falls auch im Betrieb in Marburg eine Herstellung erfolgt. Dort erfolgt zumindest die Herstellung des Wirkstoffes, der modRNA.). Sie führen die Überwachung ebenfalls für die Europäische Union aus (Art. 19 Abs. 1 der VO 726/2004G). Wenn die Überwachungsbehörden Kenntnis von Tatsachen bekommen, aus denen sich ergibt, dass ein Arzneimittel nicht nach dem aktuellen Stand der Wissenschaft und Technik hergestellt und kontrolliert wird und hierdurch auch die einwandfreie Qualität des Arzneimittels nicht sichergestellt werden kann, sind sie auf Basis der vorgenannten Regelungen im Rahmen der §§64 ff AMG zum Einschreiten verpflichtet. Die Überwachungsbehörde ist verpflichtet, sich davon zu überzeugen, dass die Vorschriften über Arzneimittel, Wirkstoffe und andere zur Arzneimittelherstellung bestimmte Stoffe […] beachtet werden. Sie hat dafür auf der Grundlage eines Überwachungssystems unter besonderer Berücksichtigung möglicher Risiken in angemessenen Zeitabständen und in angemessenem Umfang sowie erforderlichenfalls auch unangemeldet Inspektionen vorzunehmen und wirksame Folgemaßnahmen festzulegen. Sie hat auch Arzneimittelproben amtlich untersuchen zu lassen. Unangemeldete Inspektionen sind insbesondere erforderlich […]
2. bei Hinweis auf schwerwiegende Mängel von Arzneimitteln oder Wirkstoffen«, §64 Abs. 3 AMG.

Auch deutsche Landesüberwachungsbehörden und das PEI sind verpflichtet, für die Sicherheit der Bevölkerung in Bezug auf die Arzneimittelversorgung zu sorgen.

Ergibt sich aus der (unangemeldeten) Inspektion, dass der Zulassungsinhaber seine Verpflichtungen im Rahmen der Herstellung und Kontrolle des Arzneimittels nicht gemäß Zulassungsbescheid erfüllt, besteht für die deutschen Behörden die Möglichkeit, an die Kommission und den CHMP heranzutreten (Art. 20 Abs. 1 der VO 726/2004). Dem Mitgliedstaat wird mit der Regelung des Art.

20 Abs. 4 der VO Nr. 726/2004 auch die Möglichkeit eingeräumt, unmittelbar selbst die Zulassung auszusetzen, wenn er dies zum Schutz der öffentlichen Gesundheit in dem betreffenden Mitgliedstaat für erforderlich hält. In diesem Fall besteht die Verpflichtung des Mitgliedstaates, spätestens am nächsten Arbeitstag zwingend die Kommission und die EMA in Kenntnis zu setzen, damit die Kommission ein Gutachten der EMA, des CHMP, anfordern kann. Die Verpflichtung zum Einschreiten der deutschen Behörde ergibt sich aus § 30 AMG im Zusammenspiel mit der VO 726/2004 aus mehreren Gründen. Zum einen wegen

- der offensichtlichen Lückenhaftigkeit der Qualitätsunterlagen und damit des Fehlens des Nachweises des Zulassungserfordernisses der einwandfreien Qualität,
- der Unmöglichkeit der Vornahme einer Nutzen-Risiko-Abwägung wegen fehlender Kenntnisse über die Charakterisierung des Wirkstoffs und des Fertigarzneimittels,
- Nichterfüllung der für die Erteilung der bedingten Zulassung gesetzten Bedingungen SO 1 und SO 2 und
- zwischenzeitlich gewonnener Erkenntnisse über
- chargenspezifisch erhebliche Unterschiede in Nebenwirkungsmeldungen sowie
- Feststellung von DNA-Verunreinigungen mit Plasmid-DNA.

## 4 ERKENNTNISSE ZUR PRÄKLINIK (TOXIKOLOGIE)

Abgesehen von einem unvollständigen Nachweis des Vorliegens einer ordnungsgemäßen Qualität, stellt sich auch die Frage, ob die präklinischen Daten nicht nur für das Fertigprodukt, sondern auch für die neuartigen Hilfsstoffe umfangreich genug sind, um die Schlussfolgerung zuzulassen, dass sowohl die neuartigen Hilfs- und Wirkstoffe als auch damit in Verbindung das Fertigprodukt »unbedenklich« sind.

Wie bereits in Teil II, Kapitel 6 ausgeführt, sind die Anforderungen an präklinische Untersuchungen für Impfstoffe erheblich geringer als die Anforderung an präklinische Untersuchungen für Gentherapeutika.

## 4.1 GEMÄß EPARS NICHT DURCHGEFÜHRTE PRÄKLINISCHE STUDIEN

Wie bereits dargestellt werden die COVID-19-Injektionen durch die EMA aufgrund juristischer Fiktion als »Impfstoffe für Viruskrankheiten« klassifiziert, statt korrekterweise als Gentherapeutika. Diese Einordnung verstößt gegen den Grundsatz der Klassifikation nach der Funktion und Wirkweise und führt zu erheblichen Erleichterungen im Hinblick auf die für den Nachweis der Unbedenklichkeit geforderten Unterlagen.

Es kommt zu erheblichen Erleichterungen, die sich aus der Anwendung der Regelungen für klassische »Impfstoffe« ergeben, obwohl die COVID-19-Injektionen – wie in Teil II, Kapitel 1 ausgeführt – die Definition des klassischen Impfstoffs nicht erfüllen. Diese Erleichterungen betreffen insbesondere die Studien, die für Gentherapeutika von Gesetzes wegen unverzichtbar sind.

Aufgrund der Klassifikation als Impfstoff statt Gentherapeutikum kommt es zu erheblichen Erleichterungen bei den geforderten Unterlagen. Zahlreiche essentielle Studien werden nicht verlangt.

Es gibt keine Studien
— zur sekundären Pharmakodynamik,
— zur Sicherheitspharmakologie,
— zu pharmakodynamischen Arzneimittel-Interaktionen (EPAR für *Comirnaty*® S. 43; EPAR für *Spikevax*® S. 43),

- zur Genotoxizität des Fertigproduktes (im EPAR für *Comirnaty®* wurde dies auf S. 50 bestätigt, für *Spikevax®* (MRNA 1273) auf S. 44),
- zur Karzinogenität (im EPAR für *Comirnaty®* wurde dies auf S. 55 bestätigt, für *Spikevax®* auf S. 50).

Des Weiteren werden für *Comirnaty®* keine separaten Studien zur Genotoxizität der LNP ALC-0315 und ALC-0159 auf den Körper durchgeführt. Aus dem EPAR S. 50 ergibt sich, dass *BioNTech/Pfizer* lediglich das Ergebnis einer Literaturrecherche vorgelegt haben mit dem Fazit, dass die Risikobeurteilung durch *BioNTech* aufgrund Literaturdaten ein sehr geringes genotoxisches Risiko ergeben hätte.[93]

Aus der Auflistung der von *Moderna* für *Spikevax®* eingereichten präklinischen Studien ergibt sich, dass zwar 2 Genotoxizitätsstudien für den LNP SM-102 eingereicht wurden, die weiteren Genotoxizitäts- und Toxizitätsstudien betreffen jedoch nicht die in *Spikevax®* verwendete mRNA-1273.[94]

Ganz wesentlich ist insbesondere im Hinblick auf die als Risikogruppen definierten hochaltrigen Menschen und Menschen mit Vorerkrankungen, die den Prioritätsgruppen 1 bis 4 für die Verabreichung der Injektion angehörten und vorrangig die Injektionen erhielten, dass keine Studien zu Wechselwirkungen mit anderen Arzneimitteln durchgeführt wurden. In den Produktinformationen von *Comirnaty®* und *Spikevax®* wird bis heute unter 4.5 darüber informiert, dass keine Studien zu Wechselwirkungen durchgeführt wurden.

Wie stehen die Verantwortlichen für die Formulierung von Impfempfehlungen dazu?

## 4.2 VERTEILUNG DER INJEKTION IM KÖRPER

Von Beginn der Kampagne an wurde die Information vermittelt, dass die modRNA an der Injektionsstelle verbleibt und dort die Immunreaktion auslöst.

## ERLÄUTERUNGEN AUF DER WEBSITE VON *BIONTECH*

Noch im Juli 2023 informiert *BioNTech* an dominanter Stelle auf seiner Website unter der Überschrift »Der Wirkort von mRNA-Impfstoffen«: »COVID-19-mRNA-Impfstoffe werden in den Muskel injiziert. Dort lösen sie die Immunantwort aus.«[95]

Einige Abschnitte weiter unten räumt *BioNTech* zwar ein, dass bei Injektionen in den Muskel die modRNA auch in die Leber gelangt, es würden aber »auch im Muskelgewebe [...] zahlreiche Zellen zur Proteinproduktion angeregt. Die Produktion hält hier deutlich länger an als in der Leber, nämlich bis zu einer Woche statt nur 2 Tage.«[96]

BioNTech: »COVID-19-mRNA-Impfstoffe werden in den Muskel injiziert. Dort lösen sie die Immunantwort aus.« Es wird nicht darüber informiert, dass sich die LNP im Körper verteilen.

Weiterhin erläutert *BioNTech*:

> »Studien ergaben, dass in den Muskel verabreichte mRNA-Impfstoffe das angeborene Immunsystem an der Injektionsstelle aktivieren. Das erworbene Immunsystem reagiert zusätzlich an den nächstgelegenen Lymphknoten und löst dadurch die Immunantwort im gesamten Körper aus. Wird der Impfstoff also beispielsweise in den rechten Oberarm verabreicht, sind vor allem die Lymphknoten an der rechten Achsel beteiligt. Dort werden die Immunzellen über die körperfremden Proteine informiert, verteilen sich über die Lymph- und Blutgefäße und gewährleisten so die Immunabwehr im gesamten Körper.«[97]

Bezüglich der Aussagen verweist *BioNTech* auf eine von der *Bill & Melinda Gates Foundation* geförderte Studie der University of Pennsylvania, an der Drew Weissman und Katalin Karikó sowie eine Mitarbeiterin von *Acuitas Inc.* – dem LNP-Hersteller für *Comirnaty*® – beteiligt waren.[98]

Es wird mit den Aussagen der Eindruck erweckt, als würden die Lymphknoten, die die Injektionsstelle umgeben, deshalb aktiviert, weil auch dort das Immunsystem reagiere, da »[d]ort [...] die Immunzellen über die körperfremden Proteine informiert« werden. Dagegen wird nicht ausdrücklich darüber informiert, dass die LNP sich im Körper verteilen.

## TREFFEN VON UĞUR ŞAHIN MIT DEM BIOTECH-UNTERNEHMEN *POLYMUN*, ÖSTERREICH

Aus einem Artikel der österreichischen Zeitung *Die Presse* vom 2. September 2020 ergibt sich ein anderes Bild. Die österreichische Firma *Polymun* arbeitet als Hersteller für Lipidnanopartikel (LNP) seit 2018 mit *BioNTech* zusammen. Seit Februar 2020 konzentrieren sie ihre Zusammenarbeit in Bezug auf *Comirnaty®*. Anlässlich eines Treffens der Kooperationspartner *Polymun*, *BioNTech* und *Pfizer* mit der österreichischen Zeitung *Die Presse* wird Uğur Şahin mit den Worten zitiert:

> »Für den Covid-19-Kandidatimpfstoff haben wir Lipid-Nanopartikel gewählt, die eine Wanderung aus den Muskelzellen in Lymphknoten begünstigt. Dendritische [Antigen-präsentierende; Anm. d. A.] Zellen präsentieren dann das entstandene S-Protein dem Immunsystem.«[99]

Weiter lernt der Leser des Artikels, dass das Verhalten der LNPs – und damit ihre Verteilung im Körper – davon abhängt, wie sie an der Oberfläche konstruiert sind, womit in der Konsequenz ihr Wirkort steuerbar ist.

## PRÄKLINISCHE STUDIE VON *BIONTECH/PFIZER* AN WISTAR-HAN-RATTEN

Aus der von *BioNTech/Pfizer* durchgeführten Studie mit LNP ALC-0315 und ALC-0159 an Wistar-Han-Ratten lässt sich eine andere Verteilung der LNP und damit auch der modRNA im Körper vermuten. Im Rahmen der durch ein amerikanisches Anwaltsteam erreichten Offenlegung der Zulassungsunterlagen für *Comirnaty*® zum Erhalt der Notfallzulassung in den USA wurden Anfang März 2022 auch die Unterlagen über eine präklinische Studie von *Pfizer* über die Verteilung des Wirkstoffs im Körper offengelegt. Es handelt sich um die Ergebnisse der Studie »A Tissue Distribution Study of a [3H]-Labelled Lipid Nanoparticle-mRNA Formulation Containing ALC-0315 and ALC-0159 Following Intramuscular Administration in Wistar Han Rats«[100]. (Eine Studie zur Verteilung einer [3H]-markierten Lipid-Nanopartikel-mRNA-Formulierung mit ALC-0315 und ALC-0159 nach intramuskulärer Verabreichung bei Wistar-Han-Ratten im Gewebe).

3H, auch Tritium genannt, ist ein radioaktiver Betastrahler, mit dem die LNP markiert wurden.

Diese Studie wurde wie folgt durchgeführt: Wistar-Han-Ratten (21 männliche und 21 weibliche) erhielten jeweils eine intramuskuläre Einzeldosis von [3H]-08-A01-C01 bei einer Ziel-mRNA-Gesamtdosis von 50 µg/Tier. Blut- und Gewebeproben wurden 15 Minuten, 1, 2, 4, 8, 24 und 48 Stunden nach der Dosis entnommen (drei Tiere je Geschlecht je Zeitpunkt).

Folgende Ergebnisse erbrachte die Studie:

- In den meisten Geweben, nicht nur an der Injektionsstelle, wurden Radioaktivitätswerte festgestellt, beispielsweise im Gewebe von Herz, Gehirn, Prostata, Eierstöcken, Nieren, Blase, Lymphknoten, Dünndarm, Rückenmark.
- Im Plasma wurden die höchsten Konzentrationen 1–4 Stunden nach der Verabreichung beobachtet.

- Über 48 Stunden verteilte sich die Radioaktivität hauptsächlich auf Leber, Nebennieren, Milz und Eierstöcke. Dabei waren die Werte in diesen Geweben kontinuierlich bis zum letzten Messzeitpunkt 48 Stunden nach Verabreichung angestiegen. Was nach diesem Messzeitpunkt passiert, ob die Werte weiter ansteigen oder abfallen, ist mangels weiterer Messung unbekannt.[101]

—

SCHLUSSFOLGERUNG: Dass die modRNA nicht an der Injektionsstelle verbleibt, war schon bei Einreichung der Zulassungsunterlagen bekannt. Wie sich aus dem Beurteilungsbericht der EMA zu *Comirnaty*® auf S. 47 ergibt, war der EMA diese Studie ebenfalls vorgelegt worden. Trotz der daraus ersichtlichen Verteilung in zahlreichen Organen sah die EMA keine Veranlassung für weitere Klärung, und trotz dieses Ergebnisses wurde seitens der offiziellen Verlautbarungen erklärt, dass der Wirkstoff an der Injektionsstelle verbleibt.

Dass die modRNA nicht an der Injektionsstelle verbleibt, war schon bei Einreichung aus den Zulassungsunterlagen bekannt. Trotzdem wurde die Öffentlichkeit informiert, der Wirkstoff verbleibe an der Injektionsstelle.

## LNP KÖNNEN VERMUTLICH ENTZÜNDUNGSREAKTIONEN IM KÖRPER AUSLÖSEN

Weiterhin ergibt sich aus Veröffentlichungen, dass beispielsweise die inflammatorischen Eigenschaften der in den mRNA-Injektionen verwendeten LNP noch nicht erforscht sind.[102]

In einer Veröffentlichung eines Studienteams der Thomas Jefferson University, Philadelphia, wird ausgeführt, dass die in den Injektionen verwendeten LNPs hochinflammatorisch wirken und für die vielfach nach Verabreichung der Impfungen beobachteten entzündlichen Erscheinungen verantwortlich sein könnten. Im

Rahmen dieser Studie an Mäusen kam es bei intranasaler Gabe der Lipidnanopartikel zu 80 % Todesfällen und zu schweren Entzündungserscheinungen.[103]

Auch wenn die oben zitierten Veröffentlichungen aus dem Zeitraum nach Inverkehrbringen und damit nach Erteilung der bedingten Zulassungen für die mRNA-Injektionen liegen, war die Tatsache, dass insbesondere kationische LNPs zu zahlreichen toxischen Wirkungen einschließlich Entzündungsreaktionen im Körper führen können, bereits vor Erteilung der Zulassungen in der Literatur und auch in der US-Patentanmeldung von *BioNTech* und der Universität Mainz von 2013 (heute US Patent »10,485,884B2 – RNA Formulation for Immunotherapy«) erwähnt worden.[104]

Aus der Literatur war zudem zum Zeitpunkt der Zulassungserteilung bekannt, dass eine hohe Zahl an Nanopartikeln im Körper den Eintritt der Nanopartikel in das Blutsystem und damit das Körpersystem ermöglicht. Akkumulation von Nanopartikeln in den betroffenen Körpergeweben – wie beispielsweise Nieren, Leber, Herz, Gehirn, Verdauungstrakt, Lungen – kann Entzündungen und Immunreaktionen hervorrufen, die selbst wiederum Auslöser für Zelltod (Apoptose), Dysfunktion wesentlicher Organe und zahlreiche Erkrankungen wie Alzheimer, Parkinson, Hepatitis, aber auch für Erbgutveränderungen sein können.[105] (s. auch die Ausführungen hierzu in Kapitel 3.4)

Wie immens die Anzahl der LNP ist, die mit den Injektionen in den Körper eingebracht werden, hat kürzlich Prof. Jean-Michel Claverie, Professor für Genomik und Bioinformatik an der Medizinischen Fakultät der Universität Aix-Marseille, Direktor des Mittelmeerinstituts für Mikrobiologie und Leiter des Labors für Struktur- und Genominformation, einer Abteilung

Mit jeder Dosis *Comirnaty*® (30 µg Wirkstoff) werden dem Körper ca. 13,5 Billionen modRNA-Moleküle zugeführt.

Mit jeder Dosis *Spikevax*® (100 µg Wirkstoff) werden dem Körper ca. 46,7 Billionen modRNA-Moleküle zugeführt.

des französischen Nationalen Forschungszentrums (CNRS), berechnet.[106] Er errechnete folgende Zahlen:

- *Comirnaty*®: 13,5 Billionen (13,5 x 10 ^12) modRNA-Moleküle pro Spritze bei einer Dosis von 30 µg,
- *Spikevax*®: 46,7 Billionen pro Spritze bei einer Dosis von 100 µg.

Im Vergleich dazu: Die Anzahl der Körperzellen des Menschen beträgt ca. 30–40 Billionen!

Trotz der schon zum Zeitpunkt der Zulassungserteilung recherchierbaren Erkenntnisse über die Toxizität von LNPs werden in beiden Beurteilungsberichten die Schlussfolgerungen gezogen, dass auf Studien zur sekundären Pharmakodynamik, Sicherheitspharmakologie und Wechselwirkungen, zur Genotoxizität und Karzinogenität verzichtet werden kann (s. Ausführungen unter 4.1).

## 4.3 FEHLBILDUNGEN VON FÖTEN BEI RATTEN UND KEINE REPRODUKTIONSTOXIKOLOGISCHEN UNTERSUCHUNGEN ZU AUSWIRKUNGEN AUF DIE MÄNNLICHE ZEUGUNGSFÄHIGKEIT

Studien zur Reproduktionstoxizität müssen grundsätzlich präklinisch bei Tieren durchgeführt werden, bevor eine Verabreichung an Menschen vorgenommen wird. Zu untersuchen sind in diesen Studien die Auswirkungen auf die Fertilität bei Frauen und die Zeugungsfähigkeit bei Männern. Dabei verlangen die grundsätzlichen Anforderungen die Durchführung der Untersuchungen an 2 unterschiedlichen Spezies bei männlichen und weiblichen Tieren. Gegenstand dieser Untersuchungen sind die Auswirkungen der Verabreichung des betreffenden Arzneimittels beispielsweise auf die Spermienproduktion und -gesundheit, auf die Tätigkeit der Ovarien, Gesundheit der Eizellen und die gesunde Entwicklung der befruchteten Eizellen.

Studien an Ratten zeigen Fehlbildungen von Babys injizierter Mütter.

*Moderna* und *BioNTech/Pfizer* haben je eine Studie an weiblichen Ratten zur Reproduktionstoxikologie durchgeführt. Das Studiendesign umfasste die Impfung weiblicher Tiere, die dann mit ungeimpften männlichen Tieren gepaart wurden. Studien zur männlichen Zeugungsfähigkeit nach Injektion wurden nicht durchgeführt.[107]

Die *Moderna*-Studie zeigt, dass die Babys injizierter Mütter ein statistisch signifikant erhöhtes Risiko von Fehlbildungen des Skeletts haben. Die Fehlbildung betrifft insbesondere die Rippen: Es wurden Babys mit zusätzlichen Rippen oder gewellten Rippen geboren.[108]

Trotz dieser Auffälligkeit wird im EPAR die Schlussfolgerung gezogen, dass dieses Risiko beim Menschen nicht bestehe.

Es wurden keine Tierversuche zu den Auswirkungen der Injektion auf die männliche Zeugungsfähigkeit durchgeführt.

Warum wurde die Öffentlichkeit über diese Ergebnisse in Tierversuchen nicht informiert?

Gleiche Ergebnisse – wenn auch versteckt ausschließlich in den Tabellen – zeigen sich in der Studie von *Pfizer*. Die Veröffentlichung von *Pfizer*- und *BioNTech*-Mitarbeitern sowie deren Vertragspartner weist zwar in der Überschrift das gegenteilige Ergebnis aus. Aus der in der Publikation veröffentlichten Tabelle 4 ergibt sich jedoch, dass 8,3 % der Föten in der *Comirnaty*-Gruppe zusätzliche Rippen entwickelten im Gegensatz zu 2,1 % in der Kontrollgruppe.[109]

In ihrer Patentanmeldung der COVID-19-Injektion (PCT/EP2021/060004[110]) führen *BioNTech/Pfizer* zu den Ergebnissen ihrer Studie zur Reproduktionstoxizität aus:

> »SARS-CoV-2-neutralisierende Antikörpertiter wurden bei der Mehrzahl der Weibchen kurz vor der Paarung (M-14), bei den meisten Weibchen und Föten am Ende der Trächtigkeit (GD21) und bei den meisten Nachkommen am Ende der Laktation gefunden (PND21). Nach jeder Dosis kam es vorübergehend zu einer verringerten Körpergewichtszunahme

> und Nahrungsaufnahme. Es wurden keine Auswirkungen auf den Brunstzyklus oder den Fruchtbarkeitsindex beobachtet. Während der Präimplantationsverlust (im Vergleich zur Kontrolle) zunahm (~2x), lag der in der geimpften Gruppe beobachtete Prozentsatz des Präimplantationsverlusts innerhalb des historischen Kontrolldatenbereichs (5,1 %–11,5 %). Bei den Föten (von insgesamt n = 21 Muttertieren/Würfen) kam es in sehr geringem Maße zu Gastroschisis, Mund-/Kieferfehlbildungen, rechtsseitigem Aortenbogen und/oder Anomalien der Halswirbel. Bezüglich der Skelettbefunde hatte die exponierte Gruppe mit der Kontrollgruppe vergleichbare Werte an präsakralen Wirbelbögen, überzähligen Lendenrippen, überzähligen kurzen Lendenrippen und einer Anzahl von Schwanzwirbeln < 5.«[111]

Über diese Anomalien wurde die Öffentlichkeit bis heute nicht informiert! Stattdessen wurde propagiert, die Injektion sei für Schwangere geeignet.

## 4.4 WAS IST DAS BESONDERE AN DEM ANTIGEN »SPIKE-PROTEIN«?

Das für sämtliche genbasierten COVID-19-Injektionen als Antigen gewählte Element des SARS-CoV-2-Virus ist sein »Spike-Protein«. Sowohl modRNA- als auch Vektor-basierte Injektionen verwenden die Kodierung des Spike-Proteins, um dieses Antigen von den Körperzellen herstellen zu lassen und als Antigen dem Immunsystem zu präsentieren. Für die Wirkung der Injektionen auf den Körper sind daher auch die Eigenschaften der dann vom Körper zwangsweise gebildeten Spike-Proteine von wesentlicher Bedeutung.

## WIRKUNG DES »NATÜRLICHEN« SPIKE-PROTEINS DES CORONAVIRUS

Was war zum Zeitpunkt der Konzeption der genbasierten COVID-19-Injektionen über das Spike-Protein des Coronavirus bekannt?

Ist es das »harmlose« Virusfragment, wie *BioNTech* dies auf seiner Website zumindest bis zum 16. März 2023 darstellte?[112] Zwischenzeitlich hat *BioNTech* seine Ausführungen etwas abgeändert und spricht nicht mehr vom Bauplan eines »harmlosen« Virusfragments, sondern eines »nicht-infektiösen« Virusfragments.[113]

Bereits anlässlich des Ausbruchs der Epidemie von SARS-CoV-1 2002/2003 hatten Wissenschaftler herausgefunden, dass dieses an ACE2 bindet und über ACE2 in die Körperzellen eindringt.[114] ACE2 ist ein Enzym, das sich in der Membran von Körperzellen befindet und dem zahlreiche wesentliche physiologische Funktionen zukommen, so beispielsweise die Regulation des Blutdrucks[115] und die Aufnahme von Aminosäuren aus der Nahrung. ACE2 wird nahezu überall im Körper gebildet, besonders in Herz, Lunge, Nieren, dem Endothel[116], dem Magen-Darm-Trakt, den Testosteron-produzierenden Leydig-Zellen der Hoden[117], aber auch in endokrinen Organen wie Schilddrüse, Bauchspeicheldrüse und den Endothelzellen[118].

Bestätigt wird diese Erkenntnis zur ACE2-Affinität des Spike-Proteins durch eine im September 2020 im *Journal of Hematological Oncology* veröffentlichte Studie, die zu dem Schluss kommt, dass aufgrund der Bindung des Spike-Proteins an ACE2 eine Thrombozytenaktivierung stattfindet. Diese wiederum könne zu Thrombosen und Entzündungsreaktionen führen.

Die Hemmung von ACE2 geschieht durch die Bindung des Spike-Proteins von SARS-CoV-2 an das ACE2.[119] Das Spike-Protein von SARS-CoV-2 wirkt daher auf ACE2 ähnlich wie medikamentöse ACE-Hemmer auf ACE.[120]

Die Bindung des Spike-Proteins an menschliches ACE2, mit der die Gefahr von Thrombosenbildung und Entzündungsreaktionen verbunden ist, war zum Zeitpunkt der Zulassungserteilung bekannt.

ACE2 übernimmt wesentliche körperschützende Aufgaben im Körper[121]: Es baut das gewebeschädigende Angiotensin II zum gewebeschützenden Ang(1–7) um;

Im Darm übernimmt ACE2 eine Funktion bei der Aufnahme von Aminosäuren aus der Nahrung. Mäuse, denen ACE2 fehlt, entwickeln deshalb ein partielles Aminosäuredefizit.

Wie können Verantwortliche die Injektion für Schwangere und Stillende empfehlen, wenn bekannt ist, dass durch die Bindung des Spike-Proteins ein so wesentliches Enzym blockiert wird?

Wenn bereits die Menge an Spike-Proteinen, die im Rahmen einer natürlichen Infektion ins Blut gelangt, derartige Auswirkungen haben kann – um wie viel höher ist die Gefahr entsprechender Schäden, wenn das Spike-Protein billionenfach unkontrolliert im Körper gebildet wird und aufgrund der Injektion leicht in den Blutkreislauf gelangen kann? (Zur Erinnerung, s. Kapitel 4.2: Es werden 13,5 Billionen modRNA-Moleküle pro Spritze bei *Comirnatyâ* (Dosis von 30 µg) und 46,7 Billionen modRNA-Moleküle pro Spritze *Spikevaxâ* verabreicht.)

Das Spike-Protein führt zu Zellfusion und Gewebeschäden!

Bereits im Februar 2021 veröffentlichte Prof. Cichutek mit anderen Autoren in dem Beitrag »Quantitative assays reveal cell fusion at minimal levels of SARS-CoV-2 spike protein and fusion from without«[122] folgende – unwidersprochene – Erkenntnis, die auch entsprechend auf der Website des PEI im Rahmen einer Pressemitteilung veröffentlicht wurde:

> »Wichtige Erkenntnis: Das SARS-CoV-2-Spike-Protein ist enorm fusionsaktiv: Selbst geringste, kaum mehr nachweisbare Mengen des Spike-Proteins auf der Zelloberfläche reichen aus, um die Zellfusion und somit den Zelltod einzuleiten. Doch das Spike-Protein

»Das SARS-CoV-2-Spike-Protein ist enorm fusionsaktiv: Selbst geringste, kaum mehr nachweisbare Mengen des Spike-Proteins auf der Zelloberfläche reichen aus, um die Zellfusion und somit den Zelltod einzuleiten.«

> kann noch mehr: Es reicht der Kontakt von Viruspartikeln, welche das SARS-CoV-2-Spike-Protein auf ihrer Oberfläche tragen, mit menschlichen Zellen aus, dass diese miteinander fusionieren. Für die betroffenen Zellen kann die Fusion das Absterben bedeuten. Dieser als ›fusion-from-without‹ bezeichnete Prozess unterstreicht die enorme Membranfusionsaktivität des Spike-Proteins.«[123]

Warum wurde der Ansatz, das Spike-Protein als Antigen zu kodieren, nicht zumindest nach der Erkenntnis des PEI gestoppt?

Wie ist sichergestellt, dass das durch den Bauplan kodierte Spike-Protein genau diese Eigenschaft des »natürlichen« SARS-CoV-2-Spike-Proteins nicht hat?

## 4.5 FÖRDERUNG DER FORSCHUNG AN CORONAVIREN DURCH DAS US-AMERIKANISCHE *NATIONAL INSTITUTE OF HEALTH/WUHAN INSTITUTE OF VIROLOGY*

Am 27. Mai 2014 erhielt *EcoHealth Alliance* vom US-amerikanischen *National Institute of Health* (NIH) eine Förderung in Höhe von 3.086.735 US-Dollar über einen Zeitraum von 5 Jahren für die Forschung unter dem Titel »Understanding the Risk of Bat Coronavirus Emergence« (Das Risiko des Auftretens des Fledermaus-Coronavirus verstehen). Von diesem Betrag erhielt das *Wuhan Institute of Virology* ca. 750.000 US-Dollar.[124]

*EcoHealth Alliance* ist eine Nichtregierungsorganisation in den USA, die sich im Wesentlichen auf die Erforschung neuer Infektionskrankheiten konzentriert, die durch Kontakt zwischen Menschen und Wildtieren entstehen könnten. Ihr Ziel ist unter anderem die Verhinderung von Pandemien. Dabei berät *EcoHealth Alliance* unter anderem die Weltgesundheitsorganisation (WHO) und das Pendant für Tiere, die Weltorganisation für Tiergesundheit (OIE). Zu diesem

Zweck forscht *EcoHealth Alliance* in Kooperation unter anderem mit dem *Wuhan Institute of Virology* an Coronaviren. Zur Erinnerung: Die SARS-CoV-2-Pandemie brach Berichten zufolge in Wuhan aus.

Geleitet wird die *EcoHealth Alliance* von Peter Daszak, einem Experten für Infektionsepidemiologie mit Spezialisierung auf Zoonosen. Der britisch-amerikanische Zoologe forscht bereits seit den frühen 2000er Jahren gemeinsam mit dem chinesischen *Wuhan Institute of Virology* unter anderem an Coronaviren. Im Jahr 2013 veröffentlichte er gemeinsam mit Forschern des dieses Instituts eine Arbeit über die Isolierung und Charakterisierung eines an den ACE2-Rezeptor bindenden Fledermaus-Coronavirus.[125]

In diesem Zusammenhang steht auch die Forschungsarbeit, die ab 2014 vom NIH gefördert wurde. Im Abschnitt »Specific Aim 3 – Testing predictions on CoV-interspecies transmission« (Spezifisches Ziel 3 – Testen von Vorhersagen zur CoV-Übertragung zwischen Arten) des Antrags wurde erläutert, welche Tests durchgeführt werden sollten, um zu testen, ob »ihre« Coronaviren die Fähigkeit hätten, Menschen zu infizieren. Es heißt wörtlich:

> »Die Ergebnisse werden Aufschluss darüber geben, ob Fledermaus-CoVs bekanntes Fledermaus- und Menschen-ACE2, DPP4 oder andere bekannte CoV-Rezeptoren nutzen könnten, um in Zellen zu gelangen, und ermöglichen es uns, kritische Rezeptorbindungsstellen und das virale Wirtsspektrum zu bestimmen, um die Fähigkeit unserer CoVs besser vorherzusagen, Menschen zu infizieren.«[126]

Auf S. 107 des Projektantrags beschreiben die Antragsteller *EcoHealth Alliance/Wuhan Institute of Virology* ihr Vorgehen:

> »Wir werden dies tun, indem wir die Spike-Protein-Gene (oder andere Rezeptor-Bindungs-/Fusions-)Protein-Gene von allen unseren Fledermaus-CoVs sequenzieren und Mutanten schaffen,

> um zu ermitteln, wie stark sich jedes einzelne davon entwickeln müsste, um ACE2, CD26/DPP4 (MERS-CoV-Rezeptor) oder andere potenzielle CoV-Rezeptoren zu verwenden.«[127]

Zum Zweck dieser Testung wurden transgene Mäuse verwendet, die durch genetische Veränderung so gezüchtet worden waren, dass sie den humanen ACE2-Rezeptor besaßen. (Antrag S. 138).

In den Jahresberichten 3 und 4 berichtet *EcoHealth* über den Fortschritt des Projektes im Hinblick auf die zuvor definierten Ziele:

Für den Zeitraum vom 1. Juni 2017 bis 31. Mai 2018 berichtet *EcoHealth* im 3. Jahresbericht, dass sie mithilfe des von ihnen entwickelten Systems genetisch veränderte Viren mit geändertem Spike-Protein konstruiert hätten. Zur Überprüfung, ob diese neu im Labor geschaffenen Coronaviren menschliches ACE2 zur Replikation verwenden – und damit an ACE2 binden –, seien HeLa-Zellen mit diesen konstruierten Coronaviren infiziert worden.[128] (S. 253 des Jahresberichts).

HeLa-Zellen sind isolierte, menschliche Epithelzellen eines Zervixkarzinoms. Sie wurden im Rahmen einer Biopsie einer afroamerikanischen Patientin – Henrietta Lacks (HeLa) – 1951 entnommen und an der Johns Hopkins University so verändert, dass die Zelllinie unsterblich wurde.[129]

Im Rahmen der Testreihe zeigte sich, dass sich die drei im Labor geschaffenen veränderten Coronaviren effizient in solchen Zellen vermehrten, die menschliches ACE2 herstellten.[130] *EcoHealth Alliance* hatte damit in Zusammenarbeit mit dem *Wuhan Institute of Virology* Coronaviren Coronaviren mit veränderten Spike-Proteinen geschaffen, die menschliches ACE2 zur Vermehrung verwenden, damit über einen Rezeptor für menschliches ACE2 verfügen und an menschliches ACE2 binden.

Im 4. Jahr des Projekts im Zeitraum vom 1. Juni 2018 bis 31. Mai 2019 wurden unter anderem mit den bereits oben beschriebenen genetisch veränderten Mäusen, die humanes ACE2 exprimieren,

In-vivo-Studien betrieben. Die Mäuse wurden mit den im Labor konstruierten Coronaviren mit veränderten Spike-Proteinen infiziert. Diese Mäuse wiesen eine hohe Viruslast auf und zeigten einen ca. 20%-igen Gewichtsverlust. Dabei wurde eine unterschiedliche Pathogenität der konstruierten Coronaviren festgestellt.[131]

Dieser Bericht wurde dem NIH in den USA am 16. September 2019 übermittelt. Kommuniziert wurden die Ergebnisse des Projekts entsprechend den Ausführungen in diesem Bericht durch Peter Daszak und den Direktor des Labors in Wuhan unter anderem an die *Defense Advanced Research Projects Agency* (DARPA), *The National Natural Science Foundation of China,* das *Chinese Center for Disease Control and Prevention* und die chinesische Akademie der Wissenschaften.[132]

3 Monate später kam es just in Wuhan zum Ausbruch von Infektionen mit einem neuartigen Coronavirus SARS-CoV-2 ...

## 4.6 WIRKUNG DES INJEKTIONSINDUZIERTEN modRNA-SPIKE-PROTEINS

Aus den obigen Ausführungen ergeben sich zwei Fakten:

— Zum einen wurden durch ein von dem US-amerikanischen *National Institute of Health* finanzierten Forschungsprogramm der *Eco-Health Alliance* in Zusammenarbeit mit dem *Wuhan Institute of Virology* genetisch manipulierte Coronaviren mit verändertem Spike-Protein hergestellt, die an den humanen ACE2-Rezeptor binden und sich in ACE2-exprimierenden Zellen vermehren.
— Zum anderen war bekannt, dass das Spike-Protein wie ein ACE2-Hemmer wirkt, aber auch zur Zellfusion und damit zum Zelltod führen kann.

Dennoch wird von allen Herstellern das Protein-Fragment der Spike-RNA als Grundlage für genbasierte Vakzine gewählt, damit der Körper zur Herstellung des Viren-Spike-Proteins durch die Injektion manipuliert wird.

Es stellt sich die Frage nach dem »WARUM«:

Warum wird für *alle* COVID-19-Injektionen, sei es genbasiert im Sinne eines »Bauplans«, sei es proteinbasiert, das für seine schädlichen Wirkungen bekannte Spike-Protein für die Konditionierung des Immunsystems gewählt?

Allerdings nehmen die Hersteller neben den bereits in diesem Teil in Kapitel 3.3 beschriebenen Modifikationen weitere Modifikationen am Bauplan des Spike-Proteins vor, um diese schädlichen Wirkungen des injektionsinduzierten Spike-Proteins möglichst zu verhindern.

> Die Hersteller nehmen Modifikationen am Bauplan des Spike-Proteins vor, um seine schädlichen Wirkungen zu verhindern. Der Erfolg dieser Modifikationen ist mehr als zweifelhaft.

Diese Modifikationen sollten zum einen

- das Spike-Protein mit einem »Membran-Anker« an die Zellwand koppeln, damit das Spike-Protein nicht frei im Körper zirkulieren könnte.

Weiterhin war der Plan, zu verhindern,

- dass das Spike-Protein den Bindungsmechanismus für die Bindung an ACE2 entfalten kann; das Spike-Protein sollte im sog. Präfusionsstatus verbleiben.[133]

Hierfür wurden 2 Prolin-Substitutionen vorgenommen. Prolin-Substitutionen im Hinblick auf beide oben beschriebenen Eigenschaften des gewünschten, vom Körper zu produzierenden Spike-Proteins, um die schädlichen Wirkungen des Spike-Proteins auszuschließen, sind in einer Patentanmeldung beschrieben, deren Inhaber die USA sind, vertreten durch das *Department of Health and Human Services* (HHS). Es handelt sich um die Patentanmeldung »WO 2018081318A1«, Basis der PCT-Anmeldung »PCT/US2017/058370«.[134] Einreichungs- und damit Prioritätsdatum ist der 25. Oktober 2017. Ebenso wurde eine Europäische Anmeldung »EP 17800655.7A« mit gleicher Priorität eingereicht.[135]

Einer der in der Patentschrift genannten Erfinder ist Barney Graham, ein ehemaliger leitender Mitarbeiter des US-amerikanischen

*National Institute of Allergy and Infectious Diseases* (NIAID). Er war es auch, der maßgeblich an der Entwicklung des genbasierten Vakzins von *Moderna*, *Spikevax®*, beteiligt war.[136] Sein Ansatz der zwei Prolin-Substitionen fand sowohl bei *Comirnaty®*[137] als auch bei *Spikevax®*[138] Anwendung. Nach *Spiegel*-Angaben soll diese Version auch von *Johnson& Johnson, Novavax* und *Sanofi* verwendet werden.[139]

Ob dieser Plan, die schädlichen Wirkungen des Spike-Proteins zu verhindern, funktioniert hat, kann zumindest bezweifelt werden:

Nach der Verabreichung der genbasierten Vakzine wurde frei im Körper zirkulierendes Spike-Protein bei Menschen gefunden, die an injektions-induzierter Myokarditis erkrankt waren.[140] Diese Tatsache könnte dafür sprechen, dass der Ankermechanismus, der in den Bauplan eingefügt worden war, seine Aufgabe nicht erfüllt hat. Zumindest ist diese Frage zu klären und zu untersuchen.

Auch ist bekannt, dass das Verbleiben des Spike-Proteins im Präfusionsstatus im Falle der zwei Prolin-Substitutionen instabil ist. In einer Veröffentlichung mit dem Titel »Structure-based design of prefusion-stabilized SARS-CoV-2 spikes«, erschienen in dem Magazin *Science* am 23. Juli 2020, wird in der Einleitung ausgeführt, dass »S-2P« (Spike-Protein mit 2 Prolin-Substitutionen) instabil und in Säugetierzellen schwer zu reproduzieren sei.[141]

In einer Veröffentlichung einer italienischen Forschergruppe aus Juni 2021 ist beschrieben, dass das durch die COVID-19-Injektion gebildete Spike-Protein auch das Potenzial zur Interaktion mit ACE2 hat und dies zu einer Reduzierung des ACE2-Levels in Blutplättchen führte.[142] Diese Entdeckung spricht für die Möglichkeit, dass auch das Injektions-induzierte Spike-Protein an ACE2 bindet. Das wiederum spricht für die Möglichkeit, dass das Spike-Protein nicht im Präfusionsstatus verbleibt.

Die STIKO hatte keine Bedenken, die genbasierten Injektionen Schwangeren zu empfehlen. Stand 22. Mai 2023 empfiehlt die STIKO Schwangeren nach wie vor die »Grundimmunisierung plus 1 Auffrischungsinjektion«.[143]

## 4.7 ERKENNTNISSE AUS DER PATHOLOGIE

Mittlerweile ist durch umfangreiche pathologische Untersuchungen bestätigt, dass auch das aufgrund der Injektion gebildete Spike-Protein selbst schädliche Wirkungen hat, ein Toxin ist. Namhafte Pathologen um Prof. Arne Burkhardt, die sich zur »Pathologie-Konferenz« zusammenschlossen, obduzierten zeitlich im Zusammenhang mit der Injektion Verstorbene. Die Pathologen fanden in allen Organgeweben, unter anderem im Gefäßsystem, Herz und Gehirn, übereinstimmend Schäden, wie sie sonst bei toxischen Einwirkungen beobachtet werden. Begleitet waren diese Schäden von ungewöhnlichen Entzündungsreaktionen als Beweis eines Schadens zu Lebzeiten.

Pathologen stellen bei der Obduktion von zeitlich im Zusammenhang mit der Injektion Verstorbener im Gefäßsystem, Herz und Gehirn Schäden fest, wie sie sonst bei toxischen Einwirkungen beobachtet werden.

In diesen Schädigungen und den begleitenden entzündlichen Bereichen, vor allem an Blutgefäßen, ist mithilfe der hochspezifischen Immunhistochemie eine deutliche Expression von Spike-Protein nachweisbar, das aufgrund der Injektion gebildet wird. Dass das nachgewiesene Spike-Protein von der Injektion stammt, wurde durch die Verwendung eines spezifischen Antikörpers nachgewiesen. Parallel dazu wurde eine Färbung für das Nukleokapsid von SARS-CoV-2 durchgeführt. Das Nukleokapsid wird durch die Injektion nicht gebildet und wurde in den beschriebenen Geweben auch nicht gefunden.

Der Pathologe Dr. Michael Mörz, der Mitglied der Kommission »Digitale Pathologie« ist, veröffentlicht in der Zeitschrift *Vaccines* im Oktober 2022 seine Arbeit »A Case Report: Multifocal Necrotizing Encephalitis and Myocarditis after BNT 162b2 mRNA Vaccination against COVID-19«[144]. Er berichtet über einen Fall, bei dem multifokale nekrotisierende Enzephalitis und Myokarditis nach einer Injektion mit *Comirnaty*® diagnostiziert wurden.

Über ihre Erkenntnisse informierten die Pathologen der »Pathologie-Konferenz« mit zwei Schreiben das PEI im März 2022 und forderten das PEI zum Tätigwerden auf. Adressiert waren die Schreiben insbesondere an Prof. Cichutek als Präsident des PEI und Frau Dr. Keller-Stanislawski, Leiterin der Pharmakovigilanz (Arzneimittelsicherheit) beim PEI. Doch bis zum Tod von Prof. Burkhardt Ende Mai 2023 erhielt er auf seine Schreiben vom PEI keine Antwort.

## 5 ERKENNTNISSE ÜBER DIE DURCHFÜHRUNG UND ERGEBNISSE DER ZULASSUNGSSTUDIE »C4591001« VON *PFIZER*

Im Rahmen der Prüfung von Arzneimitteln auf Wirksamkeit und Sicherheit beim Menschen werden verschiedene Phasen der klinischen Studien unterschieden. In der Phase I wird das Arzneimittel an wenigen gesunden Menschen auf seine Wirkungen im Körper, Verträglichkeit und Sicherheit geprüft. In Phase II wird das Arzneimittel 100 bis 500 freiwilligen Patienten verabreicht. Diese Phase dient der Prüfung der Wirksamkeit, Verträglichkeit und der Dosisfindung. Phase-III-Studien werden mit mehreren 1.000 Patienten durchgeführt, um Erkenntnisse über Wirksamkeit und Verträglichkeit in einem größeren Patientenkollektiv zu erhalten.

## 5.1 WESENTLICHE VORAUSSETZUNGEN FÜR DIE DURCHFÜHRUNG EINER ERSTEN KLINISCHEN STUDIE AM MENSCHEN LAGEN NICHT VOR

Die Voraussetzungen für die Durchführung einer klinischen Studie, insbesondere der ersten klinischen Studie, die am Menschen durchgeführt wird – die sogenannte »First in human« klinische Studie –, sind für Deutschland sowohl im Arzneimittelgesetz, bis zum 27. Januar 2022 auch in der Verordnung über die Anwendung der »Guten Klinischen Praxis« bei der Durchführung von klinischen Prüfungen mit Arzneimitteln zur Anwendung am Menschen (GCP-VO) geregelt. Nach dem 27. Januar 2022 trat eine Gesetzesänderung in Kraft, die durch das Inkrafttreten der VO über klinische Prüfungen Nr. 536/2014 vom 16. April 2014[145] bedingt ist. Diese fand aber zum Zeitpunkt der Beantragung der klinischen Studien durch *BioNTech/Pfizer* noch keine Anwendung.

Weiterhin sind zu berücksichtigen Richtlinien und Verordnungen der EU sowie zahlreichen Leitlinien auf europäischer (Mitteilungen der EU-Kommission, Leitlinien der *Europäischen Arzneimittelagentur,* EMA) und weltweiter Ebene (»International Conference on Harmonisation«, ICH).

Die Politik – und auf ihre Weisung die Behörden – forderte angesichts der seitens der WHO am 11. März 2020 ausgerufenen Pandemie des SARS-CoV-2-Virus eine möglichst schnelle Entwicklung von Impfstoffen. *BioNTech* beginnt bereits am 20. April 2020, also nicht einmal einen Monat nach Ausrufung der Pandemie, mit der Durchführung der ersten klinischen Studie am Menschen.[146] Genehmigt wird diese Studie durch das PEI.

> Vor Beginn der ersten klinischen Studie am Menschen hätte zumindest der Herstellungsprozess im Wesentlichen validiert sein müssen. Das war nicht mal zum Zeitpunkt der Zulassungserteilung der Fall.

Grundsätzlich hätte vor Durchführung der ersten klinischen Studie am Menschen zumindest der Herstellungsprozess im Wesentlichen validiert sein müssen. Dass er dies nicht war, ergibt sich aus den Ausführungen in Kapitel 3.7 (S. 333). Die präklinischen Untersuchungen müssen in der Regel ebenfalls vollumfänglich abgeschlossen sein, weil anderenfalls das Risiko für den Menschen nicht abschätzbar ist.

Grundsätzlich ist auch das PEI dieser Auffassung, hatte es sich doch, wie in Teil II Kapitel 1.4 (S. 192) erläutert, im Rahmen der öffentlichen Anhörung zur Änderung des Annex I der Richtlinie 2001/83/EG im Jahr 2008 für eine Anwendung der strengeren Vorschriften für Gentherapeutika und damit auch strengere Vorschriften zur klinischen Prüfung auch bei genbasierten Impfstoffen gegen Infektionskrankheiten ausgesprochen.[147]

> Das PEI genehmigt die erste klinische Studie am Menschen, ohne dass eine »dem jeweiligen Stand der wissenschaftlichen Erkenntnisse entsprechende pharmakologisch-toxikologische Prüfung« für *Comirnaty*® vorlag.

Die Durchführung einer klinischen Studie bedarf der vorherigen Genehmigung durch die zuständige Behörde – in Deutschland ist es für die COVID-19-Injektionen das PEI. §40 Abs. 1 AMG definiert zum relevanten Zeitpunkt der Beantragung der ersten klinischen Studie durch *BioNTech* zu Beginn des Jahres 2020 die Voraussetzungen für die Genehmigung. Eine Genehmigung darf durch die zuständige Behörde unter anderem nur dann erteilt werden, wenn eine »dem jeweiligen Stand der wissenschaftlichen Erkenntnisse entsprechende pharmakologisch-toxikologische Prüfung des Arzneimittels« *vor* der Durchführung einer klinischen Studie durchgeführt worden war (§40 Abs. 1 S. 3 Nr. 6 AMG). Welche Anforderungen an eine ordnungsgemäße pharmakologisch-toxikologische Prüfung gestellt wurden, wurde in Teil II Kapitel 6.1 (S. 251) dargestellt.

Die erste klinische Studie für *Comirnaty*® wird Anfang April 2020 durch das PEI lediglich auf Basis von Zwischenergebnissen einer Toxikologie-Studie an Mäusen genehmigt. Weder liegt eine abgeschlossene präklinische Toxikologiestudie vor noch Studien

1. zur sekundären Pharmakodynamik (EPAR Comirnaty EMA/707383/2020 Corr.1*1, S. 41/45),
2. zur Sicherheitspharmakologie mit der »Core Battery« der Untersuchungen (EPAR Comirnaty EMA/707383/2020 Corr.1*1, S. 41/45) der Auswirkungen auf das
   - kardiovaskuläre
   - Nerven- und
   - Atmungssystem,
3. zur traditionellen Pharmakokinetik (EPAR Comirnaty EMA/707383/2020 Corr.1*1, S. 45) mit
   - Resorption/Bioverfügbarkeit,
   - Verteilung (»zeitabhängige Verteilung der Prüfsubstanz in verschiedenen Organen und korpuskulären Blutbestandteilen sowie die Plasmaproteinbindung«) mit BNT162b2 und
   - Metabolismus einschließlich Gastrointestinaltrakt und erste Leberpassage

   in 2 verschiedenen Tiermodellen(1 Nager und 1 Nicht-Nager),
4. zur Toxikologie mit
   - Genotoxizität insoweit, als eine Beurteilung der Genotoxizität der Prüfsubstanz möglich sein muss (beispielsweise durch Genmutationsstudien in Bakterien), (EPAR Comirnaty EMA/707383/2020 Corr.1*1, S. 55),
   - Karzinogenität insoweit, als eine Beurteilung der Karzinogenität der Prüfsubstanz möglich sein muss (in vitro in Bakterien), (EPAR Comirnaty EMA/707383/2020 Corr.1*1, S. 55),
   - Reproduktions- und Entwicklungstoxizität insoweit, als die Unterlagen die Beurteilung der Auswirkungen der Prüfsubstanz auf die männlichen Reproduktionsorgane zulassen müssen (EPAR Comirnaty EMA/707383/2020 Corr.1*1, S. 50).

Hinzu kommt die Lückenhaftigkeit der Qualitätsdokumentation: Geht man von der nur lückenhaft vorhandenen Qualitätsdokumentation im November 2020 aus, lässt sich erahnen, wie rudimentär sie folglich Anfang April 2020 gewesen sein muss – was ja von der *Pfizer*-Managerin Kathrin Jansen bestätigt wird.

Auf Basis der rudimentären Qualitäts- und präklinischen Dokumentation genehmigt das PEI nach einem positiven Votum der zuständigen Ethik-Kommission vom 15. April 2020 die Durchführung der klinischen Studie.

Offensichtlich hat *BioNTech* hervorragende Überzeugungsarbeit beim PEI geleistet. Im Buch *Projekt Lightspeed* wird ausgeführt:

> »Darüber hinaus mussten das Dokument und die anschließenden Diskussionen dem PEI darlegen, dass die möglichen Risiken, die die klinischen Studien für eine Gruppe von ungetesteten mRNA-Konstrukten bargen, durch die möglichen Vorteile eines Impfstoffes gegen das Coronavirus aufgewogen werden.«[148]

Am Rande sei bemerkt, dass die im PEI geführte Diskussion über die Voraussetzungen für die Durchführung der ersten klinischen Studie im Menschen interessanterweise nicht nur eine Diskussion zwischen der für die Arzneimittelsicherheit Deutschlands und damit für die Sicherheit der Bevölkerung zuständigen Behörde einerseits und des an der Entwicklung des Arzneimittels interessierten Unternehmens *BioNTech* andererseits war. Die Beteiligten waren gleichzeitig seit Jahren Co-Autoren wissenschaftlicher Arbeiten. Im Jahr 2014 veröffentlichten Uğur Şahin und der Präsident des PEI, Klaus Cichutek, gemeinsam mit anderen Autoren eine Arbeit über eine Impfung gegen das Coronavirus MERS-CoV auf Basis eines rekombinanten Masernvirus als Vektor.[149]

Eine weitere enge Kooperation zwischen dem PEI, insbesondere Prof. Cichutek, und *BioNTech* ergibt sich über das *Deutsche Zentrum für Infektionsforschung* (DZIF). Prof. Cichutek ist der »Koordinator Produktentwicklung« des DZIF.[150] Externer Partner des DZIF ist *BioNTech*. Es wird informiert:

> »In Zusammenarbeit mit BioNTech und dem biopharmazeutischen Forschungsinstitut Translationale Onkologie (TRON) an der Universität Mainz erforscht das DZIF RNA-basierte Impfstoffe für ausgewählte Virusfamilien mit humanpathogenem Potenzial und bringt sie anschließend in die präklinische und frühe klinische Entwicklung.«[151]

TRON wiederum ist gemäß ihrer Beschreibung eine gemeinnützige GmbH, die *TRONgGmbH*, deren Ziel die »Umsetzung wissenschaftlicher Konzepte in klinische Anwendungen« ist. Mitgründer der »gemeinnützigen« GmbH sind Uğur Şahin, Özlem Türeci und Christoph Huber.[152] Die drei genannten Persönlichkeiten sind gleichzeitig Mitgründer von *BioNTech*.[153]

Die enge Zusammenarbeit zwischen Verantwortlichen des PEI einerseits und Uğur Şahin und Özlem Türeci andererseits wird auch offen im Buch *Projekt Lightspeed* dargestellt:

> »PEI-Mitarbeiter verfassten zusammen mit den mRNA-Pionieren, einschließlich Uğur und Özlem, wissenschaftliche Artikel [...] Gemeinsam erarbeiteten sich die Innovatoren und Regulatoren neue Technologien wie die mRNA [...] Uğur hatte ein kollegiales Verhältnis zu dessen Präsidenten, dem Biochemiker Klaus Cichutek.«[154]

Der Behördenleiter und der Inhaber des die klinische Studie beantragenden Unternehmens arbeiten im Rahmen einer PPP (Public Private Partnership) zusammen! Eine Interessenkollision im Fall von Prof. Cichutek, der einerseits als Projektkoordinator für DZIF an der Förderung der präklinischen und klinischen Entwicklung von »RNA-basierten Impfstoffen« und andererseits als »Hüter der Arzneimittelsicherheit« als Präsident des PEI tätig ist, ist nach allgemeiner Lebenserfahrung naheliegend!

Es stellen sich folgende Fragen:

Wo bleibt die Unabhängigkeit der staatlichen Behörden?

Wurden die Teilnehmer der klinischen Studien darüber aufgeklärt, dass die üblicherweise für die Durchführung der ersten klinischen Studie am Menschen bestehenden Bedingungen nicht eingehalten wurden?

## 5.2 KONZEPTION UND ERGEBNISSE DER STUDIE »C4591001« VON *BIONTECH/PFIZER*

Bei der Studie »C4591001« handelt es sich ursprünglich um eine placebo-kontrollierte, beobachterblinde Studie. Das bedeutet, dass diejenigen, die mit Messungen, Aufzeichnungen und Bewertungen von Veränderungen bei Studienteilnehmern befasst sind, nicht wissen, wer das Placebo und wer das Verum erhalten hat.

Der Titel der Studie lautet: »Eine Phase-1/2/3-placebo-kontrollierte, randomisierte, beobachter-blinde Dosisfindungsstudie zur Bewertung der Sicherheit, Verträglichkeit, Immunogenität und Wirksamkeit von SARS-CoV-2-RNA-Impfkandidaten gegen COVID-19 bei gesunden Menschen«[155]. Die Studie wird an unterschiedlichen Studienzentren vor allem in den USA, Südamerika (Brasilien und Argentinien), Südafrika, Deutschland und der Türkei durchgeführt. Verantwortliche Behörde für Europa ist das PEI als Genehmigungsbehörde.

### PROBANDENKOLLEKTIV – IMMUNGESCHWÄCHTE PERSONEN, SCHWANGERE UND STILLENDE AUSGESCHLOSSEN

Die definierte Altersstruktur der Studienteilnehmer beträgt ursprünglich abhängig von der Studienphase zwischen 18 und 55 Jahre einschließlich und zwischen 65 und 85 Jahre einschließlich oder zwischen 18 und 85 Jahre einschließlich. Die Untersuchungen der Kinder und Jugendlichen zunächst ab 12 Jahre kommen später dazu. Die Studien für Kinder ab 5 Jahren und später ab 6 Monaten werden separat in der Studie »C4591007« durchgeführt und sind nicht Teil dieser Hauptstudie.

Im Probandenkollektiv der BioNTech/Pfizer-Studie sind Schwangere, Stillende, Immungeschwächte sowie Menschen mit immunsuppressiver Therapie und nicht stabiler Vorerkrankung ausgeschlossen.

Aus den Einschluss- und Ausschlusskriterien des Studienprotokolls, das sowohl über die Europäische Datenbank »EudraCT« als auch über die US-Datenbank »clinicaltrials.gov« einsehbar ist, ergibt sich, welche Personengruppen nicht in die Studie aufgenommen werden konnten. Dementsprechend konnten zum Zeitpunkt der Zulassung keine aussagekräftigen Daten über die Wirksamkeit und Sicherheit von *Comirnaty*® bei folgenden Personengruppen vorliegen:

- immungeschwächte Personen mit bekannter oder vermuteter Immunschwäche, festgestellt durch Anamnese und/oder Labor-/körperliche Untersuchung,
- Patienten mit nicht stabiler Vorerkrankung. Eine Vorerkrankung wurde gemäß Studienprotokoll als »stabil« definiert, wenn sie innerhalb von 6 Wochen vor Einschluss in die Studie keine Therapieänderung oder keinen Krankenhausaufenthalt wegen Verschlechterung der Erkrankung erforderte.[156]
- Blutungsdiathese oder Zustand, der mit längerer Blutung einhergeht und nach Ansicht des Prüfarztes eine intramuskuläre Injektion kontraindizieren würde,
- Schwangere und Stillende,
- Menschen, die eine Behandlung mit immunsuppressiver Therapie, einschließlich zytotoxischer Wirkstoffe oder systemischer Kortikosteroide, zum Beispiel wegen Krebs oder einer Autoimmunerkrankung, erhalten oder die während der gesamten Studie eine Behandlung planen,

– Frühere Teilnahme an anderen Studien, die Studieninterventionen mit Lipid-Nanopartikeln beinhalteten.

Im Beurteilungsbericht EMA/853699/2022 zur Verlängerung und Umwandlung der Zulassung in eine reguläre Zulassung vom November 2022 wird auf S. 30 unter Bezug auf den zu diesem Zeitpunkt aktuellen Risikomanagement-Plan (Risk Management Plan, RMP) für folgende Personengruppen bzw. Aspekte der Arzneimittelanwendung fehlende Information festgestellt[157]:

1. Schwangerschaft und Stillzeit
2. Immungeschwächte Patienten
3. Patienten mit Co-Morbiditäten (z. B. COPD, Diabetes, chronische neurologische Erkrankungen, kardiovaskuläre Erkrankungen)
4. Patienten mit Autoimmun- oder chronischen entzündlichen Erkrankungen
5. Wechselwirkungen mit anderen Impfungen
6. Langzeit-Sicherheitsdaten.

## SCHWANGERE UND STILLENDE – EMPFEHLUNG ZUR INJEKTION DURCH POLITIK UND STIKO

Wie oben ausgeführt, sind Schwangere und Stillende *nicht* in die Studie einbezogen. Es können daher *keine* aussagekräftigen *originären* Daten aus der klinischen Studie für diese Personengruppe vorliegen. Daten, die für diese Personengruppen aus der Studie »gezogen« werden, liegen außerhalb des Prüfplans und werden letztlich zufällig generiert, nicht aber planvoll.

In der ersten Produktinformation für die mRNA-Injektionen ist jeweils unter 4.6 folgende wortgleiche Information für *Spikevax®* und *Comirnaty®* enthalten:

→ »**Schwangerschaft**
Es liegen nur begrenzte Erfahrungen mit der Anwendung von Comirnaty bei Schwangeren vor. Tierexperimentelle Studien lassen nicht auf direkte oder indirekte schädliche Wirkungen in Bezug auf Schwangerschaft, embryonale/fötale Entwicklung, Geburt oder postnatale Entwicklung schließen (siehe Abschnitt 5.3). Die Verabreichung von Comirnaty in der Schwangerschaft sollte nur in Betracht gezogen werden, wenn der potenzielle Nutzen die möglichen Risiken für Mutter und Fötus überwiegt.

→ **Stillzeit**
Es ist nicht bekannt ob Comirnaty in die Muttermilch übergeht.

→ **Fertilität**
Tierexperimentelle Studien lassen nicht auf direkte oder indirekte schädliche Wirkungen in Bezug auf die Reproduktionstoxizität schließen.«[158]

Die Entwicklung der Inhalte der Produktinformation sind für alle Arzneimittel im Unionsregister der zugelassenen Arzneimittel unter https://ec.europa.eu/health/documents/community-register/html/h1507.htm abrufbar.

Die identische Information ist in der Produktinformation enthalten, die mit der jeweiligen Verlängerung der bedingten Zulassung im Oktober 2021 verbunden ist.[159]

Trotz dieser eindeutigen Fassung der Produktinformationen empfehlen Politik und STIKO schon früh die Injektionen für Schwangere und Stillende. Die Chronologie der STIKO-Empfehlungen zu COVID-19-Injektionen findet sich auf der Website des RKI.[160]

Die STIKO-Empfehlungen zur Injektion für Schwangere und Stillende stehen bis Anfang 2022 im Widerspruch zu der Produktinformation.

Die erste Empfehlung zur Injektion von Schwangeren mit Vorerkrankungen spricht die STIKO bereits im *Epidemiologischen*

*Bulletin* vom 24. Januar 2021 aus, einen Monat nach Erteilung der bedingten Zulassung.[161] In Einzelfällen könne Schwangeren mit Vorerkrankungen und mit höherem Risiko einer schweren COVID-19-Erkrankung nach Nutzen-Risiko-Abwägung die Injektion verabreicht werden.

Für Stillende enthält die Empfehlung die Aussage, dass die STIKO ein Risiko des Säuglings durch eine Injektion der stillenden Mutter für unwahrscheinlich hält.

Die erste allgemeine Empfehlung zur Injektion für Schwangere und Stillende spricht die STIKO am 23. September 2021 aus. Sie stützt sich dabei im Wesentlichen auf Veröffentlichungen zum Risiko einer SARS-CoV-2-Infektion in der Schwangerschaft sowie zwei Beobachtungsstudien aus Israel und aus Katar zur Wirksamkeit der Injektionen, die unabhängig von den Zulassungsstudien durchgeführt wurden.[162]

Die Studie aus Israel vergleicht 10.861 Schwangere, die die Injektion erhalten haben, mit 10.861 Schwangeren ohne Injektion im Hinblick auf PCR-bestätigte SARS-CoV-2-Infektion, Krankheitssymptome, Hospitalisierungen. Die Schlussfolgerung beinhaltet lediglich Schätzungen:

> »Zusammenfassend wurde geschätzt, dass der BNT162b2-mRNA-Impfstoff bei schwangeren Frauen eine hohe Impfwirksamkeit aufweist, die der für die Allgemeinbevölkerung geschätzten Wirksamkeit ähnelt.«[163]

Auch in der zweiten Studie aus Katar, an der 407 Schwangere mit und 407 Schwangere ohne Injektion teilgenommen haben, beruht die Aussage zur Wirksamkeit lediglich auf Schätzungen.[164]

Für beide Studien räumen die Autoren fehlende Aussagekraft aufgrund sehr geringer Inzidenz schwerwiegender Verläufe von SARS-CoV-2 bei Schwangeren und fehlende Information über Vorerkrankungen und pränatale Komplikationen ein.[165] Darüber hinaus erwähnen die Autoren der israelischen Studie die Möglichkeit der Verwechslung zwischen den beiden Gruppen.[166] Es handelt bei diesen Studien daher nicht um Studien, die nach den strengen Regelungen der »Guten klinischen Praxis« und hohen wissenschaftlichen Standards durchgeführt wurden. Dass sich die STIKO dennoch unkritisch bei ihrer Empfehlung auf diese Studien stützt, ist nicht nachvollziehbar. Ganz anders agiert die STIKO in Bezug auf Studien, aufgrund derer Bedenken gegen die Sicherheit der COVID-19-Injektionen geäußert werden. Diese werden u. a. mit Begründungen wie fehlender Wissenschaftlichkeit für irrelevant erklärt. Das widerspricht meines Erachtens in eklatanter Weise dem Grundsatz »In dubio prosecuritate«, also im Zweifel Empfehlungen auszusprechen, die die Sicherheit der Patienten/Impfwilligen gewährleisten. Nicht weniger erwarten die Bürger zu Recht von der STIKO.

Die Autoren halten ausdrücklich fest, dass weitere Studien erforderlich seien, um die Dynamik der Wirksamkeit von *Comirnaty*® während der Schwangerschaft, den Zusammenhang zwischen Zeitpunkt der Injektion und Säuglingsschutz nach der Geburt sowie schwangerschaftsbezogene und nicht-schwangerschaftsbezogene Sicherheit beurteilen zu können.[167]

Die Sicherheit der Injektionen ist in beiden Studien nicht Gegenstand der Prüfung. Sie konzentrieren sich lediglich auf »anekdotische« Wirksamkeit.[168]

Zum gleichen Zeitpunkt hatten *BioNTech/Pfizer* in ihrem Risikomanagement-Plan (RMP) die Information, dass das Sicherheitsprofil von *Comirnaty*® bei Schwangeren oder Stillenden nicht bekannt sei.[169] Dort heißt es:

> »Das Sicherheitsprofil des Impfstoffs bei schwangeren oder stillenden Frauen ist aufgrund ihres anfänglichen Ausschlusses aus der entscheidenden klinischen Studie nicht bekannt. Es könnte schwangere Frauen geben, die sich trotz fehlender

Sicherheitsdaten für eine Impfung entscheiden. Es wird wichtig sein, diese Frauen im Hinblick auf Schwangerschafts- und Geburtsergebnisse zu überwachen. Der Zeitpunkt der Impfung bei einer schwangeren Frau und die darauffolgende Immunantwort können unterschiedliche positive oder ungünstige Auswirkungen auf den Embryo/Fötus haben.«[170]

*BioNTech/Pfizer* räumen ein, dass das Sicherheitsprofil von *Comirnaty*® bei schwangeren oder stillenden Frauen nicht bekannt ist.

*BioNTech/Pfizer* selbst gehen lediglich von Einzelfällen von Injektionen für Schwangere und Stillende aus – wobei sich die Frage stellt, warum *BioNTech* angesichts der offensichtlich aggressiven Bewerbung von *Comirnaty*® durch Politik beziehungsweise BMG, RKI und STIKO nicht klarstellend an die Öffentlichkeit getreten ist!

Die EMA informiert zu diesem Zeitpunkt in ihrem Produktüberblick darüber, dass die Informationen über die Anwendung von *Comirnaty*® in der Schwangerschaft noch limitiert seien.[171]

Die von *BioNTech/Pfizer* initiierte klinische Studie an Schwangeren, die mit 4.000 Studienteilnehmerinnen geplant war, wurde in der 2. Jahreshälfte 2021 begonnen und bereits am 25. Oktober 2021 abgebrochen – nach der Aufnahme von 348 Schwangeren. Der Studienabbruch wurde mit Rekrutierungsschwierigkeiten begründet, die sich aus den weltweiten Empfehlungen zur COVID-19-Injektion bei Schwangeren ergäben.[172]

Auch für die Gruppe der Schwangeren und Stillenden ist daher keine Möglichkeit mehr gegeben, valide und aussagekräftige Daten zur Sicherheit von *Comirnaty*® in der Schwangerschaft und Stillzeit zu erhalten.

Letztlich liegen der STIKO damit zwar Erkenntnisse über das mögliche Risiko einer SARS-CoV-2-Infektion sowie die geschätzte Wirksamkeit der COVID-19-Injektionen zum Zeitpunkt ihrer Empfehlung vor.

Nicht aber gibt es spezielle Erkenntnisse über die Sicherheit von COVID-19-Injektionen in der Schwangerschaft. Hier wird lediglich auf interpretierte Daten aus dem US-Meldesystem »V-Safe« zurückgegriffen, indem die Nebenwirkungsmeldungen von Frauen ohne Injektion mit Meldungen Schwangerer mit Injektion verglichen wurden. Aus diesen Interpretationen zieht die STIKO die Schlussfolgerung, dass sich bis zum Zeitpunkt der Empfehlung »keine Hinweise auf das gehäufte Auftreten von UAW [unerwünschte Arzneimittelwirkungen; Anm. d. A.] nach Impfung in der Schwangerschaft«[173] ergeben. Weder die EMA noch der Hersteller selbst teilen zu diesem Zeitpunkt die Einschätzung der STIKO!

Anfang 2022 ändert sich der Wortlaut der Produktinformationen der modRNA-Injektionen für Schwangere und Stillende. Für *Comirnaty®* tritt die Änderung mit der Kommissionsentscheidung »Decision (2022) 1351« vom 28. Februar 2022 ein. Mit dieser Entscheidung wird gleichzeitig die Information unter 4.6 geändert zu folgendem Wortlaut:

→ **»Schwangerschaft**
Eine große Menge von Beobachtungsdaten von schwangeren Frauen, die während des zweiten und dritten Trimenons mit Comirnaty geimpft wurden, hat keine Zunahme unerwünschter Schwangerschaftsausgänge gezeigt. Zwar liegen derzeit nur wenige Daten zum Schwangerschaftsausgang nach einer Impfung im ersten Trimenon vor, jedoch wurde kein erhöhtes Risiko für eine Fehlgeburt beobachtet. [...] Comirnaty kann während der Schwangerschaft verwendet werden.

→ **Stillzeit**
Es sind keine Auswirkungen auf das gestillte Neugeborene/Säugling zu erwarten, da die systemische Exposition der stillenden Frau gegenüber Comirnaty vernachlässigbar ist. Beobachtungsdaten von Frauen, die nach der Impfung gestillt haben, haben kein Risiko

für unerwünschte Wirkungen bei gestillten Neugeborenen/Säuglingen gezeigt. Comirnaty kann während der Stillzeit angewendet werden.«[174]

Für *Spikevax®* wird eine im Wortlaut weitgehend gleiche Fassung der Produktinformation zu 4.6 mit der Entscheidung »Decision (2022) 1430« vom 2. März 2022 erlassen.[175] Für die Stillzeit lautet der erste Satz: »Es wird angenommen, dass *Spikevax®* keine Auswirkungen auf das gestillte Neugeborene/Kind hat [...]« Das sind jeweils die nach wie vor geltenden Fassungen des Abschnitts 4.6. Nüchtern kann das Vorgehen zusammengefasst werden in folgende Schritte:

1. Man informiert darüber, dass »nur begrenzte« (eigentlich nach Studienkonzeption keine) Daten zu Schwangerschaft und Stillzeit vorliegen. Es wird aber trotzdem die Injektion an Schwangere und Stillende verabreicht, unter Verantwortung des jeweils injizierenden Arztes: »Die Verabreichung von *Comirnaty®*/*Spikevax®* in der Schwangerschaft sollte nur in Betracht gezogen werden, wenn der potenzielle Nutzen die möglichen Risiken für Mutter und Fötus überwiegt.«
2. Es wird vielen Schwangeren/Stillenden die Injektion ohne Vorliegen einschlägiger Daten verabreicht, und man bezieht Daten aus der »Real World« [Anm.: Sprach nicht auch Ursula von der Leyen im Dezember 2020 von der Erhebung von »Real world data«?]. Ein Jahr später wird argumentiert: »Wir haben vielen Schwangeren und Stillenden die Injektionen verabreicht und keine negativen Auswirkungen feststellen können.«

Der CHMP unternimmt in Sachen Empfehlung für Schwangere und Stillende einen Alleingang. Andere Behörden wie FDA (USA), MHRA (Großbritannien) und Health Canada sind wesentlich zurückhaltender.

Während der CHMP die Empfehlungen für die Verwendung der modRNA-Injektionen für Schwangere und Stillende zugunsten der Verabreichung ändert, sind die Formulierungen der

Produktinformationen in Großbritannien, den USA und Kanada wesentlich zurückhaltender. Der CHMP unternimmt also offenbar diesbezüglich einen Alleingang.

Zitate der derzeit bei den anderen Behörden gültigen Produktinformationen (Stand 31. Juli 2023):

1. Medicines & Healthcare products Regulatory Agency (MHRA), Großbritannien: Die Produktinformation enthält im Hinblick auf die Anwendung bei Frauen im gebärfähigen Alter Einschränkungen: Eine Schwangerschaft soll ausgeschlossen werden und Stillende sollen die Injektion nicht erhalten. Unter dem Punkt »Schlussfolgerungen zur Toxizität« wird ausgeführt:

   »Im Zusammenhang mit der Abgabe gemäß Regulation 174 wird davon ausgegangen, dass derzeit keine ausreichende Gewähr für eine sichere Anwendung des Impfstoffs bei Schwangeren gegeben werden kann: Die Anwendung bei Frauen im gebärfähigen Alter könnte jedoch unterstützt werden, sofern den Angehörigen der Gesundheitsberufe empfohlen wird, eine bekannte oder vermutete Schwangerschaft vor der Impfung auszuschließen. Frauen, die stillen, sollten auch nicht geimpft werden.«[176]

2. Food and Drug Administration (FDA), USA:

   »Die verfügbaren Daten über die Verabreichung von COMIRNATY an schwangere Frauen reichen nicht aus, um über impfstoffbedingte Risiken in der Schwangerschaft aufzuklären.
   Es ist nicht bekannt, ob COMIRNATY in die Muttermilch übergeht. Es liegen keine Daten vor, um die Auswirkungen von COMIRNATY auf den gestillten Säugling oder auf die Milchproduktion/-ausscheidung zu bewerten.«[177]

3. Health Canada, Kanada:

> »Die Sicherheit und Wirksamkeit von COMIRNATY bei schwangeren Frauen ist noch nicht erwiesen.«
> »Es ist unbekannt, ob COMIRNATY in die Muttermilch übergeht. Ein Risiko für die Neugeborenen/Kinder kann nicht ausgeschlossen werden.«[178]

Wenn die seitens der Unternehmen vorgelegten Unterlagen den CHMP offensichtlich überzeugt haben, eine breite Anwendung der Injektionen in Schwangerschaft und Stillzeit zu ermöglichen, wie kommt es dann, dass die britischen, kanadischen und US-amerikanischen Behörden dies anders sehen? Ist wirklich anzunehmen, dass dem CHMP Daten vorliegen, die die anderen Behörden nicht kennen?

Wenn die Daten so valide sind: Warum haben *BioNTech/Pfizer* und *Moderna* diese Daten nicht den anderen Behörden vorgelegt?

**FAZIT**: Arzneimittel werden Schwangeren und Stillenden verabreicht ohne jegliche Daten aus placebo-kontrollierten doppel-blinden Studien! Das widerspricht eklatant dem Zweck des europäischen Arzneimittelrechts, das in dem Geist geschaffen wurde, eine Wiederholung der »*Contergan*-Katastrophe« zu verhindern!

### AUSSCHLUSS VON IMMUNGESCHWÄCHTEN UND IMMUNSUPPRIMIERTEN MENSCHEN UND MENSCHEN MIT »INSTABILEN VORERKRANKUNGEN«

Von der Teilnahme an der klinischen Studie waren ebenso ausgeschlossen: immungeschwächte Menschen, Bluter und Menschen mit immunsuppressiver, Chemo- oder Kortikoid-Therapie sowie Menschen mit instabilen Vorerkrankungen, die in den letzten 6 Wochen vor dem geplanten Einschluss in die Studie wegen Verschlimmerung ihrer Erkrankung eine Änderung der Therapie oder einen Krankenhausaufenthalt benötigten. Menschen mit Autoimmunerkrankungen und nach Organtransplantation erhalten beispielsweise grundsätzlich eine immunsuppressive Therapie.[179]

Auch für diese Menschen liegen daher zum Zeitpunkt der Zulassungserteilung keine originären aussagekräftigen Daten aus der großen placebo-kontrollierten Studie vor. Gerade diese Personengruppen stehen aber in der Prioritätsliste für die Verabreichung der Injektionen ganz oben, ihnen werden die Injektionen zuallererst verabreicht.

Trotz fehlender Daten aus der großen klinischen Studie wird seitens der STIKO Menschen, die sich einer Organtransplantation hatten unterziehen müssen, Menschen mit chronischen Lebererkrankungen, Krebserkrankungen einschließlich hämatologischen Krebserkrankungen unter systemischer Therapie, mit chronischen Nierenerkrankungen (Stufe 3)[180] sowie Menschen mit rheumatologischen Erkrankungen, Autoimmunerkrankungen und chronisch entzündlichen Darmerkrankungen (Stufe 4)[181] die Injektion empfohlen.

Wie oben unter 5.2 (S. 384) bereits dargestellt, wurde im RMP fehlende Information für nahezu sämtliche Menschen mit Comorbiditäten festgestellt. Liegen keine beziehungsweise keine ausreichenden Erkenntnisse über Wirksamkeit und Sicherheit in Personengruppen mit entsprechender Disposition vor, ist fraglich, wie eine Abwägung der Schwere des Risikos zwischen einer SARS-CoV-2-Infektion und einer Injektion vorgenommen werden kann.

Zumindest hätten die Menschen über die fehlenden Erkenntnisse aufgeklärt werden müssen!

## PRIMÄRER WIRKSAMKEITSPARAMETER: PCR-BESTÄTIGTE COVID-19-ERKRANKUNG

Als primärer Parameter für die Wirksamkeit der Injektionen wurde nicht die Messung von Antikörpern festgelegt, wie dies sonst bei Impfungen üblich ist, sondern die Frage der »Verhinderung des ersten Auftretens von COVID-19 nach der zweiten Dosis im Vergleich zu Placebo«.

Dabei wurde auf das Auftreten von Symptomen wie Fieber, neuer oder verstärkter Husten, neue oder gesteigerte Kurzatmigkeit, Schüttelfrost, neue oder vermehrte Muskelschmerzen, neuer Geschmacks- oder Geruchsverlust, Halsschmerzen, Durchfall oder Erbrechen abgestellt. Bestätigt wurden die Fälle durch den Reverse-Transkriptase-Polymerase-Kettenreaktion-Test (RT-PCR-Test). Es ist bekannt, dass dieser Test ungeeignet ist, eine akute Infektion nachzuweisen.[182] Wie sein Erfinder Kary Mullis sagte, kann mit ihm je nach sogenanntem Ct-Wert: »Alles in allem nachgewiesen werden«[183]. (Der Ct-Wert gibt die Anzahl der PCR-Zyklen an, die erforderlich sind, bis sich ein positives Signal ergibt).

Allein schon aufgrund der Verwendung des PCR-Tests im Rahmen der Überprüfung des primären Wirksamkeitsparameters ist keine aussagekräftige Feststellung der Wirksamkeit möglich. Aus diesem Grund konnte die EMA auch nur die Aussage treffen, dass ein Schutz gegen COVID-19 eintreten »kann«.

In den Zusammenfassungen der Produktmerkmale ist unter jeweils Ziffer 5.1 Folgendes ausgeführt:

Auch die Produktinformationen enthalten bei der Wirksamkeitsaussage zum Schutz der Injektion gegen COVID-19 lediglich »Kann«-Aussagen.

→ *Comirnaty®*
»Der Impfstoff löst sowohl neutralisierende Antikörper als auch zelluläre Immunantworten gegen das Spike (S)-Antigen aus, was zum Schutz gegen COVID-19 beitragen kann.«[184]

→ *Spikevax®*
»Dadurch werden sowohl T-Zell- als auch B-Zell-Antworten ausgelöst, um funktionale neutralisierende Antikörper zu bilden, die zum Schutz gegen COVID-19 beitragen können.«[185]

## WIRKSAMKEIT AUF BASIS DER BERECHNUNG ABSOLUTER RISIKOREDUZIERUNG IM VERGLEICH ZUR RELATIVEN RISIKOREDUZIERUNG

Allerdings wurde zum Wirksamkeitsnachweis nicht nur ein unzureichender primärer Wirksamkeitsparameter festgelegt, bei der klinischen Studie zu *Comirnaty®* Nr. 4591001 wurde auch ein verzerrender Maßstab der Wirksamkeitsberechnung zugrunde gelegt.

Bereits im April 2021 wird in einer Veröffentlichung darauf hingewiesen, dass das statistische Ergebnis der Wirksamkeit der Injektionen abhängig ist von der Wahl der Vergleichsparameter, der absoluten oder der relativen Wirksamkeit.[186] *BioNTech/Pfizer* und auch *Moderna* wählten die Darstellung der relativen Wirksamkeit. In einem Beitrag im Editorial der Zeitschrift *Arzneimitteltherapie* aus dem Jahr 2006 wird erläutert, dass die Angabe der relativen Risikoreduktion häufig irreführend sei, da sie nichts über das Ausgangsrisiko aussage. Deshalb sei die Angabe der absoluten Risikoreduktion erforderlich.[187]

Auch Beate Bahner weist in ihrem Buch *Corona-Impfung* sehr verständlich nach, dass die Darstellung der Wirkung der Corona-Injektion aufgrund der Verwendung der relativen Risikoreduktion irreführend ist.[188]

In der Veröffentlichung »Wer lässt den Elefanten endlich frei?« erläutert die Naturwissenschaftlerin Kati Schepis anschaulich, wie aus einer sehr geringen absoluten Wirksamkeit von *Comirnaty*® und *Spikevax*® durch die Art der Berechnung eine starke »relative Wirksamkeit« geschaffen wurde. Die absolute Risikoreduktion liegt für

- *Comirnaty*® bei 0,70 % – 141 Menschen muss die Injektion verabreicht werden, um eine einzige »bestätigte COVID-Erkrankung«, meist ein Bagatellereignis, zu verhindern.
- *Spikevax*® bei 1,3 % – hier müssen 91 Menschen die Injektion erhalten, um eine einzige »bestätigte COVID-Erkrankung« zu verhindern![189]

## FEHLENDE BERÜCKSICHTIGUNG VON 1.594 SYMPTOMATISCHEN, UNBESTÄTIGTEN COVID-19-FÄLLEN IN DER WIRKSAMKEITSBERECHNUNG

Die Definition des primären Wirksamkeitsparameters »PCR-bestätigte COVID-19-Erkrankung« eröffnet darüber hinaus großzügige Handlungsspielräume. »Handlungsspielraum« ergibt sich schon daraus, ob ein PCR-Test durchgeführt wird, oder nicht. So ergibt sich aus dem Abschnitt »Safety« eines »Briefing Documents«, das für eine Besprechung bei der FDA am 10. Dezember 2020 von *Pfizer* erstellt worden war, dass es insgesamt 3.410 vermutete symptomatische COVID-19-Erkrankungen gab, 1.594 (statt deklarierter 8 Fälle) in der Verumgruppe und 1.816 (statt deklarierter 162 Fälle) in der Placebogruppe. Diese Erkrankungen wurden aber nicht durch einen PCR-Test bestätigt. Daher wurden sie aus der Wirksamkeitsauswertung herausgenommen. Es heißt dort:

> »Von den insgesamt 3410 vermuteten, aber unbestätigten COVID-19-Fällen in der gesamten Studienpopulation traten

> 1594 in der Impfstoffgruppe gegenüber 1816 in der Placebogruppe auf.«[190]

Kati Schepis führt dazu aus:

> »Basierend auf diesen 1816 vs. 1594 ›suspected but unconfirmed‹ Fällen ergäbe sich eine relative Risikoreduktion (RRR, ›Wirksamkeit‹) von 12%. Würden die Zahlen von ›bestätigten COVID-Erkrankungen‹ und den ›Verdachtsfällen‹ aufsummiert, ergäbe dies ein Total von 1978 (Placebogruppe) versus 1602 (Impfstoffgruppe) – was einer relativen Risikoreduktion (RRR, ›Wirksamkeit‹) von noch lediglich 19% entspräche.«[191]

### INNERHALB VON 7 TAGEN NACH IMPFUNG 409 SYMPTOMATISCHE COVID-19-FÄLLE IN DER VERUMGRUPPE GEGENÜBER 287 FÄLLEN IN DER PLACEBOGRUPPE

Interessant ist auch, dass innerhalb von 7 Tagen nach der Impfung 409 symptomatische COVID-19-Fälle in der *Comirnaty*®-Gruppe auftraten, während es nur 287 Fälle in der Placebogruppe waren:

> »Die Zahl der COVID-19-Verdachtsfälle, die innerhalb von 7 Tagen nach einer Impfung auftraten, lag bei 409 in der Impfstoffgruppe und 287 in der Placebogruppe.«[192]

Auch wenn die Schlussfolgerung naheliegen könnte, es könnte sich dabei um Nebenwirkungen der Injektion handeln, wertet *Pfizer* diese Tatsache anders:

> »Es ist möglich, dass das Ungleichgewicht bei den COVID-19-Verdachtsfällen, die innerhalb von 7 Tagen nach der Impfung auftraten, auf eine Reaktogenität des Impfstoffs mit Symptomen

> zurückzuführen ist, die sich mit denen von COVID-19 überschneiden. Insgesamt geben diese Daten jedoch keinen Anlass zu der Besorgnis, dass die im Protokoll vorgesehene Meldung von vermuteten, aber unbestätigten COVID-19-Fällen klinisch bedeutsame unerwünschte Ereignisse verschleiert haben könnte, die andernfalls nicht entdeckt worden wären.«[193]

*Pfizer* geht damit davon aus, dass diese Symptome durch *Comirnaty*® ausgelöst werden, aber nichts mit einer Erkrankung zu tun haben.

Diese Ausführungen bedeuten nichts anderes, als dass die Injektionen COVID-19-Symptome auslösen können –, die sie eigentlich verhindern sollten –, aber weil sie durch die Injektionen hervorgerufen werden, werden sie nicht als COVID-19 klassifiziert.

## KEINE PRÜFUNG DARAUF, OB DIE INJEKTION DIE ÜBERTRAGUNG VERHINDERT UND STERILE IMMUNITÄT VERLEIHT

Aus den obigen Ausführungen über die festgelegten Wirksamkeitsparameter ergibt sich bereits, dass ein Wirksamkeitsparameter in Bezug auf die Frage nach der Verhinderung der Übertragung der Erkrankung nach Verabreichung der Injektion nicht festgelegt und damit auch nicht geprüft wurde. Trotzdem wird seitens des Gesetzgebers eine Verpflichtung zum Immunitätsnachweis für Mitarbeiter der Gesundheitsberufe und bei der Bundeswehr Pflicht zur Duldung der Verabreichung einer COVID-19-Injektion (Duldungspflicht) auferlegt – und diejenigen, die sich einer Injektion weigern, werden sanktioniert und bei der Bundeswehr auch kriminalisiert.

Auch das RKI informiert das BMG im Rahmen einer Stellungnahme zu einer geplanten Änderung der COVID-19-Testverordnung am 23. März 2022 darüber,

> Das RKI teilt dem BMG im März 2022 mit, dass »die Impfung eine Infektion und Ausscheidung von SARS-CoV-2 nach erfolgter Exposition nicht grundsätzlich verhindern kann«.

dass »[...] die Impfung eine Infektion und Ausscheidung von SARS-CoV2 nach erfolgter Exposition nicht grundsätzlich verhindern kann« und dass »im nosokomialen Bereich (Krankenhäuser...) [...] somit weiter ein Eintrag in die Einrichtungen durch das pflegende beziehungsweise ärztliche Personal [...] erfolgen« könne.[194]

Bestätigt wird das Fehlen entsprechender Tests – wie oben ersichtlich, war die Studie gar nicht entsprechend konzipiert – durch die *Pfizer*-Mitarbeiterin Janine Small anlässlich der Anhörung vor dem COVID-19-Ausschuss des Europaparlaments am 10. Oktober 2022.[195]

Trotz dieser Erkenntnis und des Eingeständnisses von *Pfizer* finden sich auf der Website der Bundesregierung immer noch diesbezüglich unrichtige Aussagen. Auf ihrer Website wirbt die Bundesregierung Stand August 2023 mit der Aussage:

> »Wer sich gegen das Coronavirus impfen lässt, schützt sich und andere vor schweren Krankheitsverläufen.«

Und:

> »Zudem hilft jede Corona-Impfung dabei, die Ausbreitung des Virus einzudämmen. So schützt jeder, der sich impfen lässt, auch die eigene Familie, Freunde und die Gemeinschaft – und insbesondere Menschen, die besonders gefährdet sind, z. B. wegen schwerer Erkrankungen oder Immunschwäche.«[196]

## AUFTRETENDE COVID-19-SYMPTOME SOLLEN NICHT ALS NEBENWIRKUNG ERFASST WERDEN

Aus dem Studienprotokoll der großen *Pfizer*-Studie C4591001 ergibt sich, dass die Prüfärzte angewiesen wurden, nach der Injektion auftretende COVID-19-Erkrankungen nicht als Nebenwirkungen, sondern in der Wirksamkeitsbewertung zu erfassen. Es heißt dort:

> »Hinweis: Mögliche COVID-19-Erkrankungen, die mit der Definition des klinischen Endpunkts übereinstimmen, sollten nicht als unerwünschte Ereignisse erfasst werden. Diese Daten werden nur auf den relevanten Seiten des CRF als Daten für die Wirksamkeitsbewertung erfasst, da es sich dabei um erwartete Endpunkte handelt.«[197]

Durch die Definition des Studien-Endpunktes können offensichtlich auch Nebenwirkungen verschleiert werden. Das wiederum passt ins Bild der Interpretation von *Pfizer* im oben zitierten FDA-Dokument, dass COVID-19-Symptome auf die Reaktogenität der Injektion zurückzuführen sein sollen.

## 5.3 KLAGE GEGEN *PFIZER, VENTAVIA* UND *ICON* WEGEN VERSTÖSSEN GEGEN DIE VORSCHRIFTEN ZUR DURCHFÜHRUNG KLINISCHER PRÜFUNGEN

In den USA ist eine auf der Website des »Department of Labor« veröffentlichte Klage gegen *Pfizer*[198] und seine mit der Durchführung der klinischen Prüfung beauftragten Partner *Ventavia Research Group LLC.* und *Icon Plc.* mittlerweile in der Zweiten Instanz anhängig, basierend auf dem Vorwurf des Verstoßes gegen den »False Claims Act«. Bei den neben *Pfizer* verklagten Unternehmen *Ventavia* und *Icon* handelt es sich um Unternehmen, die für *Pfizer* die klinische Studie organisiert und durchgeführt haben, sogenannte *Clinical Research Organisations* (CROs).

In dieser Klage wird den Unternehmen eine Vielzahl von Verstößen gegen das Prüfprotokoll und die FDA-Vorschriften vorgeworfen. Im Rahmen der Beantragung der Notfallzulassung hätten sie in betrügerischer Art und Weise falsche

> *Pfizer* werden in den USA im Rahmen eines Gerichtsverfahrens bei Durchführung der klinischen Studie zahlreiche Verstöße gegen die »Gute klinische Praxis« vorgeworfen.

Daten eingereicht und den Eindruck erweckt, die klinische Prüfung wäre in Übereinstimmung mit dem Prüfprotokoll und den einschlägigen Vorschriften durchgeführt worden.[199]

## VORGEWORFENE VERSTÖßE

Verstöße gegen das Studienprotokoll und die Grundsätze der »Guten klinischen Praxis« durch die eine klinische Studie durchführenden Unternehmen beeinträchtigen erheblich die Validität und Aussagekraft der klinischen Studie in Bezug auf die überprüften Parameter.

Das gilt besonders für den Vorwurf, *Ventavia* hätte nicht alle unerwünschten Ereignisse und schwerwiegenden unerwünschten Ereignisse (SAE) dokumentiert und gemeldet und auch die für die Auswertung der Studie wesentlichen Blutproben nicht ordnungsgemäß verarbeitet. *Pfizer* und *Icon* griffen trotz Kenntnis von diesen Verstößen nicht ein. Die Daten von *Ventavia* wurden trotz der Verstöße zur Beantragung der Notfallzulassung in den USA – und auch der bedingten Zulassung in der EU – vorgelegt.

Folgende sind die wesentlichen Verstöße:

1. *Ventavia* hat *Pfizer* und *Icon nicht* alle unerwünschten Ereignisse und schwerwiegenden unerwünschten Ereignisse (SAE) in der fraglichen klinischen Studie gemeldet. (S. 48 der Klageschrift)
2. Datenfälschungen und Fehler bei der Verarbeitung der Blutproben (unter anderem die Bestimmung weißer Blutkörperchen), die die Gültigkeit der Daten aller *Ventavia*-Patienten für die klinische Studie infrage stellen, weil spätere mögliche Veränderungen durch die Injektion nicht erkannt werden. (S. 50)
3. Probanden wurden nicht ausreichend untersucht. Es wurden Untersuchungen dokumentiert, die so nicht stattgefunden haben. (S. 53)
4. Es wurden entgegen Studienprotokoll schwangere Frauen und andere Teilnehmer in die Studie aufgenommen, obwohl sie die Einschlusskriterien nicht erfüllten. (S. 37)

5. Es wurden teilweise keine informierten Zustimmungen vor der Injektion eingeholt. (S. 38, 42 ff)
6. Unter Verstoß gegen das Studienprotokoll wurden Mitarbeiter von *Ventavia* und ihre Familienangehörigen in die klinische Studie aufgenommen. Das stellt einen schwerwiegenden Interessenkonflikt dar. (S. 39)
7. Entgegen dem Studienprotokoll haben in erheblichem Umfang Entblindungen stattgefunden. (S. 39 ff) Beispielsweise enthielten ca. 1.200 Krankenakten unzulässigerweise Informationen (Randomisierungsblätter), die darüber Aufschluss geben, ob der Studienteilnehmer ein Placebo oder Verum erhalten hat. Dies hat erhebliche Auswirkungen auf die Validität der Studie.
8. Die Lagerung des Impfstoffes geschah nicht immer ordnungsgemäß. Temperaturabweichungen wurden nicht an *Pfizer* gemeldet, und die von den Abweichungen betroffenen Impfstoffe wurden nicht immer ordnungsgemäß getrennt. (S. 42)
9. Überprüfungen durch *Pfizer* fanden nicht statt [Anm.: obwohl der Studiensponsor zum Audit der CROs verpflichtet ist]. (S. 43 f)
10. Das Auftauen des Impfstoffes geschah nicht ordnungsgemäß innerhalb der vorgeschriebenen 30 Minuten vor Applikation. *Pfizer* hat die Daten der betroffenen Patienten nicht aus der Studie entfernt. (S. 44)
11. Es wurden unzureichend geschulte Impfärzte eingesetzt. (S. 44 f)
12. Das vorgeschriebene Zeitfenster für die zweite Injektion wurde vielfach nicht eingehalten. (S. 45)
13. Es wurde eine unsachgemäße Verdünnung des konzentrierten Impfstoffes mit Kochsalzlösung, 1,7 ml statt 1,2 ml vorgenommen. (S. 46)
14. Die Überwachung der Studienteilnehmer nach Injektion war unzureichend. (S. 47)
15. Die Probandendaten waren ungenau und unvollständig. (S. 49)
16. Es wurden ungelernte Aushilfskräften mit der »Nachholung der Qualitätskontrolle« betraut. (S. 51)

*Pfizer, Icon* und der FDA wurden die Verstöße mitgeteilt, doch es wurde nicht interveniert.

In dem Rechtsstreit erhebt Brook Jackson, eine Mitarbeiterin von *Ventavia*, die die Verstöße entdeckt und ihrem Arbeitgeber und der FDA gemeldet hatte[200], den Vorwurf, *Pfizer* habe das Verteidigungsministerium getäuscht. Im Rahmen des zwischen der Regierung und *BioNTech/Pfizer* bestehenden Liefervertrages sei ein Arzneimittel geliefert worden, dessen FDA-Zulassung auf einer klinischen Studie beruhe, die unter Verstoß gegen die geltenden Grundsätze der »Guten klinischen Praxis« durchgeführt werde und deren vorgelegte Ergebnisse daher nicht valide seien. Zwischen dem Verteidigungsministerium (Department of Defense, DoD) und *BioN Tech/Pfizer* war nach Abschluss der klinischen Prüfung Phase 1 ein Vertrag über die Lieferung von 100 Millionen Dosen *Comirnaty*® im Volumen von 1,95 Milliarden US-Dollar abgeschlossen worden.

Trotz dieser bekannt gewordenen Vorwürfe werden die Verfehlungen von *Pfizer* in Deutschland zwar als »unschöne Vorkommnisse« bewertet; doch reiche es nicht aus, »um an der Qualität der klinischen Studie von Biontech/Pfizer zu zweifeln«[201]. So redet man sich auch »unschöne Dinge« wieder schön.

## FORTGANG DES RECHTSSTREITS

In den USA tritt die Regierung dem Rechtsstreit auf Seiten *Pfizer* bei und lässt sich dahingehend ein, der Vertrag enthalte keine Regelung, nach der die Zahlung durch die Regierung unter der Bedingung der Einhaltung des Studienprotokolls oder gesetzlicher Vorschriften stehe. Zudem beinhalte der Vertrag keine Regelung über die Durchführung klinischer Studien. Die einzige Voraussetzung für die Zahlung sei, dass eine FDA-Zulassung bestehe.

Mit anderen Worten: *BioNTech/Pfizer* können nach Belieben agieren, solange die FDA die Zulassung für die Injektion erteilt.

Eine erteilte Zulassung – auch wenn sie auf unrichtigen Annahmen beruht – reicht dem Verteidigungsministerium (DoD) aus.

Dieser Argumentation schloss sich der Richter an und wies die Klage in Erster Instanz ab.[202]

Nach neuesten Informationen wurde das Rechtsmittel von Brook Jackson gegen das zurückweisende Urteil zugelassen. Der Rechtsstreit geht somit in die zweite Runde.[203]

## 5.4 ZULASSUNGSSTUDIEN ALS BESONDERE BEDINGUNG DER BEDINGTEN ZULASSUNG

Auch die klinischen Studien waren Gegenstand besonderer Bedingungen der bedingten Zulassungen. Die »randomisierten, placebokontrollierten, beobachterverblindeten Studie(n)« von *BioNTech* und *Moderna* sollten mindestens 2 Jahre weitergeführt werden, und die Abschlussberichte für die weiterzuführenden klinischen Prüfungen waren Ende 2022 beziehungsweise Mitte oder Ende 2023 vorzulegen.

### ENTBLINDUNG UND AUFLÖSUNG DER PLACEBOGRUPPE BEREITS AB JANUAR 2021

Dabei geht aus dem Beurteilungsbericht der EMA zur Verlängerung der bedingten Zulassung für *Comirnaty*® (EMA/596333/2021) auf S. 15 hervor, dass die ursprünglich 21.828 Studienteilnehmer der Placebogruppe der Studie »C4591001/BNT162b2« (S. 78 des Beurteilungsberichts vom 21. Februar 2021) zum Zeitpunkt der Verlängerung der bedingten Zulassung bereits auf 1.053 Studienteilnehmer geschrumpft war. Insgesamt erhielten nahezu alle Studienteilnehmer, 41.368, das Verum.

Diese Informationen decken sich auch mit den in den öffentlichen Medien enthaltenen Berichten, dass sowohl *Pfizer* als auch

*Moderna* ihren Studienteilnehmern der Placebogruppe Anfang 2021 anboten, das Verum zu erhalten; der größte Teil der Teilnehmer hatte daraufhin das Verum gewählt.[204]

Auch *Moderna* führt auf seiner Website aus, dass 98 % der Placebo-Studienteilnehmer die Impfung erhalten haben.[205]

Was war passiert?

Treibende Kraft für die Entblindung der Studienteilnehmer und Verabreichung des Verums an die Placebogruppe war die WHO, neben der EMA und der FDA: Bereits im Dezember 2020 »empfiehlt« eine Sachverständigengruppe der WHO, die Placebogruppen der klinischen Studien zu COVID-19-Injektionen sukzessive zu entblinden, wenn zugelassene Injektionen verfügbar seien.[206]

Die WHO-Empfehlung ist Türöffner für zukünftigen Verzicht auf Erkenntnisse zur Langzeitanwendung der in Pandemien angewendeten Arzneimittel mit entsprechendem immensem Risiko für die Bevölkerung.

Begründet wird die Empfehlung mit ethischen Erwägungen: Bei einer Pandemie sei nicht vertretbar, Menschen das Verum vorzuenthalten, wenn es bereits ein zugelassenes Arzneimittel gebe.

Dabei scheint die Sachverständigengruppe gar nicht zu berücksichtigen, dass es sich lediglich um bedingt beziehungsweise in anderen Ländern um nur notfallmäßig erteilte Zulassungen handelt und aufgrund der unzureichenden klinischen Daten die Aufrechterhaltung einer placebo-kontrollierten klinischen Studie gerade für die Beurteilung der Langzeitwirkungen einer Injektion beziehungsweise eines Arzneimittels unabdingbar sind.

Angesichts der geplanten Ausweitung der Befugnisse des Generaldirektors der WHO, ohne Überprüfungsmöglichkeit Pandemien auszurufen, erscheint diese Empfehlung als Türöffner für zukünftigen Verzicht auf Erkenntnisse zur Langzeitanwendung der in Pandemien angewendeten Arzneimittel. Das ist skandalös, wenn man bedenkt, welch immenses Risiko für die Bevölkerung besteht, die diese im Wesentlichen ungeprüften

Arzneimittel verabreicht bekommt – womöglich wieder unter enormem Druck.

Trotz der Tatsache, dass die Placebo-Gruppe der Hauptstudie für *Comirnaty*® (»C4591001/ BNT 162-02«) im Prinzip aufgelöst ist, ist auf S. 18 des EPAR zur Verlängerung der bedingten Zulassung im Oktober 2021 immer noch von einer »placebo-kontrollierten Studie« die Rede. Mit keinem Wort erwähnt der CHMP, dass sich die Charakterisierung der Studie wesentlich geändert hat und sie keine placebo-kontrollierte Studie mehr ist.

Durch den Wegfall der Placebo-Gruppe als Kontrollgruppe für die Wirksamkeit und Sicherheit (Nebenwirkungsrate) ist somit die Bewertung der

– Wirksamkeit, aber auch
– der Sicherheit und
– Langzeitwirkungen der Impfung

unmöglich geworden!

Insbesondere die 2-jährige Nachverfolgung, die ausweislich der Ausführungen der EMA im Beurteilungsbericht für die Verlängerung der Zulassung Gegenstand der SO 6 war, kann nicht mehr vergleichend erfüllt werden.

Seit Anfang 2021 existieren die ehemals placebo-kontrollierten Studien somit nicht mehr, die Gegenstand der besonderen Bedingungen der Zulassungsbescheide von *BioNTech* und *Pfizer* waren!

Dass die Studien seit Anfang 2021 nicht mehr existieren, wird auch bestätigt durch die Pressemitteilung von *BioNTech* und *Pfizer* vom 18. November 2020 (!). Der Titel lautet: »Pfizer und BioNTech schließen Phase-3-Studie erfolgreich ab: Impfstoffkandidat gegen COVID-19 erreicht alle primären Endpunkte«[207].

Weiter wird in der Pressemitteilung darüber berichtet, dass die Abschlussanalyse (!) stattgefunden habe; es ist keine Rede von einer Analyse aufgrund von Zwischenergebnissen.

## ERTEILUNG DER REGULÄREN ZULASSUNG FÜR *COMIRNATY*® UND *SPIKEVAX*® VOR BEENDIGUNG DER KLINISCHEN STUDIEN

Im Oktober 2022 wandelt die EU-Kommission auf Empfehlung des CHMP die bedingten Zulassungen der COVID-19-Injektionen in reguläre Zulassungen mit 5-jähriger Geltungsdauer um. Aus dem EPAR ergibt sich, dass *BioNTech* einen Antrag auf vorzeitige Beendigung der Studien und damit auch auf Streichung der besonderen Bedingungen zur Vorlage von Abschlussberichten für die ursprüngliche Studie »C4591001« und die Kinderstudie »C4591007« gestellt hatte.[208]

Begründung für *BioNTechs* Antrag: Weil die Kontrollgruppe in der Studie »C4591001« aufgelöst ist, sind keine weiteren Ergebnisse für das Sicherheits- und Wirksamkeitsprofil von *Comirnaty*® aus dieser Studie zu erwarten.

Diese Begründung wird seitens des CHMP als plausibel bewertet und akzeptiert: Die besonderen Bedingungen zur Weiterführung klinischer Studien werden gestrichen – und diese Streichung betrifft nicht nur die Erwachsenen- sondern auch die Kinderstudie!

In der Zusammenfassung heißt es:

> »Unter Berücksichtigung der Impfung eines großen Teils der Kontrollarmpatienten in der Studie C4591001, die unvermeidlich war, ist man sich darüber einig, dass die weitere Nachverfolgung keine weiteren Informationen mehr über das Sicherheits- und Wirksamkeitsprofil von Comirnaty zeigen wird. Somit wird die Rechtfertigung des Zulassungsinhabers für den vorzeitigen Studienabbruch C4591001 als gerechtfertigt angesehen. Ebenso wird aufgrund weiterer Eingriffe [Anm.: Injektionen der Placebo-Gruppe] nach der Primärreihe nicht erwartet, dass die ausstehenden Daten der Studie C4591007 [Anm.: das war die Studie mit Kindern] das Nutzen-Risiko-Profil von Comirnaty in den derzeit zugelassenen pädiatrischen Indikationen [Anm.: 5–17 Jahre] ändern werden. Deshalb wird die Begründung für

> die Streichung der Studie C4591001 und der Studie C4591007 von der Liste der besonderen Verpflichtungen vom Ausschuss als akzeptabel erachtet.«

Das bedeutet: Die Zulassungsinhaber lösen mit der Begründung der ethischen Unvertretbarkeit der Verwendung von Placebos während einer »Pandemie« die Kontrollgruppe auf und können dann die Studie abbrechen, weil sie keine Informationen über das Sicherheits- und Wirksamkeitsprofil des Arzneimittels mehr liefern kann.

Mit diesen Ausführungen räumt die Behörde ein, dass die gegenüber der Öffentlichkeit als so aussagekräftig und groß angelegt gepriesene Studie bereits kurz nach Erteilung der bedingten Zulassung im Hinblick auf die Aussagefähigkeit des Wirksamkeits- und Sicherheitsprofils völlig nutzlos wurde.

Wer hat die Bevölkerung darüber informiert, dass die großen Studien keine aussagekräftigen Ergebnisse mehr liefern können?

Die noch ausstehenden Studienergebnisse sollen nunmehr als Kategorie-3-Studien im Rahmen von Verpflichtungen gemäß »Risk Management Plan« im Dezember 2024 vorgelegt werden. Ob dies für die Studie von *BioNTech/Pfizer* angesichts ihrer frühen Beendigung geschieht, bleibt abzuwarten.

Für *Spikevax*® wird im Beurteilungsbericht für die Verlängerung ebenfalls ausgeführt, dass nicht erwartet werde, dass die noch ausstehenden Studiendaten wesentliche neue bestätigende Nachweise erbringen werden, die Auswirkungen auf das Nutzen-Risiko-Profil von *Spikevax*® hätten. Die Studien werden auch hier fortgeführt als gemäß »Risk Management Plan« durchzuführende Studien der Kategorie 3.

Das Schlimmste hierbei ist, dass auch die Kinderstudien aus der Liste der besonderen Bedingungen gestrichen wurden. Auch für die Kinder werden keine weiteren Erkenntnisse mehr erwartet, obwohl die Erkenntnisse zum Zeitpunkt der Zulassung auch für die Kinder nicht einmal als rudimentär bezeichnet werden können (s. Teil IV, Kapitel 3, S. 475).

EMA, WHO und FDA haben in Kooperation mit den Zulassungsinhabern dafür gesorgt, dass die ursprünglichen placebo-kontrollierten Studien nach wenigen Monaten aufgelöst wurden. Die Auflösung der Studien führte formal dazu, dass *BioNTech* und *Moderna* die ihnen im Rahmen der Erteilung der bedingten Zulassungen auferlegten Bedingungen zur Klinik nicht mehr erfüllen konnten. Das hätte – in ordnungsgemäßer Anwendung des europäischen Arzneimittelrechts – zu einer Rücknahme der bedingten Zulassungen führen müssen; die Zulassungsinhaber waren nicht mehr in der Lage, die Bedingungen zu erfüllen. Was in solchen Fällen zu geschehen hat, regelt Art. 20a Satz 2 der VO 726/2004 eindeutig:

> Die Kommission erlässt nach dem Verfahren in Artikel 10 einen Beschluss zur Änderung, zur Aussetzung oder zum Widerruf der Zulassung.

Stattdessen wurden die Zulassungsinhaber damit belohnt, dass sie für sämtliche Versionen ihrer Injektionen reguläre Zulassungen erhielten!

> Auch die Kinderstudien wurden aus der Liste der besonderen Bedingungen gestrichen, obwohl die Erkenntnisse zum Zeitpunkt der Zulassung für die Kinder nicht einmal als rudimentär bezeichnet werden können.

1 https://www.pei.de/DE/newsroom/hp-meldungen/2020/201005-ema-hat-erstes-bewertungsverfahren-covid-19-impfstoff-fuer-europa-gestartet.html

2 https://www.ema.europa.eu/en/news/ema-starts-second-rolling-review-covid-19-vaccine

3 https://investors.biontech.de/de/news-releases/news-release-details/pfizer-und-biontech-haben-antrag-auf-bedingte-zulassung-fuer

4 https://www.ema.europa.eu/en/news/ema-starts-rolling-review-mrna-covid-19-vaccine-moderna-biotech-spain-sl

5 https://www.ema.europa.eu/en/news/ema-receives-application-conditional-marketing-authorisation-moderna-covid-19-vaccine

6 https://www.pei.de/DE/newsroom/hp-meldungen/2021/210106-eu-zulassung-covid-19-impfstoff-moderna.html

7 ABl Nr. L 20 vom 31.1.2022, S. 1 ff; https://eur-lex.europa.eu/legal-content/DE/TXT/PDF/?uri=CELEX:32022R0123

8 https://www.medpagetoday.com/special-reports/exclusives/97544

9 https://www.ema.europa.eu/en/documents/assessment-report/comirnaty-epar-public-assessment-report_en.pdf

10 https://www.ema.europa.eu/en/documents/assessment-report/spikevax-previously-covid-19-vaccine-moderna-epar-public-assessment-report_en.pdf

11 https://www.ema.europa.eu/en/documents/assessment-report/vaxzevria-previously-covid-19-vaccine-astrazeneca-epar-public-assessment-report_en.pdf

12 https://www.ema.europa.eu/en/documents/assessment-report/covid-19-vaccine-janssen-epar-public-assessment-report_en.pdf

13 https://www.pei.de/DE/newsroom/hp-meldungen/2020/201221-europaeische-kommission-erteilt-zulassung-covid-19-impfstoff-biontech-pfizer-eu.html

14 https://www.pei.de/DE/newsroom/hp-meldungen/2020/201005-ema-hat-erstes-bewertungsverfahren-covid-19-impfstoff-fuer-europa-gestartet.html

15 EMA/CHMP/509951/2006, Rev.1; https://www.ema.europa.eu/en/documents/scientific-guideline/guideline-scientific-application-practical-arrangements-necessary-implement-commission-regulation-ec/2006-conditional-marketing-authorisation-medicinal-products-human-use-falling_en.pdf ; »The uncertainties related to the absence of comprehensive clinical data in a conditional marketing authorisation generally require that uncertainties deriving from other parts of the application are kept to a minimum. For a conditional marketing authorisation, comprehensive non-clinical and pharmaceutical data should be available and only the clinical data could be less comprehensive than is normally the case.«

16 So beispielsweise BVerfG, Beschluss vom 14.04.1987 - 1 BvL 25/84 -, BVerfGE 75, 166; BVerwG; Urteil vom 22.01.1998 - 3 C 6.97 -, BVerwGE 106, 141

17 https://www.nature.com/articles/d41573-022-00191-2; Alle folgenden Zitate stammen aus diesem Interview: »All the bureaucracy fell away. We were doing things in parallel, looking at data and doing the manufacturing. Usually, manufacturing doesn't get involved until years into a programme.«; »We threw a lot away that wasn't working, but we always had other things already at scale to take forward.«; »[In March 2020] when our CEO said, ›Get it done before the end of the year‹, I said, ›This is crazy!‹ But money was not an issue – and, then, you can do amazing things in an amazing amount of time. We got creative – we couldn't wait for data, we had to do so much ›at risk‹. We flew the aeroplane while we were still building it.«

18 https://www.bundesgesundheitsministerium.de/gmp.html

19 BVerwG, Az. 3 C 18/15 v. 17.8.2017; https://www.bverwg.de/170817U3C18.15.0

20 https://www.bundesgesundheitsministerium.de/fileadmin/Dateien/3_Downloads/Statistiken/GKV/Bekanntmachungen/GMP-Leitfaden/Kapitel_1_Pharmazeutisches_Qualitaetssystem.pdf

21 https://www.pei.de/DE/service/faq/coronavirus/faq-coronavirus-node.html

22 S. beispielsweise https://www.berliner-zeitung.de/wirtschaft-verantwortung/chemiker-fragen-biontech-gibt-es-unterschiede-bei-den-chargen-des-impfstoffs-li.345576

23 http://eudragmdp.ema.europa.eu/inspections/logonGeneralPublic.do

24 »Ad 2.3.4) The authorisation is limited to the importation and release of the following RNA constructs: BNT-162a1, BNT-162b1 and BNT-162b2. Quality control testing is conducted at the BioNTech Facility at An der Goldgrube 12, 55131 Mainz and in external quality control labs«

25 https://pubmed.ncbi.nlm.nih.gov/32387564/

26 Miller, Şahin, Türeci, Projekt Lightspeed, Rowohlt Verlag, Hamburg 2021

27 https://www.who.int/europe/emergencies/situations/covid-19

28 https://www.who.int/europe/emergencies/situations/covid-19

29 https://www.bmj.com/content/372/bmj.n627

30 Crommelin et al., »Addressing the Cold Reality of mRNA Stability«. In: J Pharm Sci 2021 Mar; 110(3):997-1001. , doi: 10.1016/j.xphs.2020.12.006. Epub 2020 Dec 13; https://www.ncbi.nlm.nih.gov/pmc/articles/PMC7834447/pdf/main.pdf

31 Crommelin et al., a. a. O., S. 998

32 Crommelin et al., a. a. O.

33 K. Langer, »Nanotechnologie der Covid-19-Vakzinen« In: Pharmazeutische Zeitung, 11.04.2021; https://www.pharmazeutische-zeitung.de/nanotechnologie-der-covid-19-vakzinen-124828/seite/alle/

34 Crommelin et al., a. a.O., S. 998

35 Crommelin et al., a. a. O., S. 1000

36 Ebenda, »We conclude that systematic approaches to identify the key physicochemical degradation mechanism(s) of formulated mRNA vaccine candidates are currently lacking. (s. Abstract)«

37 Crommelin et al., a. a. O., S. 1000

38 S. Oetzel, »RNA mit großem therapeutischem Potenzial« In: Deutsche Apothekerzeitung (DAZ), 11/2021; https://www.deutsche-apotheker-zeitung.de/daz-az/2021/daz-11-2021/rna-mit-grossem-therapeutischem-potenzial

39 N. Podbregar, »Die Tücke liegt im Detail« In: Scinexx, 8.10.2021; https://www.scinexx.de/dossierartikel/die-tuecke-liegt-im-detail/

40 Katalin Karikó war laut ihrem LinkedIn-Profil von November 2013 bis Oktober 2022 Senior Vice President bei BioNTech. Gleichzeitig war sie »Adjunct Professor« – außerplanmäßige Professorin – an der University of Pennsylvania, School of Medicine seit 1989. Seit April 2021 wird sie ausweislich Wayback-Machine auf der Website der der University of Pennsylvania, Perelman School of Medicine im Fachbereich Neurochirurgie geführt. https://web.archive.org/web/20210408055236/https://www.med.upenn.edu/apps/faculty/index.php/g346/p13418

41 https://pubchem.ncbi.nlm.nih.gov/patent/US-8278036-B2#section=Full-Text

42 https://patents.google.com/patent/US8278036B2/en

43 https://www.ncbi.nlm.nih.gov/pmc/articles/PMC2775451/; »We found that mRNAs containing pseudouridines have a higher translational capacity than unmodified mRNAs [...] These findings indicate that nucleoside modification is an effective approach to enhance stability and translational capacity of mRNA while diminishing its immunogenicity in vivo. Improved properties conferred by pseudouridine make such mRNA a promising tool for both gene replacement and vaccination.«

44 https://echa.europa.eu/de/regulations/nanomaterials

45 ABl EG Nr. L 396 vom 30.12.2006, S. 1 ff; https://eur-lex.europa.eu/legal-content/DE/TXT/HTML/?uri=CELEX:02006R1907-20230629

46 Amtsblatt EG Nr. L 353 vom 31.12.2008, S. 1 ff; https://eur-lex.europa.eu/legal-content/DE/TXT/?uri=celex%3A32008R1272

47 https://ec.europa.eu/health/scientific_committees/opinions_layman/en/nanotechnologies/index.htm#6

48 https://ec.europa.eu/health/scientific_committees/opinions_layman/en/nanotechnologies/l-2/6-health-effects-nanoparticles.htm#1; »There remain many unknown details about the interaction of nanoparticles and biological systems and more information on the response of living organisms to the presence of nanoparticles of varying size, shape, chemical composition and surface characteristics is needed to understand and categorize the toxicity of nanoparticles.«

49 https://ec.europa.eu/health/scientific_committees/opinions_layman/en/nanotechnologies/l-2/6-health-effects-nanoparticles.htm#4

50 Website der ECHA, a. a. O.

51 Website der ECHA a. a. O.; »Because of the specific characteristics of nanoparticles, conventional toxicity tests may not be enough to detect all their possible harmful effects. Therefore, a series of specific tests was proposed to assess the toxicity of nanoparticles used in drug delivery systems. One mechanism of toxicity of nanoparticles is likely to be the induction of oxidative stress in cells and organs. Testing for interaction of nanoparticles with proteins and various cell types should be considered as part of the toxicological evaluation.«; »With the exception of airborne particles delivered to the lung, information on the behaviour of nanoparticles in the body including distribution, accumulation, metabolism, and organ specific toxicity is still minimal.«

52 Missaoui et al., »Toxicological status of nanoparticles: What we know and what we don't know« In: Chemico-Biological Interactions, Volume 295, 1 November 2018, S. 1–2; https://www.ncbi.nlm.nih.gov/pmc/articles/PMC8427273/; »Although the use of NPs for gene therapy is a promising approach for the treatment of diseases such as cancer, viral infections and some inherited diseases, the application of cationic NP has been known to illict strong immunological responses and the overall safety and effectiveness of these strategies are still under investigation.«

53 Missaoui et al., a. a. O.: »This correlates with the observation that smaller size NPs usually exhibit higher tissue distribution and cause more serious side effects compared to larger sized NPs, even though these NPs are made of the same components.«

54 Unter Bezug auf eine Veröffentlichung deutscher Wissenschaftler, Paul J. A. Borm und Wolfgang Kreyling, im Journal of Nanoscience and Nontechnology, Volume 4, Number 5, May 2004, S. 521–531 werden die nachfolgend aufgeführten Untersuchungen für erforderlich gehalten. Hierbei ist anzumerken, dass sich die Ausarbeitung von Borm/Kreyling auf die Toxizitätsuntersuchung inhalierter NP bezieht. Diese Untersuchungen werden aber unter anderem aufgrund der Erkenntnis für erforderlich gehalten, dass die NP aus der Lunge in den Blutkreislauf gelangen. Injizierte NP gelangen ebenfalls in den Blutkreislauf und damit in zahlreiche Organe, sodass auch und erst recht für sie die entsprechenden Untersuchungen erforderlich sind.

55 Beurteilungsbericht für Comirnaty® vom 19.2.2021, EMA/707383/2020 Corr.1, S. 34; Beurteilungsbericht für Spikevax® vom 11.3.2021, EMA/15689/2021/Corr.1, S. 22

56 Beurteilungsberichte für Comirnaty® und Spikevax®, jeweils a. a. O.

57 Gabriele Segalla, »Chemical-physical criticality and toxicological potential of lipid nanomaterials contained in a COVID-19 mRNA vaccine« In: International Journal of Vaccine Theory, Practice, and Research 3(1), 26.1.2023, S. 787 ff; https://www.researchgate.net/publication/367460284_Chemical-physical_criticality_and_toxicological_potential_of_lipid_nanomaterials_contained_in_a_COVID-19_mRNA_vaccine

58 https://web.archive.org/web/20210820012604/https://www.echelon-inc.com/product/alc-0315/; »ALC-0315 is a cationic lipid which has been used to form lipid nanoparticles for delivery of RNA. ALC-0315 is one of the components in the BNT162b2 vaccine against SARS-CoV-2 in addition to ALC-0159, DSPC, and cholesterol. This product is for research use only and not for human use.«

59 Safety Data Sheet, Pfizer-BioNTech COVID-19 Vaccine v. 7.12.2021; https://safetydatasheets.pfizer.com/DirectDocumentDownloader/Document?prd=PF00092%7e%7ePDF%7e%7eMTR%7e%7ePFEM%7e%7eDE%7e%7ePFIZER

60 KommissionsVO Nr. 2020/878 v. 18.6.2020, ABl Nr. L 203, S. 28 ff; https://eur-lex.europa.eu/legal-content/DE/TXT/PDF/?uri=CELEX:32020R0878&rid=1

61 https://www.pei.de/DE/service/faq/coronavirus/faq-coronavirus-node.html

62 https://www.infektionsschutz.de/mediathek/fragen-antworten/?tx_sschfaqtool_pi1%5Baction%5D=list&tx_sschfaqtool_pi1%5Bcontroller%5D=FAQ&tx_sschfaqtool_pi1%5Bfaq%5D=4558&cHash=48493c75b97e8c416c8e226a12ff9fde

63 Quarterly report pursuant to section 13 or 15 (d) of the Securities Exchange Act of 1934, For the quarterly period ended June 30, 2020; https://www.sec.gov/Archives/edgar/data/1682852/000168285220000017/mrna-20200630.htm; »Most of our investigational medicines are formulated and administered in an LNP which, when administered, may lead to systemic side effects related to the components of the LNP, some of which may not have been previously tested in humans. While we have continued to optimize our LNPs, there can be no assurance that our LNPs will not have undesired effects. Our LNPs could contribute, in whole or in part, to one or more of the following: immune reactions, infusion reactions, complement reactions, opsonization reactions, antibody reactions, or reactions to PEG. Certain aspects of our investigational medicines may induce immune reactions from either the mRNA or the lipid as well as adverse reactions within liver pathways or degradation of the mRNA or the LNP, any of which could lead to significant adverse events in one or more of our clinical trials. Many of these types of side effects have been seen for previously developed LNPs. There may be resulting uncertainty as to the underlying cause of any such adverse event, which would make it difficult to accurately predict side effects in future clinical trials and would result in significant delays in our programs.«

64 https://patents.google.com/patent/US10485884B2/en

65 1) »Unfortunately, for positively charged liposomes and lipoplexes elevated toxicity has been reported, which can be a problem for the application of such preparations as pharmaceutical products.«

2) »So far, selective expression in a given target organ or cellular moiety, avoiding expression in off-target organs, could not be realized sufficiently [...] for example, transfection in lung, liver, spleen, kidneys, and heart has been reported. Avoiding targeting of lung and liver has proven to be particularly difficult, because, in many cases, lung and liver targeting are predominant [...] Liver is a typical target organ for liposomes and formulations with lipophilic compounds like the lipids present in the lipoplexes.

For RNA based immunotherapy, lung or liver targeting can be detrimental, because of the risk of an immune response against these organs.«

66 »The use of buffer which is often necessary for pharmaceutical applications and ions can lead to aggregation of lipoplexes which makes them unsuitable for parenteral application to patients [...]

In PBS buffer, the same effect is more prominent. Lipoplexes with a positive or neutral charge ratio form larger particles (partially stabilized by the positive charges [...]).In 150 mM sodium chloride as well as in PBS buffer a positive 2/1 DOTMA/RNA charge ratio leads to largely increased/aggregated particle sizes with a polydispersity index greater than 0.4. This result indicates that positive charges are not suitable to stabilize lipoplexes and that aggregation has to be expected for the positively charged lipoplexes also under physiological conditions.«

67 https://www.ema.europa.eu/en/documents/variation-report/comirnaty-h-c-5735-x-0044-g-epar-assessment-report-extension_en.pdf

68 Ndeupen et al., »The mRNA-LNP platform's lipid nanoparticle component used in preclinical vaccine studies is highly inflammatory«; published online 2021 Nov 20. Doi; 10.1016/j.isci.2021.103479

69 https://www.ema.europa.eu/en/news/cyberattack-european-medicines-agency

70 https://www.bmj.com/content/372/bmj.n627

71 K. Mc Kernan et al, »Sequencing of bivalent Moderna and Pfizer mRNA vaccines reveals nanogram to microgram quantities of expression vector dsDNA per dose«; https://osf.io/b9t7m/

72 µg = Nanogramm, s. Rapporteurs Rolling Review, S. 78

73 K. Mc Kernan et al, a. a. O.

74 »Affenvirus an Krebsentstehung beteiligt? SV40 in Tumoren bei non-Hodgkin Lymphom nachgewiesen«; https://www.scinexx.de/news/medizin/affen-virus-an-krebsentstehung-beteiligt/

75 Ebenda

76 https://www.nature.com/articles/d41573-022-00191-2

77 »But the mRNA platform wasn't ready for prime time. There were stability issues, formulation issues, that we needed to solve. In 2020, it was only a research process and it needed to be scaled up. Usually, you start with a small reactor, and then you go to bigger and bigger reactors. We didn't have time to do this. Instead, we just cloned this relatively small-scale research process many times and over multiple sites to get to the capacity to produce billions of doses.«

78 https://www.pei.de/DE/service/faq/faq-coronavirus-inhalt2.html

79 https://www.ema.europa.eu/en/documents/variation-report/comirnaty-h-c-5735-r-0046-epar-assessment-report-renewal_en.pdf

80 https://www.ema.europa.eu/en/documents/variation-report/spikevax-previously-covid-19-vaccine-moderna-h-c-5791-r-0074-epar-assessment-report-renewal_en.pdf

81 https://www.bmg-longcovid.de/infobox/wissenswertes-zu-nebenwirkungen-von-covid-19-impfstoffen-und-zum-impfschadensrecht

82 ABl EU Nr. L 4 v. 7.1.2019, S. 24 ff; https://eur-lex.europa.eu/legal-content/DE/TXT/PDF/?uri=CELEX:32019R0005&from=lt

83 https://www.ema.europa.eu/en/documents/assessment-report/comirnaty-epar-public-assessment-report_en.pdf

84 https://www.ema.europa.eu/documents/assessment-report/spikevax-previously-covid-19-vaccine-moderna-epar-public-assessment-report_en.pdf

85 FAQ Coronavirus SARS-CoV-2/COVID-19; https://www.pei.de/DE/service/faq/faq-coronavirus-inhalt2.html

86 https://ec.europa.eu/health/documents/community-register/2021/20211004153286/dec_153286_de.pdf

87 https://www.pei.de/DE/service/faq/faq-coronavirus-inhalt2.html

88 https://www.ema.europa.eu/en/documents/variation-report/comirnaty-h-c-5735-r-0137-epar-assessment-report-renewal_en.pdf

89 https://de.wikipedia.org/wiki/Glykosylierung

90 https://www.mpg.de/21261/Proteinfaltung

91 https://www.pei.de/DE/service/faq/faq-coronavirus-inhalt2.html

92 www.howbad.info

93 Beurteilungsbericht des CHMP, EMA/707373/2020 Corr. 1, S. 50

94 Beurteilungsbericht des CHMP, EMA/15689/2021 Corr. 1, S. 44

95 Website BioNTech: https://mrnaverstehen.biontech.de/de/startseite/der-wirkort-von-mrna-impfstoffen.html [abgerufen am 28.8.2023]

96 Website BioNTech, a. a. O.

97 Website BioNTech, a. a. O.

98 Pardi et al., »Expression kinetics of nucleoside-modified mRNA delivered in lipid nanoparticles to mice by various routes« In: Journal of controlled release, Volume 217, 10. November 2015, S. 345–351; https://www.sciencedirect.com/science/article/abs/pii/S0168365915300535?via%3Dihub

99 Herbert Pfarrhofer, »Teil des Covid-19-Impfstoffes könnte aus Österreich kommen« In: Die Presse, 2.9.2020; https://www.diepresse.com/5861311/teil-des-covid-19-impfstoffes-koennte-aus-oesterreich-kommen

100 https://phmpt.org/wp-content/uploads/2022/03/125742_S1_M4_4223_185350.pdf

101 https://phmpt.org/wp-content/uploads/2022/03/125742_S1_M2_24_nonclinical-overview.pdf

102 R. Dwivedi, »Research looks at inflammatory nature of lipid nanoparticle component in mRNA vaccines«; https://www.news-medical.net/news/20210315/Research-looks-at-inflammatory-nature-of-lipid-nanoparticle-component-in-mRNA-vaccines.aspx

103 Ndeupen et al., »The mRNA-LNP platform's lipid nanoparticle component used in preclinical vaccine studies is highly inflammatory«; https://www.ncbi.nlm.nih.gov/pmc/articles/PMC7941620/

104 https://patents.google.com/patent/US10485884B2/en

105 Yu et al., »Reactive Oxygen Species-Related Nanoparticle Toxicity in the Biomedical Field« In: Nanoscale research letters, (2020), 15:115; https://www.ncbi.nlm.nih.gov/pmc/articles/PMC7239959/pdf/11671_2020_Article_3344.pdf

106 https://tkp.at/2022/05/06/impfung-bringt-13-billionen-mrna-spikes-in-35-billionen-koerperzellen/ ; https://tkp.at/wp-content/uploads/2022/05/Jean-Michel-Claverie.pdf

107 https://www.naturalnews.com/2022-08-17-babies-lab-rats-vaccinated-covid-rib-malformations.html

108 Beurteilungsbericht des CHMP, EMA/15689/2021 Corr. 1, S. 51

109 Bowman et al., »Lack of effects on female fertility and prenatal and postnatal offspring development in rats with BNT162b2, a mRNA-based COVID-19 vaccine«; https://www.ncbi.nlm.nih.gov/pmc/articles/PMC8163337/

110 https://patents.google.com/patent/WO2021213945A1

111 »SARS-CoV-2 neutralizing antibody titers were found in the majority of females just prior to mating (M-14), in most females and foetuses at the end of gestation (GD21), and in most offspring at the end of lactation (PND21). There was transient reduced body weight gain and food consumption after each dose. No effects on the estrous cycle or fertility index were observed. While there was an increase (~2x) of pre- implantation loss (as compared to control), the pre-implantation loss percent observed in the vaccinated group was within historical control data range (5.1%- 11.5%). Among foetuses (from a total of n=21 dams/litters), there was a very low incidence of gastroschisis, mouth/jaw malformations, right sided aortic arch, and/or cervical vertebrae abnormalities. Regarding skeletal findings, the exposed group had comparable to control group levels of presacral vertebral arches supernumerary lumbar ribs, supernumerary lumbar short ribs, caudal vertebrae number <5).«

112 https://web.archive.org/web/20230316183155/https://www.biontech.com/de/de/home/pipeline-and-products/platforms/our-mrna-platforms.html

113 https://t.me/RA_Roehrig/3963

114 https://www.ncbi.nlm.nih.gov/pmc/articles/PMC7362321/

115 https://www.meduniwien.ac.at/web/ueber-uns/news/news-im-maerz-2021/koerpereigenes-enzym-als-ansatzpunkt-fuer-covid-19-therapien/

116 https://www.ncbi.nlm.nih.gov/pmc/articles/PMC3321295/

117 https://www.rndsystems.com/resources/articles/ace-2-sars-receptor-identified

118 https://scilogs.spektrum.de/fischblog/unfruchtbarkeit-impotenz-covid-19/

119 Kuba et al., »A crucial role of angiotensin converting enzyme 2 (ACE2) in SARS coronavirus–induced lung injury« In: Nat Med. 2005; 11(8): 875–879; https://www.ncbi.nlm.nih.gov/pmc/articles/PMC7095783/ [abgerufen 28.8.2023]

120 »COVID-19: Die Rolle von ACE-Hemmern und Sartanen«; https://infekt.ch/2020/03/die-rolle-von-ace-hemmern-und-sartanen-beim-verlauf-von-covid-19/

121 M. Bader, »ACE2 – dass missbrauchte Multitalent« In: Nephrologe, 2020; 15(6): 375–380; https://www.ncbi.nlm.nih.gov/pmc/articles/PMC7362321/#CR6

122 https://pubmed.ncbi.nlm.nih.gov/33585805/

123 https://www.pei.de/DE/newsroom/pm/jahr/2021/03-gewebeschaeden-zellfusion-covid-19-rolle-spikeprotein.html

124 https://www.judicialwatch.org/coronavirus-mutants/

125 https://www.nature.com/articles/nature12711

126 https://www.judicialwatch.org/wp-content/uploads/2023/04/NIH-EcoHealth-Grant-FOIA-April-2023-pgs-10-154.pdf; »The results will provide information whether bat-CoVs could use known bat and human ACE2, DPP4 or other known CoV receptors to enter cells, and allow us to determine critical receptor binding sites, viral host range, and to better predict the capacity of our CoVs to infect people.«

127 https://www.judicialwatch.org/wp-content/uploads/2023/04/NIH-EcoHealth-Grant-FOIA-April-2023-pgs-10-154.pdf; »We will do this by sequencing the spike (or other receptor binding/fusion) protein genes from all our bat-CoVs, creating mutants to identify how significantly each would need to evolve to use ACE2, CD26/DPP4 (MERS-CoV receptor) or other potential CoV receptors.«

128 https://www.judicialwatch.org/wp-content/uploads/2023/04/NIH-EcoHealth-Grant-FOIA-April-2023-pgs-231-263.pdf

129 https://flexikon.doccheck.com/de/HeLa-Zelle

130 https://www.judicialwatch.org/wp-content/uploads/2023/04/NIH-EcoHealth-Grant-FOIA-April-2023-pgs-231-263.pdf

131 https://www.judicialwatch.org/wp-content/uploads/2023/04/NIH-EcoHealth-Grant-FOIA-April-2023-pg-300.pdf

132 https://www.judicialwatch.org/wp-content/uploads/2023/04/NIH-EcoHealth-Grant-FOIA-April-2023-pg-275.pdf

133 https://www.nature.com/articles/s41586-020-2622-0 für Spikevax von Moderna; https://www.biorxiv.org/content/10.1101/2020.09.08.280818v1.full.pdf; https://pubmed.ncbi.nlm.nih.gov/33053279/ für Comirnaty; anschaulich erläutert durch Florian Schilling: https://odysee.com/@florian_schilling_science:d/prefusion:c

134 https://patents.google.com/patent/WO2018081318A1/en

135 https://patents.google.com/patent/EP3532095A1/en

136 https://news.rice.edu/news/2021/barney-graham-75-named-time-hero-year-developing-covid-19-vaccine

137 https://www.ema.europa.eu/en/documents/assessment-report/comirnaty-epar-public-assessment-report_en.pdf, S. 15

138 https://www.ema.europa.eu/en/documents/assessment-report/spikevax-previously-covid-19-vaccine-moderna-epar-public-assessment-report_en.pdf, S. 15

139 https://www.spiegel.de/wissenschaft/medizin/corona-virus-und-covid-19-die-suche-nach-dem-billigen-allerwelts-impfstoff-a-427fb73e-26d3-458b-bedd-4321c92fe9bb

140 https://www.news-medical.net/news/20230105/Free-spike-proteins-in-the-blood-appear-to-play-a-role-in-myocarditis-post-COVID-mRNA-vaccine.aspx

141 Hsieh et al., »Structure-based design of prefusion-stabilized SARS-CoV-2 spikes« In: Science, 23. Juli 2020, Volume 369, Issue 6510 pp. 1501-1505; https://www.science.org/doi/10.1126/science.abd0826

142 Angeli et al., »SARS-Cov-2 vaccines: Lights and Shadows«, Eur J Intern Med. 2021 Jun; 88: 1–8; Published online 2021 Apr 30. doi: 10.1016/j.ejim.2021.04.019; https://www.ncbi.nlm.nih.gov/pmc/articles/PMC8084611/

143 Epidemiologisches Bulletin 8/2023 v. 23.2.2023; https://www.rki.de/DE/Content/Infekt/EpidBull/Archiv/2023/Ausgaben/08_23.pdf?__blob=publicationFile

144 https://www.mdpi.com/2076-393X/10/10/1651

145 ABl Nr. L 158 v. 27.5.2014, S. 1 ff; https://eur-lex.europa.eu/legal-content/DE/TXT/PDF/?uri=CELEX:32014R0536

146 https://www.clinicaltrialsregister.eu/ctr-search/search?query=2020-001038-36

147 Stellungnahme des PEI im Rahmen der öffentlichen Konsultation zum Entwurf der Richtlinie 2009/120/EG zur Änderung des Annex I der Richtlinie 2001/83/EG; http://ec.europa.eu/assets/sante/health/human-use/advtherapies/annex1_directive200183ec_co_en.zip

148 Müller, Türeci, Sahin, Projekt Lightspeed. Der Weg zum BioNTech-Impfstoff und zu einer Medizin von morgen, Rowohlt Verlag, 2. Auflage 2021, S. 74 f

149 Malczyl et al., »A Highly Immunogenic and Protective Middle East Respiratory Syndrome Coronavirus Vaccine Based on a Recombinant Measles Virus Vaccine Platform« In: Journal of Virology, 2015, S. 11654 ff; https://pubmed.ncbi.nlm.nih.gov/26355094/

150 https://www.dzif.de/de/klaus-cichutek

151 https://www.dzif.de/de/kooperation/biontech

152 https://tron-mainz.de/de/ueber-uns

153 https://investors.biontech.de/de/christopher-huber

154 Projekt Lightspeed, a. a. O., S. 70 f

155 https://www.clinicaltrialsregister.eu/ctr-search/trial/2020-002641-42/DE

156 PF-07302048 (BNT162 RNA-Based COVID-19 Vaccines), Protocol C4591001, S. 34, https://www.nejm.org/doi/suppl/10.1056/NEJMoa2034577/suppl_file/nejmoa2034577_protocol.pdf

157 https://www.ema.europa.eu/en/documents/variation-report/comirnaty-h-c-5735-r-0137-epar-assessment-report-renewal_en.pdf

158 https://ec.europa.eu/health/documents/community-register/2021/20210106150575/anx_150575_de.pdf; https://ec.europa.eu/health/documents/community-register/2020/20201221150522/anx_150522_de.pdf

159 https://ec.europa.eu/health/documents/community-register/2021/20211004153286/anx_153286_de.pdf; https://ec.europa.eu/health/documents/community-register/2021/20211103153695/anx_153695_de.pdf

160 https://www.rki.de/DE/Content/Infekt/Impfen/ImpfungenAZ/COVID-19/Impfempfehlung-Zusfassung.html

161 Epidemiologisches Bulletin, Nr. 2/2021 v. 14.1.2021, S. 19; https://www.rki.de/DE/Content/Infekt/EpidBull/Archiv/2021/Ausgaben/02_21.pdf?__blob=publicationFile

162 Epidemiologisches Bulletin, Nr. 38/2021 v. 23.9.2021, https://www.rki.de/DE/Content/Infekt/EpidBull/Archiv/2021/Ausgaben/38_21.pdf?__blob=publicationFile

163 N. Dagan et al., »Effectiveness of the BNT162b2 mRNA COVID-19 vaccine in pregnancy« In: Nature Medicine 27 (2021), S. 1693–1695; https://www.nature.com/articles/s41591-021-01490-8; »In summary, the BNT162b2 mRNA vaccine was estimated to have high vaccine effectiveness in pregnant women, which is similar to the effectiveness estimated in the general population.«

164 A. Butt et al., »SARS-CoV-2 mRNA vaccine effectiveness in preventing confirmed infection in pregnant women« In: Journal of Clinical Investigation, J Clin Invest. 2021;131(23); https://www.ncbi.nlm.nih.gov/pmc/articles/PMC8631593/pdf/jci-131-153662.pdf

165 A. Butt et al., a. a. O.; N. Dagan et al., a. a. O.

166 N. Dagan et al., a. a. O.

167 N. Dagan et al., a. a. O.

168 A. Butt et al., a. a. O.; N. Dagan et al., a. a. O.

169 https://web.archive.org/web/20211114215356/https:/www.ema.europa.eu/en/documents/rmp-summary/comirnaty-epar-risk-management-plan_en.pdf

170 Ebenda, S. 96: »The safety profile of the vaccine is not known in pregnant or breastfeeding women due to their initial exclusion from the pivotal clinical study. There may be pregnant women who choose to be vaccinated despite the lack of safety data. It will be important to follow these women for pregnancy and birth outcomes. The timing of vaccination in a pregnant woman and the subsequent immune response may have varying favourable or unfavourable impacts on the embryo/foetus.«

171 https://web.archive.org/web/20211127003600/https:/www.ema.europa.eu/en/medicines/human/EPAR/comirnaty

172 J. Sainton, »Assessment of Comirnaty Injections of Pregnant Women in the Manufacturer's Risk Management Plan and by the European Medicines Agency: Mandatory Injections for Caregivers in France« In: International Journal of Vaccine Theory Practice and Research, 2023, S. 911 ff; http://dx.doi.org/10.56098/ijvtpr.v3i1.72

173 Epidemiologisches Bulletin, Nr. 38/2021 v. 23.9.2021, S. 27

174 https://ec.europa.eu/health/documents/community-register/2022/20220228155228/anx_155228_de.pdf

175 https://ec.europa.eu/health/documents/community-register/2022/20220302155224/anx_155224_de.pdf

176 https://www.gov.uk/government/publications/regulatory-approval-of-pfizer-biontech-vaccine-for-covid-19/summary-public-assessment-report-for-pfizerbiontech-covid-19-vaccine; »In the context of supply under Regulation 174, it is considered that sufficient reassurance of safe use of the vaccine in pregnant women cannot be provided at the present time: however, use in women of childbearing potential could be supported provided healthcare professionals are advised to rule out known or suspected pregnancy prior to vaccination. Women who are breastfeeding should also not be vaccinated.«

177 https://www.fda.gov/media/151707/download; »Available data on COMIRNATY administered to pregnant women are insufficient to inform vaccine-associated risks in pregnancy.

It is not known whether COMIRNATY is excreted in human milk. Data are not available to assess the effects of COMIRNATY on the breastfed infant or on milk production/excretion.«

178 https://covid-vaccine.canada.ca/info/pdf/pfizer-biontech-covid-19-vaccine-pm1-en.pdf; »The safety and efficacy of COMIRNATY in pregnant women have not yet been established.«; »It is unknown whether COMIRNATY is excreted in human milk. A risk to the newborns/infants cannot be excluded.«

179 https://www.netdoktor.de/therapien/immunsuppression/

180 https://www.rki.de/DE/Content/Infekt/Impfen/ImpfungenAZ/COVID-19/Stufenplan.pdf?__blob=publicationFile

181 https://www.rki.de/DE/Content/Infekt/Impfen/ImpfungenAZ/COVID-19/Stufenplan.pdf?_blob=publicationFile

182 S. Ausführungen von Beate Bahner, Corona-Impfung, Was Ärzte und Patienten unbedingt wissen sollten, Rubikon Verlag, München 2021, S. 152 f

183 https://www.youtube.com/watch?v=bOcZQh06UL8

184 https://www.ema.europa.eu/en/documents/product-information/comirnaty-epar-product-information_de.pdf

185 https://www.ema.europa.eu/en/documents/product-information/spikevax-previously-covid-19-vaccine-moderna-epar-product-information_de.pdf

186 Olliari et al, »COVID-19 vaccine efficacy and effectiveness–the elephant (not) in the room« In: Lancet Microbe, 2021 Jul; 2(7): e279–e280, published online 2021 April 20; https://www.ncbi.nlm.nih.gov/pmc/articles/PMC8057721/

187 Heinzl, Relativ und absolut, Arzneimitteltherapie, 24. Jahrgang, S. 225, Heft 7, 2006

188 Bahner, Corona-Impfung, S. 125 ff

189 Kati Schepis, »Wer lässt den Elefanten endlich frei?«; https://www.katischepis.ch/post/wer-l%C3%A4sst-den-elefanten-endlich-frei

190 https://www.fda.gov/media/144245/download; »Among 3410 total cases of suspected but unconfirmed COVID-19 in the overall study population, 1594 occurred in the vaccine group vs. 1816 in the placebo group.«

191 Kati Schepis, a. a. O.

192 S. 42 des FDA-Dokuments: »Suspected COVID-19 cases that occurred within 7 days after any vaccination were 409 in the vaccine group vs. 287 in the placebo group.«

193 »It is possible that the imbalance in suspected COVID-19 cases occurring in the 7 days postvaccination represents vaccine reactogenicity with symptoms that overlap with those of COVID-19. Overall though, these data do not raise a concern that protocol-specified reporting of suspected, but unconfirmed COVID-19 cases could have masked clinically significant adverse events that would not have otherwise been detected.«

194 https://reitschuster.de/post/vor-impfpflicht-abstimmung-rki-zerlegte-wirkung-der-corona-impfung/

195 Youtube-Kanal des EP-Mitglieds Cristian Terhes, Minute ca. 1:01:30; https://www.youtube.com/watch?v=5A2ZkW8pUWg

196 https://www.bundesregierung.de/breg-de/themen/corona-informationen-impfung/coronavirus-impfung-faq-1788988

197 https://www.nejm.org/doi/suppl/10.1056/NEJMoa2034577/suppl_file/nejmoa2034577_protocol.pdf; Punkt 8.13.1 »Note: Potential COVID-19 illnesses that are consistent with the clinical endpoint definition should not be recorded as AEs. These data will be captured as efficacy assessment data only on the relevant pages of the CRF, as these are expected endpoints.«

198 United States District Court for the Eastern District of Texas, Beaumont Division, USA; https://www.dol.gov/sites/dolgov/files/OPA/news%20releases/001_VRP_Complaint.pdf

199 https://www.documentcloud.org/documents/21206071-brook-jackson-lawsuit; hier S. 31

200 P. Thacker, »Covid-19: Researcher blows the whistle on data integrity issues in Pfizer's vaccine trial« In: British Medical Journal, 2021,S. 375, BMJ 2021;375:n2635; https://www.bmj.com/content/375/bmj.n2635

201 https://www.aerzteblatt.de/nachrichten/128764/Corona-Hinweise-auf-Unregelmaessigkeiten-bei-Impfstoffstudie-Experten-beschwichtigen

202 https://law.justia.com/cases/federal/district-courts/texas/txedce/1:2021cv00008/203248/96/

203 https://dailyclout.io/breaking-pfizer-whistleblower-won-the-opportunity-to-appeal-the-5th-district-ruling-case-moves-forward/

204 https://www.npr.org/sections/health-shots/2021/02/19/969143015/long-term-studies-of-covid-19-vaccines-hurt-by-placebo-recipients-getting-immuni?t=1640612231322

205 https://investors.modernatx.com/news/news-details/2021/Moderna-Provides-Clinical-and-Supply-Updates-on-COVID-19-Vaccine-Program-Ahead-of-2nd-Annual-Vaccines-Day-04-13-2021/default.aspx

206 https://www.who.int/publications/i/item/WHO-2019-nCoV-Policy-brief-Vaccine-trial-design-2021.1

207 https://investors.biontech.de/de/news-releases/news-release-details/pfizer-und-biontech-schliessen-phase-3-studie-erfolgreich-ab-0

208 EMA/853699/2022; https://www.ema.europa.eu/en/documents/variation-report/comirnaty-h-c-5735-r-0137-epar-assessment-report-renewal_en.pdf

TEIL IV

# ERKENNTNISSE NACH DER ZULASSUNG UND DIE WEITERE ENTWICKLUNG

In der Zwischenzeit gibt es umfangreiche Erkenntnisse über Wirksamkeit und Nebenwirkungen der COVID-19-Injektionen aus der Beobachtung seit Erteilung der ersten Zulassungen Ende 2020/Anfang 2021. Die nachlassende Wirksamkeit – so man überhaupt unter Zugrundelegung der eigentlich ausschlaggebenden absoluten Risikoreduktion von 0,7 % von einer »Wirksamkeit« sprechen kann (s. Teil III, S. 387) – führt zur Verabreichung von »Auffrischungsinjektionen«.

Bereits Mitte September 2021 kündigt die Bundesregierung auf ihrer Website an, ab September 2021 werde den »vulnerablen Gruppen« in Pflegeeinrichtungen und anderen Einrichtungen mit vulnerablen Gruppen eine »Auffrischimpfung mit einem mRNA-Impfstoff angeboten – in der Regel mindestens sechs Monate nach Abschluss der ersten Impfserie.«[1] Auch Pflegekräfte und medizinisches Personal könnten eine Auffrischungsdosis erhalten.

Zu diesem Zeitpunkt ist eine Auffrischungsdosis noch nicht von der Zulassung gedeckt und damit außerhalb der Zulassung (»off-label«). Erst mit der Entscheidung der EU-Kommission vom 5. Oktober 2021[2] wird die Auffrischungsdosis auf Basis der vom Ausschuss für Humanarzneimittel (CHMP) am 4. Oktober 2021 abgegebenen Empfehlung in die Zulassung für *Comirnaty®* aufgenommen[3]. Unter Ziffer 4.2 der mit der Entscheidung aktualisierten Produktinformation »Dosierung« kann zu diesem Zeitpunkt eine Auffrischungsdosis »(dritte Dosis) [...] mindestens 6 Monate nach der zweiten Dosis bei Personen ab 18 Jahren intramuskulär verabreicht werden«.

Für *Spikevax®* erfolgt die Zulassung der Auffrischungsdosis mit der Entscheidung der EU-Kommission vom 29. Oktober 2021.[4]

Aber die Bundesregierung spricht sich nicht nur *vor* Abgabe des CHMP-Gutachtens und entsprechender Entscheidung der EU-Kommission für eine Auffrischungsdosis aus; sie spricht sich auch für eine Injektion mit einer modRNA-Injektion bei Menschen aus, die zuvor eine genbasierte Vektor-Injektion mit *Vaxzevria®* oder der Injektion von *Johnson&Johnson* erhalten haben:

> »Allen bereits vollständig geimpften Bürgerinnen und Bürgern, die den ersten Impfschutz mit einem Vektor-Impfstoff (*AstraZeneca* und *Johnson&Johnson*) erhalten haben, soll ab September ebenfalls eine weitere Impfung mit einem mRNA-Impfstoff angeboten werden.«

Auch diese Empfehlung liegt außerhalb der Zulassung. Für *Comirnaty*® lautet der Passus der Austauschbarkeit zu diesem Zeitpunkt wie folgt:

> »Die Austauschbarkeit von Comirnaty mit anderen COVID-19-Impfstoffen zur Vervollständigung der primären Impfserie oder der Auffrischungsdosis (dritte Dosis) ist nicht erwiesen. Personen, die 1 Dosis Comirnaty erhalten haben, sollten Comirnaty für die zweite Dosis zum Abschluss der primären Impfserie erhalten sowie für alle weiteren Dosen.«

In diesem Passus wird lediglich die Austauschbarkeit nach einer Injektion mit *Comirnaty*® thematisiert, nicht aber der Umstieg auf *Comirnaty*® nach zuvor erfolgter »Grundimmunisierung« mit einer genbasierten Vektor-Injektion.

Das bedeutet, zum Zeitpunkt des Beginns der Propagierung einer Auffrischungsdosis und der »Kreuzimpfung« bei zuvor mit Vektor-Injektionen grundimmunisierten Menschen durch die deutsche Bundesregierung sind diese »off-label« und nicht von der Zulassung gedeckt. Ärzte, die sich auf diese Empfehlung verlassen haben, werden einem hohen Haftungsrisiko ausgesetzt – insbesondere bei Berücksichtigung der mittlerweile auf der Website des BMG zu Long COVID befindlichen Erläuterungen zur Haftung der Impfärzte für fehlerhafte Aufklärung.[5]

> Zum Zeitpunkt des Beginns der Propagierung einer Auffrischungsdosis und der »Kreuzimpfung« bei zuvor mit Vektor-Injektionen grundimmunisierten Menschen durch die deutsche Bundesregierung sind diese nicht von der Zulassung gedeckt.

Ebenso scheinen sich die *Europäische Arzneimittelagentur* (EMA) und das *European Centre for Disease Prevention and Control* (ECDC) nicht um bestehende Grenzen der erteilten Zulassungen zu sorgen: Bereits am 11. Juli 2022 empfehlen EMA und ECDC die Verabreichung eines 2. »Boosters« und damit einer 4. Dosis – für Menschen zwischen 60–79 Jahren[6] – auch dies ist eine Empfehlung, die *nicht* von der Zulassung gedeckt ist. Zu diesem Zeitpunkt lautet die Dosierung unter Ziffer 4.2 der Produktinformation für *Comirnaty*®:

> »Auffrischungsdosis: Eine Auffrischungsdosis von Comirnaty sollte bereits 3 Monate nach der primären Impfserie mit Comirnaty bei Personen ab 12 Jahren intramuskulär verabreicht werden.«[7]

Entsprechendes gilt für *Spikevax*®.[8] Das bedeutet: Die offiziell durch zuständige europäische Behörden ausgesprochene Empfehlung der Verabreichung einer 2. Auffrischungsdosis ist »Off-label use« – nicht von der Zulassung gedeckt – und stellt damit die verabreichenden Ärzte vor ein erhebliches Haftungsrisiko!

Die Zulassungen für *Comirnaty*® und *Spikevax*® umfassen zum Zeitpunkt der Empfehlung jeweils 1 Auffrischungsinjektion, aber nicht weitere. Die Nebenwirkungsrate ist dramatisch hoch, insbesondere im Vergleich zu den herkömmlichen, seit Jahrzehnten verwendeten Impfstoffen.

# 1 ERKENNTNISSE ÜBER DIE WIRKSAMKEIT DER COVID-19-INJEKTIONEN

Bezüglich der Erkenntnisse über die (Un-)Wirksamkeit der COVID-19-Injektionen sind zwei Aspekte herausragend: der nicht bestehende Schutz vor Übertragung und das Nachlassen der Wirksamkeit.

## 1.1 KEIN SCHUTZ VOR ÜBERTRAGUNG

Wie in Teil Teil III (S. 400) bereits erläutert, fehlt den Injektionen die Fähigkeit, die Übertragung von COVID-19 zu verhindern. Ein Schutz Dritter wird nicht herbeigeführt. Hierzu liegen – neben dem Eingeständnis des RKI und der *Pfizer*-Mitarbeiterin Janine Small – zahlreiche Studien vor. Beispielhaft sei die im Oktober 2021 veröffentlichte Studie »Transmission of SARS-CoV-2 Delta Variant Among Vaccinated Healthcare Workers, Vietnam«, erwähnt.[9] Die Autoren der Studie finden keine Korrelation zwischen den durch die Injektion induzierten neutralisierenden Antikörperspiegeln und der Viruslast oder der Entwicklung von Symptomen bei durch die Delta-Variante verursachten Infektionen. Ebenso berichten sie über das Ergebnis, dass im Falle von Impfdurchbrüchen die Viruslast symptomatischer Patienten bis zu 251 mal höher war als die Viruslast bei Infektion mit vorhergehenden Varianten.

Ein Schutz vor Übertragung des Virus auf Dritte wird nicht herbeigeführt!

## 1.2 NACHLASSENDE WIRKSAMKEIT – VEREINFACHTE ZULASSUNGSVERFAHREN FÜR BIVALENTE INJEKTIONEN GEGEN NEUE VARIANTEN

Offensichtlich ist die nachlassende Wirksamkeit für *BioNTech* keine Überraschung. Schon im Geschäftsbericht 2020 vom 1. Juni 2021 erwartet *BioNTech* eine »nachlassende Immunantwort«:

> »Es ist wahrscheinlich, dass Auffrischungsimpfungen aufgrund einer nachlassenden Immunantwort bei geimpften Personen über die Zeit und variantenspezifische COVID-19-Impfstoffe durch neu auftretende Virusmutationen in den kommenden Jahren nötig sein werden [...] Um der nachlassenden Immunantwort und neu auftretenden SARS-CoV-2-Varianten begegnen zu können, überprüfen wir in einer aktuellen Studie die Sicherheit und Wirksamkeit einer dritten Dosis unseres COVID-19-Impfstoffs als Auffrischungsimpfung. Zudem treiben wir parallel die Entwicklung neuer Formulierungen und Impfstoffe gegen Virusmutationen voran.«[10]

*BioNTech* rechnet im Geschäftsbericht 2020 vom 1. Juni 2021 bereits mit »nachlassender Immunantwort« und der Notwendigkeit von Auffrischungsimpfungen.

Das Bundesverfassungsgericht (BVerfG) kommt nach Einholung von Stellungnahmen des RKI und des PEI in derVerfassungsbeschwerde gegen die Pflicht zum Immunitätsnachweis für Mitarbeiter des Gesundheitswesens in seinem Beschluss vom 27. April 2022[11] zu dem Schluss, dass trotz Impfung weiterhin die Gefahr der Ansteckung, eines schweren Verlaufs bis hin zu Todesfällen besteht (Randnr. 218, 238).

Es führt im Hinblick auf die Wirksamkeit aus, dass

- COVID-19-Impfungen »einen relevanten – wenngleich auch mit der Zeit abnehmenden – Schutz vor einer Infektion auch mit der [...] Omikronvariante [...]« bieten (Rnr. 238), und

– vulnerable Personen »nicht oder allenfalls eingeschränkt in der Lage sind, ihr Infektionsrisiko durch eine Impfung selbst zu reduzieren« (Rnr. 218).

Letztlich gerät diese Unzulänglichkeit der COVID-19-Injektionen der Bevölkerung zum Nachteil. Aufgrund der Feststellung der nachlassenden Wirksamkeit werden die Anforderungen an den Immunitätsnachweis und die Definition der »vollständigen Impfung« immer weiter verschärft, bis im Oktober 2022 der Status »vollständig geimpft« nur noch mit mindestens 3 Injektionen anerkannt wird (§22a Abs. 1 S. 2 IfSG). Auch nach Beendigung des Pandemiestatus durch den Generaldirektor der WHO ist §22a nach wie vor im Infektionsschutzgesetz enthalten. Bei einem erneuten Auftreten einer (Test-)Pandemie mit einer Variante des SARS-CoV-2-Virus können diese Regelungen gleich wieder Anwendung finden.

Die Regelung des § 22a Abs. 1 S. 2 IfSG über die Erforderlichkeit von 3 Impfungen für den Status »Vollständig geimpft« gilt auch nach Beendigung des Pandemiestatus weiter und kann wieder »scharf geschaltet« werden.

## 2 ERKENNTNISSE ÜBER NEBENWIRKUNGEN

Lange Zeit wird durch die Politik, insbesondere Gesundheitsminister Karl Lauterbach, propagiert, die COVID-19-Injektionen seien nebenwirkungsfrei.[12] Mit dem Aufkommen immer größerer Zahlen dramatischer Nebenwirkungen, bleibender Schäden und Todesfällen muss auch Lauterbach schließlich einräumen, dass schwere Nebenwirkungen nach COVID-19-Injektionen auftreten können und die Injektionen keineswegs nebenwirkungsfrei sind.

Wie sich aus den Ausführungen in Teil III ergibt, sind zahlreiche kritische Fakten bereits zum Zeitpunkt der Zulassungserteilung aus den Unterlagen und der Literatur bekannt. Wissenschaftler und Ärzte, so unter anderem Prof. Sucharit Bhakdi und Dr. Wolfgang Wodarg sowie Dr. Bodo Schiffmann, werden nicht müde, die Politik und Behörden, insbesondere aber die Menschen vor den möglichen Auswirkungen der angeordneten Maßnahmen und den COVID-19-Injektionen zu warnen.[13] In dem gemeinsam mit seiner Frau Dr. Karina Reiss bereits im Juni 2020 veröffentlichten Buch *Corona Fehlalarm?* klärt Bhakdi die Menschen mit Daten und Fakten sehr früh über die Corona-Situation auf.

Auch Clemens Arvay versucht, die Menschen mit seinen Videos und seinem bereits im Februar 2021 erschienenen Buch *Corona-Impfstoffe: Rettung oder Risiko? Wirkungsweisen, Schutz und Nebenwirkungen der Hoffnungsträger*«[14] aufzuklären und ihnen eine informierte Entscheidung über das Für und Wider einer Injektion mit diesen Arzneimitteln zu ermöglichen.

Die Nebenwirkungen der COVID-19-Injektionen werden in erheblichem Umfang untererfasst. Nach einschlägigen Studien umfassen die tatsächlich gemeldeten Nebenwirkungen nur lediglich zwischen 1 % und 5 %, maximal 10 % der tatsächlichen Nebenwirkungen.[15] Die Dunkelziffer in Bezug auf die nicht gemeldeten Nebenwirkungen ist somit sehr hoch. Das ergibt sich auch aus einem Brief des Vorstands Andreas Schöfbeck der BKK ProVita an das PEI vom 21. Februar 2022.[16] In dem Brief spricht Andreas Schöfbeck die Warnung aus, die Gesamtzahl der Nebenwirkungen liege nach Daten der BKK um ein Vielfaches höher als die, die durch das Paul-Ehrlich-Institut (PEI) gemeldet würden. Konsequenz des Briefes war nicht etwa ein Einschreiten des PEI, sondern Herrn Schöfbecks unmittelbare Entlassung.

## 2.1 WARNUNG NAMHAFTER WISSENSCHAFTLER AN DIE EMA – BRIEF VOM 28. FEBRUAR 2021

Nach Erteilung der ersten Zulassungen für genbasierte COVID-19-Injektionen durch die EU-Kommission schreiben elf namhafte Ärzte und Wissenschaftler, unter ihnen Sucharit Bhakdi, Martin Haditsch, Stefan Hockertz, Ulrike Kämmerer, Karina Reiss und Michael Yeadon, ein ehemaliger Vizepräsident von *Pfizer*, bereits am 28. Februar 2021 einen Brandbrief an die Präsidentin der EMA, Emer Cooke. In diesem Brief warnen sie vor den Risiken der COVID-19-Injektionen, insbesondere dem Risiko von Blutgerinnungsstörungen, stellen Fragen und fordern Nachweise, dass im Laufe der Zulassungsverfahren Untersuchungen vorgelegt wurden, die diese Gefahren ausschließen.[17]

> Bereits am 28. Februar 2021 senden elf namhafte Ärzte und Wissenschaftler einen Brief an die EMA mit Warnung vor dem Risiko von Blutgerinnungsstörungen, Endothelschädigung und großflächiger Verteilung der modRNA im Körper.

In diesem Brief weisen sie unter anderem darauf hin, dass

— die genbasierten Injektionen nach intramuskulärer Verabreichung in die Blutbahn gelangen und sich im Körper verbreiten können mit der Folge, dass sie von den Endothelzellen aufgenommen werden könnten;
— es aufgrund eines Angriffs der Lymphozyten auf die an der Zelloberfläche präsentierten Spikeproteine an unzähligen Stellen im Körper zu einer Endothelschädigung mit anschließender Auslösung der Blutgerinnung durch Thrombozytenaktivierung kommen könne;
— es aufgrund der Abwehrreaktion des Körpers zu einem Abfall der Thrombozytenzahl, D-Dimeren im Blut und unzähligen ischämischen Läsionen im ganzen Körper kommen könne, einschließlich im Gehirn, Rückenmark und Herz. In der Folge

könne es zu Blutungsstörungen kommen, unter anderem zu starken Blutungen und hämorrhagischen Schlaganfällen.

Wie recht die Ärzte und Wissenschaftler mit ihren in dem Brief geäußerten Befürchtungen hatten, zeigt sich anhand der immer bekannter werdenden dramatischen Nebenwirkungen.

Doch eine Aufklärung der Menschen fand nicht statt; stattdessen wurde durch 3G- und 2G-Regeln sowie Pflicht zur Vorlage eines Immunitätsnachweises für Mitarbeiter des Gesundheitswesens, Duldungspflicht bei den Soldaten und nicht zuletzt Fehlinformationen durch Politik, Behörden und Medien erheblicher Druck auf die Menschen ausgeübt, sich einer Injektion zu unterziehen.

Statt Aufklärung wird auf die Menschen mit 3G/2G-Regeln sowie Pflicht zur Vorlage von Immunitätsnachweisen und Duldungspflicht bei Soldaten Druck ausgeübt.

## 2.2 *COMIRNATY*-SICHERHEITSBERICHT VON *PFIZER* VOM 28. FEBRUAR 2021

Schon aufgrund des mit Stand 28. Februar 2021 eingereichten Sicherheitsberichts für *Comirnaty*® hätten die Zulassungsbehörden in Bezug auf mögliche Nebenwirkungen aufmerksam werden müssen. Aufgrund des im Rahmen eines Verfahrens nach dem »Freedom of Information-Act« (FOIA) in den USA von der FDA herausgegebenen Sicherheitsberichts von *Pfizer* (»Cumulative Analysis of Post-Autorization Adverse Event Reports of PF-07302048 (BNT 162B2) received through 28-Feb-2021«)[18] werden für die Nutzen-Risiko-Bewertung wesentliche Tatsachen bekannt, die weder seitens der Behörden an die Öffentlichkeit getragen werden noch Niederschlag in den Bewertungen der Zulassungsbehörden finden.

In diesem Bericht werden 42.086 »Fälle« ausgewiesen. *Pfizer* selbst erläutert auf S. 6 einleitend, dass sie aufgrund der »großen Anzahl an spontanen Nebenwirkungsmeldungen« Schwierigkeiten hätten, die gesetzlichen Fristen für Nebenwirkungsmeldungen einzuhalten.

Deshalb hätten sie die Bearbeitung der »schwerwiegenden Nebenwirkungen« priorisiert. Ebenfalls erläutert *Pfizer*, dass es sich bei den 42.086 »Fällen« um die ausgewerteten Fälle handelt. Es gibt also noch mehr Fälle, doch sind sie zum Zeitpunkt der Einreichung des PSUR nicht bewertet und fließen daher nicht ein. Diese 42.086 »Fälle« beziehen sich daher auf die Anzahl der Menschen, die als von mindestens einer Nebenwirkung betroffen gemeldet und von *Pfizer* ausgewertet wurden. Es ist nicht die Gesamtzahl der Menschen, die *Cormirnaty®* erhalten haben. Die Gesamtzahl der Impfungen, mit der die Nebenwirkungen ins Verhältnis gesetzt werden könnten, ist nicht öffentlich bekannt.

*Pfizer* hat aufgrund der »großen Anzahl an spontanen Nebenwirkungsmeldungen« Schwierigkeiten, die gesetzlichen Fristen für Nebenwirkungsmeldungen einzuhalten.

Klar ist bei dieser Darstellung: Die ausgewiesenen 42.086 »Fälle« im Sinne der von mindestens einer Nebenwirkung betroffenen Menschen sind daher nicht alle gemeldeten Nebenwirkungen, sondern nur die priorisierten »schwerwiegenden Nebenwirkungen« – mangels entsprechender Kapazitäten bei *Pfizer*. Das bedeutet ebenfalls, dass ein Unternehmen ein Arzneimittel vertreibt, das eine so hohe Nebenwirkungsrate aufweist, dass die Kapazitäten in der Arzneimittelüberwachung/Pharmakovigilanz des Unternehmens überlastet sind.

In diesem Zusammenhang ist interessant, dass nicht nur *Pfizer* seine Kapazitäten aufstocken muss; auch die britische Zulassungsbehörde MHRA (Medicines and Healthcare Products Regulatory Agency) in Großbritannien schließt im September 2020 im Rahmen einer öffentliche Ausschreibung für »ein Softwareinstrument für künstliche Intelligenz (KI), um das erwartete hohe Volumen Nebenwirkungen von Covid-19-Impfstoffen zu verarbeiten und sicherzustellen, dass keine Details aus dem Wortlaut der UAW fehlen« einen Liefervertrag mit der Firma *Genpact UK Ltd.* im Umfang von 1.500.000 britischen Pfund ab.[19]

Die britische Arzneimittelbehörde schließt im September 2020 einen Liefervertrag für Software mit Künstlicher Intelligenz, um »das erwartete hohe Volumen Nebenwirkungen von Covid-19-Impfstoffen zu verarbeiten«.

Auch das Paul-Ehrlich-Institut (PEI) wäre gut beraten gewesen, die Kapazitäten für die Erfassung und Auswertung von Nebenwirkungsmeldungen entsprechend dem Beispiel der britischen Behörde aufzustocken. Am 1. September 2023 räumte die ehemalige Leiterin der Abteilung Arzneimittelsicherheit des PEI im Rahmen eines parlamentarischen Untersuchungsausschusses des Landtags in Brandenburg ein, dass es »nur durch diesen Impfstoff« viel mehr Arbeit in der Abteilung Arzneimittelsicherheit gab »als je zuvor«. Sie hätte Mitarbeiter aus anderen Abteilungen zur Hilfe bekommen, weil in ihrer Abteilung zu wenig Mitarbeiter »für die Bearbeitung der Impfnebenwirkungen« waren. Einige Mitarbeiter hätten »sich nur um Todesfälle gekümmert«, andere »nur um Myokardiotis«.[20]

Im Einzelnen ergeben sich aus dem Sicherheitsbericht folgende Tatsachen:

- Seit Erteilung der 1. Notfallzulassung in den USA am 1. Dezember 2020 bis zum 28. Februar 2021 wurden von *Pfizer* 42.086 Fälle (Menschen mit Nebenwirkungen) ausgewertet.
- Von diesen 42.086 Nebenwirkungs-«Fällen« waren 1.223 (2,9% der Nebenwirkungen) Todesfälle (!), 11.361 (27% der Nebenwirkungsfälle) waren zum Zeitpunkt des Berichts noch nicht ausgeheilt und 520 (1,2% der Nebenwirkungsfälle) litten an Folgeerkrankungen. (S. 7)
- Aus dem Vergleich der gemeldeten Fälle mit den Zahlen weiterer Tabellen ergibt sich, dass für zahlreiche »Fälle« mehr als 1 Nebenwirkung gemeldet wurde, im Schnitt waren es mehr als 2 Nebenwirkungen pro betroffenem Menschen. In Tabelle 2 (Seite 8/9) werden die häufigsten Nebenwirkungen mit ≥ 2% Häufigkeit für diese 42.086 Fälle mit 93.473 Nebenwirkungen angegeben. Davon betrafen (%-Zahlen

beziehen sich auf den Anteil an den 93.473 gemeldeten Nebenwirkungen)
38,9 % das Nervensystem
29,5 % das Skelettsystem und Bindegewebe
20,8 % gastrointestinale Beschwerden
13,4 % die Haut und Unterhaut
4,7 % das Blut und das lymphatische System (Lymphadenopathie),
2,6 % das Herz (Tachykardie).

Von 42.086 Menschen, die von Nebenwirkungen betroffen waren, waren 1.223 Todesfälle!

Die Tatsache, dass alle Nebenwirkungen, die eine Häufigkeit von weniger als 2 % aufweisen, *nicht* aufgeführt sind, führt zu einer Verzerrung des Ergebnisses. Hinzu kommt eine weitere Verzerrung dadurch, dass ein- und dasselbe Beschwerdebild durchaus unterschiedlichen Krankheitsbildern zugeordnet werden kann. Wird dasselbe Beschwerdebild auf unterschiedliche Krankheitsbilder aufgeteilt, kann es passieren, dass die betreffenden Beschwerdebilder jeweils separat nicht mehr als 2 % aufweisen und daher bei der Bewertung »unter den Tisch« fallen. Die jeweiligen Zahlen unterliegen in dieser Hinsicht bei unterschiedlicher Charakterisierung der Beschwerdebilder erheblichen Variationsmöglichkeiten.

Appendix 1 (S. 30–38) des Reports weist die eindrucksvolle Anzahl von 9 Seiten aneinandergereihter Nebenwirkungen auf!

Aber nicht nur die Nebenwirkungsrate und die Art der Nebenwirkungen hätten die Zulassungsbehörden aufhorchen lassen müssen. Auch die Tatsache, dass auf S. 9 des Berichts 1.927 (4,2 %) Fälle von COVID-19, 835 (2 %) Fälle grippeähnlicher Symptome und 2.201 (5,2 %) Fälle von fehlender Wirksamkeit der Injektion aufgeführt werden, hätte Anlass sein können, die Wirksamkeit der Injektion infrage zu stellen.

Im Pfizer-Sicherheitsbericht mit Stand 28. Februar 2021 sind 9 Seiten aneinandergereihte Nebenwirkungen aufgelistet.

Auch das Auftreten schlimmerer Verläufe von COVID-19 und Atemwegserkrankungen nach der Injektion ergibt sich aus dem Sicherheitsbericht. *Pfizer* selbst gibt auf S. 9 seines Berichts als »Sicherheitsbedenken« (Safety concerns) an:

– Wichtige Sicherheitsbedenken: Anaphylaktischer Schock
– Mögliche wichtige Sicherheitsbedenken: Injektionsinduzierte Krankheitsverstärkung, einschließlich injektionsinduzierte verstärkte Atemwegserkrankung (»Vaccine-Associated Enhanced Disease (VAED), including Vaccine-associated Enhanced Respiratory Disease (VAERD)«).

Sicherheitsbedenken: Fehlende Informationen zu Anwendung in Schwangerschaft und Stillzeit, Anwendung bei Kindern unter 12 Jahren, und Wirksamkeit.

## 2.3 VERTUSCHUNG VON TODESFÄLLEN DURCH DIE ITALIENISCHE ZULASSUNGSBEHÖRDE AIFA

Im Rahmen der von der neuen italienischen Regierung versprochenen Aufdeckung der Hintergründe der Corona-Politik wurde interne E-Mail-Kommunikation der italienischen Zulassungsbehörde AIFA bekannt. Der private Sender *Rete4* berichtete darüber.[21]

Die italienische Behörde erhielt Kenntnis zahlreicher Todesfälle im Zusammenhang mit der Verabreichung von Injektionen bei Genesenen. Die Genesenen erlitten Schlaganfälle, Blutgerinnsel, Herz-Kreislauf-Störungen. Das war für Mitarbeiter der Arzneimittelsicherheit bei der AIFA ein Anzeichen dafür, dass bei Bestehen von Antikörpern die Injektion zu massiven gesundheitlichen Störungen bis hin zum Tod führen konnte. Bestätigt wurde diese Vermutung durch die nach der 2. Dosis bei der AIFA eingehenden Nebenwirkungsmeldungen.

Bereits Anfang 2021 erhält die italienische Behörde Kenntnis von Todesfällen, die auf eine Gefahr der Injektionen bei Bestehen von Antikörpern (bei Genesenen oder Geimpften) hinweisen.

3 Wochen nach Einführung der Injektionen waren bereits 69 Todesfälle gemeldet.

Die Mitarbeiter der Arzneimittelsicherheit bei der AIFA sprachen sich dafür aus, die Tatsache der Genesung in die Nutzen-Risiko-Abwägung aufzunehmen. Der Institutsleiter soll mit der Aussage reagiert haben: »Das scheint mir alles sehr viel, ja zu viel Gewicht auf unzusammenhängende Ereignisse zu legen [...] So tötet man diesen Impfstoff.«[22]

Der von Mitarbeitern der Arzneimittelsicherheit empfohlene Hinweis hinsichtlich der möglichen Problematik im Falle der Injektion von Genesenen wurde in die Produktinformation nicht aufgenommen. Eine Information der Öffentlichkeit fand nicht statt.

Im 4. Bericht zur Impfstoffsicherheit der AIFA vom 21. April 2021 soll die zuständige Abteilung bereits von 223 Todesfallmeldungen berichtet und eine Untererfassung von »Impf-Fällen mit Todesfolge« befürchtet haben.[23] Diese Befürchtung findet sich in der veröffentlichten Version des Berichts nicht wieder.

Dieser Vorfall gibt Anlass zu der Befürchtung, nicht nur in Italien, sondern EU-weit könnten die teils verheerenden Wirkungen der Injektionen vertuscht und heruntergespielt worden sein. Das europäische Arzneimittelrecht sieht für solche Ereignisse die Verpflichtung der nationalen Behörden vor, sich gegenseitig und die EMA darüber zu informieren, wenn sie Informationen über neue oder veränderte Risiken erhalten, die möglicherweise das Nutzen-Risiko-Verhältnis beeinflussen könnten (Art. 107h Abs. 1 lit. c), Abs. 3 des Gemeinschaftskodex). Daher müsste die AIFA – wenn sie gemäß ihren Verpflichtungen aus dem Gemeinschaftskodex gehandelt hat – den CHMP entsprechend informiert haben. In der Folge hätte gemäß Art. 107i des Gemeinschaftskodex ein Dringlichkeitsverfahren zur Bewertung der Erkenntnisse eingeleitet und dies nach außen gegenüber der Öffentlichkeit kommuniziert werden müssen. Wenn die AIFA in Erfüllung ihrer bestehenden Informationspflicht handelte, wäre wahrscheinlich, dass auch die anderen nationalen Behörden sowie die EMA Kenntnis vom Sicherheitsrisiko erhalten und einen einheitlichen Umgang mit der Problematik abgestimmt haben, in dessen Folge jegliche Reaktionen und Informationen gegenüber der Öffentlichkeit unterblieben.

## 2.4 UNREGELMÄẞIGKEITEN BEI DER AUSWERTUNG UND MELDUNG VON TODESFÄLLEN IM ZWISCHENBERICHT ÜBER DIE *PFIZER*-ZULASSUNGSSTUDIE »C4591001«

Eine Ende August 2023 im Preprint (vor Durchsicht des wissenschaftlichen Beirats der Zeitschrift) veröffentlichte Studie analysiert aufgrund der Rohdaten (Originaldaten aus den Aufzeichnungen der klinischen Studie einschließlich der Bögen mit Informationen über die Studienteilnehmer) die 38 Todesfälle, die von *Pfizer* bis zur Zwischenauswertung für den Zeitraum vom 27. Juli 2020 bis 13. März 2021 an die Behörden gemeldet wurden.[24]

Innerhalb dieses Zeitraums lag auch das sogenante »Cut-off«-Datum, der 14. November 2020, bis zu dem Daten in den Antrag auf Erteilung einer Notfallzulassung in den USA einflossen. Am 11. Dezember 2020 erteilte die US Food and Drug Administration (FDA) die Notfallzulassung für *Comirnaty*® bzw. in den USA »*Pfizer/BioNTech COVID-19 vaccine*« genannt. An diesem Tag begann *Pfizer* ebenfalls mit der Entblindung der klinischen Studie: Den Teilnehmern der Placebogruppe wurde die Injektion angeboten. Die meisten Studienteilnehmer entschieden sich für eine modRNA-Injektion.

Die Analyse der Rohdaten ergab, dass unter anderem

– *Pfizer* bei der Meldung der Zwischendaten zum Cut-off-Datum 14. November 4 Todesfälle im Placebo-Arm und 2 Todesfälle bei den Geimpften angegeben hat. Tatsächlich hätte *Pfizer* aber 6 Todesfälle in der Verumgruppe und 5 in der Placebogruppe melden müssen;
– 14 der 38 Todesfälle (36,6 %) das Ergebnis von kardiovaskulären Ereignissen waren. Dabei stellten die Todesfälle aufgrund

kardiovaskulärer Ereignisse im BNT162b2-Arm der klinischen Studie einen 3,7-fachen Anstieg dar;

- in Bezug auf die Todesursache für an Myokarditis oder anderen Herzleiden Verstorbene wurde eine andere Todesursache aufgezeichnet, in der Placebogruppe wurde COVID-19 als Todesursache standardmäßig aufgeführt, auch wenn erhebliche Zweifel daran bestanden, ob COVID-19 tatsächlich die Todesursache war[25].
- nach der Entblindung und der Verabreichung einer mRNA-Injektion Studienteilnehmer der ehemaligen Placebogruppe nach wie vor im Fall ihres Versterbens als »Placebo-Verstorbene« klassifiziert wurden.

Alles in allem zeigt sich, dass die klinische Studie alles andere als »gut kontrolliert« war und es neben den durch Brook Jackson aufgelisteten Verstößen gegen das Prüfprotokoll (s. Teil III Kapitel 5.3, S. 405) auch weitere Verstöße bei der Durchführung, Auswertung und Kontrolle der klinischen Prüfung gab.

## 2.5 ERKENNTNISSE AUS DEN REGELMÄSSIGEN SICHERHEITSBERICHTEN (PERIODIC SAFETY UPDATE REPORTS – PSURS) FÜR *COMIRNATY®*

Der periodische Sicherheitsbericht (Periodic Safety Update Report, PSUR) ist das wesentliche Dokument für die Überwachung der Arzneimittelsicherheit nach dem Inverkehrbringen eines Arzneimittels. In den ersten beiden Jahren nach der Zulassung muss der PSUR alle 6 Monate eingereicht werden, die nächsten 2 Jahre jährlich und danach alle 3 Jahre. Die Zulassungsinhaber haben in diesem Bericht Erkenntnisse über Nebenwirkungen des Arzneimittels aus zahlreichen Erkenntnisquellen (klinische Studien, Beobachtungsstudien, Einzelfallberichte, Nebenwirkungsmeldungen, Literaturrecherche etc.) zusammenzustellen und der Zulassungsbehörde zu übermitteln.

Die PSURs der COVID-19-Injektionen werden seit mehreren Monaten in einer gemeinsamen Aktion von Ärzten zahlreicher EU-Mitgliedstaaten von der EMA im Wege der Vorschriften über die Informationsfreiheit (mühsam) herausgefordert. Für Ärzte ist die Kenntnis der Inhalte der PSURs unabdingbar, um eine Nutzen-Risiko-Abwägung für den einzelnen Patienten vornehmen, aber auch um gegebenenfalls auftretende Symptome als mögliche Nebenwirkungen erkennen zu können. Gleichzeitig ist die Initiative bemüht, die EMA zu bewegen, PSURs regelmäßig auf ihrer Website für die Öffentlichkeit zur Einsicht zur Verfügung zu stellen. Grundsätzlich wäre sie hierzu nach Art. 26 Abs. 1 Buchstabe j) in Verbindung mit Art. 56 Abs. 1 Buchstabe aa) der VO 726/2004 verpflichtet – negiert diese Verpflichtung aber wortgewandt.

Die PSURs sind für Ärzte und die Allgemeinheit eine wesentliche Informationsquelle für Kenntnisse über Arzneimittelnebenwirkungen.

Der 1. und 3. PSUR für *Comirnaty®* steht der Öffentlichkeit zur Einsicht auf der tkp.at-Website zur Verfügung.[26] Die Berichte betreffen die Berichtszeiträume 19. Dezember 2020 bis 18. Juni 2021 und 19. Dezember 2021 bis 18. Juni 2022. Der Autorin liegt aus dieser Initiative auch der 2. PSUR vor. Der 1. PSUR ist auch Gegenstand der Auswertung einer Veröffentlichung von Sonia Elijah auf ihrem Substack.[27] Die PSURs wurden von *Pfizer* erstellt und von *BioNTech* als Zulassungsinhaber bei der EMA eingereicht. *BioNTech* macht sich auf diese Weise die von *Pfizer* in den PSURs enthaltenen Aussagen zu eigen.

Auffällig ist in allen PSURs, dass die Angabe der Altersgruppen in den Tabellen der verabreichten Dosen mit den Altersgruppen bei der Darstellung der Nebenwirkungen nicht übereinstimmt. Die Überschneidungen sind auch dergestalt, dass sich die Anzahl der verabreichten Dosen nur für die Altersgruppen unter 18 Jahre errechnen und mit den Nebenwirkungen ins Verhältnis setzen lässt. Für die anderen Altersgruppen gibt es jeweils Überschneidungen, was die

Errechnung eines akkuraten Verhältnisses der Nebenwirkungen zu verabreichten Dosen unmöglich macht.

Vergleich der Einteilung in Altersgruppen ab 18 Jahre für Nebenwirkungen und verabreichte Dosen[28]:

→ **Nebenwirkungen:**
18–30 Jahre / 31–50 Jahre / 65–74 Jahre / ≥ 75 Jahre

→ **Anzahl Dosen:**
18–24 Jahre / 25–49 Jahre / 50–59 Jahre / 60–69 Jahre / 70–79 Jahre/ über 80 Jahre

## SYSTEMATIK DER LISTUNG DER NEBENWIRKUNGEN

In den PSURs für *Comirnaty®* werden – ebenso wie bereits im ersten Sicherheitsbericht vom 28. Februar 2021 – Systematiken angewendet, die nicht das wahre Ausmaß der Nebenwirkungen darstellen.

1. Die in den PSURs genannten »Fälle« (Cases) bezeichnen jeweils nicht Nebenwirkungsfälle, sondern Menschen, bei denen Nebenwirkungen bis hin zum Tod aufgetreten sind. Die Anzahl der Nebenwirkungen wird jeweils separat genannt. Aus diesen Daten lässt sich für alle PSURs die Schlussfolgerung ziehen, dass jeder von einer Nebenwirkung betroffene Mensch durchschnittlich mehr als 3 Nebenwirkungen erlitten hat.

In PSUR 1 beispielsweise werden 327.125 »Fälle« (S. 32) gelistet und insgesamt 1.173.395 Nebenwirkungen (S. 50).

2. Es werden ausschließlich Nebenwirkungen in die Tabellen aufgenommen, die einen Anteil von mindestens 2 % der gemeldeten Nebenwirkungen ausmachen. Diese Systematik wird durchgehend für alle Nebenwirkungen und in allen PSURs verwendet. Nebenwirkungen, die einen Anteil von weniger als 2 % an den Nebenwirkungsmeldungen aufweisen, werden daher nicht gelistet und nicht in die Bewertung einbezogen. In der Erläuterung der Tabellen mit den Nebenwirkungsmeldungen heißt es jeweils

ausdrücklich: »Events Reported ≥ 2% * Cases« (Berichtete Nebenwirkungen ≥ 2% * Fälle).

Auf S. 49 des 1. PSUR schreibt *BioNTech* beispielsweise für die Sicherheitsbewertung »Overall Safety Evaluation«: »Die Gesamtsicherheitsbewertung umfasst eine Überprüfung der am häufigsten gemeldeten Ereignisse [...] für Ereignisse, für die ≥ 2% aller Post-Marketing-Fälle während des Berichtszeitraums gemeldet wurden [...].«[29]

In die Gesamtsicherheitsbewertung fließen nur die am häufigsten gemeldeten Nebenwirkungsfälle ein. Alle Nebenwirkungen mit einem Anteil von unter 2% werden nicht berücksichtigt.

In dieser Beschränkung der Darstellung auf diejenigen Nebenwirkungen, die mindestens 2% der gemeldeten Nebenwirkungen betreffen, liegt meines Erachtens ein Verstoß gegen die Vorschrift des Art. 107b (1) a) der RL 2001/83 und die zur Konkretisierung dieser Vorschrift erlassenen Leitlinien. Art. 107b (1) a) der RL 2001/83 fordert, dass der PSUR die `Zusammenfassungen von Daten, die für die Beurteilung des Nutzens und der Risiken eines Arzneimittels von Interesse sind, einschließlich der Ergebnisse aller Studien, die mögliche Auswirkungen auf die Genehmigung für das Inverkehrbringen haben [...]` zu umfassen hat. Von Interesse und in die Nutzen-Risiko-Bewertung einzubeziehen sind aber nicht nur die Nebenwirkungen, deren Anteil am Aufkommen der Nebenwirkungsmeldungen mindestens 2% beträgt, sondern alle Nebenwirkungen.

3. Für eine Erkrankung werden teilweise zahlreiche Unterkategorien gebildet (Kennen wir das nicht von den besonderen Bedingungen der bedingten Zulassungen?). Beispielhaft wäre die Kategorisierung in »COVID-19 und »grippeähnliche Symptome« oder »grippeähnliche Infektion« zu nennen oder aber »Schmerzen« und »Schmerzen in Extremitäten« bzw. »Unwohlsein« und »abnormales Gefühl« (so im 1. PSUR S. 253 f). Diese unterschiedlichen Unterkategorien können theoretisch dazu führen, dass einzelnen

Unterkategorien mangels Erreichen der »2-%-Hürde« nicht in den PSUR aufgenommen werden.

Bei der Betrachtung der Zahlen ist daher immer zu berücksichtigen, dass

- jeder der von einer Nebenwirkung Betroffene durchschnittlich mehr als 3 Nebenwirkungen erlitten hat,
- sämtliche Nebenwirkungen, die einen Anteil von weniger als 2 % an den gemeldeten Nebenwirkungen aufweisen, »aussortiert« werden und
- sich dadurch erhebliche Verzerrungen in der Darstellung und Auswertung der Nebenwirkungen und damit auch bei der Nutzen-Risiko-Analyse ergeben.

Jeder von einer Nebenwirkung Betroffene hat durchschnittlich mehr als 3 Nebenwirkungen erlitten.

## ZAHLEN DER NEBENWIRKUNGSMELDUNGEN

Aus den PSURs ergeben sich Zahlen für Nebenwirkungsmeldungen einschließlich der Verteilung auf die Altersgruppen, die Einteilung in schwere und nicht schwere Nebenwirkungen und die aufgetretenen Symptome, einschließlich ihrer Bewertung durch *BioNTech/Pfizer* in Bezug auf Risikosignale.

### → Comirnaty »Periodic Safety Update Report« Nr. 1 für den Zeitraum 19. Dezember 2020 bis 18. Juni 2021

In dem vom 1. PSUR umfassten Zeitraum vom 19. Dezember 2020 bis 18. Juni 2021 wurden für 327.827 Menschen Nebenwirkungen gemeldet, davon 5.115 Todesfälle (S. 32). Die Anzahl der Nebenwirkungen für diese »Fälle« betrug 1.173.395 (S. 50). Jeder Betroffene hat im Durchschnitt mehr als 3 Nebenwirkungen erlitten. Ca. 1/3 (100.808) waren von schweren Nebenwirkungen betroffen (S. 31).

Von diesen 327.827 Menschen waren 233.948 (70 %) Frauen, 75.340 Männer und 18.539 Fälle unbekannten Geschlechts. 84 %

der Betroffenen (276.437) hatten keine Vor- oder Begleiterkrankungen (S. 31/32).

Die Altersgruppen 31–50 Jahre (107.416) und 51–65 Jahre (68.685) waren besonders betroffen (S. 31) – Altersgruppen, für die COVID-19 keine Gefahr darstellte. In der Altersklasse unter 18 finden sich immerhin bereits 2.076 Fälle Betroffener (S. 31). In der Altersklasse bis einschließlich 64 Jahren und in der Gruppe mit unbekanntem Alter ist die Anzahl der Todesfälle von Menschen ohne Begleiterkrankungen erheblich höher als der Anteil der Todesfälle von Menschen mit Vorerkrankungen.

Das bedeutet: In diesen Altersgruppen sind mehr zuvor Gesunde gestorben, bei denen keine Vorerkrankungen vorlagen.

In dem PSUR sind konkrete Zahlen der Todesfälle angegeben:

Altersgruppe: gesamt/mit/ohne Vorerkrankung:

- 0–17 Jahre: 23/1/22
- 18–30 Jahre: 30/3/24
- 31–50 Jahre: 160/46/114
- 51–64 Jahre: 348/161/ 187
- 65–74 Jahre: 677/347/330
- 75 + Jahre: 3.361/2140/1321
- unbekannt: 370/37/333

Zum Stichtag 18. Juni 2021 waren 76.960 Betroffene noch nicht wieder genesen, bei 70.271 Menschen war der Ausgang unbekannt (S. 32). Die oben beschriebenen Erkenntnisse finden ihre Fortsetzung auch in den weiteren PSURs 2 und 3. Durchgängig

- sind ca. 2/3 der von einer Nebenwirkung Betroffenen Frauen,
- sind die Altersklassen 31–50 und 51–64 besonders betroffen,
- liegt der Anteil der Betroffenen ohne Begleiterkrankungen kumuliert für den Zeitraum vom 19. Dezember 2020 bis zum 18. Juni 2022 bei ca. 89 %.

Die folgende Tabelle gibt einen Überblick über die in den PSURs aufgeführten Fälle, Nebenwirkungen, schweren Nebenwirkungen und Todesfälle:

| PSUR | FÄLLE | NEBEN-WIRKUNGEN | DAVON SCHWERWIEGEND FÄLLE / NW | TODESFÄLLE |
|---|---|---|---|---|
| 1. PSUR | 327.827 | 1.173.395 | 100.808 / 402.324 | 5.115 |
| 2. PSUR | 657.528 | 2.173.417 | 173.179 / 484.349 | 5.413 (S. 42) |
| 3. PSUR | 508.351 | 1.596.793 | 151.420 / 439.443 | 3.280 (S. 46) |
| Gesamt angegeben | 1.484.945 | 4.974.391 | 425.314 / 1.326.116 | (es findet sich keine Angabe ) |
| Gesamt errechnet | 1.488.706 | 4.943.605 | 425.407 / 1.326.116 | 13.808 |

Folgenden Anteil haben die Todesfälle in den klinischen Studien an den Nebenwirkungsmeldungen:

– PSUR 1: 46 von 702, entspricht 6,6 % (S. 32),
– PSUR 2: 46 von 721, entspricht 6,4 % (S. 42),
– PSUR 3: 35 von 668, 5,2 % (S. 46).

Das entspricht kumuliert: 6,1 % (127 von 2.091)!

Zusammengefasst Anteil Frauen, ohne Begleiterkrankungen und Todesfälle an Nebenwirkungen in klinischen Studien:

| PSUR | FRAUEN | OHNE BEGLEITERKRANKUNG | TODESFÄLLE |
|---|---|---|---|
| 1. PSUR | 70,0 % (S. 31) | 84,0 % (S. 32) | 6,6 % (S. 32) |
| 2. PSUR | 68,4 % (S. 41) | 89,8 % (S. 42) | 6,4 % (S. 42) |
| 3. PSUR | 63,7 % (S. 45) | 92,4 % (S. 46) | 5,2 % (S. 46) |

## ÜBERBLICK ÜBER DIE KLASSIFIZIERUNG VON SIGNALEN UND SICHERHEITSBEDENKEN DURCH *BIONTECH/PFIZER*

Die PSURs enthalten auch Angaben und Bewertungen über die Klassifizierung von Sicherheitssignalen (Risk Signals) und Sicherheitsbedenken (Safety Concerns) sowie die Bewertung durch den Zulassungsinhaber.

**→ Comirnaty »Periodic Safety Update Report« Nr. 1 für den Zeitraum 19. Dezember 2020 bis 18. Juni 2021**

Im 1. PSUR werden als wichtiges Sicherheitsrisiko »Anaphylaktische Reaktionen« klassifiziert, als »wichtiges mögliches Sicherheitsrisiko« Krankheitsverstärkung einschließlich verstärkter Atemwegserkrankung durch Injektion/Vaccine-associated enhaced disease (VAED) and Vaccine associated enhanced respiratory diesease (VAERD).

Die Klassifizierung für diese Nebenwirkungen hat sich auch im 2. PSUR (S. 6) und im 3. PSUR (S. 6/7) nicht geändert.

Als Sicherheitsbedenken wegen fehlender Information werden die Anwendung

- in Schwangerschaft und Stillzeit,
- bei immungeschwächten Menschen,
- bei Menschen mit Begleit-/Vorerkrankungen (COPD, Diabetes, chronische neurologische Erkrankungen, kardiovaskuläre Erkrankungen),
- bei Menschen mit Autoimmun- oder entzündlichen Erkrankungen,
- Wechselwirkungen mit anderen Impfungen

und das Fehlen von Langzeit-Sicherheitsdaten eingestuft (S. 5). Diese Einstufung blieb auch im 2. PSUR (S. 6) und 3. PSUR (S. 6/7) aufrechterhalten!

Risiken, die seitens *BioNTech* untersucht, aber NICHT als Sicherheitsrisiko eingestuft werden, sind unter anderem Schlaganfall, thromboembolische Ereignisse, verzögerte Hautreaktion, Ohnmacht, Augenschmerzen einschließlich Augenschwellung, Herpes Zoster einschließlich Herpes Zoster der Augen, Blinddarmentzündung, Gehörverlust und Tinnitus, starke Schwellung der Gliedmaßen, Fazialisparese und Tod (S. 4).

Immunthrombozytämie, Trigeminusneuralgie, Myokarditis und Perikarditis, Bluthochdruck mit Gehirnblutung werden als fortlaufend zu beobachtende Signale klassifiziert (S. 5).

**→ Comirnaty »Periodic Safety Update Report« Nr. 2 für den Zeitraum 19. Juni 2021 bis 18. Dezember 2021**

Im Berichtszeitraum des 2. PSUR werden Myokarditis und Perikarditis zusätzlich zu anaphylaktischen Reaktionen als wichtige Sicherheitsrisiken eingestuft.

Fortlaufend zu beobachtende Signale sind Vasculitis und cerebrale Sinusvenenthrombose.

Bewertet und NICHT als Sicherheitssignale eingestuft werden Blinddarmentzündung, Herpes Zoster einschließlich Herpes Zoster der Augen, Immunthrombozytopenie, Myastenia gravis (Autoimmunerkrankung, bei der die Signalübertragung zwischen Nerv und Muskel gestört ist), Thrombose-mit-Thrombozytopenie-Syndrom, Erythema multiforme (Hautausschlag), beidseitige Nierenentzündung (Glomerulonephritis), multisystemisches Inflammationssyndrom bei Erwachsenen und Kindern, Autoimmunhepatitis.

Interessant ist, dass

- das von *BioNTech* NICHT als Signal klassifizierte »Thrombose-mit-Thrombozytopenie-Syndrom« laut *doccheck* erstmalig mit den COVID-19-Injektionen aufgetreten sein soll[30] und
- das multisystemische Inflammationssyndrom bei Erwachsenen und Kindern, von Ammann et al. in einer Veröffentlichung bei *Swiss Medical Forum* als »eine seltene, aber schwerwiegende Komplikation von COVID-19« beschrieben wird[31].

**→ Comirnaty »Periodic Safety Update Report« Nr. 3 für den Zeitraum 19. Dezember 2021 bis 18. Juni 2022**

Im Berichtszeitraum des 3. PSUR werden die wichtigen Sicherheitssignale der anaphylaktischen Reaktionen, Myokarditis und Perikarditis aufrechterhalten. Auch die möglichen wichtigen Sicherheitssignale VAED und VAERD werden beibehalten. Als zusätzliches Sicherheitssignal, das aber nicht als »wichtig« eingestuft wird, kommt »Reizbarkeit« hinzu.

Fortlaufend zu beobachtendes Signal war Gehörverlust.

Bewertet und NICHT als Sicherheitssignale eingestuft wurden unter anderem Blinddarmentzündung, Vasculitis (Entzündung von Blutgefäßen), hämolytische Anämie, Uveitis (Augenentzündung), Verschlimmerung oder Schub einer bestehenden Autoimmunerkrankung oder entzündlichen Erkrankung, Kapillarlecksyndrom (Austritt von Blutplasma und Plasmaproteinen aus den Kapillaren in das Bindegewebe), Sinusvenenthrombose, Lymphozytäre Colitis (vermehrt Lymphozyten in der Darmschleimhaut), rheumatische Polymyalgie, subakute Thyreoiditis (Schilddrüsenentzündung), Schlaganfall, starke Menstruationsblutung.

## BEWERTUNG EINZELNER NEBENWIRKUNGEN DURCH *BIONTECH/PFIZER* – 1. PSUR

Nachfolgend werden die Bewertungen einzelner Nebenwirkungen durch *Pfizer/BioNTech* nur anhand der Ausführungen im 1. PSUR (S. 84 ff) dargestellt. Die Behandlung der Bewertung der weiteren PSURs würde den Rahmen dieser Darstellung sprengen.

Von *Pfizer/BioNTech* wurden Myokarditis und Perikarditis mit 8.398 Fällen als Risiko klassifiziert und finden Erwähnung in der Produktinformation (S. 125 f); Gleiches gilt für den anaphylaktischen Schock (3.830 Fälle).

Myokarditis und Perikarditis werden bereits im 1. PSUR als Risiko klassifiziert.

*Nicht* dagegen als Risiko klassifiziert, aber zum Teil unter weitere besondere Beobachtung gestellt wurden

— Thromboembolische Vorfälle (9.088 Fälle), S. 99,
— Ohnmacht/Bewusstlosigkeit (4.930 Fälle), S. 104,
— Herpes Zoster (4.192 Fälle). Allerdings hatte *BioNTech* eine mögliche Erklärung für das Auftreten von Herpes Zoster: Aufgrund der Injektion könne es möglicherweise zu einer Änderung der T-Zell-Balance kommen mit der Folge, dass die

Infektion mit Herpes Zoster nicht mehr unterdrückt werden könne (S. 107).
- Menstruationsbeschwerden (ca. 2.426 – es wird nur angegeben, dass es 1.886 = 77,7 % waren), S. 94 f,
- Schlaganfall (1.879 Fälle), S. 98,
- Spontaner Gehörverlust (980 Fälle) und Tinnitus (2.499 Fälle), S. 90.

In den Fällen, in denen Nebenwirkungen nicht als Risiko klassifiziert wurden, stützte sich *Pfizer/BioNTech* im Wesentlichen auf folgende Argumentation:
- Begleiterkrankungen hätten diese Nebenwirkung auslösen können. Dabei werden als Begleiterkrankungen hauptsächlich Krebs, Autoimmunerkrankungen, Diabetes Mellitus und andere chronische Erkrankungen genannt – allerdings ist aus den Nebenwirkungsmeldungen ersichtlich, dass lediglich bei knapp 10 % der von einer Nebenwirkung Betroffenen eine Vorerkrankung vorlag. Insofern ist diese Begründung unschlüssig.

Das Argument von Pfizer/BioNTech gegen die Klassifizierung als Risiko: Begleiterkrankungen (Krebs, Diabetes, chronische Erkrankungen) hätten die Nebenwirkung auslösen können.

- Die Meldung sei gemeinsam mit anderen Symptomen erfolgt, mit denen das betreffende Symptom einhergehen könnte, z. B. Infektionen oder COVID-19 (!) – hier wäre zu prüfen, wie wahrscheinlich es ist, dass mehrere Symptome nebeneinander auftreten.
- In klinischen Studien sei die Nebenwirkung für Kontroll- und Verumgruppe nicht in unterschiedlicher Häufigkeit aufgetreten (z. B. S. 90, 93, 95).

Bei diesem Argument stellt sich die Frage:

Weshalb konnte man dann verantworten, die Kontrollgruppe aufzulösen, wenn die Ereignisse in klinischen Studien als Beurteilungskriterium für die Klassifizierung einer Nebenwirkung als »Risiko« herangezogen werden?

Das zeigt wieder, wie unverantwortlich die Auflösung der Kontrollgruppe ist!

- Es gäbe keinen klaren Wirkmechanismus, der erklären könnte, warum Menschen, die die Injektion erhalten haben, die betreffende Nebenwirkung entwickeln sollten, und es gäbe keinen Hinweis in der Literatur, dass irgendeine Impfung mit dem Auftreten der Erkrankung in Verbindung gebracht werde. So wird beispielsweise bei akuter Pankreatitis argumentiert (S. 92 f).

Ablehnung eines Risikosignals durch *BioNTech/Pfizer* mit dem Argument, es gebe keinen klaren Wirkmechanismus, der das Auftreten der Erkrankung erklären könnte.

Strikt zu Ende gedacht, würde diese Argumentation dazu führen, dass der Zulassungsinhaber immer dann, wenn ihm der Wirkmechanismus seines Arzneimittels nicht vollständig bekannt ist, argumentieren könnte, dass die betreffende Nebenwirkung auch nicht durch sein Arzneimittel ausgelöst worden sein kann.

Die Frage, die sich stellt: Liegt hier möglicherweise ein »Entwicklungsfehler« vor, wenn der Zulassungsinhaber nicht einmal den Wirkmechanismus und Auswirkungen seines Arzneimittels auf den Körper kennt, dass er das Auftreten einer Erkrankung als Nebenwirkung klassifizieren könnte?

- Ein weiteres beliebtes Argument ist, die Nebenwirkung sei durch den Pandemiestress hervorgerufen, so geschehen bei den Menstruationsbeschwerden (S. 94 f). In einer Studie berichtet nahezu die Hälfte der Teilnehmerinnen über stärkere oder schmerzhaftere Blutungen als vor der Pandemie. *Pfizer/BioN Tech* schlussfolgert, dies sei durch Pandemie bedingten Stress, Gewichtszunahme, geänderte Essgewohnheiten, Heimarbeit verursacht. Auch für Menstruationsbeschwerden wird wieder das Argument angeführt, in klinischen Studien sei kein Unterschied im Auftreten von Menstruationsbeschwerden zwischen

Placebo- und Verumgruppe zu verzeichnen (S. 95).

— Beliebtes Argument ist auch die Angabe, in der Mehrheit der Fälle hätten die übermittelten Informationen nicht ausgereicht, um eine aussagekräftige Bewertung vorzunehmen. Ein Beispiel dafür ist Gürtelrose (Herpes Zoster): Trotz Vorliegens von mehreren Tausend berichteten Fällen im Zeitraum vom 19.12.2020 bis 18.06.2021 wird die Erkrankung NICHT als Risiko klassifiziert (S. 105 f).

Als Begründung für das Auftreten von Nebenwirkungen wird »Pandemiestress« genannt.

## CHARGEN MIT DEN MEISTEN NEBENWIRKUNGEN

Der 1. PSUR listet auf S. 56 die Chargen auf, die am meisten von Nebenwirkungsmeldungen betroffen waren. Heraus ragen hier besonders mit über 10.000 Nebenwirkungen die Chargennummern EL1484 mit 16.077, EJ6797 mit 11.168 und EK9788 mit 10.139. Das PEI hatte diese Chargen geprüft und freigegeben. Trotz der hohen Nebenwirkungsrate führt *Pfizer/BioNTech* aus, keine Qualitätsprobleme für die betreffenden Chargen festgestellt zu haben. Interessant ist, dass diese Chargen mit den Chargen übereinstimmen, die von dänischen Wissenschaftlern ebenfalls als die Chargen mit den meisten Nebenwirkungsmeldungen identifiziert wurden.[32]

*Pfizer/BioNTech* listet Chargen mit den meisten Nebenwirkungen in den ersten 6 Monaten des Vertriebs auf. Die Freigabe dieser Chargen erfolgte durch das PEI.

## ERKENNTNISSE ÜBER AUSWIRKUNGEN IN SCHWANGERSCHAFT UND STILLZEIT – US-DATEN AUS vSAFE

Erkenntnisse aus der Datenbank der mobilen App »vSafe«, die in den USA verwendet wird, sind für Schwangerschaft und Stillzeit alarmierend. Die Pharma-Spezialistin Sasha Latypova aus den USA, die sich seit den Anfängen der Corona-Pandemie mit ihrer hochprofessionellen Analyse der Daten aus Zulassungsunterlagen von *Pfizer* und *Moderna* sehr verdient macht, veröffentlicht Anfang September 2022 das Ergebnis ihrer Auswertung, dass die Verabreichung von COVID-19-Injektionen zu einer 8-fachen Erhöhung spontaner Aborte und einem 3-fachen Anstieg der Totgeburten führte.[33]

Ihr Ergebnis basiert auf einer Analyse einer »Post-marketing«-Beobachtung, einer Beobachtung nach Erteilung der Notfall- bzw. bedingten Zulassung – zwischen dem 14. Dezember 2020 und Ende Februar 2021. Trotz der zu diesem Zeitpunkt (ebenfalls) noch nicht vorhandenen Daten zu Schwangerschaft hatten sich bereits 3.500 Schwangere bis zu diesem Zeitpunkt registriert. Von diesen 3.500 registrierten Schwangeren haben 827 den Ausgang der Schwangerschaft berichtet. Von diesen 827 wiederum waren 127 im 1. bzw. 2. Trimester injiziert worden, 700 im 3. Trimester.

Basierend auf diesen 827 Daten ergibt sich folgendes Ergebnis:

— Auf die 127 im 1./2. Trimester injizierten Schwangeren entfielen 104 Spontanaborte – oder 82 %! Die normale Rate beträgt 10 %!
— Von den 700 Frauen, die im 3. Trimester die Injektion erhielten, erlitten 11 Totgeburten. Das entspricht ca. 1,5 %. Die übliche Rate beträgt 0,6 %!

Bei den im 1./2. Trimester injizierten Schwangeren traten 82 % Spontanaborte auf. Die normale Rate beträgt 10 %.

Weiterhin berichtet Sasha Latypova über den Inhalt der VAERS-Datenbank, in der mehr als 2.000 Aborte verzeichnet sind – im Vergleich zu ungefähr 700 Aborten für ca. 98 Impfstoffe seit Beginn der Aufzeichnungen in VAERS.

## 2.7 BETROFFENHEIT VON KINDERN IN DEN *COMIRNATY*®-PSURS

Besonders auffällig sind im 2. PSUR die Zahlen der Nebenwirkungen für Kinder von 0–4 Jahren. Eine Zulassung für Kinder in dieser Altersgruppe ist im Berichtszeitraum noch nicht erteilt. Nach wie vor ist eine Zulassung für eine COVID-19-Injektion für Neugeborene nicht erteilt worden.

Im 2. PSUR sind Nebenwirkungen für Kinder von 0–4 Jahren enthalten, obwohl die Injektionen für Kinder dieses Alters noch nicht zugelassen waren.

Trotzdem werden auf S. 41 Tabelle 12 für Neugeborene bis einschließlich 27 Tage 187 (!) von einer Nebenwirkung betroffene Säuglinge angegeben. In der Altersklasse von 28 Tagen bis 23 Monaten werden 760 Fälle aufgeführt.

Auch in Bezug auf diese Altersgruppen wird die exakte Nachvollziehbarkeit erschwert bzw. unmöglich gemacht: Es ist nicht genau nachvollziehbar, wie viele Kinder von Nebenwirkungen im Alter von 2–4 Jahren betroffen waren, weil die Altersklasse für die Nebenwirkungen von 2–11 Jahren gefasst wird. In der Altersklasse von 2–11 Jahren werden 1.431 Betroffene von Nebenwirkungen angegeben.

Im 3. PSUR wird in einer Tabelle auf S. 46 angegeben, dass insgesamt im Berichtszeitraum vom 19. Dezember 2021 bis 18. Juni 2022 für 1.071 Neugeborene im Alter von 0–28 Tagen Verdachtsfälle von Nebenwirkungen gemeldet wurden. Von diesen Neugeborenen erhielten – außerhalb der Zulassung – 102 Kinder selbst eine Injektion mit *Comirnaty*®. Für 969 Neugeborene wurden

Verdachtsfälle von Nebenwirkungen gemeldet, ohne dass sie selbst eine Injektion erhalten hätten. Resultieren diese Verdachtsfälle aus der ihrer Mutter verabreichten Injektion – oder von Shedding, ohne dass es eingeräumt wird?

In der Altersgruppe der Kinder im Alter von 2–11 Jahren werden für den Berichtszeitraum 22 Fälle gemeldet, in denen den Kindern selbst *Comirnaty*® nicht verabreicht worden war (S. 46, Tabelle 14). Ob es sich hierbei um Fälle handelt, in denen die Kinder noch gestillt wurden, ist aus dem PSUR nicht ersichtlich.

Im 3. PSUR werden für 1.071 Neugeborene im Alter von 0–28 Tagen Verdachtsfälle von Nebenwirkungen gemeldet, obwohl *Comirnaty*® in dieser Altersklasse nicht zugelassen ist.

4,2 % der aus klinischen Studien gemeldeten Nebenwirkungen im Berichtszeitraum betreffen Neugeborene und Säuglinge im Alter von 28 Tagen bis 23 Monaten (28 Fälle). Von diesen 28 betroffenen Säuglingen und Kleinkindern hatten 22 selbst eine Injektion erhalten, bei 6 von ihnen hatte die Mutter während der Schwangerschaft oder Stillzeit die Injektion erhalten. 9,7 % oder 65 Fälle der von Nebenwirkungen Betroffenen waren Kinder im Alter von 2–11 Jahren (S. 46).

Auch für die TRIS-Formulierung von *Comirnaty*® (s. Teil IV, Kapitel 2.8, S. 459), bei der statt des zunächst verwendeten Phosphat-Puffers ein Trometamol-Puffer zur Anwendung kommt, werden auf S. 75 des 3. PSUR 30 Todesfälle für das Produkt der 5–11 Jährigen (10 µg) angegeben, 3 Todesfälle für die höhere Dosierung der Altersgruppe ab 12 Jahren (30 µg), wobei die Tabelle keine genaue Angabe der Todesfälle für die jeweiligen Altersgruppen enthält.

Bei den Kindern im Alter von 0–17 Jahren sind ebenso wie bei den Erwachsenen nahezu ausschließlich Kinder ohne Vorerkrankungen von Nebenwirkungen betroffen, also gesunde Kinder, für die COVID-19 überhaupt kein Risiko dargestellt hätte! Das Mortalitätsrisiko der Kinder von 0–19 Jahren lag bei lediglich 0,0003 %.[34] Dem stehen 17 Todesfälle für die TRIS-Formulierung und 65 Todesfälle für die PBS-Formulierung (Phosphat-Puffer) allein im Berichtszeitraum 19. Dezember 2021 bis 18. Juni 2022 gegenüber.

Von Nebenwirkungen sind fast ausschließlich Kinder und Jugendliche ohne Vorerkrankungen betroffen, die bei COVID-19 ein Mortalitätsrisiko von 0,0003 % haben.

## 2.8 ERHEBLICHER UNTERSCHIED IN NEBENWIRKUNGSMELDUNGEN FÜR UNTERSCHIEDLICHE PUFFER-FORMULIERUNGEN BEI KINDERN

Am 2. November 2021 erteilt die EU-Kommission auf Empfehlung des CHMP vom 14. Oktober 2021 eine Zulassung für eine zusätzliche neue Zusammensetzung im Hinblick auf den verwendeten Puffer, und auch eine andere pharmazeutische Form.[35] Am 25. November 2021 wird diese Zusammensetzung auch für die Anwendung bei Kindern im Alter von 5–11 Jahren in einer angepassten Dosierung von 10 µg zugelassen[36]:

Der Phosphatpuffer (PBS-Formulierung) aus der ursprünglichen Formulierung wurde in der neuen Formulierung durch einen Puffer mit Trometamol, Trometamol-Hydrochlorid und Sucrose (TRIS-Puffer) ersetzt. Diese TRIS-Formulierung wird für Kinder ab 12 und Erwachsene als fertige Injektionsdispersion in einer Dosierung von 30 µg angeboten. Für Kinder von 5–11 Jahren mit einer Dosierung von 10 µg und Kinder von 6 Monaten bis 4 Jahren mit einer Dosierung von 3 µg handelt es sich auch bei der TRIS-Formulierung um ein Konzentrat, das – wie das Ursprungspräparat – vor der Verabreichung mit Kochsalzlösung zu verdünnen ist.[37]

Präklinische und klinische Daten für die geänderte Formulierung von Phosphat-Puffer zu TRIS-Puffer werden nicht eingereicht. Sie werden als nicht erforderlich angesehen. Die Hersteller und Zulassungsbehörden nehmen Bezug auf die vorliegenden Daten zur ursprünglichen Formulierung mit dem PBS-Puffer (S. 23 des Beurteilungsberichts).[38]

Im Berichtszeitraum des 3. PSUR vom 19. Dezember 2021 bis zum 18. Juni 2022 wurden die unterschiedlichen Formulierungen von *Comirnaty*® mit dem Phosphat-Puffer einerseits und dem TRIS-Puffer andererseits parallel vertrieben. Für unterschiedliche Altersgruppen sind unterschiedliche Puffer-Formulierungen zugelassen, wobei für die Altersgruppe ab 12 Jahren beide Puffer-Formulierungen parallel zugelassen sind (Zusammenfassende Darstellung auf S. 25 des 3. PSUR, es ist aber auch aus der Zusammenfassung der Produktmerkmale auf der Website der EMA ersichtlich[39]):

— Kinder 0–6 Monate: keine Zulassung
— Kinder 6 Monate–4 Jahre: TRIS-Puffer, Dosierung 3 µg
— Kinder 5–11 Jahre: TRIS-Puffer, Dosierung 10 µg
— Kinder ab 12 Jahre: TRIS-Puffer und PBS-Puffer, Dosierung 30 µg

Auf S. 77 des 3. PSUR sind in Tabelle 20 die Nebenwirkungen für die unterschiedlichen Puffer-Formulierungen einander gegenübergestellt. Es sind folgende Aspekte auffällig:

— Auch in der Altersklasse unter 12 Jahren werden Nebenwirkungen für die PBS-Formulierung angegeben (1.479 Fälle), obwohl die PBS-Formulierung in dieser Altersklasse nicht zugelassen ist. Ob dies durch indirekten Kontakt mit der Injektion oder selbst erhaltene Injektion verursacht wurde, ist aus der Tabelle nicht ersichtlich. Das wirft die Frage auf, ob in der Altersklasse unter 12 Jahren die PBS-Formulierung off-label zur Anwendung gekommen ist.

In der Altersklasse unter 12 Jahren werden Nebenwirkungen für die *Comirnaty*®-Version mit Phosphat-Puffer angegeben, obwohl diese Zusammensetzung für diese Altersklasse nicht zugelassen ist.

— Für die Altersklasse ab 12 Jahren sind die beiden Formulierungen parallel zugelassen. Auffällig ist in dieser Altersklasse, dass die Anzahl der Nebenwirkungen in der Altersklasse 12–17 Jahre zwischen den Formulierungen sehr unterschiedlich ist: 654 Betroffene mit Verdachtsfällen für die

TRIS-Formulierung stehen 21.290 Betroffene für die PBS-Formulierung gegenüber. Leider enthält diese Tabelle keine Angaben für die Altersgruppen ab 18 Jahre.

Ob die Zahl der verabreichten Dosen zwischen den beiden unterschiedlichen Puffer-Formulierungen in so erheblichem Maß abweicht, dass ein Verhältnis der Nebenwirkungen von 1/32,5 damit begründet werden kann, ist aus dem PSUR nicht ersichtlich. Die im PSUR ohne Anlagen enthaltenen Zahlen für verabreichte Dosen unterscheiden nicht zwischen den einzelnen Formulierungen.

Wie ist dieser erhebliche Unterschied in den absoluten Meldezahlen zu erklären?

*Pfizer/BioNTech* räumt im PSUR auf S. 74 ein, dass ein proportional höherer Anteil an Nebenwirkungen für die PBS-Formulierung zu verzeichnen sei. Ausnahmen seien höhere prozentuale Melderaten für die TRIS-Formulierung bei fehlerhafter Arzneimittelanwendung; auch die prozentualen Anteile von Schmerzen an der Einstichstelle, Erbrechen, Bauchschmerzen, Durchfall, Hautausschlag, Nesselsucht und Juckreiz an der Gesamtzahl der für die TRIS-Formulierung gemeldeten Verdachtsfälle mindestens 2 % seien bei der TRIS-Formulierung höher als bei der PBS-Formulierung.

Die Zahl der von einer Nebenwirkung Betroffenen liegt für die PBS-Formulierung erheblich über der Anzahl der Nebenwirkungen der TRIS-Formulierung. Die Tabelle 20 auf S. 76 gibt für die Altersgruppe bis einschließlich 17 Jahre im Berichtszeitraum 9.055 Betroffene für die TRIS-Formulierung gegenüber 22.772 Betroffenen für die PBS-Formulierung an.

*BioNTech/Pfizer* geht auf diesen erheblichen Unterschied zwischen den Zusammensetzungen zulasten der ursprünglichen Zusammensetzung mit PBS-Puffer nicht weiter ein. Die Schlussfolgerung auf S. 78 lautet lediglich: »Basierend auf der Überprüfung der mit der Tris/Saccharose-Formulierung gemeldeten Fälle wurden keine neuen Sicherheitsbedenken festgestellt.«[40]

Warum thematisiert *Pfizer/BioNTech* den erheblichen Unterschied in absoluten Nebenwirkungen der PBS-Formulierung gegenüber der TRIS-Formulierung NICHT als ein Sicherheitssignal, dem nachgegangen werden muss?

Könnte der Unterschied in den Meldezahlen mit der Tatsache zusammenhängen, dass die gleichzeitige Verwendung kationischer Lipidnanopartikel (hier: ALC-0315) mit Phosphat-Puffer(PBS) nach den Schilderungen im Patent von *BioNTech*[41] die ohnehin schon erhebliche Toxizität von kationischen LNP noch einmal steigert?

Erinnert sei hier an die Ausführungen im Patent, die bereits in Teil III Kapitel 3.4, S. 316 thematisiert wurden:

> »Die Verwendung von Puffern [...] kann zur Aggregation von Lipoplexen führen, was sie für die parenterale Anwendung bei Patienten ungeeignet macht [...]. Im PBS-Puffer ist der gleiche Effekt stärker ausgeprägt.«[42]

Im Patent von *BioNTech* heißt es: Die gleichzeitige Verwendung kationischer Lipidnanopartikel mit Phosphat-Puffer steigert die ohnehin schon erhebliche Toxizität von kationischen LNP.

Warum nimmt *BioNTech* die ursprüngliche Formulierung mit PBS-Puffer nicht vollständig vom Markt, warum verzichtet *BioNTech* nicht auf die Zulassung für die Formulierung mit dem PBS-Puffer?

## 2.9 HOHE ZAHL AN VERDACHTSFÄLLEN VON NEBENWIRKUNGEN UND TODESFÄLLEN IN DEN DATENBANKEN VON PEI, WHO, USA UND EU

Die Datenbanken zur Sammlung der vermuteten Nebenwirkungen der COVID-19-Injektionen, insbesondere VAERS (USA), EudraVigiliance/EMA, die Datenbank des PEI und auch die Nebenwirkungsdatenbank VigiAccess der WHO weisen erhebliche Zahlen an Todesfällen und schwerwiegenden vermuteten Nebenwirkungen der

COVID-19-Injektionen aus. Das PEI hat bis zum 7. April 2023 mehr als 20 Sicherheitsberichte zu Nebenwirkungsmeldungen zu COVID-19-Injektionen veröffentlicht. Dabei betrug der Abstand zwischen den Sicherheitsberichten zunächst 1 Woche, dann 2 Wochen, ab Mai 2021 1 Monat, dann 2 Monate und schließlich 3 Monate und länger.[43] Der letzte Sicherheitsbericht umfasst den Zeitraum vom 27. Dezember 2020 bis zum 31. März 2023.

Für diesen Zeitraum weist das PEI ca. 340.000 Verdachtsmeldungen zu Nebenwirkungen aus. Dabei sind – mit Ausnahme von *Jcovden*® – bei allen anderen Injektionen Frauen bei Weitem mehr betroffen als Männer. Ihr Anteil beträgt ca. 2/3 der Verdachtsfälle. Von diesen Nebenwirkungsmeldungen betraf (ausdrücklich: Die Prozentzahl bezieht sich nicht auf die Gesamtanzahl der injizierten Menschen, sondern auf den Anteil an gemeldeten Nebenwirkungen)

Knapp 1 % der dem PEI gemeldeten Verdachtsfälle von Nebenwirkungen sind Todesfälle, bei 5,4 % der gemeldeten Verdachtsfälle haben die Betroffenen bleibende Schäden.

— knapp 1 % Todesfälle (3.315) (S. 13)[44].
— 5,4 % der Betroffenen mit Nebenwirkungen mit bleibendem Schaden,
— 39,1 % zum Zeitpunkt der Meldung nicht wiederhergestellt,
— 13,2 % unbekannt und
— 29,4 % wiederhergestellt.

Bei 11,9 % hatte sich der Allgemeinzustand gebessert (S. 15). Bei den seitens des PEI besonders dargestellten Nebenwirkungen handelt es sich um

— Myo- und Perikarditis,
— Anaphylaktische Reaktionen,
— Thrombose mit Thrombozytopenie-Syndrom,
— Guillain-Barré-Syndrom,
— Idiophathische Fazialisparese und
— Langandauernde Long-/Post-COVID-ähnliche Beschwerden.

Mit dem Stand 30. Juni 2023 sind in unterschiedlichen Datenbanken folgende Zahlen an Verdachtsfällen von Nebenwirkungen gelistet:

→ **VigiAccess:**
5.115.884 Nebenwirkungen gesamt, davon 65 % Frauen.[45] Die meisten Verdachtsfälle betreffen die Altersgruppen 18–44 und 65–64 Jahre, somit die Altersgruppe, die nur ein sehr geringes Risiko bei einer COVID-19-Erkrankung hatte.

→ **VAERS:**
34.770 Todesfälle

→ **EudraVigiliance:**
28.299 Todesfälle (Stand 03.07.2023).

Die Interpretation auch des PEI geht dahin, dass die Zahl der aufgetretenen Todesfälle bei einem Vergleich mit der Anzahl statistisch zu erwartender Todesfälle nicht auffällig seien und sich daher »für keinen der [...] zugelassenen COVID-19-Impfstoffe ein Risikosignal« ergebe. Diese Auffassung äußerte das PEI ausdrücklich zuletzt im Sicherheitsbericht vom 7. September 2022, der den Zeitraum bis zum 30. Juni 2022 umfasste.[46]

Das PEI sieht für keine der zugelassenen COVID-19-Injektionen ein Risikosignal.

Allerdings war ein Vergleich mit den Todesraten der TOP 40 anderen Impfstoffe in der Datenbank des PEI interessant, wobei diese Datenbank lediglich einen Stand vom 31. Dezember 2020 aufwies. Auch diese Datenbank ist zwischenzeitlich nicht mehr auf der PEI-Website vorhanden. Sie wies für 40 über Jahre und Jahrzehnte und damit ebenfalls Hunderte von millionenfach vertriebene Impfstoffe eine Anzahl von 67 Todesfällen aus.

Ein Vergleich mit 3.315 vermuteten Todesfällen in gut 2 Jahren gegenüber 67 Todesfällen in Jahrzehnten lässt nicht unerhebliche Zweifel an der Sicherheit der COVID-19-Injektionen aufkommen – trotz der seitens des PEI ausgeführten Interpretation.

PEI erhielt 19 Verdachtsmeldungen für Todesfälle bei Minderjährigen bis zum 31. Dezember 2022

Im Rahmen einer durch die Autorin begleiteten Anfrage nach dem Informationsfreiheitsgesetz wurde die Information bekannt, dass das PEI bis zum 31. Dezember 2022 19 Verdachtsmeldungen für Todesfälle von bis zu 18-jährigen Kindern und Jugendlichen erhielt. Bei 7 dieser Verdachtsfälle war der Tod innerhalb von 3 Tagen nach der Injektion eingetreten, bei jeweils weiteren 2 Fällen im Zeitraum von 8–14 bzw. 28–42 Tagen.[47]

## PEI: ALTERS- UND RISIKOBEZOGENE AUSWERTUNG ERFORDERT VERFÜGBARE ANGABEN ZUR HINTERGRUNDINZIDENZ

Auf die weitere Frage, ob das PEI eine alters- und risikobezogene Auswertung der gemeldeten Verdachtsfälle vornehme, antwortete das PEI wörtlich: »Voraussetzung für diese [Anm. altersspezifische] Analyse von Risikosignalen ist dabei, dass es für diese Alters-/Geschlechtergruppe auch entsprechenden Expositionszahlen gibt und Angaben zur Hintergrundinzidenz verfügbar sind.«[48]

Diese Aussage könnte bedeuten, dass Risikosignale nur dann analysiert werden, wenn die entsprechenden »Expositionszahlen« und »Angaben zur Hintergrundinzidenz« verfügbar sind.

Folge: keine Daten, keine Auswertung? Werden deshalb keine Risikosignale festgestellt, weil dem PEI keine Daten zur Hintergrundinzidenz vorliegen?

## PEI: ERMITTLUNG SELTENER NEBENWIRKUNGEN BEI ENTSPRECHENDER GRÖSSE DER STUDIENPOPULATION

Auf die weitere Frage nach der Ermittlung altersspezifischer Risiken antwortete das PEI, dass medizinisch altersspezifische Risiken bei Kindern unter 6 Jahren aus der medizinischen Literatur bekannt seien, und führt den Fieberkrampf beispielhaft an. Weiter führt es aus:

> »Bei entsprechender Größe der Studienpopulation können selten auftretende Erkrankungen (≥ 1/10 000, < 1/1 000) möglicherweise auch in den klinischen Prüfungen vor der Zulassung ermittelt werden. Diese werden dann entsprechend in Kapitel 4.8 (Nebenwirkungen) der Fach- und Gebrauchsinformation aufgenommen.«

Genau *diese* Möglichkeit gab es bei den Kindern aber nicht. Unter Kapitel 4.2 in diesem Teil (S. 485) führe ich aus, dass in die Studienauswertung für die Erteilung der Zulassung für Kinder nur 386 (6–23 Monate) bzw. 606 Kinder (2–4 Jahre) einbezogen wurden. Die Nachbeobachtungszeit betrug durchschnittlich 1,3 (6–23 Monate) bzw. 1,4 Monate (2–4 Jahre). Unter diesen Gegebenheiten werden keine seltenen Nebenwirkungen entdeckt und erst recht gibt es keinerlei Erkenntnisse über Langzeitwirkungen!

## 2.10 PFLICHT ZUR AUSSETZUNG DER ZULASSUNGEN DURCH DIE ZULASSUNGSBEHÖRDEN

Es ist gerade auch im Hinblick auf die bisherigen Erfahrungen mit Reaktionen der Zulassungsbehörden bei vermuteten Todesfällen im Zusammenhang mit der Einnahme eines Arzneimittels auffällig, dass trotz der hohen Todeszahlen ein Einschreiten der Zulassungsbehörden nicht stattfindet. Die ebenfalls oben dargestellten weiteren Erkenntnisse verpflichten die zuständigen Behörden ebenfalls zum Einschreiten, um den Schutz der öffentlichen Gesundheit sicherzustellen.

Die zuständigen Behörden sind verpflichtet, die Zulassungen auszusetzen, zurückzunehmen oder zu ändern, wenn »das Arzneimittel schädlich ist oder dass seine therapeutische Wirksamkeit fehlt oder dass das Nutzen-Risiko-Verhältnis ungünstig ist.« Dies sieht Art. 116 des Gemeinschaftskodex vor, der auch auf Zulassungen anzuwenden ist, die nach der Verordnung Nr. 726/2004 erteilt wurden.

Angesichts der immensen Zahlen an Nebenwirkungsmeldungen und der bekannt gewordenen Vorgänge ist das Ermessen zum Einschreiten der Zulassungsbehörden nach diesseitiger Auffassung auf null reduziert. Die Zulassungen müssten zunächst ausgesetzt werden, bis nähere Erkenntnisse über die Zusammenhänge zwischen den gemeldeten vermuteten Nebenwirkungen und den Injektionen faktenbasiert gewonnen und ausgewertet sind.

Mögliche Erkenntnisquelle könnten Obduktionen bei Todesfällen in einem gewissen zeitlichen Rahmen nach Verabreichung der Injektionen sein.

An dieser Verpflichtung ändert auch eine Erläuterung des PEI im Rahmen einer Antwort zu einer Anfrage nach dem Informationsfreiheitsgesetz nichts. Es führt aus, dass die Frage, welche Methoden bei der Auswertung der Meldungen konkret zur Anwendung kämen, gesetzlich – sinnvollerweise – nicht festgelegt sei, sondern von den medizinischen Besonderheiten des jeweiligen Arzneimittels abhänge und im fachlichen Ermessen des PEI liege.[49]

Diese Aussage erklärt alles…

## SCHREIBEN VON PROF. DR. ARNE BURKHARDT AN DAS PEI

Namhafte Pathologen der Pathologie-Konferenz um Prof. Arne Burkhardt schreiben am 16. März 2022 einen dringenden Brief an das PEI mit der Information, es bestehe eine erhebliche Gefahr für die öffentliche Gesundheit. Kurz darauf übersenden sie einen weiteren Brief, in dem sie nochmals unverzügliches Einschreiten des PEI fordern. Sie führen aus, sie hätten anlässlich zahlreicher

Obduktionen gravierende entzündliche Gefäßreaktionen in allen Organgeweben festgestellt, die durch das aufgrund der Injektion gebildete Spike-Protein verursacht seien.

Ebenfalls sehen sie die Gefahr gegeben, dass durch die Bildung des Spike-Proteins eine unkontrollierte Immunreaktion hervorgerufen werden könnte. Sie fordern das PEI zum unverzüglichen Tätigwerden im Sinne seiner gesetzlichen Verantwortung für die Arzneimittelsicherheit auf.

Sie schreiben wörtlich:

> Pathologen um Prof. Dr. Arne Burkhardt teilen dem PEI bereits im März 2022 mit, dass aufgrund der Injektionen unmittelbares Todesrisiko bestehe!

»Unsere pathologischen Untersuchungen ergaben unzweifelhaft, dass die impf-induzierte ›Spike-Produktion‹ im menschlichen Körper nicht ausschließlich an der Injektionsstelle im Muskel stattfindet, sondern die Spike-Produktion in sämtlichen Zellen und Organen stattfinden kann, selbst im Gehirn.
Die Expression des Spike-Proteins führt zu gravierenden Entzündungsreaktionen in den betroffenen Organgeweben bis hin zum Tod.
Es besteht unmittelbares Todesrisiko.
Ergänzend zu unserem Schreiben vom 16.3.22. möchten wir auf einen weiteren Aspekt hinweisen:
Die in pathologischen Untersuchungen neben den Endothelschäden vermehrt festgestellten Thrombosen, insbesondere Sinusvenenthrombosen nebst Einblutungen im Gehirn begründen den dringenden Verdacht, dass dem durch mRNA- und Vektor basierte Covid-19 Impfstoffe ausgelösten Geschehen eine unkontrollierte Immunreaktion unabhängig von der applizierten Substanz zugrunde liegt.«[50]

## VERPFLICHTUNG DES PEI ZUM SCHUTZ DER ÖFFENTLICHEN GESUNDHEIT

Aus sämtlichen vorstehend – nicht abschließend – dargestellten Erkenntnisquellen ergibt sich zumindest eine Verpflichtung der Behörden, in weitere, vertiefende Prüfungen einzusteigen.

Das PEI ist gemäß §62 AMG verpflichtet, zur Verhütung einer unmittelbaren oder mittelbaren Gefährdung der Gesundheit von Mensch oder Tier, die bei der Anwendung von Arzneimitteln auftretenden Risiken, insbesondere Nebenwirkungen, Wechselwirkungen mit anderen Mitteln […] zentral zu erfassen, auszuwerten und die nach diesem Gesetz zu ergreifenden Maßnahmen zu koordinieren.

Die zuständigen Behörden sind verpflichtet »*die zur Beseitigung festgestellter Verstöße und die zur Verhütung künftiger Verstöße notwendigen Anordnungen*« zu treffen (§69 Abs. 1 AMG), insbesondere die Untersagung des Inverkehrbringens von Arzneimitteln oder Wirkstoffen, deren Rückruf und deren Sicherstellen verfügen müssen, wenn dies zur Verhütung einer unmittelbaren oder mittelbaren Gefährdung der Gesundheit von Menschen erforderlich ist.

Diese Verpflichtung besteht gemäß §69 Abs. 1 S. 2 Nr. 4 AMG insbesondere dann, wenn »der begründete Verdacht besteht, dass das Arzneimittel schädliche Wirkungen hat, die über ein nach den Erkenntnissen der medizinischen Wissenschaft vertretbares Maß hinausgehen«.

Da es sich bei den betroffenen Arzneimitteln allesamt um zentral von der Kommission zugelassene Arzneimittel handelt, kommt darüber hinaus §69 Abs. 1a AMG zur Anwendung.

Nach dieser Vorschrift ist das PEI verpflichtet, bei von ihm festgestellten Verstößen zentral zugelassener Arzneimittel gegen arzneimittelrechtliche Vorschriften den CHMP zu unterrichten, damit eine Bewertung der seitens des PEI festgestellten Verstöße vorgenommen wird. Innerhalb der EMA ist der Ausschuss für Arzneimittelsicherheit

(Pharmacovigilance Risk Assessment Committee, PRAC) zuständig.

Bei Gefahr im Verzug und wenn dies zum »Schutz der menschlichen Gesundheit« dringend erforderlich ist, dürfen seitens des PEI auch vorläufige Maßnahmen getroffen werden. Über diese ist die EMA unverzüglich, spätestens am nächsten Arbeitstag zu informieren.

Das Ruhen der Zulassung oder der Rückruf könnte angeordnet werden in Fällen, in denen das Arzneimittel oder der Wirkstoff nicht nach den anerkannten pharmazeutischen Regeln hergestellt ist oder nicht die nach den anerkannten pharmazeutischen Regeln angemessene Qualität aufweist. Gleiches gilt, wenn der begründete Verdacht besteht, dass das Arzneimittel schädliche Wirkungen hat, die über ein nach den Erkenntnissen der medizinischen Wissenschaft vertretbares Maß hinausgehen.

Auch bei zentral zugelassenen Arzneimitteln hat das PEI das Recht und die Pflicht, ein Ruhen der Zulassung anzuordnen, wenn die Gefahr von Qualitätsmängeln oder gravierender schädlicher Wirkungen besteht.

§69 Abs. 1 a AM berechtigt und verpflichtet das PEI auch bei zentral zugelassenen Arzneimitteln die zur Beseitigung festgestellter und zur Verhütung künftiger Verstöße notwendigen Anordnungen zu treffen und das Ruhen der Zulassung sowie den Rückruf des Arzneimittels anzuordnen, wenn dies zum Schutz der Gesundheit von Menschen dringend erforderlich ist. Diese Verpflichtung besteht unverzüglich und neben der Verpflichtung zur Unterrichtung der EMA.

# 3 ZULASSUNG DER BIVALENTEN INJEKTIONEN VON *COMIRNATY®* UND *SPIKEVAX®*

Die nachlassende Immunantwort und das Auftreten neuer Varianten des SARS-CoV-2-Virus sind das Argument der Behörden und Politik, nicht nur immer weitere »Auffrischungs«-Injektionen zu fordern, sondern stellt für die Unternehmen die Möglichkeit dar, weitere angepasste Injektionen zu entwickeln.

## 3.1 BIVALENTE INJEKTIONEN VON *COMIRNATY®* UND *SPIKEVAX®*

Sowohl von *Comirnaty®* als auch von *Spikevax®* stehen 2 bivalente Injektionen zur Verfügung, die neben dem modRNA-Bauplan für das Ursprungsvirus für unterschiedliche Unterarten der Omikron-Variante kodieren, einmal für Omikron BA.1 und einmal für Omikron BA.4-5. Gemäß Zulassung können die bivalenten Injektionen jeweils als Auffrischungsinjektionen an Personen verabreicht werden, die bereits eine Grundimmunisierung erhalten haben. So ist für die Hersteller sichergestellt, dass auch die ursprüngliche Variante der COVID-19-Injektionen nach wie vor Anwendung findet.

## 3.2 VEREINFACHUNG DER ZULASSUNGSANFORDERUNGEN FÜR INJEKTIONEN MIT modRNA FÜR ANDERE VARIANTEN

Auch die Zulassung für diese neuen »bivalenten« Injektionen mit 2 verschiedenen modRNA-«Bauplänen« wird durch die

Auch an die Zulassung der bivalenten Injektionen wurden erheblich geringere Anforderungen gestellt als ursprünglich gesetzlich vorgesehen.

EU-Kommission und andere Zulassungsbehörden weltweit vereinfacht – wiederum auf Kosten der Sicherheit der Menschen, denen die Injektionen verabreicht werden. Grundsätzlich gilt der Ersatz eines biologischen Wirkstoffs durch einen Wirkstoff mit geringfügig anderer Molekülstruktur als Erweiterung einer Zulassung im Sinne von Art. 3 (1), Anhang I der einschlägigen VO Nr. 1234/2008/EG (ABl. Nr. L 334 vom 12.12.2008, S. 7 ff). Folge dieser Einstufung ist das Erfordernis der Vorlage eines vollständigen Dossiers zu Qualität, Wirksamkeit und Unbedenklichkeit.

Diese Anforderungen sind für bivalente COVID-19-Injektionen dramatisch vereinfacht. Die VO Nr. 1234/2008/EG wurde durch die Kommissions-VO Nr. 2021/756 vom 24. März 2021[51] für COVID-19-Injektionen – und auch für Influenza-Impfstoffe – gravierend geändert:

Im Fall einer von der WHO oder der EU festgestellten Coronavirus- oder Influenza-Pandemie kann eine Änderung der Zulassung eines Impfstoffs gegen das humane Influenzavirus oder das humane Coronavirus ausnahmsweise auch bei Fehlen pharmazeutischer, nichtklinischer oder klinischer Daten erteilt werden (Art. 21 Abs. 1 VO 1234/2008/EG n. F).

Nach einer Gesetzesänderung kann im Fall einer Pandemie ausnahmsweise auch bei Fehlen pharmazeutischer, nicht-klinischer oder klinischer Daten die Zulassung für eine Injektion mit geändertem Wirkstoff gegeben werden.

Seit 2012 gibt es bereits eine ähnliche Bestimmung für Grippeimpfstoffe für Menschen, allerdings mussten für diese in der vorherigen Fassung zumindest vollständige pharmazeutische Qualitätsdaten vorliegen. Mit der Änderung im Jahr 2021 hat die Kommission auch für Influenza-Impfstoffe die Möglichkeit eingeführt, eine Änderung auch dann zuzulassen, wenn pharmazeutische Qualitätsdaten, also Daten zur Zusammensetzung fehlen.

Eine weitere wesentliche Änderung durch die Kommissions-VO Nr. 2021/756 wird bei der Klassifizierung der Änderungen vorgenommen. Je nach Klassifikation der Änderungen werden unterschiedliche Anforderungen an die vorzulegenden Unterlagen gestellt. Statt der Klassifizierung als »Erweiterung« und damit Erfordernis vollständiger Zulassungsunterlagen wird die »Änderung im Zusammenhang mit Änderungen des Wirkstoffs eines Impfstoffs gegen das humane Coronavirus, einschließlich Austausch oder Hinzufügung eines Serotyps, eines Stamms, eines Antigens oder einer kodierenden Region beziehungsweise einer Kombination von Serotypen, Stämmen, Antigenen oder kodierenden Regionen« als Änderung des Typ II klassifiziert mit wesentlich geringeren Anforderungen. (Anhang I Nummer 1 (c) und Anhang II Nummer 2 (l) der VO 12324/2008 n. F.)

Diese Änderung kommt den bivalenten COVID-19-Injektionen zugute. In der Folge sind die Unterlagen zu den bivalenten Injektionen sehr lückenhaft.

## 3.3 BEZUGNAHME AUF UNTERLAGEN ZU DEN modRNA-URSPRUNGSZULASSUNGEN

Am 1. September 2022 erteilt die EU-Kommission die Zulassungen für bivalente Injektionen von *Comirnaty*®[52] und *Spikevax*®[53].

Bei *Comirnaty*® setzt sich die bivalente Injektion Original/Omicron BA.1 aus jeweils 15 µg Tozinameran (Original-Spike-Protein) und Riltozinameran (Omicron BA.1) zusammen. Im Übrigen soll die Zusammensetzung bei *Comirnaty*® mit der Zusammensetzung der zugelassenen TRIS-Formulierung identisch sein.

Bei *Spikevax*® wird die ursprüngliche Dosierung von 50 µg für die Auffrischungsinjektion je zur Hälfte auf modRNA kodierend für das Original-Spike-Protein (Elasomeran) und Omicron BA.1 (Imelasomeran) aufgeteilt (25 µg/ 25 µg).

Am 12. September 2022 erteilt die EU-Kommission die Zulassung für die bivalente Auffrischungsinjektion für *Comirnaty®* Original/Omicron BA.4/5 mit jeweils 15 µg Tozinameran bzw. Famtozinameran. Am 20. Oktober 2020 wird die bivalente Auffrischungsinjektion von *Spikevax®* Original/Omicron BA.4/5, mit Elasomeran bzw. Davesomeran zugelassen.

Am 11. November 2022 erteilt die EU-Kommission die Zulassung für die Verwendurg des bivalenten Original/Omicron BA.4/5-Injektion für die Anwendung bei Kindern von 5–11 Jahren.[54]

Die Beurteilungsberichte des CHMP für die bivalenten Injektionen geben Aufschluss über die Unterlagen, auf die der CHMP seine Beurteilung für die Zulässigkeit dieser »Typ II«-Änderung stützt. Nachfolgend werden ausschließlich die Beurteilungsberichte zu *Comirnaty®* thematisiert.

Aus beiden Beurteilungsberichten für die bivalenten Injektionen für *Comirnaty®* wird deutlich, dass die Qualitätsunterlagen auch für die geänderten bivalenten Injektionen lückenhaft sind. Bei der Beschreibung der Qualitätsunterlagen wird im Wesentlichen Bezug genommen auf die zumindest ursprünglich ebenfalls sehr lückenhaften Qualitätsunterlagen der ursprünglichen bedingten Zulassung Y(s. EMA/890789/2022[55] für BA.1 und EMA/895061/2022[56] für BA.4/5). Inwieweit die ursprünglichen Mängel tatsächlich behoben wurden, ist nicht nachvollziehbar; die dazugehörigen Beurteilungsberichte des CHMP sind nicht auf der Website der EMA veröffentlicht.

In den Qualitätsunterlagen nehmen BioNTech/Pfizer umfangreich auf die ursprünglich lückenhaften Qualitätsunterlagen der Originalzusammensetzung Bezug.

## FESTSTELLUNGEN ZUR QUALITÄT

Bemerkenswert sind folgende Feststellungen des CHMP zum Qualitätsnachweis der beiden bivalenten Injektionen für *Comirnaty®*:

1. »The source and generation of the Omicron [...] plasmid are not clearly documented. (S. 7 für BA.1, S. 6 für BA .4/5) (Die Quelle und die Erzeugung des Omicron [...]-Plasmids sind nicht eindeutig dokumentiert.)
2. Es wird weder zusätzlich eine Bewertung der Vergleichbarkeit noch werden Daten zur Prozessvalidierung eingereicht. Für die Prozessvalidierung der Omikron-Variante bezieht sich der Antragsteller auf die Originalversion des Wirkstoffs (S. 9 für BA.1, S. 8 für BA .4/5).
3. Für BA.1 werden Ergebnisse der Chargenprüfung lediglich für klinische Chargen eingereicht, nicht für im kommerziellen Maßstab hergestellte Chargen (S. 10 – BA.1). Der CHMP räumt selbst ein, dass die nur begrenzten Daten die für die Omikron-Variante festgelegten Spezifikationslimits nicht vollständig stützen, doch die Strategie sei »akzeptabel« vor dem Hintergrund, dass lediglich eine Änderung in der Nukleotidsequenz vorgenommen werde.[57]
3. Daten der Chargenanalysen seien für die Variante BA.4/5 lediglich für eine Charge eingereicht worden. Konsistenz in der Herstellung des Wirkstoffs mit Omikron BA.4/5 sei noch nicht nachgewiesen (S. 8 – BA.4/5).
4. Für beide Varianten wird durch *BioNTech* lediglich die Behauptung aufgestellt, dass die Proteingröße mit der erwarteten Größe des zu bildenden Proteins übereinstimme. Allerdings würden (für BA.1) die theoretischen Proteingrößen des reifen Proteins und Varianten davon im Dossier nicht dargestellt (S. 9 für BA.1). Für BA.4/5 stützten die vorgelegten Daten nicht die Schlussfolgerung, dass die Proteingröße mit der erwarteten Größe des gebildeten Proteins übereinstimme (S. 9 – BA.4/5). In beiden Fällen wird *BioNTech* lediglich im Rahmen einer »Empfehlung für die zukünftige Qualitätsentwicklung« aufgegeben, die Daten nachzureichen.

Die Zulassung wird erteilt, obwohl BioNTech/Pfizer keine Unterlage zur Größe des gebildeten Proteins einreicht.

## FESTSTELLUNGEN ZUR PRÄKLINIK – VERWENDUNG NICHT VALIDIERTER TESTMETHODEN

Untersuchungen zur Präklinik werden im Beurteilungsbericht nicht thematisiert. Aus dem Beurteilungsbericht zur bivalenten Omikron BA.4/5-Injektion ergibt sich jedoch, dass Studien mit Mäusen mit unterschiedlichen Varianten-Vakzinen durchgeführt worden sein müssen.

Im Beurteilungsbericht werden Immunogenitätsstudien mit
— einem monovalenten Vakzin mit der Variante Beta B.1.53;
— einem monovalenten Vakzin mit der Omikron BA.1-Variante,
— einer bivalenten Omikron BA.4/5-Injektion
aufgeführt (S. 19 ff).

Aus den Ergebnissen dieser Studien an jeweils 10–15 Mäusen pro Gruppe zieht der CHMP die Schlussfolgerung, dass der bivalente Omikron BA.4/5-Booster »wahrscheinlich« eine stärkere Antikörperreaktion auf BA.5 hervorrufe als die bivalente BA.1-Injektion (S. 22).

Diese Tierstudien werden mit einem nicht-validierten Neutralisierungs-Test bzgl. eines Pseudo-Virus durchgeführt (S. 21, 22 – BA.4/5) – sind also nicht, wie für Zulassungsunterlagen gefordert, GLP (Gute Laborpraxis) gerecht!

Weitere Sicherheitsstudien wurden nicht durchgeführt (S. 19); auch hier werden die (lückenhaften) Sicherheitsstudien aus der Ursprungszulassung für ausreichend angesehen.

Tierversuche werden mit einem nicht-validierten Test bezüglich eines Pseudo-Virus durchgeführt.

## FESTSTELLUNGEN ZUR KLINIK – VERWENDUNG NICHT VALIDIERTER TESTMETHODEN

Die Feststellungen zur Klinik sind zum Zeitpunkt der Zulassungserteilung der bivalenten Injektionen ebenfalls sehr lückenhaft. Zu diesem Zeitpunkt lief gerade eine Studie mit

1.840 Teilnehmern – doch von diesen bekamen nur ca. 320 Teilnehmer über 55 Jahre die bivalente Omikron BA.1-Injektion (S. 19f BA.1).

Die andere klinische Studie betrifft den Vergleich zwischen einer 4. Dosis mit Monovalent Original oder monovalent Omikron BA.1 (S. 20). Eine direkte Vergleichsstudie zwischen den bivalenten Omikron-Injektionen wurde nicht durchgeführt.

Die Daten zur Immunogenität bzgl. BA.5 basieren auf einem nicht validierten Test (S. 26, 49, 65, 138 zum Beurteilungsbericht zu BA.1, S. 62 BA.4/5). Der CHMP führt auf S. 23 (BA.4/5) aus:

> »Allerdings geben das ähnliche Protokoll für die Studien mit ähnlichen Zeitintervallen zwischen der Grundimmunisierung und der Auffrischungsdosis sowie der gleiche Test auf neutralisierende Antikörper [Anm.: der nicht validiert war] eine gewisse Sicherheit dafür, dass der Vergleich gültig ist.«[58]

Der CHMP verlässt sich bei der Abgabe seines Votums für die Zulassung der Änderung im Wesentlichen auf Vermutungen, wie aus mehreren Formulierungen auf S. 23 f hervorgeht:

- »BA4/BA5 bivalent vaccine is likely to induce a higher antibody response to BA5 than the BA1 bivalent vaccine.« (Das bivalente BA.4/5-Vakzin ruft vermutlich eine höhere Antikörperreaktion bzgl. BA.5 hervor als das bivalente BA.1-Vakzin.)
- »It is reasonable to believe that the selection of B-cells [...] is a mechanism that is likely to be acting similarly, irrespective of species.« (Es ist vertretbar, davon auszugehen, dass die Selektion von B-Zellen [...] ein Mechanismus ist, der wahrscheinlich unabhängig von der Spezies ähnlich wirkt).

Der CHMP äußert im Beurteilungsbericht sehr viele Vermutungen. Es liegen keine »harten« Nachweise vor.

- »The bivalent Comirnaty Original/Omicron BA.1 vaccine induced superior antibody titres to BA.1 compared to the original Comirnaty, and non-inferior response to the Wuhan strain. Therefore, the CHMP has agreed that it can be assumed that a bivalent original /omicron BA.5 will induce superior antibody responses to omicron BA.5 and non-inferior responses to the original strain, compared to the original vaccine.« (Das bivalente Comirnaty Original/Omicron BA.1-Vakzin induzierte im Vergleich zum ursprünglichen Comirnaty-Vakzin höhere Antikörpertiter gegen BA.1 und eine nicht schlechtere Reaktion auf den Wuhan-Stamm. Daher kommt der CHMP zu dem Schluss, dass wahrscheinlich ist, dass ein bivalentes Original-/Omicron BA.5 [Anm.: Vakzin] im Vergleich zum Originalvakzin bessere Antikörperreaktionen auf Omicron BA.5 und nicht schlechtere Reaktionen auf den Originalstamm hervorruft.)

## 3.4 FAZIT ZUR ZULASSUNG DER BIVALENTEN INJEKTIONEN

Letztlich werden Änderungen in der Kodierung für die Omikron-Varianten des Spike-Proteins als Typ II-Änderungsanzeigen klassifiziert, obwohl diese Änderungen – ohne die Änderung der VO über Änderungsanzeigen 1234/2008 – bei biologischen Arzneimitteln eine neue Zulassung mit entsprechend umfangreichen Unterlagen erfordert hätten. Die Änderungen werden auf Basis nur rudimentärer Daten zur Qualität, Präklinik und Klinik und einer beschränkten Altersgruppe von Erwachsenen als zulässig bewertet. Zusätzlich basieren die dargestellten Ergebnisse zur Immunogenität der Mäuse und Menschen zumindest zum Teil auf nicht validierten Testmethoden.

Der CHMP stützt seine Empfehlung auf

- die klinischen Studien zu Omikron BA.1, deren Ergebnisse zum Teil auf Basis nicht validierter Methoden auf die Omikron-Varianten BA.4/5 übertragen werden,

– Qualitätsdaten sowie Daten aus dem Herstellungsprozess der Originalversion von *Comirnaty®* [Anm.: die ja auch erhebliche Fragen aufwerfen] und
– nicht-klinische Studien mit Anwendung zum Teil nicht validierter Testmethoden zur Frage, ob *Comirnaty®* Original/Omicron BA.4/BA.5 in der Lage ist, eine adäquate Immunreaktion gegen die Varianten zu bilden.

Die Zulassung der bivalenten Injektionen für alle Menschen zwischen 12 und 55 Jahren werden ohne spezielle klinische Daten für die bivalenten Injektionen erteilt. In der Regel wird auf die Daten der Original-Injektion Bezug genommen und begründet, für die bivalente Injektion erwarte man vergleichbare Daten, weil sich »lediglich« die Spikesequenz unterscheide. Welche Auswirkungen eine solche geänderte Spikefrequenz möglicherweise auf die Menschen hat, deren Körper zu Spikeprotein-Fabriken umfunktioniert werden, wurde nur rudimentär untersucht. Trotz der rudimentären Daten sind die bivalenten Injektionen als Auffrischungsinjektion für Kinder ab 5 bis 11 Jahren und Kinder ab 12 und Erwachsene zugelassen. In der Produktinformation wurde unter 4.2 für beide bivalenten Versionen lediglich auf fehlende Daten zur Altersgruppe der Kinder unter 12 Jahren hingewiesen.[59]

Wie weit sind wir gekommen, dass mittlerweile Vergleiche zwischen Studien unter Verwendung nicht validierter Tests auf neutralisierende Antikörper lediglich »eine gewisse Sicherheit« geben müssen, damit ein Arzneimittel zugelassen wird?

Mittlerweile reicht es für die Erteilung der Zulassung aus, wenn Vergleiche zwischen Studien unter Verwendung nicht validierter Tests auf neutralisierende Antikörper lediglich »eine gewisse Sicherheit« geben müssen.

Das europäische Arzneimittelrecht verlangt in Art. 12 der VO 726/2004 für die Erteilung einer Zulassung den Nachweis durch den Antragsteller, dass Qualität, Sicherheit und Wirksamkeit angemessen nachgewiesen sind. Zwar handelt es sich bei dem

Begriff »angemessen« um einen unbestimmten Rechtsbegriff. Dieser kann aber nicht so weit ausgelegt werden, dass lediglich Vermutungen gewisser Auswirkungen des Arzneimittels auf den Körper ausreichen, um die Zulassung zu erteilen – schon gar nicht, wenn die seitens der EU selbst erlassenen Anforderungen an die Form das Nachweises wie beispielsweise die Verwendung validierter Prüf- und Testmethoden nicht eingehalten werden.

Was diese Problematik der unzureichenden Datengrundlage noch verschärft, ist die Tatsache, dass die bivalenten Injektionen aufgrund der Umwandlung der bedingten Zulassungen in reguläre Zulassungen im Oktober 2022 Bestandteil einer regulären Zulassung wurden – ohne entsprechende Aufklärung der Bevölkerung!

Trotz rudimentärer Daten wurden sämtliche bedingten Zulassungen – auch für die bivalenten Injektionen – in reguläre Zulassungen umgewandelt.

## 3.5 AN XBB-VARIANTE ANGEPASSTE INJEKTIONEN AB HERBST 2023

Bereits in ihrer Pressemitteilung vom 18. Mai 2023 teilt die WHO mit, dass sie es als zwingend erforderlich ansieht, Injektionen mit Anpassung an neue SARS-CoV-2-Varianten zugänglich zu machen. Sie spricht hier ausdrücklich von der Variante XBB.1 als monovalente Injektion.[60] Dementsprechend empfehlen EMA und ECDC in einer gemeinsamen Presseerklärung von 6. Juni 2023[61] den Herstellern der COVID-19-Injektionen, ihre Injektionen zur Vorbereitung auf den Herbst an die Omikron-Variante XBB.1 anzupassen.

Laut Presseerklärung von *Pfizer/BioNTech* vom 23. Juni 2023 ist ihr Antrag auf Zulassung bei der EMA für die Anwendung ab 6 Monaten bereits eingereicht.[62] Auf welche Unterlagen der Antrag gestützt wird, ist bislang nicht bekannt. Angesichts der erheblichen Erleichterungen, die von regulatorischer Seite durch entsprechende Änderungen von Leitlinien und Gesetzestexten während der Corona-Pandemie vorgenommen wurden, steht zu vermuten, dass diese Zulassung wieder unter Bezugnahme auf die bisherigen – ebenfalls lückenhaften – Unterlagen erteilt werden könnte. Hier ist höchste Aufmerksamkeit geboten!

EMA/ECDC empfehlen bereits im Juni die Injektion für Menschen, die ein Risiko für schweren Krankheitsverlauf haben. Als derartige Gruppen identifiziert sie Menschen ab 60 Jahren, Menschen mit geschwächtem Immunsystem und Vorerkrankungen sowie Schwangere (!). Auch gesunde Mitarbeiter des Gesundheitssystems sollten Injektionen erhalten, da es wahrscheinlich sei, dass sie neuen Wellen von SARS-CoV-2 ausgesetzt würden und sie eine Schlüsselrolle für das Funktionieren des Gesundheitssystems hätten.

Offensichtlich nimmt die EMA keine Kenntnis von den in den PSURs dargestellten Sicherheitsbedenken wegen fehlender Daten für die betreffenden Patientengruppen und Schwangere!

EMA/ECDC empfehlen die angepasste Injektion auch für Menschen mit geschwächtem Immunsystem und Vorerkrankungen sowie Schwangeren – trotz der Aussage der Hersteller, dass zu diesen Gruppen Sicherheitsbedenken wegen fehlender Daten bestehen.

Mit Entscheidung vom 31. August 2023 hat die EU-Kommission die Zulassung für die »XBB-Version« von *Comirnaty*®erteilt.[63] Das der Entscheidung zugrunde liegende Gutachten des CHMP stammt gemäß Pressemeldung der EMA vom 30. August 2023.[64]

Die EU-Kommission meldet in ihrer Presseerklärung vom 1. September 2023, der CHMP habe die Unterlagen einer »strengen Bewertung [...] im beschleunigten Bewertungsmechanismus« unterzogen und die Kommission habe die Zulassung »im Rahmen eines beschleunigten Verfahrens zugelassen, um den Mitgliedstaaten zu ermöglichen, sich rechtzeitig auf die Impfkampagnen im Herbst-Winter vorzubereiten«.[65]

Zugelassen ist die »XBB-Version« für Erwachsene und Kinder ab 6 Monaten.

— Kinder ab 5 Jahren und Erwachsene sollen unabhängig von ihrer »Injektionshistorie« 1 Dosis erhalten.
— Babys und Kleinkinder ab 6 Monate bis 4 Jahre sollen – abhängig von der Frage, ob eine Grundimmunisierung (Erinnerung: mit 3 Dosen!) stattgefunden hat – 1 oder 3 Dosen erhalten. Das ist wohl so zu verstehen, dass Babys und Kleinkinder, die keine Grundimmunisierung erhalten haben, 3 (!) Dosen der neuen Version bekommen sollen.

Die EMA erläutert in ihrer Presseerklärung weiter, der CHMP habe bei seiner Entscheidung alle zur Verfügung stehenden Daten zu *Comirnaty*®und den anderen adaptierten Injektionen berücksichtigt, einschließlich Daten zur Sicherheit, Wirksamkeit und Immunogenität.

Zum Zeitpunkt der Drucklegung war das CHMP-Gutachten noch nicht veröffentlicht, sodass keine näheren Angaben zu den vorgelegten Unterlagen gemacht werden können. Da die EMA aber Ergebnisse neuer Daten in ihrer Pressemitteilung nicht ausdrücklich erwähnt, ist zu befürchten, dass neue wesentliche Daten zu Sicherheit und Wirksamkeit unter Umständen nicht vorliegen und hier – ebenso wie bei den bivalenten Versionen – auf die ursprünglichen Daten ggf. unter Hinzufügung von Labordaten zu Antikörperdaten zurückgegriffen werden könnte.

# 4 DIE ZULASSUNGEN FÜR KINDER VON *COMIRNATY®*

Am 10. Dezember 2021 informiert das PEI auf seiner Website die Öffentlichkeit, dass die Zulassung für *Comirnaty®* für Kinder von 5–11 Jahren in Kürze zu erwarten sei.[66] Die Zulassung von *Spikevax®* für die etwas andere Altersgruppe von 6–11 Jahren wird am 2. März 2022 erteilt.[67] Am 20. Oktober 2022 folgt die Pressemitteilung des PEI über die erteilte Zulassung von *Comirnaty®* für Säuglinge ab 6 Monaten bis 4/5 Jahren für *Comirnaty®* und *Spikevax®*.[68] Die Dosierungen der Injektionen werden jeweils für die Kinder reduziert. Dabei besteht die Grundimmunisierung für Kinder von 5/6 bis 11 Jahren aus 2 Dosen von jeweils 10 µg (*Comirnaty®*)/50 µg (*Spikevax®*), für Säuglinge und Kleinkinder aus 3 Dosen mit jeweils 3 µg für *Comirnaty®* und 2 Dosen mit jeweils 25 µg reduzierter Menge an modRNA für *Spikevax®*.[69]

Warum überhaupt Zulassungen für die Kinder erteilt werden und auch zukünftig angepasste Injektionen zugelassen werden sollen, und wie überhaupt ein positives Nutzen-Risiko-Verhältnis seitens der Behörden angenommen werden kann, ist nach wie vor nicht nachvollziehbar. Das gilt insbesondere deshalb, weil die Studien des weltweit führenden Epidemiologen John Ioannidis jeweils zu dem Ergebnis kamen, dass COVID-19 für Kinder kein Risiko darstellt. Zum Zeitpunkt der Erteilung der ersten Zulassung für Kinder im Alter von 5–12 Jahren war bereits die erste Studie von Prof. Ioannidis bekannt, in der er für die Altersgruppe von 0–19 Jahren ein Mortalitätsrisiko von 0,0013 % errechnete. Diese Angaben sind jedoch ausschließlich im Preprint enthalten.[70] Dieses ohnehin geringe Risiko reduzieren Ioannidis et al. im Oktober 2022 – dem Zeitpunkt der Zulassungserteilung für Säuglinge und Kleinkinder – auf 0,0003 %.[71]

Absolut nicht nachvollziehbar sind die Erwägungen der STIKO im Rahmen der Empfehlungen Im November 2022, bei gesunden Kindern – für die COVID-19 absolut kein Risiko darstellt – im Alter von 6 Monaten–11 Jahren

> »nach individueller Risikoeinschätzung in Absprache mit der behandelnden Ärztin bzw. dem behandelnden Arzt zu entscheiden, ob eine Grundimmunisierung durchgeführt werden soll, wenn sich im Umfeld des Kindes Angehörige oder andere Kontaktpersonen mit hohem Risiko für einen schweren COVID-19-Verlauf befinden, die selbst nicht geimpft werden können oder bei denen der begründete Verdacht besteht, dass die Impfung nicht zu einem ausreichenden Schutz führt.«[72]

Zwar hat die STIKO zwischenzeitlich die Empfehlung für gesunde Kinder aufgehoben. Aber auch zum damaligen Zeitpunkt war es meines Erachtens ethisch nicht vertretbar, *gesunde* Kinder einem erheblichen Risiko durch die Verabreichung einer unzureichend geprüften und bekannten Substanz auszusetzen, um andere, ggf. schwer kranke Familienmitglieder zu schützen! Für mich ist es nicht vorstellbar, dass Großeltern – soweit sie über das Risiko der Injektionen für ihre Enkel aufgeklärt werden – dulden würden, ihre Enkel einer Gefahr durch eine Injektion auszusetzen, damit sie selbst geschützt werden – zumal die Injektionen keinen Drittschutz vermitteln!

## 4.1 DIE ZULASSUNG FÜR KINDER VON 5–11 JAHREN

Der Beurteilungsbericht des CHMP für diese Zulassung (EMA/719541/2021) ist auf der Website der EMA in Englisch abrufbar.[73] Das positive Votum des CHMP für die Zulassung von *Comirnaty*® mit der Dosierung von 10 µg basiert auf der Dosisfindung im

Rahmen der großen Studie C4591001. Jeweils 16 Kindern wurden Dosierungen in Höhe von 10, 20, oder 30 µg verabreicht – die Entscheidung fällt letztlich zugunsten der Dosierung von 10 µg (S. 19).

Im Weiteren werden Daten aus der Studie an Kindern, C4591007 im Alter von 5–11 Jahren herangezogen. Die Studie wurde bis zur Einreichung der Daten für die Zulassung nicht abgeschlossen, sodass der Bewertung – wie auch bei der ursprünglichen bedingten Zulassung für *Comirnaty*® – nur Zwischenergebnisse zugrunde gelegt werden können.

Eine weitere wesentliche Problematik liegt darin, dass die Nachbeobachtungszeit nach der 2. Dosis bis zur Einreichung der Unterlagen im Durchschnitt lediglich 3,3 Monate beträgt (S. 44 des Bewertungsberichts). Schließlich wurde auch diese Studie spätestens 6 Monate nach der letzten Dosis entblindet, sodass auch sie zwischenzeitlich wertlos geworden ist.

Auch die Kinderstudien wurden spätestens 6 Monate nach der letzten Dosis entblindet und die Placebogruppe durch das Angebot einer Injektion aufgelöst.

## 4.2 ZULASSUNG FÜR KINDER AB 6 MONATEN BIS 4 JAHREN – BRIEF AN DIE STIKO VOM 7. NOVEMBER 2022

In Bezug auf die Zulassung für Säuglinge ab 6 Monaten und Kleinkinder schreibt die Autorin am 7. November 2022 einen appellierenden Brief an die STIKO, von einer Empfehlung der Injektion für Säuglinge und Kleinkinder abzusehen. Beabsichtigt war, die STIKO darauf hinzuweisen, dass sich die Zulassungsempfehlungen des CHMP nur auf ein sehr kleines Studienkollektiv im Alter von 6–23 Monaten bzw. 2–4 Jahren stützen. Die Auswertung bezog sich jeweils nur auf 1/3 des Studienkollektivs. In Zahlen:

Die Wirksamkeit basierte nur auf Daten von 396 Kindern im Alter von 6–23 Monaten und von 606 Kindern im Alter von 2–4 Jahren, denen *Comirnaty*® verabreicht worden war. Der

Beobachtungszeitraum für Nebenwirkungen hatte lediglich 1,3 bzw. 1,4 Monate betragen. Bei beiden Altersgruppen wurden die Placebogruppen spätestens 6 Monate nach Erhalt der 3. Dosis aufgelöst.

Da sich aus diesem Wortlaut alle Erkenntnisse zu der Zulassung in dieser Altersgruppe, aber zum Teil auch für die Altersgruppe von 5–11 Jahren ergeben, wird nachfolgend der Brief vom 7. November 2022 an die STIKO wiedergegeben:

In diesem Brief führte die Autorin auf 16 Seiten Argumente an, weshalb eine Empfehlung der STIKO zur Injektion für Kinder ab 6 Monaten aus ihrer Sicht unverantwortlich und unvertretbar sei. Neben den bereits oben erwähnten sehr beschränkten Zahlen der Studienteilnehmer führte sie u.a. in Bezug auf *Comirnaty®* folgende Tatsachen an:

- COVID-19 stelle erwiesenermaßen keine Gefahr für Kinder – und erst recht im Alter von 6 Monaten bis 4/5 Jahren dar. Gemäß der Studie von Prof. Ioannidis betrage die Infektions-Todesrate für die Altersgruppe 0–19 Jahr 0,0003%[74]. Bei dieser Sachlage seien auch geringste Nebenwirkungen und zum Teil mögliche, ausgewiesene schwere Nebenwirkungen, die durch eine modRNA-basierte Injektion hervorgerufen werden können, nicht vertretbar.
- modRNA-Injektionen verhinderten weder die Infektion noch die Übertragung von COVID-19-Infektionen.
- Die Auswertung der Daten der Studie beruhten lediglich auf den Daten von 1/3 der Studienteilnehmer mit einer geringen Beobachtungsdauer von 1,4 bzw. 1,4 Monaten. Bei der Altersklasse von 6–23 Monaten seien Daten von 792 Kindern in der Verum und 414 Kindern in der Placebo-Gruppe noch nicht in die Auswertung eingeflossen. In der Altersgruppe der Kinder von 2–4 Jahren fehle die Auswertung von 1.229 Kindern der Verum und 635 Kinder in der Placebo-Gruppe.
- Die Anforderungen an den Nachweis der Wirksamkeit seien bei Notfallzulassungen in den USA wesentlich geringer als bei

regulären Zulassungen in der EU, wie sich aus dem FDA-Meeting vom 15.6.2022 ergebe. In den USA reiche die bloße Möglichkeit der Wirksamkeit aus (»may be effective«). Dagegen sei nach EU-Recht ein hoher Grad an Gewissheit über das Vorliegen der Wirksamkeit erforderlich.
— Auch in den USA beurteile man die Ergebnisse im Hinblick auf die kleinen Fallzahlen und die begrenzte Nachverfolgungszeit als vorläufig, ungenau und möglicherweise nicht belastbar. In diesem Zusammenhang stelle sich die Frage, wie generell eine positive Nutzen-Risiko-Abwägung vorgenommen werden *könne*, wenn die Wirksamkeit des Arzneimittels noch unsicher sei und gleichzeitig ein unbestrittenes Risiko schwerwiegender Nebenwirkungen und Impfschäden bestehe.
— In Bezug auf die Darreichungsform »des »Konzentrats zur Herstellung einer Injektionsdispersion« wies die Autorin darauf hin, dass sich aus der Produktinformation ergebe, dass das Handling des »Konzentrat zur Herstellung einer Injektionsdispersion« wesentlich komplizierter als das der Injektionsdispersion und daher zumindest eine zusätzliche mögliche Fehlerquelle durch die Verdünnung mit 2,2 ml NaCl 9 mg/mL beinhalte. Hier stelle sich die Frage, warum bei Kindern die im Handling wesentlich Fehler anfälligere Darreichungsform gewählt werde.

In Bezug auf *Spikevax*® weist die Autorin darauf hin, dass die für *Comirnaty*® gemachten Ausführungen auf für *Spikevax*® gelten. Es sei zudem aber auch festzustellen, dass der Prozentsatz der aufgeführten unerwünschten Wirkungen bei *Spikevax*® erheblich über demjenigen für *Comirnaty*® lag.

Zum Datenumfang macht die Autorin folgende Ausführungen:

Die Auswertung beziehe sich lediglich auf 230 Studienteilnehmer im Alter von 6 bis 23 Monaten und 264 Studienteilnehmer im Alter von 2 bis 5 Jahren.

In Bezug auf die Häufigkeit der unerwünschten Wirkungen fehle ein Vergleich mit der Placebogruppe.

Die Nachbeobachtungsphase nach der 2. Dosis dauere lediglich 71 Tagen in der Altersgruppe 2–5 Jahre und 68 Tage in der Altersgruppe 6–23 Monate; eine Aussage über längerfristig sich zeigende unerwünschte Wirkungen könnten daher nicht gemacht werden.

Aus einer Veröffentlichung zur Studie[75] ergebe sich, dass in der Alterskohorte von 2–5 Jahren in der Verum-Gruppe 2.960 Studienteilnehmer von 3.031 Teilnehmern die 2. Dosis erhielten. 71 Studienteilnehmer erhielten die 2. Dosis nicht mehr. In der Alterskohorte von 6–23 Monaten erhielten in der Verum-Gruppe 1.600 Studienteilnehmer von 1.760 Teilnehmern die 2. Dosis. 160 Studienteilnehmer, knapp 10 % der Teilnehmer, die die 1. Dosis erhalten haben, haben die 2. Dosis nicht mehr erhalten. Hier stelle sich die Frage nach dem »Warum«.

In der Alterskohorte von 6–23 Monaten hätten 8 Kinder eine schwere Nebenwirkung erlitten. Das entspreche einer Rate schwerer Nebenwirkungen von ca. 1/200!

Eine Antwort auf das Schreiben erhält die Autorin nicht.

Der vollständige Brief mit detaillierten Ausführungen ist auf dem Telegram-Kanal der Autorin unter https://t.me/RA_Roehrig/3480 veröffentlicht.

Diesem Brief haben sich sechs Juraprofessoren der *7Argumente*-Initiative angeschlossen und ebenfalls einen unterstützenden offenen Brief an die STIKO geschrieben.[76] Die *7Argumente*-Initiative ist eine Initiative zahlreicher Professoren und Wissenschaftler unterschiedlicher Fachrichtungen, die sich für eine Aufklärung der Bevölkerung und eine Kommunikation mit Politikern einsetzen. So haben sie beispielsweise einen von 81 Professoren unterzeichneten Brief mit einer Stellungnahme zu einer COVID-19-Impfpflicht an Bundestagsabgeordnete geschickt.[77]

## 4.3 *PFIZER* HAT MIT DEM MÖGLICHEN AUFTRETEN DES MULTISYSTEMISCH ENTZÜNDLICHEN SYNDROMS BEI KINDERN GERECHNET

Aus der Auswertungsanweisung für Prüfärzte im Studienprotokoll der Kinderstudie C4591007 ergibt sich die Vermutung, dass *Pfizer* mit dem möglichen Auftreten des multisystemisch entzündlichen Syndroms (MIS-C = Multisystemic Inflammatory Syndrom in Children) bei Kindern nach der Injektion gerechnet haben könnte. Ebenso wie COVID-19 sollte MIS-C nicht als Nebenwirkung aufgelistet werden, sondern in die Daten für die Wirksamkeitsbewertung einfließen.

MIS-C ist eine seltene, aber schwere Entzündungskrankheit bei Kindern und Jugendlichen, die in den Wochen nach einer SARS-CoV-2-Infektion auftreten kann, wird also im Zusammenhang mit einer COVID-19-Erkrankung beschrieben.[78]

Es heißt im Prüfprotokoll auf S. 30:

> »Hinweis: Mögliche COVID-19/MIS-C-Erkrankungen und ihre Folgen, die mit der Definition des klinischen Endpunkts (Abschnitt 8.1) übereinstimmen, sollten nicht als unerwünschte Ereignisse erfasst werden. Diese Daten werden nur auf den relevanten Seiten des CRF erfasst, um Daten für Krankheitsendpunkte zur Bewertung mangelnder Wirksamkeit zu beschreiben, da es sich dabei um erwartete Endpunkte handelt.«[79]

Lässt sich dieser Passus anders erklären, als dass *Pfizer* mit der Möglichkeit des Auftretens des MIS-C gerechnet hat?

# 5 FAZIT ZU DEN GENBASIERTEN COVID-19-INJEKTIONEN UND PROBLEMATIK FÜR DIE ZUKUNFT

## 5.1 FAZIT ZU DEN FAKTEN

Unter Zugrundelegung der Ausführungen fasst die Autorin das Fazit zu der Thematik insbesondere der modRNA-basierten COVID-19-Injektionen wie folgt zusammen:

1. *BioNTech* erhielt am 1. Oktober 2020 eine Erlaubnis zum Import verschiedener RNA-Konstrukte »BNT-162«, unter anderem auch für BNT 162b2, das RNA-Konstrukt, das in *Comirnaty®* enthalten ist. Die Importerlaubnis basiert auf einer Inspektion vom 11. September 2019.
2. Die genbasierte Injektion gegen COVID-19 ist nicht mit der »herkömmlichen« Impfung zu vergleichen. Die Definition eines Gentherapeutikums in Anhang I Teil IV Ziffer 2.1 der Richtlinie 2001/83/EG[80] spricht dafür, dass die mRNA- und Vektor-basierten Injektionen als Gentherapeutika zu klassifizieren wären, wenn sie nicht durch den ausdrücklichen Satz »Impfstoffe gegen Viruserkrankungen sind keine Gentherapeutika« ausdrücklich von der Definition ausgenommen worden wären.
3. Aufgrund des Satzes »Impfstoffe gegen Viruserkrankungen sind keine Gentherapeutika« entfallen die besonders strengen Anforderungen zum Nachweis der Qualität, Wirksamkeit und Sicherheit von Gentherapeutika.
4. Weitere Erleichterungen kommen durch die Klassifizierung als »Impfstoffe« auch gegenüber standardmäßigen Zulassungen für Arzneimittel zur Anwendung. Die WHO hat bereits seit Ende der 1990er Jahre sukzessive eine Erleichterung der

Zulassungsbedingungen für Impfstoffe betrieben. Mit ihren seit 2005 geltenden Leitlinien für die präklinische und klinische Prüfung von Impfstoffen, die seit 2016 auch in der EU gelten, wurden erhebliche Erleichterungen für Impfstoffe etabliert. Es handelt sich dabei um den Verzicht auf wesentliche toxikologische Untersuchungen wie zur Sicherheitstoxikologie, Genotoxizität und Karzinogenität. Diese geringeren Anforderungen wurden durch die Klassifikation als Impfstoffe auch auf die vollkommen neuartigen und nie zuvor zugelassenen genbasierten Injektionen angewendet. Deshalb wurden auch für diese Injektionen keine Untersuchungen zur Sicherheitstoxikologie, Genotoxizität und Karzinogenität durchgeführt.

5. Die Erleichterungen werden angewendet, obwohl die WHO Leitlinie diese ausdrücklich nur für herkömmliche Impfungen und nicht für Impfungen mit neuen Inhaltsstoffen vorsieht.
6. Weitere Erleichterungen werden für die COVID-19-Injektionen dadurch geschaffen, dass für sie der Anwendungsbereich der bedingten Zulassung in einer Krisensituation eröffnet wurde, Art. 14-a der Verordnung 726/2004/EG[81]. Hierdurch werden die Zulassungen erteilt trotz gegenüber üblichen Anforderungen lückenhaften Unterlagen zur Qualität, Präklinik und Klinik.
7. Durch entsprechende Vorschriften werden die Antragsteller sämtlicher COVID-19-Injektionen von der Anforderung befreit, Untersuchungen zur Umweltverträglichkeit und zu den Umweltrisiken (Verordnung Nr. 2020/1043/EU[82]) einzureichen.
8. Alternative Behandlungsmethoden wie Ivermectin und Hydroxychloroquin werden nicht für die Behandlung zugelassen; hierdurch bleibt das Zulassungserfordernis des Fehlens alternativer Behandlungsmethoden für bedingte Zulassungen aufrechterhalten.
9. Die kumulativ zu erfüllenden Zulassungsvoraussetzungen zur Erteilung und Aufrechterhaltung der bedingten Zulassungen, Art. 14-a Verordnung 726/2004/EG,:

a. Der Antragsteller ist voraussichtlich in der Lage, die umfassenden klinischen Daten nachzuliefern,
b. Vorliegen einer Krisensituation,
c. Schließung einer »medizinischen Versorgungslücke«,
d. Positives Nutzen-Risiko-Verhältnis gemäß Art. 1 Nr. 28a der Richtlinie 2001/83/EG und
e. Der Nutzen für die öffentliche Gesundheit überwiegt die Gefahr aufgrund noch fehlender zusätzlicher Daten.
lagen zu keinem Zeitpunkt vollumfänglich vor.

10. Die Zulassungsbescheide enthalten zahlreiche Besondere Bedingungen für den Nachweis der ordnungsgemäßen Qualität, die eine Beurteilung dessen, was den Menschen verabreicht wurde, überhaupt nicht ermöglicht.
Das Inverkehrbringen eines qualitativ nicht ordnungsgemäßen Arzneimittels ist nach deutschem Arzneimittelrecht gemäß §8 (1) Nr. 1 AMG verboten und gemäß §95 (1) Nr. 3a AMG eine Straftat und kann mit einer Freiheitsstrafe bis zu 3 Jahren geahndet werden, in schweren Fällen von 1 Jahr bis zu 10 Jahren (§95 Abs. 3 Nr. 1 AMG). Der Versuch ist strafbar (§95 Abs. 2 AMG).
11. Obwohl bekannt ist, dass das Spike-Protein toxische Wirkungen entfaltet, beispielsweise wie ein ACE2-Hemmer wirkt, wird modRNA verwendet, die für diesen Bestandteil des Virus kodiert. Ob die seitens der Hersteller getroffenen »Sicherheitsvorkehrungen« durch Modifikationen des Bauplans für das Spike-Protein diesbezüglich Schutz bieten, ist unklar.
12. Obwohl bekannt ist, dass bei der Verwendung kationischer Lipidnanopartikel (LNP) die Gefahr der Agglomeration besteht, insbesondere bei gleichzeitiger Verwendung von Phosphat-Puffern, werden die mRNA-Injektionen *Comirnaty®* und *Spikevax®* mit kationischen LNP und Phosphat-Puffern formuliert.
13. Obwohl mittlerweile bekannt ist, dass sich die LNP und damit der modRNA-Bauplan im gesamten Körper verbreitet und auch in allen Organen und Gefäßen gebildet werden kann, wird die

modRNA-Technologie weiter verwendet und soll zukünftig auch für unzählige Injektionen gegen andere Infektionskrankheiten Anwendung finden.

14. Obwohl unbekannt ist, wie viel Spike-Protein wie lange im Körper produziert wird, wird die modRNA-Technologie weiter verwendet und soll zukünftig auch für unzählige Injektionen gegen andere Infektionskrankheiten Anwendung finden.
15. Obwohl sich aus den klinischen Studien und auch den periodischen Sicherheitsberichten (PSURs) von *Pfizer/BioNTech* ergibt, dass Sicherheitsbedenken hinsichtlich fehlender Informationen zur Verwendung bei Schwangerschaft und Stillzeit, Menschen mit Vorerkrankungen, Menschen mit geschwächtem Immunsystem bestehen, werden diesen Menschen die Injektionen zum Teil zuallererst verabreicht.
16. Obwohl sich aus dem 3. PSUR für *Comirnaty®* ergibt, dass die Nebenwirkungsrate für PBS-formuliertes *Comirnaty®* erheblich höher ist als für TRIS-formuliertes *Comirnaty®*, wird die Ursprungsformulierung nicht vom Markt genommen.
17. Obwohl das PEI sowohl über die PSURs von den Zulassungsinhabern als auch durch namhafte Wissenschaftler sowohl auf Probleme hinsichtlich der Qualität als auch der Nebenwirkungen der Injektionen aufmerksam gemacht wird, wird das PEI nicht tätig und trägt nicht kooperativ zur Klärung der aufgeworfenen Bedenken bei.
18. Bei den klinischen, placebo-kontrollierten Studien für Comirnaty® und Spikevax®, die Gegenstand der besonderen Bedingungen für die Erteilung einer bedingten Zulassung sind und weiter geführt werden müssen, ist die Kontrollgruppe durch Entblindung und Injektion der Teilnehmer der Placebogruppe weggefallen. Eine placebo-kontrollierte Studie besteht nicht mehr, weder für Erwachsene noch für Kinder. Aussagekräftige Langzeitvergleiche zwischen Verum und Placebo sind nicht mehr möglich.

19. Angesichts der umfangreichen Todes- und schwerwiegenden Nebenwirkungsmeldungen bestehen erhebliche Zweifel an einem positiven Nutzen-Risiko-Verhältnis gemäß Art. 1 Nr. 28a der Richtlinie 2001/83/EG und auch erhebliche Zweifel daran, dass der Nutzen für die öffentliche Gesundheit die Gefahr aufgrund noch fehlender zusätzlicher Daten überwiegt. Auch hier ist ein Eingreifen der Zulassungsbehörden gemäß Art. 116 des Gemeinschaftskodex im Sinne einer Aussetzung der Zulassungen bis zur eindeutigen Klärung der Zusammenhänge aus arzneimittelsicherheitsrechtlicher Sicht zum Schutze der öffentlichen Gesundheit unabdingbar.
20. Obwohl mittlerweile bekannt ist, dass die COVID-19-Injektionen nicht die Erkrankung verhindern und auch keinen Drittschutz bieten, wird ihre Anwendung als »Impfung« weiter propagiert.
21. Angesichts der in den vorherigen Punkten aufgezählten Unklarheiten und sehr bedenklichen Erkenntnisse darf die modRNA in Injektionen gegen Infektionskrankheiten keine Anwendung finden.

## 5.2 FAZIT ZUR STRAFBARKEIT

Im Hinblick auf die Strafbarkeit der beteiligten Akteure kommen zur Prüfung zahlreiche Strafvorschriften sowohl des Arzneimittelrechts als auch des allgemeinen Straf- und Völkerstrafrechts in Betracht. Hier verweise ich auf das umfangreiche Gutachten der Rechtsanwältin Beate Bahner, das auf ihrer Website abrufbar ist.[83]

In Betracht kommen Verstöße gegen

- §5 Abs. 1 AMG, das Verbot des Inverkehrbringens und der Anwendung bedenklicher Arzneimittel,
- §8 Abs. 1 Nr. 1 AMG, Verbot des Inverkehrbringens von Arzneimitteln, die durch Abweichung von den anerkannten

pharmazeutischen Regeln in ihrer Qualität nicht unerheblich gemindert sind,

die Straftaten darstellen und mit einem Strafmaß von bis zu 3 Jahren Gefängnisstrafe belegt sind und deren fahrlässige Begehung ebenfalls strafbar ist (§95 Abs. 4 AMG). In besonders schweren Fällen, wenn jemand der Gefahr des Todes oder einer schweren Schädigung an Körper oder Gesundheit ausgesetzt wird, kann die Tat mit Freiheitsstrafe bis zu 10 Jahren belegt werden (§95 Abs. 3 Nr. 2 AMG).

Weiterhin kommen Straftatbestände des allgemeinen Strafrechts wie Tötungs- und Körperverletzungsdelikt in Betracht.

# 6 AUSBLICK IN DIE ZUKUNFT DER modRNA-ZULASSUNGSENTSCHEIDUNGEN

Aus den Darstellungen zu den bivalenten Zulassungen ist ersichtlich, dass auch die zukünftigen Zulassungen für COVID-19-Injektionen auf rudimentären Unterlagen beruhen werden. Zudem ist aufgrund der »ethischen Einstellung« der WHO damit zu rechnen, dass im Falle von Pandemien keine placebo-kontrollierten Langzeiterkenntnisse mehr gewonnen werden. Es ist zu erwarten, dass eine Entblindung der Studien unmittelbar nach Erteilung der rudimentären bedingten Zulassung vorgenommen werden wird.

## 6.1 ZULASSUNG NUR AUF BASIS RUDIMENTÄRER UNTERLAGEN AUCH IN ZUKUNFT

Mangels Transparenz der Behörden ist für die Öffentlichkeit nicht nachvollziehbar, ob die ursprünglichen Mängel zur Qualität tatsächlich behoben wurden. Entsprechende Anträge nach dem Informationsfreiheitsgesetz werden durch das PEI und die EMA nur sehr schleppend, wenn überhaupt, bearbeitet. Wenn Unterlagen herausgegeben werden, geschieht dies unter massiver Schwärzung unter Berufung auf Betriebs- und Geschäftsgeheimnisse von *BioNTech* mit der Folge, dass die Aussagen und Schlussfolgerungen der Behörden auch von Experten nicht nachvollzogen werden können.

Zukünftig sind trotz der rudimentären Unterlagen weitere Vereinfachungen der Zulassungen für modRNA-Injektionen auf Basis des sogenannten Plattform-Ansatzes geplant.

Es sind wesentliche Vereinfachungen der Zulassungen für modRNA-Injektionen auf der Basis des sogenannten »Plattform«-Ansatzes geplant. Für Tier-Vakzine gilt dieser Ansatz bereits. Er wurde 2021 gesetzlich durch eine delegierte VO der EU-Kommission geschaffen – ohne Beteiligung des Europäischen Parlaments, weil dessen Beteiligung bei einer delegierten VO nicht zwingend notwendig ist.

Mit den Änderungen wurde das neue Konzept einer »Impfstoff-Plattformtechnologie-Stammdokumentation« für immunologische Tierarzneimittel eingeführt. (Annex II, Teil V.4.) Die Impfstoff-Plattformtechnologie ist dabei definiert als

> »eine Sammlung von Technologien, denen die Verwendung eines ›Gerüst‹-Trägers oder Vektors gemeinsam ist, der für jeden von der Plattform abgeleiteten Impfstoff mit einem anderen Antigen oder einer anderen Gruppe von Antigenen modifiziert wird. Dazu gehören unter anderem proteinbasierte Plattformen (virusähnliche Partikel), DNA-Impfstoffplattformen, mRNA-basierte Plattformen, Replikons (selbstreplizierende RNA) sowie virale und bakterielle Vektorimpfstoffe.« (Teil V 4.1.1)

Ziel einer Stammdokumentation zur Impfstoff-Plattformtechnologie ist es, die »unnötige erneute Einreichung und Neubewertung von Daten für neue Tierimpfstoffe zu vermeiden, wenn die verwendete Impfplattform-Technologie bereits in einem zugelassenen Tierimpfstoff verwendet wird.« (So die Guideline on data requirements for vaccine platform technology master files (vPTMF) – Leitlinie zu den Datenanforderungen für Impfstoff-Plattformtechnologie-Stammdokumentationen, EMA/CVMP/IWP/286631/2021[84])).

Anfang 2022 hat der Ausschuss für Tierarzneimittel bereits eine entsprechende Guideline verabschiedet (s. o.). In dieser Guideline ist vorgesehen, dass für Folgeimpfstoffe die Anforderungen an Daten zur Qualität, Sicherheit und/oder Wirksamkeit reduziert werden können, indem auf die Unterlagen des erstzugelassenen Präparates Bezug genommen wird.

Das ist letztlich etwas, das die EMA bei den COVID-19-Injektionen ebenfalls schon praktiziert hat. Das Problem dabei ist allerdings, dass die zugrunde liegenden Unterlagen ebenfalls sehr rudimentär sind. Angewendet werden die Vorschriften aber in einer Weise, als lägen vollumfängliche und gut geprüfte Unterlagen der bereits erteilten Zulassung zugrunde.

Es steht zu befürchten, dass nach der Vorreiterrolle der Tierarzneimittel dieser Ansatz auch für die Humanarzneimittel beschritten werden wird, zumal zurzeit eine umfassende Revision des EU-Arzneimittelrechts im Gange ist!

## 6.2 WEITREICHENDE UMSTELLUNG DER HERKÖMMLICHEN IMPFSTOFFE AUF MODRNA-TECHNOLOGIE

Es stellt sich heraus, dass die COVID-19-Injektionen den Startschuss für eine Umstellung der Arzneimittel auf neue modRNA-basierte Arzneimittel darstellen. Unzählige neue Arzneimittel auf modRNA-Basis sowohl gegen Infektionskrankheiten als auch gegen chronische Erkrankungen sind in der Entwicklung, teilweise schon zugelassen. Auf der Website des *Verbands forschender Arzneimittelhersteller* (VfA) ist eine lange Liste von in der Entwicklung befindlichen modRNA-Arzneimitteln veröffentlicht.[85]

Neben einer langen Liste von über 40 modRNA-Injektionen gegen COVID-19 werden solche gegen Borreliose, Aids, Gürtelrose, Grippe, Genitalherpes, Cytomegaloviren, Chlamydien, Tollwut, MERS, Malaria, HPV-Infektion, Epstein-Barr-Virus, Rotaviren, Tuberkulose und Zika aufgeführt. Das geschieht ungeachtet der Tatsache, dass modRNA-Arzneimittel schon aufgrund ihres zugrunde liegenden Prinzips, den Körper zur Bildung unbekannter Mengen körperfremden Proteins zu veranlassen, aufgrund der Eigenheiten des Immunsystems sehr gefährliche Nebenwirkungen wie Autoimmunerkrankungen, Entzündungen in Organen und Blutgefäßen, Krebsentstehung sowie Zerstörung des körpereigenen Immunsystems hervorrufen können.[86]

## 7 AUFKLÄRUNGSBOGEN – WIE HÄTTE EINE UMFASSENDE AUFKLÄRUNG VOR DER INJEKTION AUSSEHEN MÜSSEN?

Abgesehen von der Frage, ob – und ich meine, dass es so ist – eine ordnungsgemäße Aufklärung bei neuartigen Behandlungen zwingend ein umfassendes Aufklärungsgespräch erfordert und ob eine solche durch die Aushändigung eines Aufklärungsbogens überhaupt durchgeführt werden kann, hätte ein umfassender und ehrlicher Aufklärungsbogen zahlreiche Informationen enthalten müssen. Bereits Beate Bahner hat in ihrem Buch *Corona-Impfung* umfangreich

auf die Erfordernisse der Aufklärung in Bezug auf die COVID-19-Injektion hingewiesen.
Das ist nachfolgend der Vorschlag der Autorin, wie ein solcher Aufklärungsbogen für eine informierte Zustimmung hätte aussehen müssen – so kann jede/r für sich überlegen, ob er/sie bei entsprechender Information zu einer Injektion gut informiert bereit gewesen wäre.

## AUFKLÄRUNGSBOGEN ZUR GENBASIERTEN INJEKTION GEGEN COVID-19

Wesentliche Informationen zu den COVID-19-Impfungen mit mRNA-Technologie

### → 1. Die Technologie

Die Technologie der neuartigen mRNA-Impfungen ist nicht mit herkömmlichen Impfungen vergleichbar. Ihre Technologie und medizinische Wirkung entspricht der eines Gentherapeutikums. Aufgrund einer Gesetzesänderung im Jahr 2009 wurde dieser Art der Gentherapeutika als Impfung gegen Infektionskrankheiten von den strengen Prüfvorschriften für Gentherapeutika befreit. Zahlreiche Untersuchungen, die für Gentherapeutika vorgeschrieben sind, werden für genbasierten Impfungen gegen Infektionskrankheiten nicht gefordert.

*Comirnaty*® und *Spikevax*® sind die ersten Arzneimittel mit dieser Technologie, die umfangreich beim Menschen angewendet werden. Bisherige Studien sind bislang nur in seltenen Fällen über das Stadium der Tierversuche hinaus gelangt. Wenige klinische Studien zu anderen Indikationen wurden mit wenigen Studienteilnehmern durchgeführt und gelangten bisher nicht über die klinische Phase 1/2 hinaus.

### → 2. Welche Studien wurden für *Comirnaty*® und *Spikevax*® nicht verlangt?

Für *Comirnaty*® und *Spikevax*® wurden folgende Untersuchungen nicht verlangt und deshalb nicht durchgeführt:

- Studien zur sekundären Pharmakodynamik (Frage der allgemeinen und möglicher unerwünschter Wirkungen des Arzneimittels),
- Studien zur Genotoxizität des Fertigproduktes (Frage der Gefahr der Schädigung des Erbguts),
- Studien zur Sicherheitspharmakologie (Auswirkungen des Arzneimittels auf wesentliche Körperfunktionen wie Herz und Kreislauf, Atemwege, Zentralnervensystem),
- Studien zu Wechselwirkungen mit anderen Arzneimitteln,
- Studien zur Karzinogenität (Frage, ob die Arzneimittel Krebs auslösende Eigenschaften haben),
- Studien zur Umweltverträglichkeit einschließlich möglicher Übertragung auf Dritte (Shedding).

### → 3. Der »Bauplan« – die modRNA

Mit dieser Injektion wird Ihrem Körper ein »Bauplan« für einen Bestandteil des SARS-CoV-2-Virus, das Spike-Protein des Virus, injiziert. Diese (Ribonukleinsäure-RNA vom Englischen »ribonucleic acid«) ist eine synthetisch hergestellte RNA, die sich erheblich von der körpereigenen Boten-RNA, mRNA, unterscheidet.

Ihr Körper wird durch die Injektion veranlasst, in den Körperzellen, in die die RNA gelangt, das körperfremde Spike-Protein herzustellen. An der RNA wurden verschiedene Modifikationen vorgenommen, damit es für Ihr angeborenes Immunsystem schwieriger ist, die fremde RNA zu erkennen, und ihr Körper veranlasst wird, eine große Menge Spike-Protein zu bilden. Aufgrund der Veränderungen wird sie als »modRNA« bezeichnet.

Mit jeder Dosis werden Ihnen ca. 13 Billionen modRNA-Moleküle injiziert. Im Vergleich: Der menschliche Körper verfügt über ca. 30 Billionen Körperzellen.

### → 4. Die Lipidnanopartikel

Die modRNA wird zum Transport in die Körperzellen in sogenannte Lipidnanopartikel (LNP) verpackt. LNP sind auch bei einer Injektion in den Muskel in der Lage, sich über die Blutgefäße im gesamten Körper zu verteilen, Zellwände zu durchdringen und auch die Blut-Hirn-Schranke zu überwinden. Es ist daher nicht ausgeschlossen, dass mit den LNP toxische Substanzen in Ihr Gehirn gelangen können.

Laut der Europäischen Chemikalienbehörde (ECHA) ist das Wissen über Wirkungen von LNP auf den Körper noch unzureichend. Die in *Comirnaty®* enthaltenen LNP ALC-0159 und ALC-0315 und die in *Spikevax®* enthaltenen LNP SM-102 und PEG2000-DMG sind noch nicht im Chemikalienverzeichnis der ECHA gelistet und noch nicht geprüft.

LNP können toxische Wirkungen entfalten, indem sie umfangreiche Entzündungsreaktionen in Körpergeweben verursachen, in die sie gelangen. Besondere Gefahr geht dabei von kationischen LNP aus, wie sie in *Comirnaty®* und *Spikevax®* enthalten sind.

Seitens der ECHA werden unter anderem Untersuchungen zur Auswirkung von Nanopartikeln in Arzneimitteln auf Blut-, Leber- und Lungenzellen, Auswirkungen auf das autonome Nervensystem und zur Verursachung von oxidativem Stress für erforderlich gehalten.

Die seitens der Hersteller vorgelegten Untersuchungen reichen derzeit für eine konkrete Bewertung der Toxizität der Nanopartikel nicht aus.

### → 5. Das Spike-Protein

Das Spike-Protein des Coronavirus ist bekannt dafür, an den ACE2-Rezeptor zu binden und zu Zellfusionen und Zellschäden bis hin zum Zelltod zu führen. Die Hersteller haben Veränderungen an der Kodierung des Spike-Proteins vorgenommen, um die schädlichen Wirkungen weitestgehend zu verhindern. Ob diese Veränderungen zu einem veränderten Verhalten des durch die Injektion gebildeten

Spike-Proteins führen, ist derzeit nicht bekannt. In Untersuchungen der Form des durch die modRNA gebildeten Spike-Proteins wurde festgestellt, dass ein Teil der produzierten Spike-Proteine die beabsichtigten Veränderungen nicht vollständig umsetzt.

Durch die Bindung an den ACE2-Rezeptor wirkt das Spike-Protein wie ein ACE2-Hemmer. ACE2 ist ein Enzym, das sich in der Membran von Körperzellen befindet und dem zahlreiche wesentliche physiologische Funktionen zukommen, beispielsweise die Regulation des Blutdrucks und die Aufnahme von Aminosäuren aus der Nahrung. ACE2 wird nahezu überall im Körper gebildet, besonders in Herz, Lunge, Nieren, dem Endothel, dem Magen-Darm-Trakt, den Testosteron-produzierenden Leydig-Zellen der Hoden, aber auch in endokrinen Organen wie Schilddrüse, Bauchspeicheldrüse. Es kann zur Zeit nicht ausgeschlossen werden, dass auch das aufgrund der Injektion gebildete Spike-Protein an ACE2 bindet. Ebenso ist nicht bekannt, welche Auswirkungen dies im Einzelnen haben könnte. Sollten sich Frauen im gebärfähigen Alter trotz bislang fehlender Daten über Auswirkungen in der Schwangerschaft und Stillzeit für eine Injektion entscheiden, wird empfohlen, nach der Injektion über mehrere Monate zuverlässige Methoden der Empfängnisverhütung anzuwenden. Sollte nach der Injektion eine Schwangerschaft eintreten, informieren Sie bitte Ihren betreuenden Gynäkologen über den Erhalt der Injektion.

**→ 6. Die bedingte Zulassung**

Aufgrund der Pandemie-Situation handelt es sich nicht um eine reguläre Zulassung; die Zulassung wurde unter Bedingungen erteilt und ist zunächst nur 1 Jahr gültig.

Neben den grundsätzlich fehlenden Studien (s. oben Ziffer 2.) wurden von den Herstellern sehr lückenhafte Unterlagen zur Zusammensetzung und zu präklinischen Untersuchungen sowie klinischen Studien vorgelegt. Die klinischen Studien sind noch nicht abgeschlossen und müssen noch bis Ende 2022/Mitte 2023 weitergeführt werden. Auch zur Klärung der Zusammensetzung und der Ausgereiftheit des Herstellungsvorgangs wurden den Herstellern zahlreiche Bedingungen zur Nachlieferung von Unterlagen auferlegt.

**→ 7. Den Herstellern auferlegte Bedingungen**

Für die Durchführung der klinischen Studie erhielt der größte Teil der Studienteilnehmer eine Version von *Comirnaty®*, die mit einem aufwendigen Herstellungsprozess produziert wurde. Nur ein geringer Teil der Studienteilnehmer erhielt die Version, die mit dem Herstellungsprozess für die kommerziellen Chargen produziert wurde. Die Vergleichbarkeit der Qualität der beiden Versionen wurde noch nicht vollständig nachgewiesen.

Bislang wurden lückenhafte Unterlagen zu den Eigenschaften des Wirkstoffs (modRNA) und des Fertigprodukts (gesamte Zusammensetzung) eingereicht. Die bisherigen Analyse- und Kontrollmethoden sind für die eindeutige Charakterisierung nicht vollständig geeignet. Den Herstellern wurden deshalb neben den Bedingungen zur Weiterführung placebo-kontrollierter klinischer Studien umfangreiche Bedingungen zum Nachweis der Qualität der Arzneimittel auferlegt.

Folgende Nachweise sind von den Herstellern noch zu erbringen:

— Nachweise zur pharmazeutischen Qualität der LNP,
einschließlich ihrer Reinheit,

— Nachweise
zur Identität der modRNA,
zu ihrer Reinheit,
zur biologischen Aktivität (Potenz) der modRNA – wie viel Spike-Protein wird aufgrund einer Injektion vom Körper gebildet.

— Nachweise zur Zusammensetzung des Arzneimittels im Ganzen, einschließlich der Menge der einzelnen Bestandteile.

— Vorlage geeigneter Analysen- und Kontrollmethoden zu jedem Herstellungsschritt, um die konsistente Herstellung des in seiner Qualität noch zu definierenden Wirkstoffs und Fertigarzneimittels und die gleichbleibend hohe Qualität jeder Impfstoffcharge sicherzustellen.

### → 8. Was ist noch unbekannt?

Folgende Gesichtspunkte sind bisher noch nicht vollumfänglich geklärt:

- welche Verunreinigungen in welcher Menge im Fertigarzneimittel enthalten sind;
- ob in dem Arzneimittel auch modRNA enthalten ist, die für andere Proteine kodiert, das heißt, ob durch die modRNA außer dem beabsichtigen Spike-Protein auch andere Fremdproteine gebildet werden;
- welche Auswirkungen in den Arzneimitteln enthaltene verkürzte oder nicht intakte modRNA auf den Körper hat;
- wie lange die modRNA im Körper verbleibt und von den Körperzellen Spike-Proteine gebildet werden;
- welche Menge an Spike-Proteinen vom Körper aufgrund einer Dosis der Injektion gebildet wird;
- wie sich das Arzneimittel im Körper verteilt und welche Körperzellen das körperfremde Spike-Protein herstellen. Präklinische Untersuchungen haben gezeigt, dass LNP sich bei Mäusen nach intramuskulärer Verabreichung im gesamten Körper verteilt haben, auch in Herz, Lunge, Nieren, Milz, Eierstöcke und Hoden. Es ist nicht ausgeschlossen, dass sie auch ins Gehirn gelangen können und die Gehirn- und Herzzellen zur Spike-Protein-Produktion angeregt werden.

### → 9. Für welche Personengruppen liegen keine oder keine ausreichenden Erkenntnisse über die Wirksamkeit und Sicherheit der Injektionen vor?

Für folgende Personengruppen fehlen Informationen zur Wirksamkeit und Sicherheit von *Comirnaty*® und *Spikevax*®:

1) Schwangerschaft und Stillzeit
2) Immungeschwächte Patienten
3) Patienten mit Vorerkrankungen (z. B. COPD, Diabetes, chronische neurologische Erkrankungen, kardiovaskuläre Erkrankungen)
4) Patienten mit Autoimmun- oder chronischen entzündlichen Erkrankungen.

*Comirnaty*® und *Spikevax*® liegen keine Erkenntnisse vor über
1) Wechselwirkungen mit anderen Impfungen
2) Langzeit-Sicherheitsdaten.

Ich habe die Informationen gelesen, verstanden und möchte eine Injektion erhalten.

# 8 SCHLUSSWORT

Wie ich in der Einleitung schon erwähnte, haben die Jahre der Corona-Pandemie mein Weltbild komplett geändert – und auch mein ehemals großes Vertrauen in unsere mit der Zulassung und Überwachung beauftragten Behörden vollumfänglich zerstört.

Das ehemals im Sinne strenger Überprüfung von gentherapeutischen Impfstoffen gegen Infektionskrankheiten argumentierende Paul-Ehrlich-Institut (PEI) genehmigt klinische Studien am Menschen, ohne dass die grundsätzlich geforderten präklinischen Studien vorliegen.

Die ehemals zuverlässig im Sinne der Arzneimittelsicherheit arbeitenden Behörden versagen bei der Zulassung und der Arzneimittelsicherheit komplett. Bislang geltende Leitlinien werden bewusst nicht angewendet.

In der Arzneimittelsicherheit werden Methoden verwendet, die das Auftreten eines Sicherheitssignals bei Nebenwirkungen sehr unwahrscheinlich machen und die dazu führen, dass das PEI nicht einmal bei gemeldeten 3.315 Verdachts-Todesfällen zum 31.3.2023 eingreift – mit der Begründung, es sei ihm Ermessen bei der Wahl der Methoden eingeräumt. Hinweise namhafter Wissenschaftler werden vom PEI ignoriert.

Aufsichtsbehörden, die zur Überwachung der Herstellung berufen sind, greifen selbst bei Hinweisen nicht ein, die ihnen von erfahrenen Hochschulwissenschaftlern vorgetragen werden.

Nach wie vor bin ich erschüttert und fassungslos. Mein Vertrauen in die ordnungsgemäße Arbeit der Zulassungs- und Arzneimittelüberwachungsbehörden ist komplett zerstört. Ihrer Natur nach hoch risikobehaftete modRNA-Arzneimittel sollen in Zukunft für zahlreiche Indikationen angewendet und zugelassen werden.

Wir können uns nicht mehr darauf verlassen, dass neue Arzneimittel nach den bestehenden Regeln und Vorschriften geprüft und zugelassen sind. Aufmerksamkeit, Skepsis und eigenes Hinterfragen ist bei jedem neu zugelassenen Arzneimittel dringend geboten! Das gilt umso mehr, als sich in der Praxis der EMA in den letzten Monaten zeigt, dass unter dem Vorwand des großen Interesses für die öffentliche Gesundheit bzw. unter dem Gesichtspunkt der therapeutischen Innovation selbst neue Impfungen für Schwangere und Neugeborene im beschleunigten Verfahren mit einer von 210 auf 150 Tage reduzierten Zeit für die Beurteilung durch die EMA zugelassen werden![87] Schützen Sie sich und Ihre Kinder!

1 https://web.archive.org/web/20210914195756/https://www.bundesregierung.de/breg-de/themen/corona-informationen-impfung/coronavirus-impfung-faq-1788988

2 Entscheidung C(2021) 7343 (final); https://ec.europa.eu/health/documents/community-register/2021/20211005153458/dec_153458_de.pdf

3 https://ec.europa.eu/health/documents/community-register/2021/20211005153458/anx_153458_de.pdf

4 Entscheidung C(2021) 7961 (final); https://ec.europa.eu/health/documents/community-register/2021/20211029153828/dec_153828_de.pdf

5 https://www.bmg-longcovid.de/infobox/wissenswertes-zu-nebenwirkungen-von-covid-19-impfstoffen-und-zum-impfschadensrecht

6 https://www.ema.europa.eu/en/news/ecdc-ema-update-recommendations-additional-booster-doses-mrna-covid-19-vaccines

7 https://ec.europa.eu/health/documents/community-register/2022/20220504155694/anx_155694_de.pdf

8 https://ec.europa.eu/health/documents/community-register/2022/20220816156702/anx_156702_de.pdf

9 Nguyen et al., »Transmission of SARS-Cov 2 Delta Variant among vaccinated healthcareworkers, Vietnam«; https://papers.ssrn.com/sol3/papers.cfm?abstract_id=3897733

10 https://investors.biontech.de/static-files/13794a62-fe83-4589-97f6-febe50cf76b5; S. 9

11 Az. - 1 BvR 2649/21; https://www.bundesverfassungsgericht.de/SharedDocs/Entscheidungen/DE/2022/04/rs20220427_1bvr264921.html;jsessionid=BC6BB80D4E2E8D2AA6C64A1C53619DF9.internet942

12 Allgemeine Zeitung, 24.2.2022

13 S. Bhakdi, K. Reiss, Corona – Fehlalarm, Goldegg Verlag, 2021

14 Quadriga Verlag, 2021

15 Beate Bahner, Corona-Impfung, Rubikon, München 2021, S. 179 ff

16 https://www.welt.de/politik/deutschland/plus237106177/Coronavirus-Mehr-Impf-Nebenwirkungen-als-bisher-bekannt.html

17 Brief v. 28. Februar 2021, »Zur dringenden persönlichen Kenntnisnahme von: Emer Cooke, Exekutivdirektorin der Europäischen Arzneimittelagentur«, in deutscher Übersetzung auf https://pflegefueraufklaerung.de/brief-von-prof-bhakdi-und-kollegen-an-die-ema-verdacht-blutgerinnungsstoerungen-durch-covid-impfstoffe/

18 https://phmpt.org/wp-content/uploads/2021/11/5.3.6-postmarketing-experience.pdf

19 https://ted.europa.eu/udl?uri=TED:NOTICE:506291-2020:TEXT:DE:HTML&tabId=5

20 https://www.corodok.de/das-pei-brandenburger/

21 https://mediasetinfinity.mediaset.it/video/fuoridalcoro20222023/documenti-segreti-dei-vaccini-cosi-hanno-taciuto-la-verita_F312336201012C08

22 https://www.unzensuriert.at/174127-bewusst-gelogen-und-irregefuehrt-neue-dokumente-zur-corona-impfung-schockieren/

23 https://www.unzensuriert.at/174127-bewusst-gelogen-und-irregefuehrt-neue-dokumente-zur-corona-impfung-schockieren/

24 Michels et al., »Forensic Analysis of the 38 Subject Deaths in the 6-Month Interim Report of the Pfizer/BioNTech BNT162b2 mRNA Vaccine Clinical Trial«, doi: 10.20944/preprints202309.0131.v1; https://www.preprints.org/manuscript/202309.0131/v1

25 S. hervorragende Analyse von Mayer, »Neue Studie zeigt Pfizers Manipulation bei mRNA-Impfstoff Zulassung: Mehr Todesfälle bei Geimpften als bei Ungeimpften«; https://tkp.at/2023/09/06/neue-studie-zeigt-pfizers-manipulation-bei-mrna-impfstoff-zulassung-mehr-todesfaelle-bei-geimpften-als-bei-ungeimpften/

26 https://tkp.at/wp-content/uploads/2023/01/1.PSUR_orginial.pdf

27 https://soniaelijah.substack.com/p/eu-safety-report-on-pfizer-biontech

28 So beispielsweise im PSUR 1, S. 29 und 31

29 »The overall safety evaluation includes a review of the most frequently reported events […] for events reported ≥ 2 % of all post-marketing cases during the reporting interval […]«

30 https://flexikon.doccheck.com/de/Thrombose-mit-Thrombozytopenie-Syndrom

31 Ammann et al., »Multisystemisches Inflammationssyndrom bei Erwachsenen« In: Swiss Med. Forum 2022;22(41):684-687, 22.10.2022; https://medicalforum.ch/de/detail/doi/smf.2022.09190

32 Schmeling et al., »Batch-dependent safety of the MNT162b2 mRNACOVID-19 vaccine«; https://onlinelibrary.wiley.com/doi/10.1111/eci.13998; Liste der von den dänischen Wissenschaftlern in die Analyse einbezogenen Chargen liegt der Autorin vor.

33 https://www.trialsitenews.com/a/covid-19-injections-in-pregnant-women-lead-to-8x-increase-in-spontaneous-abortions-and-3x-increase-in-stillbirths.-a48c57af

34 Ioannidis et al., »Age-stratified infection fatality rate of COVID-19 in the non-elderly informed from pre-vaccination national seroprevalence studies«; https://www.ncbi.nlm.nih.gov/pmc/articles/PMC9613797/

35 Beurteilungsbericht des CHMP EMA/594686/2021; https://www.ema.europa.eu/en/documents/variation-report/comirnaty-h-c-5735-x-0044-g-epar-assessment-report-extension_en.pdf

36 Beurteilungsbericht des CHMP, EMA/719541/2021; https://www.ema.europa.eu/en/documents/variation-report/comirnaty-h-c-5735-x-0077-epar-assessment-report-extension_en.pdf

37 https://www.ema.europa.eu/en/documents/product-information/comirnaty-epar-product-information_en.pdf

38 Beurteilungsbericht des CHMP, EMA/719541/2021; https://www.ema.europa.eu/en/documents/variation-report/comirnaty-h-c-5735-x-0077-epar-assessment-report-extension_en.pdf

39 https://www.ema.europa.eu/en/documents/product-information/comirnaty-epar-product-information_de.pdf

40 »Based on the review of the cases reported with Tris/Sucrose formulation, no new safety issues were identified.«

41 US-Patent 10,485,884B2 – RNA Formulation for Immunotherapy; https://patents.google.com/patent/US10485884B2/en

42 »The use of buffer [...] can lead to aggregation of lipoplexes which makes them unsuitable for parenteral application to patients [...] In PBS buffer, the same effect is more prominent.«

43 https://www.pei.de/DE/newsroom/dossier/coronavirus/sicherheitsberichte/archiv-berichte.html

44 Bulletin der Arzneimittelsicherheit, Ausgabe 2/23, S. 12–29; https://www.pei.de/SharedDocs/Downloads/DE/newsroom/dossiers/sicherheitsberichte/sicherheitsbericht-27-12-20-bis-31-03-23-aus-bulletin-zur-arzneimittelsicherheit-2-2023-s-12-29.pdf?_blob=publicationFile&v=5

45 https://www.vigiaccess.org/

46 Sicherheitsbericht des PEI vom 7.9.2022, S. 8; https://www.pei.de/SharedDocs/Downloads/DE/newsroom/dossiers/sicherheitsberichte/sicherheitsbericht-27-12-20-bis-30-06-22.pdf?_blob=publicationFile&v=6

47 Schreiben liegt der Autorin vor.

48 Schreiben liegt der Autorin vor.

49 Antwort des PEI liegt der Autorin vor.

50 Briefe liegen der Autorin vor.

51 ABl Nr. L 162 v. 10.5.2021, S. 1 ff; https://eur-lex.europa.eu/legal-content/DE/TXT/PDF/?uri=CELEX:32021R0756

52 https://ec.europa.eu/health/documents/community-register/html/h1528.htm

53 https://ec.europa.eu/health/documents/community-register/html/h1507.htm

54 https://ec.europa.eu/health/documents/community-register/2022/20221110157753/anx_157753_de.pdf

55 https://www.ema.europa.eu/en/documents/variation-report/comirnaty-h-c-005735-ii-0140-epar-assessment-report-variation_en.pdf

56 https://www.ema.europa.eu/en/documents/variation-report/comirnaty-h-c-005735-ii-0143-epar-assessment-report-variation_en.pdf

57 »Although the limited data provided for the Omicron variant are not fully supporting these limits, the strategy is found acceptable considering that only a change in the nucleotide sequence is driving the present variation.«

58 »However, the similar protocol for the studies with similar time intervals between primary series and booster dose and the same assay for neutralizing antibodies give some reassurance that the comparison is valid.«

59 https://ec.europa.eu/health/documents/community-register/2022/20220912157087/anx_157087_de.pdf

60 https://www.who.int/news/item/18-05-2023-statement-on-the-antigen-composition-of-covid-19-vaccines

61 https://www.ema.europa.eu/en/news/ema-ecdc-statement-updating-covid-19-vaccines-target-new-sars-cov-2-virus-variants

62 https://investors.biontech.de/de/news-releases/news-release-details/pfizer-und-biontech-starten-einreichungsprozess-zur-zulassung

63 https://ec.europa.eu/health/documents/community-register/2023/20230831160389/dec_160389_en.pdf

64 https://www.ema.europa.eu/en/news/comirnaty-ema-recommends-approval-adapted-covid-19-vaccine-targeting-omicron-xbb15

65 https://ec.europa.eu/commission/presscorner/detail/en/IP_23_4301

66 https://www.pei.de/DE/newsroom/hp-meldungen/2021/211210-anwendung-comirnaty-kinder-impfstoff-hinweise.html

67 https://www.pei.de/DE/newsroom/hp-meldungen/2022/220304-zulassungserweiterung-spikevax-kinder-6-jahre.html

68 https://www.pei.de/DE/newsroom/hp-meldungen/2022/221020-empfehlung-zulassungserweiterung-comirnaty-spikevax-kinder-ab-6-monate.html

69 https://www.ema.europa.eu/en/news/comirnaty-covid-19-vaccine-ema-recommends-approval-children-aged-5-11;
https://www.ema.europa.eu/en/news/ema-recommends-approval-spikevax-children-aged-6-11;
https://www.ema.europa.eu/en/news/ema-recommends-approval-comirnaty-spikevax-covid-19-vaccines-children-6-months-age

70 https://doi.org/10.1101/2021.07.08.21260210

71 Ioannidis et al., »Age-stratified infection fatality rate of COVID-19 in the non-elderly informed from pre-vaccination national seroprevalence studies«; https://www.ncbi.nlm.nih.gov/pmc/articles/PMC9613797/

72 Epidemiologisches Bulletin, Nr. 46/22, S. 4; https://www.rki.de/DE/Content/Infekt/EpidBull/Archiv/2022/Ausgaben/46_22.pdf?__blob=publicationFile

73 https://www.ema.europa.eu/en/documents/variation-report/comirnaty-h-c-5735-x-0077-epar-assessment-report-extension_en.pdf

74 https://www.ncbi.nlm.nih.gov/pmc/articles/PMC9613797/

75 Anderson et al., »Evaluation of mRNA-1273 Vaccine in Children 6 Months to 5 Years of Age«; https://www.nejm.org/doi/full/10.1056/NEJMoa2209367

76 https://t.me/RA_Roehrig/3604

77 https://7argumente.de/

78 https://deximed.de/home/klinische-themen/paediatrie/patienteninformationen/infektionen/multisystem-entzuendungssyndrom-bei-kindern-mis-c

79 https://www.ncbi.nlm.nih.gov/pmc/articles/PMC8609605/bin/NEJMoa2116298_protocol.pdf; »Note: Potential COVID-19/MIS-C illnesses and their sequelae that are consistent with the clinical endpoint definition (Section 8.1) should not be recorded as AEs. These data will be captured to describe disease endpoints for lack-of-efficacy assessment data only on the relevant pages of the CRF, as these are expected endpoints.«

80 ABl. Nr. L 311 v. 06.11.2001, S. 67 ff

81 ABl. Nr. L 136 v. 30.04.2004, S. 1 ff

82 ABl. Nr. L 231 vom 17.7.2020, S. 12

83 https://beatebahner.de/lib.medien/Rechtsgutachten%20zur%20Strafbarkeit%20der%20Impfung%20nach%2095%20AMG.pdf

84 https://www.ema.europa.eu/en/documents/scientific-guideline/guideline-data-requirements-vaccine-platform-technology-master-files-vptmf_en.pdf

85 https://www.vfa.de/de/arzneimittel-forschung/coronavirus/rna-basierte-impfstoffe-in-entwicklung-und-versorgung

86 https://doctors4covidethics.org/wp-content/uploads/2023/07/mRNA-toxicity-1_0.pdf

87 So beispielsweise »Abrysvo«, ein RSV-Impfstoff, der Schwangeren verabreicht wird, damit das Neugeborene geschützt wird; https://www.deutsche-apotheker-zeitung.de/news/artikel/2023/08/25/erster-rsv-impfstoff-fuer-babys-eu-weit-zugelassen

Mehr über unsere Autoren und Bücher: www.westendverlag.de

Die Deutsche Nationalbibliothek verzeichnet diese Publikation in der Deutschen Nationalbibliografie; detaillierte bibliografische Daten sind im Internet über http://dnb.d-nb.de abrufbar.



**ISBN 978-3-86489-477-0**



Umschlaggestaltung und Satz: Buchgut, Berlin

Druck und Bindung: Friedrich Pustet GmbH & Co. KG, Gutenbergstraße 8 93051 Regensburg

Printed in Germany